Müther Das Handelsregister in der Praxis

ANWALTSPRAXIS

DeutscherAnwaltVerlag

Das Handelsregister in der Praxis

Von
Richter am Kammergericht
Dr. Peter-Hendrik Müther
Berlin

2. Auflage 2007

DeutscherAnwaltVerlag

Zitiervorschlag:
Müther, Handelsregister, § 1 Rn 1

Copyright 2008 by Deutscher Anwaltverlag, Bonn
Satz: Reemers publishing services, Krefeld
Druck: Hans Soldan Druck GmbH, Essen
Titelgestaltung: gentura, Holger Neumann, Bochum
ISBN 978-3-8240-0779-0

Bibliografische Information der Deutschen Bibliothek
Die Deutsche Bibliothek verzeichnet diese Publikation in der
Deutschen Nationalbibliografie; detaillierte bibliografische
Daten sind im Internet über http://dnb.ddb.de abrufbar.

Vorwort zur 2. Auflage

Insbesondere das Inkrafttreten des als EHUG bekannten Gesetzes über elektronische Handelsregister und Genossenschaftsregister sowie das Unternehmensregister zum 1.1.2007 hat eine Überarbeitung des Buches notwendig gemacht. Dabei war auch eine Menge neuer Rechtsprechung zu berücksichtigen. Die Absicht, ein für die Praxis geeignetes handliches Nachschlagewerk zu erstellen, ist jedoch beibehalten worden. Auch in der Neuauflage wird dabei auf die für Bücher über das Handelsregister typischen Formularbeispiele verzichtet. Herauszustellen waren die rechtlichen Hintergründe der einzelnen Anmeldetatbestände und Registerverfahren. In gewissem Maße wird auch meine mittlerweile beendete Tätigkeit im 1. Zivilsenat des Kammergerichts, der für weitere Beschwerden in Registersachen zuständig ist, Einfluss auf die Bearbeitung genommen haben. Dass das Werk bei der Überarbeitung an Umfang zugenommen hat, war leider nicht zu vermeiden. In absehbarer Zeit zu erwartende Reformvorhaben wie das Gesetz zur Reform des Verfahrens in Familiensachen und in den Angelegenheiten der freiwilligen Gerichtsbarkeit (FamFG) und das Gesetz zur Modernisierung des GmbH-Rechts und zur Bekämpfung von Missbräuchen (MoMiG) sind, soweit dies tunlich war, bereits berücksichtigt. Für Anregungen und Kritik stehe ich wieder gerne zur Verfügung. Dem Gegenstand des Buches getreu sei insoweit meine E-Mail-Adresse zur Kontaktaufnahme angegeben: Peter-Hendrik.Muether@lg.verwalt-berlin.de.

Berlin im Oktober 2007 *Dr. Peter-Hendrik Müther*

Vorwort zur 1. Auflage

Der Titel „Das Handelsregister in der Praxis" ist mit Bedacht gewählt. Das Werk soll dem Leser einen Überblick über die einzelnen Normen zum Handelsregisterrecht, ihre Auslegung und die hierzu ergangene Rechtsprechung geben. Es ist somit bewusst nicht als Formularbuch gestaltet. Im

Vordergrund meiner Ausführungen stehen die einzelnen Eintragungstatbestände und ihre Auslegung. Literatur und die zum Handelsregisterrecht ergangene Rechtsprechung sind umfassend ausgewertet und jeweils in die Einzeldarstellung einbezogen. Bei der Darstellung der Eintragungstatbestände war es mir wichtig, auf besondere Problemkonstellationen im Verfahrensrecht und im materiellen Recht hinzuweisen, wie sie mir in meiner mehrjährigen Tätigkeit als Richter im Handelsregister des Amtsgerichts Charlottenburg begegnet sind. Um den Anforderungen der Praxis gerecht zu werden, sind die einzelnen Anmeldetatbestände abschließend jeweils in einer Checkliste zusammengefasst und mit Hinweisen zu den Gerichts- und Notarkosten aufbereitet. Auf die Wiedergabe von Formulierungsbeispielen habe ich verzichtet, soweit dies in der Sache nicht erforderlich war.

In die Bearbeitung sind nicht nur die typischen Handelsregistergebiete des GmbH-Rechts, des Aktienrechts und des Rechts der Personenhandelsgesellschaften sowie des Einzelkaufmanns einbezogen. Auch die Unternehmensverträge, das Recht der Zweigniederlassungen, das Recht der Prokura, die besonderen FGG-Verfahrensarten und das Rechtsmittelrecht sind behandelt. Das Partnerschaftsregisterrecht ist wegen der Sachnähe ebenfalls aufgeführt. Die Anmeldetatbestände werden in der Reihenfolge behandelt, wie sie in der Praxis auftreten.

Die Darstellung ist eine stark erweiterte Fassung des Abschnitts „Handelsregisterverfahren und weitere FGG-Handelssachen" aus dem Werk „Anwalt-Formulare Gesellschaftsrecht", das von Rechtsanwalt Wolfgang Arens und Rechtsanwalt Dr. Klaus Rinck ebenfalls im Deutschen Anwaltverlag herausgegeben wird. Die dort notwendige Beschränkung des Stoffes hat zugleich gezeigt, dass eine umfassendere Bearbeitung nicht nur in der Tiefe, sondern auch in Bezug auf die Themenbereiche wünschenswert ist. Dies war Anlass für dieses Buch.

Mein Dank gilt selbstverständlich meiner Familie, die meine etwas andere Freizeitgestaltung klaglos hingenommen hat.

Da das Werk ein Spiegelbild der tatsächlichen Verhältnisse sein soll, bin ich für jeden Hinweis, aber auch jede Kritik dankbar. Ich bin über meine Arbeitsstelle im Kammergericht, Elßholtzstraße 30–33, 10781 Berlin, zu erreichen.

Berlin, im April 2003   *Dr. Peter-Hendrik Müther*

Inhaltsübersicht

Abkürzungsverzeichnis 27
Allgemeines Literaturverzeichnis 31

1. Kapitel: Grundlagen 33
§ 1 Das elektronische Handelsregister und andere Reformen 33
§ 2 Die Grundlagen der FGG-Handelssachen 45
§ 3 Die Grundlagen des Partnerschaftsregisters 65
§ 4 Beurkundungen 69
§ 5 Kostenrecht 73

2. Kapitel: Die Kapitalgesellschaften im Handelsregister 79
§ 6 Die GmbH 79
§ 7 Die Aktiengesellschaft 173

3. Kapitel: Die Personenhandelsgesellschaften im Handelsregister 219
§ 8 Die offene Handelsgesellschaft 219
§ 9 Die Kommanditgesellschaft und die Kapitalgesellschaft & Co. KG 243

4. Kapitel: Weitere Eintragungsgegenstände 263
§ 10 Der Einzelkaufmann 263
§ 11 Die Prokura 279
§ 12 Unternehmensverträge 293
§ 13 Die Zweigniederlassung 309
§ 14 Die Partnerschaftsgesellschaft 323

5. Kapitel: Besondere Verfahren, Rechtsbehelfe und Rechtsmittel 341

§ 15 Das Zwangs- und Ordnungsgeldverfahren sowie die Verfahren auf Eintragungen von Amts wegen 341

§ 16 Die Rechtsbehelfe und Rechtsmittel 365

Stichwortverzeichnis 383

Inhaltsverzeichnis

Abkürzungsverzeichnis	27
Allgemeines Literaturverzeichnis	31

1. Kapitel: Grundlagen ... 33

§ 1 Das elektronische Handelsregister und andere Reformen ... 33
- A. Das elektronische Handelsregister ... 33
  - I. Überblick ... 33
  - II. Die elektronische Registeranmeldung im Einzelnen ... 35
  - III. Die elektronischen Dokumente ... 37
  - IV. Die Offenlegung der Jahresabschlüsse ... 39
- B. Der Entwurf zu einem FamFG ... 40
- C. Der Entwurf zu einem MoMiG ... 41

§ 2 Die Grundlagen der FGG-Handelssachen ... 45
- A. Die Handelsregistersachen als FGG-Handelssachen ... 45
  - I. Überblick ... 45
  - II. GVG-Handelssachen ... 46
  - III. Weitere Rechtsvorschriften ... 46
- B. Das Handelsregister im Einzelnen ... 47
  - I. Aufgaben und Bedeutung des Handelsregisters ... 47
    1. Registerpublizität ... 47
    2. Eintragungs- und Bekanntmachungswirkungen ... 49
  - II. Organisation des Handelsregisters ... 50
  - III. Zuständigkeiten ... 51
    1. Sachliche Zuständigkeit ... 51
    2. Örtliche Zuständigkeit ... 52
    3. Funktionelle Zuständigkeit ... 53
  - IV. Eintragung ... 54
    1. Eintragungsfähige Tatsachen, Wirkungen der Eintragung ... 54
    2. Anmeldung zur Eintragung ... 56
       a) Bedeutung der Anmeldung ... 56
       b) Form ... 57
       c) Anmeldebefugnis ... 57

d) Einheit der Anmeldungen	58
e) Rücknahme	58
3. Prüfung der Eintragungsvoraussetzungen	59
4. Vertretung bei der Anmeldung	60
5. Ersetzung der Anmeldung durch gerichtliche Entscheidung	62
6. Blockade einer Eintragung durch gerichtliche Entscheidung	63
7. Eintragungen von Amts wegen	63
8. Der Einfluss von Insolvenzverfahren	64

§ 3 Die Grundlagen des Partnerschaftsregisters ... 65
A. Partnerschaftsregistersachen ... 65
B. Das Partnerschaftsregister im Einzelnen ... 66
    I. Aufgaben und Bedeutung ... 66
    II. Organisation ... 67
    III. Zuständigkeit ... 67
    IV. Eintragung ... 68

§ 4 Beurkundungen ... 69
A. Einleitung ... 69
B. Beurkundung von Willenserklärungen ... 69
C. Tatsachenbeurkundung ... 70
D. Unterschriftsbeglaubigung ... 70
E. Unterschriftszeichnungen ... 71
F. Auslandsbeurkundungen ... 71
    I. Wirkungsstatut und Gleichwertigkeit ... 71
    II. Einhaltung der Ortsform ... 72

§ 5 Kostenrecht ... 73
A. Grundlagen ... 73
B. Gerichtskosten ... 73
C. Notarkosten ... 75
D. Weitere kostenrechtliche Grundsätze ... 76
E. Die Kosten in Partnerschaftsregistersachen ... 77

2. Kapitel: Die Kapitalgesellschaften im Handelsregister ... 79

§ 6 Die GmbH 79
A. Überblick 79
B. Ersteintragung der GmbH 80
 I. Rechtliche Grundlagen 80
 II. Einzelheiten 81
  1. Gründer und Vertretung beim Gründungsvorgang 81
   a) Grundsatz 81
   b) Nicht voll geschäftsfähige Gründer 81
   c) Ausländische Gründer 82
   d) Vertretungsnachweise 83
   e) Einzelne Vertretungsprobleme 84
  2. GmbH und Aufsichtsrat 85
   a) Fakultativer Aufsichtsrat 85
   b) Obligatorischer Aufsichtsrat 86
  3. Kapitalaufbringung 87
   a) Einlageversicherung 87
   b) Einlagenachweis 87
   c) Sacheinlagen 89
  4. Probleme bei der Gestaltung des Gesellschaftsvertrages   91
   a) Prüfungsbefugnis und Prüfungsumfang des Registergerichts 91
   b) Firma 92
    aa) Namensfunktion 92
    bb) Irreführung 93
    cc) Unterscheidbarkeit (§ 30 HGB) 95
    dd) Firmentausch 95
    ee) Bezeichnung „Partner" und weitere Firmenbestandteile 96
    ff) Sonderzeichen u.Ä. 96
    gg) Haftungsausschluss 97
   c) Sitz 97
   d) Unternehmensgegenstand 98
   e) Stammkapital und Stammeinlagen 100
   f) Gründerangabe 101

	g) Sonstige Satzungsbestimmungen	102
	aa) Prüfungsumfang	102
	bb) Gläubigerschutzvorschriften	102
	cc) Im öffentlichen Interesse bestehende Vorschriften	103
	h) Satzungsänderung vor der Eintragung	104
5.	Übersicht: Genehmigungspflichtige Gegenstände	105
III.	Checkliste: Anmeldung der Ersteintragung	107
1.	Checkliste: Anmeldung der Gründung und der Vertretung bei Gründung	107
2.	Checkliste: Anmeldung der Kapitalaufbringung	107
IV.	Kosten	108
C. Eintragungen zu den Geschäftsführern		109
I.	Rechtliche Grundlagen	109
II.	Einzelheiten	110
1.	Bestellung von Geschäftsführern	110
	a) Anmeldeanlass	110
	b) Geschäftsführereigenschaften	110
	c) Anmeldebefugnis, Vertretungsbefugnis	113
	d) Nachweis der Bestellung	114
2.	Beendigung der Geschäftsführerstellung	117
	a) Beendigungsgründe	117
	b) Abberufung	118
	c) Amtsniederlegung	121
3.	Bestellung eines Notgeschäftsführers	123
III.	Checkliste: Anmeldung	125
1.	Checkliste: Anmeldung der Bestellung eines Geschäftsführers	125
2.	Checkliste: Anmeldung der Amtsniederlegung	126
IV.	Kosten	126
1.	Anmeldungen und Eintragungen zu den regulären Geschäftsführern	126
2.	Der Notgeschäftsführer	127

D. Eintragung der Satzungsänderung einschließlich der Mantelverwertung 127
  I. Rechtliche Grundlagen 127
  II. Einzelheiten 128
    1. Prüfungsbefugnis: Beschränkung des Prüfungsumfangs? 128
    2. Wirksamkeit der Beschlussfassung 129
    3. Prüfungsumfang: Die Wirksamkeit der neuen Regelung 130
       a) Grundsatz 130
       b) Einzelfälle 131
          aa) Regelung über Beschlussmehrheiten 131
          bb) Regelung der Vererbung 131
          cc) Änderung der Geschäftsjahrregelung 132
          dd) Gesellschafterangaben im Gesellschaftsvertrag 132
          ee) Übernahme der Gründungskosten 133
          ff) Abfindungsklauseln 133
          gg) Klauseln über die Gewinnverteilung 134
          hh) Frist zur Anfechtung von Gesellschafterbeschlüssen 135
          ii) Schiedsklauseln 136
          jj) Sitzverlegung ins Ausland 136
          kk) Registersperren 137
    4. Die Mantelverwertung 137
    5. Anmeldung der Satzungsänderung 139
  III. Checkliste: Anmeldung der Satzungsänderung 140
  IV. Kosten 140
E. Satzungsändernde Kapitalmaßnahmen 141
  I. Die möglichen Kapitalmaßnahmen 141
  II. Barkapitalerhöhung (§ 57 Abs. 1 GmbHG) 142
    1. Rechtliche Grundlagen 142
       a) Barkapitalerhöhung als Satzungsänderung 142
       b) Beschlussanforderungen 142
       c) Übernahmeerklärung 143
       d) Einlagenerbringung 143
          aa) Grundsatz 143
          bb) Debitorisches Konto 144
          cc) Voreinzahlungen 145

13

	dd) Schütt-aus-Hol-zurück	146
	ee) Heilung verschleierter Sachkapitalerhöhungen	147
	e) Sonstige Anforderungen an die Anmeldung	147
2.	Checkliste: Anmeldung der Barkapitalerhöhung	148
3.	Kosten	148
III.	Sachkapitalerhöhung (§ 57 Abs. 1 GmbHG)	149
1.	Rechtliche Grundlagen	149
	a) Sachkapitalerhöhung als Satzungsänderung	149
	b) Beschlussanforderungen und Übernahmeerklärungen	149
	c) Zusätzliche Erfordernisse	150
2.	Checkliste: Anmeldung der Sachkapitalerhöhung	151
3.	Kosten	151
IV.	Kapitalerhöhung aus Gesellschaftsmitteln (§ 57i GmbHG)	151
1.	Rechtliche Grundlagen	151
	a) Überblick	151
	b) Erhöhungsbeschluss	151
	c) Anmeldung nach § 57i GmbHG	153
2.	Checkliste: Anmeldung der Kapitalerhöhung aus Gesellschaftsmitteln	154
3.	Kosten	154
V.	Kapitalherabsetzung (§ 58 GmbHG)	155
1.	Rechtliche Grundlagen	155
2.	Checkliste: Anmeldung	156
	a) Checkliste: Anmeldung der ordentlichen Kapitalherabsetzung	156
	b) Checkliste: Anmeldung der vereinfachten Kapitalherabsetzung	157
3.	Kosten	157
VI.	Euro-Umstellung (§ 86 GmbHG)	157
F. Auflösung, Fortsetzung und Beendigung der GmbH		158
I. Auflösung und Abwicklung		158
1.	Rechtliche Grundlagen	158
	a) Auflösungsgründe und ihre Eintragung (§ 65 GmbHG)	158
	b) Satzungsänderungen in der Abwicklungsphase	159
	c) Liquidatoren und ihre Anmeldung (§ 67 GmbHG)	160

    d) Vertretungsbefugnis der Liquidatoren 162
     aa) Vertretungsbefugnis der geborenen Liquidatoren 162
     bb) Bestimmung der Vertretungsbefugnis durch die Gesellschafterversammlung 162
    e) Gerichtliche Bestellung und Abberufung von Liquidatoren 163
  2. Checkliste: Anmeldung der Auflösung 164
  3. Kosten 165
 II. Fortsetzung 166
  1. Rechtliche Grundlagen 166
   a) Voraussetzungen und die Anmeldung 166
   b) Beseitigung des Auflösungsgrundes 166
  2. Checkliste: Anmeldung der Fortsetzung 167
  3. Kosten 167
 III. Beendigung und Nachtragsliquidation 168
  1. Anmeldung der Beendigung nach § 74 Abs. 1 GmbHG . 168
  2. Nachtragsliquidation 169
  3. Kosten 171

§ 7 Die Aktiengesellschaft 173
A. Überblick 173
B. Ersteintragung der Aktiengesellschaft 174
 I. Rechtliche Grundlagen 174
 II. Einzelheiten 175
  1. Kapitalaufbringung 175
   a) Übernahmeerklärung 175
   b) Einlageleistungen 176
   c) Sachgründung und Sachübernahme 178
  2. Satzungsregelungen 179
   a) Eingeschränkte Gründungsprüfung 179
   b) Notwendiger Satzungsinhalt 179
  3. Gründungsbericht und (externe) Gründungsprüfung 180
 III. Checkliste: Anmeldung der Ersteintragung 182
 IV. Kosten 182
C. Nachgründung nach § 52 AktG 183

Inhaltsverzeichnis

    I. Rechtliche Grundlagen 183
    II. Checkliste: Anmeldung der Nachgründung 185
    III. Kosten 185
D. Eintragung der Vorstandsmitglieder 186
    I. Rechtliche Grundlagen 186
    II. Einzelheiten 186
       1. Eignungsvoraussetzungen und weitere Anmeldevoraussetzungen 186
       2. Abberufung von Vorstandsmitgliedern 187
       3. Zur Vertretung der Vorstandsmitglieder 187
    III. Checkliste: Anmeldung der Bestellung oder Abberufung eines Vorstandsmitglieds 188
    IV. Kosten 188
    V. Bestellung von Not-Vorstandsmitgliedern 189
    VI. Einreichungspflichten des Vorstands 189
E. Das Handelsregister und die Aufsichtsräte 190
    I. Rechtliche Grundlagen 190
    II. Gerichtliche Bestellung des Aufsichtsrates 191
    III. Kosten 192
F. Satzungsänderungen und Kapitalmaßnahmen 192
    I. Rechtliche Grundlagen 192
    II. Allgemeine Voraussetzungen einer Satzungsänderung 193
       1. Satzungsänderung durch Hauptversammlungsbeschluss 193
       2. Fassungsänderung durch den Aufsichtsrat 196
    III. Änderung des Grundkapitals 197
       1. Kapitalerhöhung gegen Einlagen (§§ 182 ff. AktG) 197
          a) Rechtliche Grundlagen 197
          b) Checkliste: Anmeldung 199
              aa) Checkliste: Anmeldung des Beschlusses über die Erhöhung des Grundkapitals nach § 184 AktG 199
              bb) Checkliste: Anmeldung der Durchführung der Kapitalerhöhung nach § 188 AktG 200
       2. Kapitalerhöhung aus bedingtem Kapital (§§ 192 ff. AktG) 201
          a) Erhöhungsbeschluss und seine Anmeldung 201

　　　　b) Checkliste: Anmeldung des Beschlusses über die bedingte Kapitalerhöhung nach § 195 AktG 202
　　　　c) Anmeldung der Aktienausgabe 203
　　3. Kapitalerhöhung aus genehmigtem Kapital (§§ 202 ff. AktG) 203
　　4. Kapitalerhöhung aus Gesellschaftsmitteln (§§ 207 ff. AktG) 205
　　5. Die Kapitalherabsetzung (§§ 222 ff. AktG) 207
　　　　a) Ordentliche und vereinfachte Kapitalherabsetzung .. 207
　　　　b) Anmeldungen zur ordentlichen Kapitalherabsetzung 208
　　　　c) Anmeldungen zur vereinfachten Kapitalherabsetzung 209
　　6. Die Euro-Umstellung 210
　IV. Kosten 211
G. Eingliederung und Ausschluss von Minderheitsaktionären 212
　I. Die Eingliederung 212
　　1. Überblick 212
　　2. Ersteintragung 212
　　3. Eintragung der Beendigung 213
　II. Der Ausschluss von Minderheitsaktionären 214
H. Auflösung und Beendigung der Aktiengesellschaft 216

3. Kapitel: Die Personenhandelsgesellschaften im Handelsregister 219

§ 8 Die offene Handelsgesellschaft 219
A. Überblick 219
B. Ersteintragung der OHG 220
　I. Rechtliche Grundlagen 220
　II. Einzelheiten 220
　　1. Vertragsschluss und die Gesellschafter 220
　　　　a) Grundvoraussetzungen 220
　　　　b) Minderjährige, Geschäftsunfähige 221
　　　　c) Sonstige Gesellschafter der OHG 221
　　2. Firma und Sitz 222
　　3. Unternehmensgegenstand 223
　　4. Handelsgewerbe 224

5. Vertretung 225
    a) Die Vertretung im Allgemeinen 225
    b) Die Anmeldung der Vertretungsbefugnis 227
    c) Die Altfälle 228
III. Checkliste: Anmeldung nach § 106 HGB 228
IV. Kosten 229
C. Änderung von Firma, Sitz, Vertretungsbefugnis sowie der Gesellschafterstruktur 229
    I. Rechtliche Grundlagen 229
    II. Einzelheiten 230
        1. Änderung von Firma und Sitz 230
            a) Die Firmenänderung 230
            b) Die Sitzänderung 231
            c) Die Anmeldung 231
        2. Die Änderung der Vertretungsbefugnis 232
        3. Eintritt eines neuen Gesellschafters 232
        4. Ausscheiden von Gesellschaftern sowie Gesellschafterwechsel 233
            a) Ausscheiden eines Gesellschafters 233
            b) Gesellschafterwechsel 235
            c) Firmenfortführung 235
    III. Checkliste: Anmeldung nach § 107 bzw. § 143 Abs. 2 HGB 236
    IV. Kosten 236
D. Auflösung und Fortsetzung der Gesellschaft 237
    I. Überblick 237
    II. Einzelheiten 238
        1. Auflösung 238
        2. Liquidatoren 238
        3. Fortsetzung der Gesellschaft 239
    III. Checkliste: Anmeldung der Auflösung 240
    IV. Kosten 240
E. Löschung der Gesellschaft, Nachtragsliquidation 241
    I. Überblick 241
    II. Hinweise zur Anmeldung 241
    III. Kosten 242

§ 9 Die Kommanditgesellschaft und die Kapitalgesellschaft & Co. KG ... 243
A. Überblick ... 243
B. Ersteintragung der Kommanditgesellschaft ... 244
- I. Rechtliche Grundlagen ... 244
- II. Einzelheiten ... 244
  1. Vertragsschluss ... 244
  2. Gesellschafter der KG ... 244
  3. Sitz und Firma ... 245
  4. Anmeldung ... 246
- III. Checkliste: Anmeldung der Ersteintragung ... 247
- IV. Kosten ... 247
C. Ein- und Austritt von Kommanditisten; Kommanditistenwechsel ... 247
- I. Rechtliche Grundlagen ... 247
- II. Einzelheiten ... 249
  1. Anmeldung des Ein- und Austritts von Kommanditisten ... 249
  2. Anmeldung des Kommanditistenwechsels ... 251
  3. Kommanditistenwechsel unter der Beteiligung vorhandener Gesellschafter ... 253
- III. Checkliste: Anmeldung des Ein- und Austritts von Kommanditisten und des Kommanditistenwechsels ... 254
- IV. Kosten ... 254
D. Erhöhung und Herabsetzung der Kommanditeinlagen ... 255
- I. Rechtliche Grundlagen ... 255
- II. Anmeldung ... 255
- III. Kosten ... 255
E. Euro-Umstellung ... 256
- I. Rechtliche Grundlagen ... 256
- II. Checkliste: Anmeldung der Euro-Umstellung ... 256
- III. Kosten ... 256
F. Wechsel der Gesellschafterstellung ... 257
- I. Rechtliche Grundlagen ... 257
  1. Einfache Beteiligungsumwandlung ... 257
  2. Beteiligungsumwandlung mit Rechtsformwechsel ... 257
- II. Checkliste: Anmeldung der Beteiligungsumwandlung ... 258
- III. Kosten ... 258

G. Auflösung und Löschung 259
   I. Auflösung 259
   II. Fortsetzung, Löschung und Nachtragsliquidation 259
   III. Kosten 259
H. Die Kapitalgesellschaft & Co. KG 259

4. Kapitel: Weitere Eintragungsgegenstände 263

§ 10 Der Einzelkaufmann 263
A. Überblick 263
B. Die Ersteintragung 264
   I. Rechtliche Grundlagen 264
   II. Einzelheiten 264
      1. Gewerbebetrieb 264
      2. Handelsgewerbe 265
      3. Firma 266
      4. Ort der Handelsniederlassung 266
      5. Betreiber 267
      6. Zeichnung 268
   III. Checkliste: Anmeldung der Ersteintragung 268
   IV. Kosten 269
C. Firmenänderung und Sitzverlegung 269
   I. Rechtliche Grundlagen 269
   II. Checkliste: Anmeldung der Firmenänderung oder Sitzverlegung 270
   III. Kosten 270
D. Der Übergang des Handelsgeschäftes 270
   I. Rechtliche Grundlagen 270
   II. Einzelheiten 271
      1. Tod des Inhabers 271
      2. Veräußerung des Handelsgeschäftes oder ähnliche Fälle 272
         a) Firmenfortführung 272
         b) Einwilligung 273
         c) Haftungsausschluss 273
      3. Zeichnung 274
   III. Checkliste: Anmeldung des Übergangs des Handelsgeschäfts 275

Inhaltsverzeichnis

IV. Kosten 275
E. Insolvenz und Erlöschen der Firma 275
 I. Überblick 275
  1. Insolvenzverfahren 275
  2. Erlöschen der Firma 275
 II. Checkliste: Anmeldung des Erlöschens der Firma 276
 III. Kosten 277

§ 11 Die Prokura 279
A. Überblick 279
B. Erteilung der Prokura 280
 I. Rechtliche Grundlagen 280
 II. Einzelheiten 281
  1. Vorgang der Erteilung 281
   a) Die Anmeldepflichtigen 281
   b) Erforderliche Genehmigungen und Zustimmungen .. 281
   c) Anforderungen an die Person des Prokuristen ... 282
  2. Vertretungsbefugnis 283
  3. Arten der Prokura 284
  4. Zeichnung 285
 III. Checkliste: Anmeldung der Prokuraerteilung 286
 IV. Kosten 286
C. Eintragungspflichtige Änderungen 286
 I. Rechtliche Grundlagen 286
 II. Checkliste: Anmeldung der Änderung der Prokura 287
 III. Kosten 287
D. Erneute Zeichnungspflichten 287
E. Erlöschen der Prokura 288
 I. Rechtliche Grundlagen 288
 II. Einzelheiten 288
  1. Beendigung des Grundverhältnisses 288
  2. Beendigungsgründe aus dem Bereich des Prokuristen .. 289
  3. Beendigungsgründe aus dem Bereich des Vollmachtgebers 290
 III. Checkliste: Anmeldung des Erlöschens der Prokura 291
 IV. Kosten 291

Inhaltsverzeichnis

§ 12 Unternehmensverträge ... 293
A. Überblick ... 293
B. Ersteintragung ... 295
   I. Beherrschungs- und Gewinnabführungsvertrag ... 295
      1. Vertragsparteien ... 295
      2. Vertragsabschluss ... 296
      3. Vertragsinhalt ... 297
      4. Zustimmungsbeschlüsse ... 298
         a) Zustimmungsbeschluss bei der abhängigen Gesellschaft ... 298
         b) Zustimmungsbeschluss bei der herrschenden Gesellschaft ... 299
         c) Das Freigabeverfahren nach § 246a AktG ... 299
      5. Berichts- und Prüfungspflicht ... 299
   II. Teilgewinnabführungsverträge ... 300
   III. Checkliste: Anmeldung des Abschlusses eines Unternehmensvertrages ... 301
   IV. Kosten ... 301
C. Vertragsänderungen ... 302
   I. Überblick ... 302
   II. Checkliste: Anmeldung der Vertragsänderung ... 303
   III. Kosten ... 303
D. Vertragsbeendigung ... 303
   I. Überblick ... 303
   II. Einzelheiten ... 304
      1. Beendigung durch Kündigung ... 304
      2. Vertragsaufhebung ... 305
      3. Weitere Beendigungsgründe ... 306
   III. Checkliste: Anmeldung der Vertragsbeendigung ... 307
   IV. Kosten ... 307

§ 13 Die Zweigniederlassung ... 309
A. Überblick ... 309
B. Einzelheiten ... 311
   I. Zweigniederlassung inländischer Unternehmen (§ 13 HGB) ... 311
      1. Ersteintragung ... 311

2. Änderungen und die Aufhebung der Zweigniederlassung 313
3. Die Besonderheiten bei der Aktiengesellschaft 313
4. Die Besonderheiten bei der GmbH 313
II. Zweigniederlassungen ausländischer Unternehmen (§§ 13d bis 13g HGB) 314
C. Checkliste: Anmeldung (Beispiele) 319
    I. Checkliste: Errichtung einer Zweigniederlassung einer deutschen GmbH 319
    II. Checkliste: Errichtung einer Zweigniederlassung einer ausländischen GmbH 319
D. Kosten 320

§ 14 Die Partnerschaftsgesellschaft 323
A. Überblick 323
B. Ersteintragung 324
    I. Rechtliche Grundlagen 324
    II. Einzelheiten 326
        1. Vertragsschluss und die Gesellschafter 326
            a) Schriftform 326
            b) Gesellschaftereigenschaften 326
        2. Name 327
        3. Sitz 329
        4. Gegenstand 330
        5. Vertretung 332
    III. Checkliste: Anmeldung der Ersteintragung 333
    IV. Kosten 334
C. Änderung des Namens des Sitzes, der Vertretungsbefugnis sowie Änderungen in der Gesellschafterstruktur 334
    I. Rechtliche Grundlagen 334
    II. Einzelheiten 335
        1. Sitzverlegung 335
        2. Namensänderungen 336
        3. Gegenstandsänderung 337
        4. Vertretungsverhältnisse 337
        5. Eintreten eines Gesellschafters 337

  6. Ausscheiden eines Gesellschafters und Gesellschafterwechsel 337
   a) Ausscheiden eines Gesellschafters 337
   b) Gesellschafterwechsel 338
   c) Namensfortführung 338
 III. Checkliste: Anmeldung der Veränderungen 338
 IV. Kosten 339
D. Auflösung und Fortsetzung der Gesellschaft 339
E. Löschung der Gesellschaft, Nachtragsliquidation 339

5. Kapitel: Besonderes Verfahren, Rechtsbehelfe und Rechtsmittel 341

§ 15 Das Zwangs- und Ordnungsgeldverfahren sowie die Verfahren auf Eintragungen von Amts wegen 341

A. Das Zwangs- und Ordnungsgeldverfahren nach den §§ 132 ff., 140 und 140a FGG 341
 I. Das Zwangsgeldverfahren nach den §§ 132–139 FGG 341
  1. Anwendungsbereich 341
  2. Verfahren und Einspruch 343
   a) Zuständigkeit 343
   b) Pflicht zur Verfahrenseinleitung 343
   c) Zwangsgeldandrohung 343
  3. Fehlender oder verfristeter Einspruch 344
  4. Rechtzeitiger Einspruch 345
  5. Rechtsmittel 346
  6. Kosten 347
 II. Die Ordnungsgeldverfahren nach den §§ 140 und 140a Abs. 2 FGG a.F. 347
  1. Anwendungsbereich 347
  2. Einzelheiten 348
   a) Das Verfahren nach § 140 FGG 348
   b) Das Verfahren nach § 140a Abs. 2 FGG 349
  3. Kosten 350
B. Die Löschungsverfahren nach den §§ 141 ff. FGG 350
 I. Das Löschungsverfahren nach § 141 FGG 350

1. Voraussetzungen des Erlöschens einer Firma 350
　　　2. Das Verfahren 351
　II. Die Löschung wegen Vermögenslosigkeit nach § 141a FGG 352
　　　1. Voraussetzungen für die Löschung nach § 141a FGG ... 352
　　　2. Das Verfahren 354
　　　3. Die verfrühte Löschung 355
　III. Die Löschung unzulässiger Eintragungen nach § 142 FGG . 356
　　　1. Anwendungsbereich 356
　　　2. Das Verfahren vor dem Amtsgericht 357
　　　3. Das Verfahren vor dem Landgericht nach § 143 FGG .. 358
　IV. Die Löschung nichtiger Gesellschaften oder Beschlüsse nach
　　　§ 144 FGG 358
　　　1. Anwendungsbereich 358
　　　2. Das Verfahren 360
C. Die Mangelfeststellungsverfahren nach §§ 144a und 144b FGG .. 361
　I. Eintragung der Auflösung wegen eines Satzungsmangels nach
　　　§ 144a FGG 361
　　　1. Anwendungsbereich 361
　　　2. Das Verfahren 362
　II. Die Eintragung der Auflösung wegen der fehlenden Voll-
　　　einzahlung bei der Einpersonen-GmbH nach § 144b FGG .. 363
　　　1. Anwendungsbereich 363
　　　2. Das Verfahren 363

§ 16 Die Rechtsbehelfe und Rechtsmittel 365
A. Die einfache Beschwerde 365
　I. Übersicht 365
　II. Statthaftigkeit der Beschwerde 366
　　　1. Überblick 366
　　　2. Das Verfahren abschließende Entscheidungen 366
　　　3. Zwischenverfügungen 367
　　　4. Verfahrensleitende Anordnungen 367
　　　5. Verzicht, Verwirkung, Ausschluss der Beschwerde 368
　III. Einlegung der Beschwerde 368
　　　1. Zuständigkeit 368
　　　2. Beschwerdeschrift 369

    3. Rücknahme der Beschwerde 370
IV. Beschwerdeberechtigung, § 20 FGG 370
    1. Grundsatz 370
    2. Anmeldungen bei den Kapitalgesellschaften 370
    3. Anmeldungen bei den Personenhandelsgesellschaften . 371
    4. Das Zwangsgeldverfahren nach den §§ 132 ff. FGG ... 372
    5. Sonstige Verfahren 372
    6. Das Beschwerderecht nach § 126 FGG 374
V. Abhilfeentscheidung 374
VI. Entscheidung des Beschwerdegerichts 375
B. Die weitere Beschwerde 376
    I. Beschränkte Überprüfung 376
   II. Zuständigkeit 376
  III. Zulässigkeitsvoraussetzungen 377
  IV. Kein Abhilfeverfahren 377
C. Die sofortige Beschwerde 378
    I. Fälle der fristgebundenen Beschwerde 378
   II. Frist 379
  III. Neuer Tatsachenvortrag 380
D. Rechtsmittel und Rechtsbehelfe gegen Rechtspflegerentscheidungen 380
E. Die Kosten des Beschwerdeverfahrens und die Rechtsbehelfe in Kostensachen 381

Stichwortverzeichnis 383

Abkürzungsverzeichnis

a.A.	anderer Auffassung
a.F.	alte Fassung
Abs.	Absatz
AG	Aktiengesellschaft; Amtsgericht; Die Aktiengesellschaft (Zeitschrift)
AktG	Aktiengesetz
Alt.	Alternative
Anm.	Anmerkung
AnwBl	Anwaltsblatt
AnwF	AnwaltFormulare
Art.	Artikel
Aufl.	Auflage
Az.	Aktenzeichen
BAnz	Bundesanzeiger
BayObLG	Bayerisches Oberstes Landesgericht
BayObLGZ	Entscheidungen des Bayerischen Obersten Landesgerichtes in Zivilsachen
BB	Der Betriebs-Berater
Bd.	Band
Beschl.	Beschluss
BeurkG	Beurkundungsgesetz
BGB	Bürgerliches Gesetzbuch
BGBl I, II, III	Bundesgesetzblatt, mit oder ohne Ziffer = Teil I; mit II = Teil II; mit III = Teil III
BGH	Bundesgerichtshof
BGHZ	Entscheidungen des Bundesgerichtshofs in Zivilsachen
BNotO	Bundesnotarordnung
d.h.	das heißt
DB	Der Betrieb

Abkürzungsverzeichnis

DNotZ	Deutsche Notarzeitschrift
DStR	Deutsches Steuerrecht
EGAktG	Einführungsgesetz zum Aktiengesetz
EGHGB	Einführungsgesetz zum Handelsgesetzbuch
EHUG	Gesetz über elektronische Handelsregister und Genossenschaftsregister sowie das Unternehmensregister (EHUG) vom 10. November 2006, BGBl I S. 2553
EU	Europäische Union
EuGH	Europäischer Gerichtshof
EUR	Euro
EuZW	Europäische Zeitschrift für Wirtschaftsrecht
EWiR	Entscheidungen zum Wirtschaftsrecht
EWIV	Europäische Wirtschaftliche Interessenvereinigung
f., ff.	folgende, fortfolgende
FGG	Gesetz betr. die Angelegenheiten der freiwilligen Gerichtsbarkeit
FGPrax	Praxis der Freiwilligen Gerichtsbarkeit
Fn	Fußnote
GastG	Gaststättengesetz
GesR	Gesellschaftsrecht
GewO	Gewerbeordnung
GG	Grundgesetz
Ggf.	gegebenenfalls
GmbH	Gesellschaft mit beschränkter Haftung
GmbH i.Gr.	Gesellschaft mit beschränkter Haftung in Gründung
GmbHG	GmbH-Gesetz
GmbHR	GmbH-Rundschau
GüKG	Güterkraftverkehrsgesetz
GVG	Gerichtsverfassungsgesetz
HGB	Handelsgesetzbuch
HR	Handelsregister
HRA	Handelsregister A

HRB	Handelsregister B
HRefG, HRRefG	Handelsrechts-Reformgesetz
HRV	Handelsregisterverordnung
HRR	höchstrichterliche Rechtsprechung
i.S.d.	im Sinne der/des
IHK	Industrie- und Handelskammer
JurBüro	Das juristische Büro
KG	Kommanditgesellschaft; Kammergericht
KGaA	Kommanditgesellschaft auf Aktien
KGJ	Jahrbuch für Entscheidungen des Kammergerichts
KGR	Kammergericht-Report
KostO	Kostenordnung
KWG	Kreditwesengesetz
LG	Landgericht
Lit.	Literatur
LS	Leitsatz
m.w.N.	mit weiteren Nachweisen
MittBayNot	Mitteilungen des Bayerischen Notarvereins, der Notarkasse und der Landesnotarkasse Bayern
MittRhNotK	Mitteilungen der Rheinischen Notarkammer
n.v.	nicht veröffentlicht
NJW	Neue Juristische Wochenschrift
NJW-RR	NJW-Rechtsprechungs-Report
Nr.	Nummer
NZG	Neue Zeitschrift für Gesellschaftsrecht
OHG	Offene Handelsgesellschaft
OLG	Oberlandesgericht
OLGR	OLG Report
PartGG	Partnerschaftsgesellschaftsgesetz
PbefG	Personenbeförderungsgesetz
PRV	Partnerschaftsregisterverordnung

Abkürzungsverzeichnis

RdW	Recht der Wirtschaft
Reg.	Regierung, Register
RGZ	Entscheidungen des Reichsgerichts in Zivilsachen
Rn	Randnummer
Rpfleger	Der Deutsche Rechtspfleger
RPflG	Rechtspflegergesetz
Rspr.	Rechtsprechung
S.	Satz; Seite
SchlHOLG	Schleswig-Holsteinisches Oberlandesgericht
sog.	so genannte/r/s
SprengG	Sprengstoffgesetz
StBerG	Steuerberatungsgesetz
st. Rspr.	ständige Rechtsprechung
str.	streitig
UmwG	Umwandlungsgesetz
vgl.	vergleiche
WaffG	Waffengesetz
WM	Wertpapier-Mitteilungen
z.B.	zum Beispiel
ZEV	Zeitschaft für Erbrecht und Vermögensnachfolge
ZIP	Zeitschrift für Wirtschaftsrecht und Insolvenzpraxis
ZPO	Zivilprozessordnung

Allgemeines Literaturverzeichnis

Weitere Literaturhinweise finden sich vor den einzelnen Abschnitten.

Arens/Rinck (Hrsg.), AnwaltFormulare Gesellschaftsrecht, 3. Auflage 2007

Baumbach/Hopt, Handelsgesetzbuch mit Nebengesetzen (ohne Seerecht), Kommentar, 32. Auflage 2006

Daumbach/Hueck, GmbH-Gesetz, Kommentar, 18. Auflage 2006

Böttcher/Ries, Formularpraxis des Handelsregisterrechts, 2003

Bumiller/Winkler, Freiwillige Gerichtsbarkeit, Kommentar, 8. Auflage 2006

Ebenroth/Boujong/Joost (Hrsg.), HGB – Handelsgesetzbuch, Kommentar, Band 1 (§§ 1–342a HGB), 2001

Erman, BGB-Kommentar, 11. Auflage 2004

Fleischhauer/Preuß, Handelsregisterrecht, 2006

Gustavus, Handelsregister-Anmeldungen, 6. Auflage 2005 mit Nachtrag zum 1.1.2007

Hachenburg, Großkommentar zum GmbHG, 8. Auflage, ab 1990

Hartmann, Kostengesetze, Kommentar, 37. Auflage 2007

Heidel (Hrsg.), Aktienrecht und Kapitalmarktrecht, 2. Auflage 2007

Hüffer, Aktiengesetz, Kommentar, 7. Auflage 2006

Jansen, FGG, 3. Auflage 2006

Jauernig, BGB, Bürgerliches Gesetzbuch, 12. Auflage 2007

Keidel/Kuntze/Winkler, Freiwillige Gerichtsbarkeit, Kommentar zum FGG, 15. Auflage 2003

Krafka/Willer, Registerrecht, 7. Auflage 2007

Koller/Roth/Morck, HGB, Kommentar, 5. Auflage 2005

Korintenberg/Lappe, Kostenordnung, Kommentar, 16. Auflage 2005

Lutter/Hommelhoff, GmbH-Gesetz, Kommentar, 16. Auflage 2004

Michalski, Kommentar zum Gesetz betreffend die Gesellschaften mit beschränkter Haftung, 2002

Müther, Handelsrecht, 2005

Allgemeines Literaturverzeichnis

Palandt, Bürgerliches Gesetzbuch, Kommentar, 66. Auflage 2007

Röhricht/Graf von Westphalen (Hrsg.), HGB-Kommentar, 2. Auflage 2002 inkl. Nachtrag 2003

Roth/Altmeppen, Gesetz betreffend die Gesellschaften mit beschränkter Haftung GmbHG, Kommentar, 5. Auflage 2005

Rowedder/Fuhrmann/Koppensteiner, Gesetz betreffend die Gesellschaften mit beschränkter Haftung (GmbHG), Kommentar, 4. Auflage 2002

Schlegelberger, Handelsgesetzbuch, Kommentar, 5. Auflage, ab 1973

Scholz, GmbH-Gesetz, Kommentar, Band 1 (§§ 1–34), 10. Auflage 2006, 9. Auflage 2000/2002

Ulmer/Habersack/Winter, GmbHG, Band 1 (§§ 1–28) 2005, Band 2 (§§ 29–52) 2006.

1. Kapitel: Grundlagen

§1 Das elektronische Handelsregister und andere Reformen

Literatur

Breitenstein/Meyding, Der Regierungsentwurf zum MoMiG: Die Deregulierung des GmbH-Rechts schreitet voran, BB 2007, 1457–1461; **Flesner**, Die GmbH-Reform (MoMiG) aus der Sicht der Akquisitions- und Restrukturierungspraxis, NZG 2006, 641–648; **Krafka**, Die gesellschafts- und registerrechtliche Bedeutung des geplanten FamFG, FGPrax 2007, 51–56; **Krafka/Willer**, Die elektronische Einreichung von Handelsregisteranmeldungen aus Sicht der Registerpraxis, DNotZ 2006, 885–891; **Malzer**, Elektronische Beglaubigung und Medientransfer durch den Notar nach dem Justizkommunikationsgesetz, DNotZ 2006, 9–32; **Melchior**, Handelsregisteranmeldungen und EHUG – Was ist neu?, NotBZ 2006, 409–415; **Meyding/Bödeker**, Gesetzentwurf über elektronische Handelsregister und Genossenschaftsregister sowie das Unternehmensregister (EHUG-E) – Willkommen im Online-Zeitalter!, BB 2006, 1009–1012; **Nedden/Boeger**, Das neue Registerrecht, FGPrax 2007, 1–6; **Noack**, Das EHUG ist beschlossen – elektronische Handels- und Unternehmensregister ab 2007, NZG 2006, 801–806; **ders.**, Das neue Gesetz über elektronische Handels- und Unternehmensregister – EHUG, 2007; **Ries**, Elektronisches Handels- und Unternehmensregister, Rpfleger 2006, 233–237; **ders.**, Das Handelsregister nach dem In-Kraft-Treten des EHUG, Rpfleger 2007, 252–253; **Roßnagel/Wilke**, Die rechtliche Bedeutung eingescannter Dokumente, NJW 2006, 2145–2150; **Schäfer**, Reform des GmbHG durch MoMiG – viel Lärm um nichts?, DStR 2006, 2085–2090; **Schlotter**, Das EHUG ist in Kraft getreten: Das Recht der Unternehmenspublizität hat eine neue Grundlage, BB 2007, 1–5; **Seibert/Deckert**, Das Gesetz über elektronische Handelsregister sowie das Unternehmensregister (EHUG) – Der Big Bang im Recht der Unternehmenspublizität, DB 2006, 2446–2451; **Seibert/Wedemann**, Der Schutz der Privaturkunde im elektronischen Handels- und Unternehmensregister, GmbHR 2007, 17–21; **Sikora/Schwab**, Das EHUG in der notariellen Praxis, MittBayNot 2007, 1–13; **Tiedke/Sikora**, Kosten im elektronischen Rechtsverkehr, MittBayNot 2006, 393–397.

A. Das elektronische Handelsregister

I. Überblick

Das Gesetz über elektronische Handelsregister und Genossenschaftsregister sowie das Unternehmensregister (EHUG) vom 10.11.2006[1] ist mit dem 1.1.2007 in Kraft getreten. Das Gesetz dient der Umsetzung der Richtlinien 2003/58/EG des Europäischen Parlaments und des Rates zur Änderung der Richtlinie 68/151/EWG in Bezug auf die Offenlegungspflichten von Gesell-

1

---

1 BGBl I S. 2553. Gesetzentwurf der BReG BT-Drucks 16/960.

schaften bestimmter Rechtsformen[2] und der Richtlinie 2004/109/EG des Europäischen Parlaments und des Rates zur Harmonisierung der Transparenzanforderungen in Bezug auf Informationen über Emittenten, deren Wertpapiere zum Handel auf einem geregelten Markt zugelassen sind, und zur Änderung der Richtlinie 2001/34/EG.[3] Nach diesen Richtlinien sind bestimmte unternehmensbezogene Daten zentral elektronisch abrufbar bereitzustellen.

2 Die zentrale Abrufbarkeit der unternehmensbezogenen Daten ist durch die Einrichtung eines sog. **Unternehmensregisters** (§ 8b HGB) erreicht worden, das elektronisch geführt wird und über das Internet erreichbar ist (www.unternehmensregister.de). Über dieses Register, das vom BMJ oder einem Beliehenen betrieben wird (§§ 8b Abs. 1, 9a HGB), sind neben den Eintragungen zum Handelsregister die Bekanntmachungen der Eintragungen und die eingereichten Dokumente einzusehen. Dies gilt für das Handels-, aber auch das Genossenschafts- und Partnerschaftsregister. Weiterhin sind die Unterlagen zur Rechnungslegung und deren Bekanntmachungen, die gesellschaftsrechtlichen Bekanntmachungen im elektronischen Handelsregister, die Bekanntmachungen der Insolvenzgerichte und die kapitalmarktrechtlich relevanten Bekanntmachungen über das Unternehmensregister zu erhalten. Die Einsicht in das Unternehmensregister ist jedermann gestattet, § 9 Abs. 1 HGB.

3 Im Zuge der Einführung dieses Unternehmensregisters hat der Gesetzgeber nicht nur eine entsprechende elektronische Einsehbarkeit der Informationen zum Handelsregister vorgesehen (§ 9 HGB),[4] die aufgrund entsprechender Vereinbarung der Länder[5] über einen gemeinsamen Internetzugang erfolgen kann (www.handelsregister.de), sondern die **elektronische Führung des Registers** angeordnet, § 8 Abs. 1 HGB. Dementsprechend sind etwa Anmeldungen und die mit ihnen einzureichenden Unterlagen in elektronischer Form einzureichen (vgl. § 12 HGB). Die Führung der Register in Papierform und das Recht auf Einreichung von Unterlagen in Papierform ist nur noch für eine

---

2 ABl EU Nr. L 221 S. 13; dazu *Noack*, S. 23.
3 ABl EU Nr. L 390 S. 38; dazu *Noack*, S. 25.
4 Zum Antrag auf Übermittlung von Papierdokumenten in elektronischer Form: § 9 Abs. 2 HGB.
5 Vgl. beispielhaft: Staatsvertrag zwischen dem Land Berlin und dem Land Nordrhein-Westfalen über die Übertragung von Aufgaben nach § 9 Abs. 1 und § 10 HGB zur Errichtung und zum Betrieb eines gemeinsamen Registerportals der Länder vom 30. November 2006.

Übergangszeit bis zum 31.12.2009 zulässig (Art. 61 Abs. 1 S. 1 EGHGB) und muss durch Rechtsverordnung auf Landesebene angeordnet sein.

Neben diesen Änderungen ist das **Bekanntmachungssystem** auf die elektronische Registerführung umgestellt worden. Über die Eintragung hinausgehende Bekanntmachungen, wie sie etwa bei der Sachgründung oder der Sachkapitalerhöhung bei der GmbH vorgesehen waren (vgl. §§ 10 Abs. 3, 57b GmbHG a.F.), sind entfallen. Die entsprechenden Informationen können durch Einsicht in das Register erlangt werden.[6] Darüber hinaus besteht die Möglichkeit, dass die Unternehmen die Dokumente zusätzlich in anderen Amtssprachen der EU einreichen, § 11 HGB. Ebenso kann die Übermittlung der Eintragung in diesen Sprachen erfolgen. Auch das **Zweigniederlassungsrecht** hat Anpassungen erfahren. Es erfolgt lediglich noch eine Eintragung beim Gericht der Hauptniederlassung, die Eintragungen beim Gericht der Zweigniederlassungen sind vollständig entfallen, vgl. dazu § 13 Rn 3. Die bisherigen Eintragungen bei den Gerichten der Zweigniederlassungen werden geschlossen, Art. 61 Abs. 6 EGHGB. Nach der Vorstellung des Gesetzgebers ist mit der elektronischen Registerführung auch die Notwendigkeit einer **Zeichnungspflicht der Vertretungsorgane** entbehrlich, weil die Echtheitsprüfung durch das im elektronischen Register allein mögliche Einscannen der Unterschrift nicht mehr ausreichend stattfinden kann.[7]

II. Die elektronische Registeranmeldung im Einzelnen

Nach § 12 Abs. 1 S. 1 HGB ist die Registeranmeldung nunmehr **elektronisch in öffentlich beglaubigter Form** einzureichen. Die Regelung ist **zwingend**, die Einreichung der Unterlagen in anderer Form ist damit – soweit nicht ausdrücklich zugelassen[8] – unzulässig.[9] Die **inhaltlichen Anforderungen** an die Anmeldungen ändern sich durch die Pflicht zur Einreichung in elektronischer Form nicht. Auch wenn sich durch die elektro-

---

6 Vgl. Begründung BT-Drucks 16/960, S. 34.
7 Begründung BT-Drucks 16/960, S. 47.
8 Vgl. Art. 61 Abs. 1 Satz 1 EGHGB, wonach auf Landesebene die Zulässigkeit der Einreichung in Papierform bis zum 31. Dezember 2009 zugelassen werden kann. Nach § 4 der Musterverordnung zu § 8a Abs. 1 HGB kann die Einreichung der Papierform durch den Gerichtsvorstand für zulässig erklärt werden, wenn eine Entgegennahme durch die elektronische Poststelle nicht möglich ist.
9 Bedenklich daher der Vorschlag von *Melchior*, NotBZ 2006, 409, 411.

nische Registerführung die Möglichkeit ergibt, die Angaben aus der Anmeldung direkt in die Eintragung zu übernehmen, besteht nach der derzeitigen Rechtslage weder die Pflicht der Anmelder zur Verwendung bestimmter Formulierungen noch die Pflicht des Registergerichts zur Übernahme dieser Formulierungen. Gleichwohl steht entsprechende Software zur Verfügung, die eine entsprechende Übernahme ermöglicht.[10]

6 Die öffentliche Beglaubigung der Anmeldung erfolgt durch ein **einfaches elektronisches Zeugnis** nach § 39a BeurkG.[11] Nach dieser Vorschrift muss das Dokument mit einer qualifizierten elektronischen Signatur nach dem Signaturgesetz (vgl. § 2 Nr. 3 SigG) versehen sein, § 39a S. 2 BeurkG. Diese Signatur muss auf Dauer prüfbar sein, und das Zeugnis muss mit einer Bestätigung der Notareigenschaft versehen sein. Die Prüfbarkeit auf Dauer ist dabei dann erfüllt, wenn die Signatur unter Zuhilfenahme eines sog. akkreditierten Zertifizierungsanbieters (vgl. § 15 SigG) erstellt wird.[12] Die Notareigenschaft wird durch ein Attribut nach § 5 Abs. 2 SigG in die Signatur eingefügt. Die Form nach § 12 Abs. 1 S. 1 HGB gilt nach S. 2 auch für die sog. Anmeldevollmachten.

7 Die **technischen Voraussetzungen** für die Übermittlung der elektronischen Dokumente an das Registergericht werden nach § 8a Abs. 2 S. 1 HGB durch **Rechtsverordnungen** auf Landesebene[13] festgelegt, denen allerdings eine gemeinsam erarbeitete Musterverordnung zugrunde liegt.[14] Von besonderer Bedeutung ist insoweit, dass durch die entsprechenden Verordnungen die

---

10 *Noack/Willer*, S. 51 f.; *Krafka/Willer*, DNotZ 2006, 885; *Krafka/Willer*, Rn 138 ff.
11 Zu den kostenrechtlichen Aspekten: *Tiedke/Sikora*, MittBayNot 2006, 393.
12 Vgl. *Noack/Gassen*, S. 74.
13 Vgl. etwa Verordnung über den elektronischen Rechtsverkehr mit der Justiz im Land Berlin (ERVJustizV) v. 27.12.2006, GVBl S. 1167. Weitere VOen in diesem Zusammenhang: VO Baden-Württemberg v. 11.12.2006, GVBl 2006, 393; VO Bayern v. 15.12.2006, GVBl 2006, 1084; VO Brandenburg v. 14.12.2006, GVBl II 2006, 558; VOen Bremen v. 18.12.2006, GVBl 2006, 547, 548; VO Hamburg v. 2.1.2007, GVBl 2007, 1; VO Mecklenburg-Vorpommern v. 5.1.2007, GVBl 2007, 24; VO Niedersachsen v. 14.12.2006, GVBl 2006, 596; VO Nordrhein-Westfalen v. 19.12.2006, GVBl 2006, 606; VO Rheinland-Pfalz v. 12.12.2006, GVBl 2006, 444; VO Saarland v. 12.12.2006, GVBl 2006, 2237; VO Sachsen v. 12.12.2006, GVBl 2006, 544; VO Sachsen-Anhalt v. 19.12.2006, GVBl 2006, 560; VO Schleswig-Holstein v. 12.12.2006, GVBl 2006, 361; VO Thüringen v. 5.12.2006, GVBl 2006, 560.
14 Noack/Gassen, S. 74 f.; Grundlage der Regelungen sind die Organisatorisch-Technischen Leitlinien für den elektronischen Rechtsverkehr mit den Gerichten und Staatsanwaltschaften (OT-Leit); www.justiz.de/BLK/regelungen/ot-leit.pdf. Es handelt sich dabei um Verwaltungsrichtlinien.

nutzbaren Dateiformate festgelegt werden.[15] Die genauen Anforderungen an die jeweiligen Dateien und die jeweiligen Zugangswege sind nach den jeweiligen Rechtsverordnungen bekannt zu geben.[16] Sie sind unter der Adresse www.egvp.de im Internet abrufbar.

III. Die elektronischen Dokumente

Die Pflicht zur elektronischen Einreichung betrifft nicht nur die Anmeldungen und Registervollmachten, sondern – entsprechend den Vorgaben in den zugrunde liegenden Richtlinien – auch die mit **den Anmeldungen einzureichenden Dokumente**, § 12 Abs. 2 S. 1 HGB. Aus Gründen der Klarstellung hat der Gesetzgeber bei den Vorschriften über die Erstanmeldung der Kapitalgesellschaften noch einmal ausdrücklich auf die Regelung in § 12 Abs. 2 HGB verwiesen, § 8 Abs. 5 GmbHG, § 37 Abs. 5 AktG. Das Gesetz unterscheidet insoweit zwischen der elektronischen Aufzeichnung (§ 12 Abs. 2 S. 2 Alt. 1 HGB) und den mit einfachem elektronischen Zeugnis versehenen Dokumenten (§ 12 Abs. 2 S. 2 Alt. 2 HGB).

8

Die **elektronische Aufzeichnung** (§ 12 Abs. 2 S. 2 Alt. 1 HGB), die in der einfachen Erstellung eines elektronischen Dokuments besteht, also keiner irgendwie gearteten Signatur bedarf, ist ausreichend, wenn ein Dokument in Urschrift, als einfache Abschrift oder als Dokument in Schriftform einzureichen ist. Ob dies der Fall ist, richtet sich nach den allgemeinen registerrechtlichen Regeln. Die elektronische Aufzeichnung kann durch **Einscannen eines Papierdokuments** erfolgen, aber auch durch **originäre elektronische Erstellung**, z.B.: das Protokoll der Gesellschafterversammlung wird durch Eintippen in den Computer erstellt. Im letzteren Fall muss allerdings erkennbar sein, dass es sich nicht nur um einen Entwurf handelt. Dies setzt voraus, dass das Dokument einen Abschlussvermerk enthält, wie er auch nach § 126b BGB für Erklärungen in Textform vorgesehen ist. Soweit Schriftform vorgesehen ist, kommt neben der Möglichkeit des Einscannens die Erstellung eines **Schriftstücks nach § 126a BGB** in Betracht. Danach ist eine qualifizierte elektronische Signatur erforderlich, die bei einer originären elektronischen Form nicht verzichtbar ist, weil andernfalls die Schriftform nicht

9

---

15 § 2 Abs. 3 ERVJustizV Bln: ASCII, Unicode, Microsoft RTF, Adobe PDF, XML, TIFF, Microsoft Word (ohne aktive Komponenten).
16 § 3 ERVJustizV Bln.

gewahrt ist. Geht es um eine eigene Erklärung der Anmelder bzw. der Gesellschaft, reicht zur Erstellung einer elektronischen Aufzeichnung entsprechend § 257 Abs. 3 S. 1 Nr. 1 HGB die inhaltliche Wiedergabe aus.

10 Ist ein notariell beurkundetes Dokument oder eine beglaubigte Abschrift eines Dokuments einzureichen, ist das **Dokument mit einem einfachen elektronischen Zeugnis** zu versehen (§ 12 Abs. 2 S. 2 Alt. 2 HGB). Das Dokument ist daher durch den Notar gemäß § 39a BeurkG zu erstellen (vgl. dazu Rn 6).

11 Unklar ist die Einreichungsform, wenn nicht von einem Notar erstellte **öffentliche Urkunden** vorzulegen sind, wie dies etwa nach § 12 Abs. 1 S. 3 HGB zum Nachweis der Rechtsnachfolge vorgesehen ist. Die Regelung in § 12 Abs. 2 S. 2 Alt. 2 HGB gilt nicht unmittelbar, weil die öffentliche Urkunde regelmäßig in Ausfertigung einzureichen ist, die der Urschrift gleichsteht, so dass § 12 Abs. 2 S. 2 Alt. 1 HGB Anwendung finden könnte. Eine Pflicht zur Einreichung von beglaubigten Abschriften kennt das Registerrecht nicht, diese Möglichkeit stand den Beteiligten bisher immer nur als Alternative zur Verfügung, vgl. § 435 ZPO. Der Gesetzgeber ist aber davon ausgegangen, dass in diesen Fällen beglaubigte Abschriften eingereicht werden müssen, so dass gerade diese Urkunden mit einfachem elektronischen Zeugnis versehen sein müssen.[17]

12 Von der Regelung in § 12 HGB nicht unmittelbar erfasst werden andere Dokumente, die unabhängig von einer Anmeldung einzureichen sind. Dies betrifft etwa die **Gesellschafterliste** nach § 40 GmbHG oder die **Liste über die Zusammensetzung des Aufsichtsrates** nach § 106 AktG. Auch insoweit wird die Einreichung in elektronischer Form nach § 12 Abs. 2 S. 1 HGB nach Sinn und Zweck des Gesetzes erforderlich sein. Denn die entsprechenden Unterlagen sind als elektronische Dokumente bekannt zu machen und zur Einsicht zur Verfügung zu stellen.

13 Mit der Umstellung auf eine elektronische Registerführung und der Einreichung einer Vielzahl von Unterlagen als elektronische Aufzeichnung nimmt der **Beweiswert** der einzureichenden Unterlagen ab.[18] Dies ist vom Gesetzgeber bewusst hingenommen worden. Zum besonderen Fall der Pflicht zur Einreichung eines Erbscheins vgl. § 10 Rn 37. Die elektronische Regis-

---

17 Begründung, S. 45 zum Erbschein.
18 Vgl. allgemein: *Roßnagel/Wilke*, NJW 2006, 2145.

terführung schließt es allerdings nicht aus, dass das Gericht bei auf konkreten Tatsachen gegründeten Zweifeln eine Vorlage der entsprechenden Unterlagen in Papierform anordnet, soweit eine solche Vorlage möglich ist.

Nicht erfasst von der Regelung des § 12 HGB werden die Rechtsbehelfe und Rechtsmittel, wie etwa der Widerspruch nach § 142 FGG, der Einspruch nach § 134 FGG oder die Beschwerde nach § 19 FGG. Diese unterliegen den allgemeinen Anforderungen nach dem FGG und können daher etwa auch in Schriftform eingereicht werden. 14

IV. Die Offenlegung der Jahresabschlüsse

Eine grundlegende Änderung hat das EHUG für das System der Offenlegung der Jahresabschlüsse gebracht. Bisher mussten die publizitätspflichtigen Unternehmen ihre Jahresabschlüsse jeweils bei dem für sie zuständigen Registergericht einreichen. Nach der Neuregelung sind die Jahresabschlüsse nunmehr nach § 325 Abs. 1 S. 1 HGB zentral beim **Betreiber des elektronischen Bundesanzeigers** einzureichen. Mit dieser Zuständigkeitsübertragung entfällt auch die Zuständigkeit der Registergerichte zur Durchsetzung der Aufstellungs- und Einreichungspflichten. Die nach dem Gesetzentwurf noch vorgesehene Umstellung der Sanktionen bei Pflichtverletzungen auf Bußgeldnormen ist auf Anregung des Bundesrates entfallen. Dieser hatte Bedenken geltend gemacht, weil die Verfolgung als Ordnungswidrigkeit jeweils Verschulden voraussetzt (§ 11 OWiG). Es bleibt daher dabei, dass Offenlegungspflichten durch die Androhung und Festsetzung von Ordnungsgeldern durchgesetzt werden, vgl. § 335 HGB. Zuständig hierfür ist das neu eingerichtete Bundesamt für Justiz. Die Neuregelungen gelten für die Jahresabschlüsse, die die Geschäftsjahre betreffen, die nach dem 31.12.2005 beginnen. Für ältere Jahresabschlüsse verbleibt es bei der bisherigen Rechtslage, Art. 61 Abs. 5 EGHGB. 15

B. Der Entwurf zu einem FamFG

16 Neben dem bereits in Kraft getretenen EHUG stehen weitere Reformen an, die Einfluss auf das Registerrecht haben. So liegt bereits ein Entwurf zu einem Gesetz zur Reform des Verfahrens in Familiensachen und in den Angelegenheiten der freiwilligen Gerichtsbarkeit (FGG-Reformgesetz) vor.[19] Mit diesem Gesetz soll nunmehr[20] das FGG grundlegend reformiert werden. Ziel ist es, die lückenhaften Regelungen des bisherigen FGG zu reformieren und modernen rechtsstaatlichen Grundsätzen anzupassen.[21] Dies soll vor allem durch einen anwenderfreundlichen Gesetzesaufbau und eine Koordinierung mit anderen Verfahrensordnungen erreicht werden. Hiervon ist auch das Registerrecht, das dem klassischen Bereich der freiwilligen Gerichtsbarkeit zuzurechnen ist und bisher im siebten Abschnitt des FGG geregelt ist, betroffen. Allerdings ist es unverkennbar, dass das Augenmerk der Verfasser auf einer Neuregelung der familienrechtlichen Verfahren lag.

17 Dementsprechend bringt das Gesetz keine unmittelbar wesentlichen Änderungen für die das Registerrecht betreffenden Vorschriften.[22] Der Begriff der Handelssachen, bisher 7. Abschnitt des FGG, der neben den Handelsregistersachen auch die Verfahren nach § 145 FGG erfasste, wird fallen gelassen. Es wird von vornherein zwischen Registersachen und den Verfahren nach §§ 145, 148 FGG getrennt, die nunmehr als unternehmensrechtliche Verfahren bezeichnet werden.

18 Bedeutsamere Änderungen ergeben sich allerdings aus dem allgemeinen Teil.[23] Während verfahrensrechtlicher Kern weiterhin die Amtsermittlungspflicht bleibt (§ 14 FamFG-Entwurf), soll das Rechtsmittelrecht stärker formalisiert werden.[24] So ist die Einführung der sofortigen Beschwerde für

---

19 Der Referentenentwurf stammt vom Juni 2005 und erhielt im Februar 2006 eine etwas geänderte Fassung, die Grundlage der Ausführungen ist. Seit dem 9.5.2007 liegt auch ein Regierungsentwurf vor.

20 Vgl. näher, insbesondere auch zu dem Kommissionsentwurf 1977, Jansen/*von Schuckmann*, Einl Rn 38 ff.

21 Begründung des Entwurfs, S. 305.

22 Vgl. Jansen/*Steder*, vor §§ 125–158 Rn 32 ff. mit einer synoptischen Darstellung der Vorschriften; kritisch wegen der fehlenden Klärung von Streitfragen: *Krafka*, FGPrax 2007, 51, 55.

23 Aber nicht wegen der Neufassung des Beteiligtenbegriffs (§ 8 FamFG-Entwurf). Die Fassung entspricht der bisherigen Rechtslage. A.A. *Krafka*, FGPrax 2007, 51, 52.

24 Ob und in welcher Form es bei der Zwischenverfügung bleibt, lässt der Entwurf offen. Vgl. dazu *Krafka*, FGPrax 2007, 51, 52/53.

alle Endentscheidungen, die durch begründeten Beschluss zu erfolgen hat, vorgesehen (§§ 38, 62 FamFG-Entwurf). Die Entscheidungen sind jeweils mit einer Rechtsmittelbelehrung zu versehen (§ 39 FamFG). Beschwerdegericht in Registersachen und in den unternehmensrechtlichen Verfahren ist nach dem Referentenentwurf nicht mehr das Landgericht – und damit auch nicht mehr eine mit Handelsrichtern besetzte Beschwerdekammer (§ 30 Abs. 1 S. 2 FGG) –, sondern das OLG (§ 119 Abs. 1 Nr. 1 lit. b GVG i.d.F. des FamFG-Entwurf). Die Rechtsbeschwerde ist zulassungsbedürftig (§§ 73 ff. FamFG-Entwurf). Über die weitere Beschwerde entscheidet der BGH (§ 133 GVG i.d.F. des FamFG-Entwurf), der an die Zulassung nicht gebunden ist (§ 73 Abs. 2 S. 2 FamFG-Entwurf).

C. Der Entwurf zu einem MoMiG

Weiterhin liegen ein Referentenentwurf vom 29.5.2006 und ein Regierungsentwurf vom 23.5.2007 zu einem Gesetz zur Modernisierung des GmbH-Rechts und zur Bekämpfung von Missbräuchen (MoMiG) vor.[25] Dieses Gesetz führt nach den vorliegenden Entwürfen zu Änderungen, die auch einen nicht unerheblichen Einfluss auf das Registerrecht haben.

19

Vorgesehen ist zunächst die **Absenkung des Mindeststammkapitals** auf einen Betrag von 10.000 EUR (§ 5 Abs. 1 GmbHG-Entwurf). Mit dieser Änderung sollen auch das Verbot der Übernahme mehrerer Geschäftsanteile (§ 5 Abs. 2 GmbHG) und das Verbot der Teilung von Geschäftsanteilen zur Übertragung mehrerer Anteile auf einen Erwerber (§ 17 GmbHG) aufgehoben werden. Die Anteilsgröße soll dabei individuell gestaltet werden können, sie muss nur mindestens einen EUR betragen und auf volle EUR lauten (§ 5 Abs. 2 und 3 GmbHG-Entwurf). Ergänzend sollen die Sonderbestimmungen für die Einpersonen-Gründung aufgehoben werden (§§ 7 Abs. 2 S. 3, 19 Abs. 4 GmbHG).

20

In Ergänzung zu diesen Änderungen ist auch die Einführung einer besonderen Form der GmbH vorgesehen, die unter der Bezeichnung **Unternehmergesellschaft haftungsbeschränkt** firmieren soll (UG haftungsbeschränkt). Für diese Gesellschaften soll eine Bindung an das Mindestkapital nicht bestehen. Im Gegenzug sind aber 25% des Jahresüberschusses in eine

21

---

25 Vgl. *Schäfer*, DStR 2006, 2085; *Flesner*, NZG 2006, 641; *Breitenstein/Meyding*, BB 2007, 1457.

gesetzliche Rücklage einzubringen, die nicht ausgeschüttet werden darf. Im Übrigen soll die UG haftungsbeschränkt allen anderen Regelungen des GmbH-Rechts unterliegen.

22 Zur Beschleunigung des Registerverfahrens ist darüber hinaus eine Änderung des § 8 Abs. 1 Nr. 6 GmbHG vorgesehen, der die **Vorlage der staatlichen Genehmigung** vorsieht, wenn der gewählte Unternehmensgegenstand genehmigungspflichtig ist (zur bisherigen Rechtslage, § 6 Rn 40). Nach dem Referentenentwurf bedarf es zur Eintragung der Vorlage der Genehmigung nicht, sie ist aber binnen drei Monaten nachzureichen. Die insoweit vorgeschlagene Sanktionsregelung, die zu einer Anwendung des § 141a Abs. 2 FGG führen soll, ist allerdings kaum überzeugend. Denn § 141a FGG betrifft die Löschung von Gesellschaften, die aufgrund des Fehlens von Vermögen nicht mehr aktiv am Rechtsleben teilnehmen können. Wird demgegenüber eine gerade gegründete Gesellschaft gelöscht, die regelmäßig noch über Vermögen verfügt und in nicht abgewickelte Rechtsverhältnisse eingebunden ist, ist die Anordnung der Nachtragsliquidation notwendige Folge. Systemgerecht wäre es daher, eine Eintragung der Nichtigkeit nach § 144a FGG vorzusehen. Diese Nichtigkeit hätte als nicht heilbar ausgestaltet werden können. Die Nichtigkeit führt zu einer Liquidation der Gesellschaft, die durch die von der Gesellschaft bestellten Organe vorzunehmen ist, und erst nach deren Abschluss zu einer Löschung. Mit dem Regierungsentwurf ist eine Vorlage der Genehmigung überhaupt nicht mehr vorgesehen.[26] Eine entsprechende Prüfung der öffentlichen-rechtlichen Genehmigungen würde dann durch das Registergericht entsprechend § 7 HGB nicht mehr erfolgen.

23 Soweit die Gründer die nach dem Gesetzentwurf vorgesehenen Muster für einen Gesellschaftsvertrag, Niederschrift einer Gesellschafterversammlung, einer Gesellschafterliste und einer Registeranmeldung verwenden, soll auch eine **notarielle Beurkundungspflicht** entfallen, was eine erhebliche Verkürzung des Gründungsverfahrens zur Folge haben dürfte. Es soll allein bei der Form des § 12 Abs. 1 HGB verbleiben.[27]

24 Ein besonders wichtiger und begrüßenswerter Änderungsvorschlag betrifft die Regelung zur **Sitzbegründung in § 4a GmbHG**, die es deutschen Gesellschaften unmöglich gemacht hat, den eigentlichen Sitz der Gesell-

---

26 Vgl. *Breitenstein/Meyding*, BB 2007, 1457, 1458.
27 Näher *Breitenstein/Meyding*, BB 2007, 1457.

schaft im Ausland zu nehmen (vgl. dazu § 6 Rn 140). Um insoweit eine erweiterte Wettbewerbsfähigkeit der Gesellschaftsform GmbH und hierdurch vor allem eine Angleichung an die englische Ltd. zu erreichen, ist an eine Aufhebung des § 4a Abs. 2 GmbHG gedacht. Die Gesellschaft darf dann ihren Verwaltungssitz im Ausland nehmen, sie muss nur für eine Erreichbarkeit in Deutschland sorgen. Dazu ist eine für Zustellungen maßgebliche inländische Geschäftsanschrift anzugeben, die auch entsprechend zu aktualisieren ist und in das Register eingetragen werden soll (§§ 8 Abs. 4, 10 GmbHG-Entwurf). Als Sanktion ist eine Erleichterung der öffentlichen Zustellung vorgesehen, wenn unter der benannten Anschrift eine Zustellung auch durch Niederlegung faktisch nicht möglich ist (§ 185 Nr. 2 ZPO, § 15a HGB nach dem Entwurf). Auch bei der Aktiengesellschaft soll die Vorschrift des § 5 AktG zum Sitz entsprechend geändert werden. Die Verpflichtung zur Angabe einer inländischen Zustellanschrift soll auch alle weiteren registerpflichtigen Unternehmensformen betreffen.

Die bisher nicht befriedigend gelösten Probleme der Anwendung der **Inhabilitätsvorschriften** (§ 6 Abs. 2 GmbHG, § 76 Abs. 3 AktG) auf die Vertretungsorgane ausländischer Gesellschaften mit einer inländischen Zweigniederlassung (vgl. dazu allgemein § 13 Rn 18 ff.) sollen durch eine entsprechende Regelung im Zweigniederlassungsrecht gelöst werden, vgl. § 13e Abs. 3 S. 2 HGB. Die Inhabilitätsvorschriften sollen außerdem um bestimmte Straftatbestände erweitert werden, die vor allem Insolvenzstraftaten betreffen (§§ 399 bis 401 Abs. 1 AktG, §§ 82, 84 Abs. 1 GmbHG). 25

Schließlich ist eine rechtliche Aufwertung der **Gesellschafterliste** vorgesehen. Zum einen ist vorgesehen, die Eintragung in die Gesellschafterliste als Voraussetzung für die Anerkennung als Gesellschafter durch die Gesellschaft vorzusehen. Zum anderen soll über eine Eintragung in die Gesellschafterliste ein gutgläubiger Erwerb eines Geschäftsanteils möglich sein. 26

Die weiter vorgesehenen Änderungen, wie eine **Insolvenzantragspflicht** der Gesellschafter (§ 64 Abs. 1 GmbHG) und eine erweiterte Haftung der Geschäftsführer bei einer Ausplünderung der Gesellschaft durch die Gesellschafter (§ 64 Abs. 2 GmbHG), die vorgesehenen Änderungen zum Eigenkapitalersatzrecht und zur Zulassung des Cash-Pooling, sind für das Registerrecht weniger relevant. 27

§ 2 Die Grundlagen der FGG-Handelssachen

Literatur

Gernot, Das deutsche Handelsregister – telekommunikative Steinzeit im Zeichen des europäischen Wettbewerbs, BB 2004, 837–844; **Kögel**, Die Bekanntmachung von Handelsregistereintragungen: Relikt aus dem vergangenen Jahrhundert, BB 2004, 844–847; **Krafka**, Grundsätze des Registerrechts, 2004; **Noack**, Online-Unternehmensregister in Deutschland und Europa – Bemerkungen zu einem ERJuKoG, BB 2001, 1201–1207, ders., Das neue Gesetz über elektronische Handels- und Unternehmensregister – EHUG, 2007; **Ries**, Das Handelsregister nach dem In-Kraft-Treten des EHUG, Rpfleger 2007, 252–253; **Seibert**, Der Online-Abruf aus dem Handelsregister kommt, BB 2001, 2494–2496; **Stumpf**, Das Handelsregister nach der HGB-Reform, BB 1998, 2380–2383; **Willer/Krafka**, Besonderheiten der elektronischen Registerführung, Rpfleger 2002, 411–414.

A. Die Handelsregistersachen als FGG-Handelssachen

I. Überblick

Der Siebente Abschnitt des Gesetzes über die Angelegenheiten der Freiwilligen Gerichtsbarkeit (FGG) befasst sich mit den **Handelssachen (§§ 125–158 FGG)**.[1] Die dort geregelten Verfahren betreffen nicht nur die **Führung des Handelsregisters** und die **Aufgaben des Registergerichts**. Als Handelssache ist nach § 147 FGG auch die **Führung des Genossenschaftsregisters** anzusehen.[2] Von einer genauen Darstellung dieses Rechtsgebiets ist hier allerdings abgesehen worden. Wegen der Ähnlichkeiten mit dem Handelsregisterrecht geben aber die Ausführungen hierzu auch Aufschluss über die Handhabung bei den Genossenschaften. Ebenfalls als Handelssache gelten die sich auf die **Schadensverteilung bei einer großen Haverei** (Dispache) nach §§ 148 ff. FGG beziehenden Verfahren. Da es sich insoweit nicht um Verfahren auf dem Gebiet des Gesellschaftsrechts handelt, bleiben auch diese Vorschriften ebenso wie das Rechtsgebiet der **Verklarung** (§ 145a FGG) im Folgenden unberücksichtigt. Weitere Handelssachen sind die in § 145 FGG genannten Aufgaben. Diese werden hier mit behandelt, soweit sie wie die gerichtliche Bestellung von Organmitgliedern oder von

1

---

1 Auch die allgemeinen Vorschriften des FGG (§§ 1–34) gelten: Jansen/*Steder*, § 125 Rn 1; rechtshistorischer Abriss zum Registerrecht bei *Krafka*, S. 6 ff.
2 BayObLG Rpfleger 1989, 331; zur Frage, ob die Genossenschaft Handelsgesellschaft i.S.d. § 95 GVG ist: Zöller/*Gummer*, § 95 GVG Rn 8.

externen Prüfern bei der Aktiengesellschaft eine besondere Nähe zum Handelsregisterrecht aufweisen.

II. GVG-Handelssachen

2 Nicht identisch ist der Begriff der Handelssachen im Sinne des FGG mit dem zivilprozessualen Begriff der Handelssachen im Sinne des § 95 GVG.[3] Dies zeigt sich auch daran, dass für die FGG-Handelssachen das Amtsgericht und für die GVG-Handelssachen das Landgericht mit seinen Kammern für Handelssachen zuständig ist. Soweit aber – wie dies bei Rechtsmitteln (vgl. § 16 Rn 12) oder bei § 143 FGG (vgl. § 15 Rn 48) der Fall ist – eine Zuständigkeit des Landgerichts begründet ist, sind die Kammern für Handelssachen berufen (vgl. § 30 Abs. 1 S. 2 FGG).

III. Weitere Rechtsvorschriften

3 Neben dem FGG enthalten die einzelne Gesellschaftsformen betreffenden Gesetze Vorschriften für das Handelsregister oder Tatbestände, die die Einleitung eines FGG-Verfahrens nach den Vorschriften des Siebenten Abschnittes rechtfertigen. So finden sich etwa die einzelnen Anmeldetatbestände in den Gesetzen über die GmbH (vgl. etwa §§ 7, 39, 54, 57, 65, 67, 74 GmbHG), im Aktiengesetz (vgl. etwa §§ 36, 81, 181, 184, 188 AktG), aber auch im Handelsgesetzbuch (vgl. etwa §§ 29, 31, 106 bis 108, 125 Abs. 4, 148, 157, 162, 175 HGB). Das HGB enthält darüber hinaus weitere Vorschriften über die Organisation und das Verfahren im Handelsregister (vgl. §§ 8 bis 16 HGB).

4 Die genaue Einrichtung und Organisation des Handelsregisters ergibt sich schließlich aus der **„Verordnung über die Einrichtung und Führung des Handelsregisters – Handelsregisterverordnung (HRV)"**.[4] Ermächtigungsgrundlage für diese Verordnung ist § 125 Abs. 3 FGG.

---

3 *Bumiller/Winkler*, vor § 125 Rn 1.
4 I.d.F. des EHUG v. 10.11.2006, BGBl I S. 2553. Bis zur Änderung durch den Erlass der Verordnung zur Erleichterung der Registerautomation v. 11.12.2001, BGBl I S. 3688 lautete die Bezeichnung „Allgemeine Verfügung über die Einrichtung und Führung des Handelsregisters (Handelsregisterverfügung)" v.12.8.1937, RMBl S. 515.

Die gerichtsinterne Verteilung der Geschäfte zwischen Rechtspflegern und Richtern findet sich in §§ 3 Nr. 2d, 17 RPflG. Es handelt sich um sog. **Vorbehaltsaufgaben.** Dies bedeutet, dass der Rechtspfleger dann zuständig ist, wenn nicht eine dem Richter vorbehaltene, nach § 17 RPflG enumerativ aufgezählte Aufgabe vorliegt (vgl. näher Rn 22).

B. Das Handelsregister im Einzelnen

I. Aufgaben und Bedeutung des Handelsregisters

1. Registerpublizität

Das Handelsregister ist ein **öffentlich geführtes Register**, das über bestimmte im Handelsverkehr rechtserhebliche Tatsachen Auskunft erteilt.[5] So ergibt sich aus dem Register etwa, wer Gesellschafter einer offenen Handelsgesellschaft ist und damit für die Verbindlichkeiten der Gesellschaft persönlich haftet oder wer eine GmbH im Rechtsverkehr zu vertreten hat und damit in der Klageschrift für eine ordnungsgemäße Zustellung als Vertreter zu benennen ist. Diese **Publizitätsfunktion** wird durch die Bekanntmachung in dem von der Landesjustizverwaltung bestimmten elektronischen Informations- und Kommunikationssystem nach § 10 HGB und durch die Wiedergabe in dem neu geschaffenen Unternehmensregister (§ 9b Abs. 2 Nr. 1 HGB) verwirklicht. Die früher allein vorgesehene Bekanntmachung in Papierpublikationen ist lediglich noch für eine Übergangszeit bis zum 31.12.2008 vorgesehen, Art. 61 Abs. 4 S. 1 EGHGB. Die Bestimmung der Blätter erfolgt entsprechend der früheren Regelung durch die beim Handelsregister tätigen Richter, Art. 61 Abs. 4 S. 2 und 3 EGHGB.[6] Für den Eintritt der Wirkungen der Eintragung ist allerdings allein die Bekanntmachung in dem elektronischen Medium entscheidend, vgl. Art. 61 Abs. 4 S. 4 EGHBG.

Daneben steht jedermann ein **unbeschränktes Einsichtsrecht** in das Handelsregister und in die zum Handelsregister eingereichten Dokumente zu (vgl. § 9 Abs. 1 S. 1 HGB). Es kann nach § 9 Abs. 4 HGB auch der Ausdruck dieser Dokumente verlangt werden.[7] Die Einsichtnahme kann auch über das

---

5 Baumbach/*Hopt*, § 8 Rn 1; *Koller/Roth/Morck*, § 8 Rn 1; *Bumiller/Winkler*, § 125 Rn 1.
6 Zum Verfahren: LG Berlin BB 1997, 955 mit Anm. *Müther*; OLG Celle BB 1997, 2292; vgl. auch *Kögel*, BB 2004, 844 und OLG Düsseldorf BB 2004, 1829.
7 Zu einem entsprechenden Regierungsentwurf: *Noack*, BB 2001, 1261 ff.; *Seibert*, BB 2001, 2494 ff.

neu geschaffene gemeinsame Internetportal www.handelsregister.de oder das Unternehmensregister (www.unternehmensregister.de) erfolgen, vgl. dazu § 1 Rn 2. Für Dokumente, die bisher nur in Papierform eingereicht sind, kann eine Übermittlung als elektronische Dokumente nur verlangt werden, wenn diese innerhalb der letzten zehn Jahre vor dem entsprechenden Antrag eingereicht worden sind, § 9 Abs. 2 HGB, Art. 61 Abs. 3 S. 1 EGHGB. Das Einsichtsrecht ist nicht durch ein rechtliches Interesse oder auch nur wirtschaftliches Interesse begrenzt.[8] Es bezieht sich allerdings auch nicht auf die gesamten bei dem Registergericht geführten Akten, sondern lediglich auf die eingereichten Schriftstücke wie die Anmeldungen, Gesellschafterbeschlüsse, Gesellschaftsverträge, Gesellschafterlisten, Jahresabschlüsse etc.[9] sowie die Unterlagen, die nach § 11 Abs. 1 HGB in der Amtssprache eines der Mitgliedsstaaten der Europäischen Union eingereicht werden. Entsprechend werden auch für jede Gesellschaft neben dem Registerordner (§ 9 HRV) für die genannten Unterlagen – früher als Sonderband bezeichnet – weitere Akten geführt. Diese Akten – sog. Hauptbände (§ 8 HRV) – enthalten den übrigen Schriftverkehr.[10] Soweit die den Schriftverkehr des Gerichts und dessen Verfügungen u.Ä. enthaltenden weiteren Akten eingesehen oder Abschriften hieraus gefertigt werden sollen, bedarf es eines **berechtigten Interesses** nach § 34 Abs. 1 FGG.[11] Dieses berechtigte Interesse ist ein nach vernünftiger Erwägung durch die Sachlage gerechtfertigtes Interesse, das auch tatsächlicher und damit wirtschaftlicher Art sein kann.[12]

8   Die Publizitätsfunktion des Handelsregisters wird aber nur dann vollständig verwirklicht, wenn die Eintragungen auch bestimmte Rechtswirkungen entfalten. Das ist wiederum lediglich der Fall, wenn die Eintragungen auch

---

8 Nicht zulässig ist die Übernahme des ganzen Bestandes oder eines bestimmten Teils zu kommerziellen Zwecken, häufig zur Versendung von Vertragsangeboten in Rechnungsaufmachung in zeitlicher Nähe zur Eintragung, also auch keine Mikroverfilmung des Gesamtbestandes: BGHZ 108, 32 = NJW 1989, 2818. Zum Schutz der Bezeichnung „Handelsregister" vgl. § 8 Abs. 2 HGB.
9 Auch gerichtlich angeforderte Bankbelege: OLG Hamm BB 2006, 2548 = FGPrax 2007, 34. Wegen des Rechts und der Pflicht, die Vorlage entsprechender Unterlagen durch Zwangsgeld- oder Ordnungsgeldandrohung durchzusetzen, wird auf § 14 Rn 1 verwiesen.
10 *Krafka/Willer*, Rn 41 ff. Die Akten werden, soweit dies durch die Landesjustizverwaltung bestimmt worden ist, ebenfalls elektronisch geführt, § 8 Abs. 3 HRV. Vgl. etwa für Berlin: Anordnung zur Führung der elektronischen Registerakte in Handels-, Genossenschafts- und Partnerschaftsregistersachen vom 5.1.2007.
11 Baumbach/*Hopt*, § 9 Rn 1.
12 *Bumiller/Winkler*, § 34 Rn 5.

richtig sind oder jedenfalls als richtig gelten. Der Gesetzgeber hat dabei beide **Regelungskonzepte** eingesetzt. Er hat zum einen dem Registergericht eine Prüfungspflicht hinsichtlich der formellen und materiellen Voraussetzungen für eine Eintragung auferlegt (vgl. etwa § 12 Abs. 2 HGB, § 9c GmbHG). Zum anderen hat er an bestimmte Eintragungen bzw. an notwendige, aber fehlende Eintragungen besondere Rechtsfolgen geknüpft (vgl. § 15 HGB).

2. Eintragungs- und Bekanntmachungswirkungen

Während auf den Umfang der Prüfungspflicht noch später eingegangen wird (vgl. Rn 36 ff.), lassen sich die **Wirkungen** der Regelungen in **§ 15 HGB**[13] kurz wie folgt darstellen: 9

Der **Grundsatz** ist in § 15 Abs. 2 S. 1 HGB enthalten: Ein Dritter muss sich die Eintragungen in das Register auch ohne seine Kenntnis von der Eintragung entgegenhalten lassen. Anderes gilt nach § 15 Abs. 2 S. 2 HGB nur dann, wenn die Bekanntmachung der Eintragung nicht älter als fünfzehn Tage ist und der Dritte beweist, dass er von der Eintragung keine Kenntnis hatte und auch keine Kenntnis haben konnte. 10

Eine sog. **negative Publizitätswirkung** verwirklicht die Regelung des **§ 15 Abs. 1 HGB**. Danach kann sich ein zur Bewirkung der Eintragung Verpflichteter nicht auf eine Änderung eines eintragungspflichtigen Umstandes berufen, wenn diese Änderung nicht eingetragen wurde. Auf die Voreintragung des Umstandes, der sich geändert hat, kommt es dabei nicht an.[14] Wird beispielsweise weder der Beitritt eines Gesellschafters zu einer OHG noch sein späteres Ausscheiden eingetragen, kann sich dieser Gesellschafter wegen § 15 Abs. 1 HGB nicht auf sein Ausscheiden berufen. Er haftet daher nicht nur nach den Regeln über die Nachhaftung nach § 160 HGB, sondern so, als ob er noch Gesellschafter wäre, also auch noch für nach seinem Austritt begründete Verbindlichkeiten in vollem Umfang. Der Dritte kann sich allerdings auch auf die wirkliche Rechtslage oder nur teilweise auf die Registerlage und im Übrigen auf die Wirklichkeit berufen (sog. **Rosinentheorie**).[15] § 15 Abs. 1 HGB wirkt sich aber grundsätzlich nur auf sog. 11

---

13 Näher *Müther*, Handelsrecht, § 7 Rn 17 ff.
14 BGHZ 55, 267, 272 = NJW 1971, 1268; BGHZ 116, 37, 44 = NJW 1992, 505; Baumbach/*Hopt*, § 15 Rn 11; *Koller/Roth/Morck*, § 15 Rn 9.
15 BGHZ 65, 309 = NJW 1976, 569; Baumbach/*Hopt*, § 15 Rn 6.

deklaratorische Eintragungen aus (vgl. Rn 26), also auf solche, bei denen sich die Rechtsänderung auch ohne Eintragung in das Handelsregister vollziehen kann.[16] Bei den sog. konstitutiven Eintragungen tritt die angestrebte Rechtsfolge ohnehin nur ein, wenn eine Eintragung erfolgt (vgl. Rn 27). § 15 Abs. 1 HGB gilt schließlich nur für Umstände, die durch das Register überhaupt verlautbart werden sollen, also nicht etwa für die Geschäftsfähigkeit eines eingetragenen Geschäftsführers einer GmbH.[17]

12 Nach § 15 Abs. 3 HGB besteht eine **positive Publizität** für die Registerbekanntmachung. Diese Regelung wird durch Gewohnheitsrecht dahin ergänzt, dass sich auch der, der eine falsche Anmeldung veranlasst, an der Erklärung gegenüber gutgläubigen Dritten festhalten lassen muss. Weiter ist der, der eine auch von ihm nicht veranlasste Falscheintragung schuldhaft nicht beseitigt, so zu behandeln, als ob die Eintragung von ihm veranlasst wäre.[18]

II. Organisation des Handelsregisters

13 Das Handelsregister ist in zwei unterschiedliche **Abteilungen (A und B)** eingeteilt. Diese werden in getrennten Registern nach unterschiedlichem Muster geführt. Der genaue Inhalt der Eintragungen ergibt sich dabei aus der schon erwähnten Handelsregisterverordnung (Rn 4). Das **Register A** ist unter anderem für die Führung der Eintragungen zu den Personenhandelsgesellschaften (OHG, KG und EWIV) und das **Register B** für die Kapitalgesellschaften (GmbH, AG, KGaA, Versicherungsverein auf Gegenseitigkeit) zuständig (vgl. § 3 HRV). Der genaue Inhalt der Eintragungen zum Register A ergibt sich aus den §§ 40 bis 42 HRV, der Inhalt derjenigen zum Register B aus den §§ 43 bis 47 HRV.

14 Die Gesellschaften werden dabei unter ihrer jeweiligen **Registernummer** geführt (z.B. HRA 1234; HRB 5678). Soweit dieser Registernummer eine weitere Zahl vorangestellt wird, handelt es sich um eine Bezeichnung der zuständigen Abteilung innerhalb des Gerichts. Gibt es keine Voreintragungen, wird ein Aktenzeichen des allgemeinen Registers unter Angabe der

---

16 Baumbach/*Hopt*, § 15 Rn 5; dazu auch *Koller/Roth/Morck*, § 15 Rn 6.
17 BGHZ 115, 78, 80 = NJW 1991, 2566; aber Rechtsschein: *Koller/Roth/Morck*, § 15 Rn 11.
18 *Koller/Roth/Morck*, § 15 Rn 9; Baumbach/*Hopt*, § 15 Rn 17.

Eingangszahl und des Jahreskürzels vergeben. Vorangestellt wird wieder die Bezeichnung der Abteilung (z.B. beim AG Charlottenburg Berlin: 99 AR 250/01).

Die **Handelsregisterverordnung**[19] enthält darüber hinaus weitere Vorschriften über die Art und Weise der Eintragung (vgl. §§ 12 bis 22 HRV) und über die Einzelheiten der Behandlung eingehender Anmeldungen und die Bekanntmachung der Eintragungen (vgl. §§ 23 bis 38 HRV). 15

Nach § 8 Abs. 1 HGB wird das Handelsregister nunmehr zwingend elektronisch geführt. Dementsprechend sind die Anmeldungen und die entsprechenden Unterlagen in elektronischer Form einzureichen, vgl. § 12 HGB. Nach Art. 61 Abs. 1 EGHGB können die Bundesländer für eine **Übergangszeit** bis längstens 31.12.2009 alle oder bestimmte Dokumente nach wie vor in Papierform einreichen.[20] Mit der Umstellung auf die elektronische Aktenführung und auch Bearbeitung hat das Registerverfahren eine Vorreiterrolle übernommen.[21] Ob eine derartige Umstellung allein auf die elektronische Bearbeitung nur Vorteile bietet, dürfte zweifelhaft sein.[22] 16

III. Zuständigkeiten

1. Sachliche Zuständigkeit

Nach § 8 Abs. 1 HGB wird das Handelsregister bei den Gerichten geführt.[23] Sachlich zuständig sind insoweit die **Amtsgerichte** (vgl. § 125 Abs. 1 HGB). Die Führung des Handelsregisters ist dabei dem Amtsgericht am Sitz eines Landgerichts für dessen Bezirk zugewiesen. Durch Rechtsverordnung des jeweiligen Landes kann einem anderen Amtsgericht oder zusätzlichen Amtsgerichten die Registerführung zugewiesen werden, wenn dies einer schnelleren und rationelleren Registerführung dient, § 125 Abs. 2 S. 1 Nr. 1 FGG. Es können auch weitere Amtsgerichte bestimmt werden, bei denen Einsicht in die Daten ermöglicht und Abschriften erteilt werden können, § 125 Abs. 2 17

---

19 Zu den bisherigen Fassungen *Drischler*, Die Handelsregisterverfügung, 5. Auflage 1983; *Melchior/Schulte*, Handelsregisterverordnung, 2003.
20 Zur bisherigen Rechtslage: *Willer/Krafka*, Rpfleger 2002, 411 ff.
21 Verordnung zur Erleichterung der Registerautomation vom 11.12.2001 (BGBl I S. 3688).
22 Vgl. *Ries*, Rpfleger 2007, 252.
23 Zur Überlegung der Übertragung der Registerführung auf die Industrie- und Handelskammern: *Stumpf*, BB 1998, 2380, 2381; vgl. auch *Gernoth*, BB 2004, 837; *Ries*, BB 2004, 2145; weitere Nachweise bei Baumbach/*Hopt*, § 8 Rn 1.

S. 1 Nr. 2 FGG. Weiter können durch entsprechende Vereinbarungen der Länder auch länderübergreifende Zuständigkeiten begründet werden, § 125 Abs. 2 S. 3 und 4 FGG.

18 Das **Landgericht** ist in Registersachen lediglich nach § 143 FGG erstinstanzlich und ansonsten nur als Beschwerdegericht zuständig. Die Zuständigkeiten des **Oberlandesgerichts** und des **Bundesgerichtshofs** ergeben sich nur im Falle der weiteren Beschwerde (vgl. § 16 Rn 31 f.).

19 Die sachliche Zuständigkeit eines Gerichts legt es zwar nahe, dass im Falle einer europarechtlichen Problematik eine **Vorabentscheidung nach Art. 234 EG-Vertrag** in Betracht kommt. Der EuGH hat allerdings die Tätigkeit der Registergerichte selbst nicht als Gerichtstätigkeit im Sinne dieser Vorschrift angesehen, weil es an einem streitigen Verfahren fehle.[24] Diese Einschätzung der Registertätigkeit als Rechtspflegeakt – und nicht als Rechtsprechung im materiellen Sinne – entspricht der Zuweisung der Registertätigkeit zur Freiwilligen Gerichtsbarkeit.

2. Örtliche Zuständigkeit

20 Die örtliche Zuständigkeit ergibt sich bei Ersteintragungen im Falle der Personenhandelsgesellschaften nach § 106 Abs. 1 HGB aus dem **Ort der tatsächlichen Geschäftsführung** (vgl. § 8 Rn 9) und bei den Kapitalgesellschaften aus dem **Ort des statutarischen Sitzes** (vgl. § 6 Rn 37; § 7 Rn 5). Dieser kann zulässigerweise aber nur an einem Ort gewählt werden, an dem die Gesellschaft einen Betrieb hat oder sich die Geschäftsleitung oder Verwaltung befindet (vgl. § 4a GmbHG, § 5 AktG). Die auf die Gesellschaften nach der Ersteintragung gerichteten Anmeldungen und Verfahren sind dann am Sitzgericht einzureichen bzw. durchzuführen.

21 Im Falle der **Sitzverlegung** ist die entsprechende Anmeldung bei dem Registergericht einzureichen, bei dem die Gesellschaft bisher geführt wurde (vgl. § 13h Abs. 1 HGB). Das Gericht des alten Sitzes leitet die Anmeldung und die Unterlagen an das Gericht des neuen Sitzes weiter. Registerausdrucke werden aber gleichwohl bis zur Eintragung der Gesellschaft in das Handelsregister beim Gericht des neuen Sitzes noch durch das alte Register-

---

[24] EuGH NZG 2001, 1027 = EuZW 2001, 499, zum Vorlagebeschluss des AG Heidelberg NZG 2000, 927; NZG 2002, 127 zur Tätigkeit eines österreichischen Registergerichts.

gericht erteilt. Das Gericht des neuen Sitzes ist bei der Anmeldung auf die Prüfung beschränkt, ob der Sitz tatsächlich verlegt worden ist und ob die Firma den Anforderungen des § 30 HGB am neuen Sitz entspricht. Im Übrigen hat es die bisherigen Eintragungen zu übernehmen (vgl. § 13h Abs. 2 S. 4 HGB). Ist die Anmeldung der Sitzverlegung mit weiteren eintragungspflichtigen Umständen verbunden, kann die Anmeldung einheitlich beim Gericht des neuen Sitzes vollzogen werden.[25] Die Zurückweisung der Anmeldung hat durch das Gericht des neuen Sitzes zu erfolgen.[26]

3. Funktionelle Zuständigkeit

Die funktionelle Zuständigkeit im Handelsregisterverfahren ergibt sich aus den §§ 3 Nr. 2d, 17 RPflG. Die FGG-Handelssachen sind danach grundsätzlich dem **Rechtspfleger** übertragen. Etwas anderes gilt nur für die in § 17 RPflG dem **Richter** vorbehaltenen Geschäfte (sog. **Vorbehaltsübertragung**). Der Richter ist daher für die Ersteintragung der Kapitalgesellschaften und für die Satzungsänderungen bei diesen Gesellschaften zuständig. Er ist ferner zuständig für die diese Gesellschaften betreffenden Eintragungen von Umwandlungsvorgängen und von Unternehmensverträgen. Nach § 17 Nr. 1e und f RPflG gilt die Zuständigkeit auch für die die Kapitalgesellschaften betreffenden Verfahren nach den §§ 141a, 142, 144, 144a und b FGG. Schließlich besteht eine Zuständigkeit des Richters nach § 17 Nr. 2 RPflG vor allem auch für bestimmte, in § 145 FGG genannte Verfahren einschließlich der Bestellung der Nachtragsliquidatoren nach § 66 Abs. 5 GmbHG oder gerichtlicher Abwickler nach § 264 Abs. 2 AktG. Der Rechtspfleger ist damit im Besonderen für die die Personenhandelsgesellschaften und die allein die Geschäftsführer und Vorstandsmitglieder betreffenden Eintragungen und Verfahren einschließlich aller Zwangsgeldverfahren zuständig. Eine Zuständigkeit des Richters kann sich in diesen Fällen nur aus § 5 RPflG oder aus § 6 RPflG ergeben, wenn ein Zusammenhang mit Anmeldungen besteht, die der Richter zu bearbeiten hat. Darüber hinaus besteht nach § 19 Abs. 1 Nr. 6

22

---

25 OLG Hamm GmbHR 1991, 321; OLG Zweibrücken Rpfleger 1992, 164; OLG Celle GmbHR 1995, 303; KG DB 1997, 221; nicht aber bei einer Verschmelzung mit Kapitalerhöhung, vgl. OLG Frankfurt FGPrax 2005, 38.
26 LG Leipzig NJW-RR 2004, 1112 zur fehlenden Sitzbegründung.

RPflG die Möglichkeit weitere, eigentlich dem Richter vorbehaltene Aufgaben durch Landesverordnung auf den Rechtspfleger zu übertragen.[27]

23 Dem **Urkundsbeamten der Geschäftsstelle** obliegen die weiteren Verrichtungen. Dabei handelt es sich insbesondere um die Ausführung der Eintragungsverfügungen, die Durchführung der Bekanntmachungen, die Vorlage der eingereichten Schriftstücke zur Einsicht und die Erteilung der Abschriften, Zeugnisse und Bescheinigungen.[28]

IV. Eintragung

1. Eintragungsfähige Tatsachen, Wirkungen der Eintragung

24 Das Handelsregister kann seiner Publizitätsfunktion (Rn 6 ff.) nur dann nachkommen, wenn der Inhalt des Registers nicht im freien Belieben der Beteiligten steht, sondern möglichst genau vorgeschrieben ist. Als Grundsatz gilt daher: **Eintragungsfähig ist, was gesetzlich zur Eintragung vorgesehen ist.** Dies ist dadurch geschehen, dass der Gesetzgeber bestimmte Umstände zur Anmeldung zum Handelsregister vorgesehen hat. Derartige Anmeldetatbestände finden sich beispielsweise in § 7 GmbHG, in § 36 AktG und in den §§ 106 bis 108 HGB. Andere, von Amts wegen einzutragende Umstände finden sich etwa in § 65 Abs. 1 S. 3 GmbHG, in § 31 Abs. 2 S. 2 HGB und in § 263 S. 3 AktG.

25 Teilweise besteht aber ein Bedürfnis, auch noch **weitere Umstände** gegenüber der Öffentlichkeit zu offenbaren. Einer derartigen Erweiterung der eintragungsfähigen Umstände durch Analogie zu den vorhandenen Eintragungstatbeständen steht aber die begrenzte Kapazität des Handelsregisters entgegen. Die Rechtsprechung hat aus diesem Grund nur vereinzelt eine über den Gesetzeswortlaut hinausgehende **Fähigkeit zur Eintragung** in das Register angenommen. So werden etwa die aktienrechtlichen Vorschriften für die Eintragung von Unternehmensverträgen auch auf die GmbH angewandt.[29] Ebenfalls als eintragungsfähig, aber auch als eintragungspflichtig wird die Befreiung eines Vertreters von den Beschränkungen des § 181 BGB

---

[27] Eingefügt durch das 1. JuMoG v. 24.8.2004, BGBl I S. 2198, 2300; von der Übertragungsmöglichkeit hat bisher nur das Land Baden-Württemberg Gebrauch gemacht, VO v. 3.12.2004, GVBl S. 919.
[28] Näher *Krafka/Willer*, Rn 23.
[29] BGHZ 105, 324 = NJW 1989, 295; BGHZ 116, 37, 43 = NJW 1992, 505.

angesehen.[30] Demgegenüber werden aber die gesetzliche Vertretung von Minderjährigen, die Anordnung der Testamentsvollstreckung,[31] der Nacherbenvermerk, der Stellvertreterzusatz bei den GmbH-Geschäftsführern,[32] aber auch die Erteilung einer Generalvollmacht[33] oder Handlungsvollmacht als nicht eintragungsfähig angesehen.[34]

Unter den eintragungsfähigen Tatsachen wird wiederum zwischen den **rechtsbekundenden** (deklaratorischen) Eintragungen und den **rechtsbegründenden** (konstitutiven) Tatsachen unterschieden. Die Wirkung einer **deklaratorischen Eintragung** vollzieht sich außerhalb des Registers. So wird eine Person bereits mit der entsprechenden Vereinbarung der Gesellschafter einer OHG deren Gesellschafter, einer Eintragung bedarf es nicht. Der neue Gesellschafter haftet bereits ab dem Zeitpunkt seiner Aufnahme für die Gesellschaftsschulden. Gleiches gilt für die Bestellung eines GmbH-Geschäftsführers. Dieser erlangt seine Organstellung bereits mit der Bestellung durch die Gesellschafterversammlung und nicht erst mit der Eintragung in das Handelsregister. Um die Beteiligten zur Eintragung einer derartigen Tatsache zu zwingen, sind mit einer fehlenden Eintragung die Wirkungen des § 15 Abs. 1 HGB verbunden (vgl. Rn 11). Die Eintragung kann aber auch dadurch durchgesetzt werden, dass das Registergericht nach § 14 HGB ein Zwangsgeldverfahren gegen die eintragungspflichtigen Personen einleitet (vgl. § 15 Rn 1 ff.). Das sind diejenigen Personen, die nach dem Gesetz eine Anmeldung bewirken können. 26

Konstitutive Eintragungen finden sich etwa in § 7 GmbHG oder in § 36 AktG. Die Gesellschaften entstehen erst mit ihrer Eintragung in das Register (vgl. § 11 Abs. 1 GmbHG, § 41 Abs. 1 S. 1 AktG). Die Eintragungen sind **rechtsbegründend**. Eines besonderen Zwanges bedarf es hier nicht, weil die Wirkungen erst mit der Eintragung eintreten. Eine Firmenänderung wird daher erst mit der Eintragung der entsprechenden Satzungsänderung wirksam (vgl. § 54 Abs. 3 GmbHG). Erst dann darf die neue Firma im Geschäftsverkehr benutzt werden. Wird sie vorher gebraucht, liegt ein unzulässiger 27

---

30 Zur GmbH & Co. KG: BayObLG Rpfleger 2000, 115, 394, 395.
31 RGZ 132, 138; KG NJW-RR 1995, 227 = GmbHR 1995, 826; Baumbach/*Hopt*, § 1 Rn 41.
32 So jedenfalls nun BGH NJW 1998, 1071.
33 Baumbach/*Hopt*, vor § 48 Rn 2.
34 Baumbach/*Hopt*, § 8 Rn 5.

Firmengebrauch vor, der durch ein Verfahren nach § 140 FGG verhindert werden kann (vgl. § 15 Rn 19).

2. Anmeldung zur Eintragung

a) Bedeutung der Anmeldung

28 Dem Handelsregisterrecht liegt als **Grundsatz** das **Antragsverfahren** zu Grunde.[35] Die Eintragung von Amts wegen ist demgegenüber subsidiär und nur auf die Fälle beschränkt, in denen eine Anmeldung nicht zu erlangen (vgl. § 31 Abs. 2 S. 2 HGB) oder nicht mehr zu erwarten ist (vgl. § 65 Abs. 1 S. 3 GmbHG), wobei im elektronischen Handelsregister zur Klarstellung Alteintragungen von den amtswegigen Eintragungen mitgeändert werden (§ 144c FGG).[36] Im Gesetz werden diese Maßnahmen zur Einleitung des Eintragungsverfahrens als Anmeldungen bezeichnet.

29 Die Anmeldung ist in erster Linie **Verfahrenshandlung**. Dies schließt aber nicht aus, dass sie zugleich die Voraussetzungen einer Willenserklärung erfüllt (vgl. § 8 Rn 4).[37] Sie enthält dabei das an das Registergericht gerichtete Begehren auf Eintragung. Als Verfahrenshandlung findet auf die Anmeldung die Vorschrift des § 181 BGB grundsätzlich keine Anwendung.[38] Sie wird mit Eingang beim Registergericht wirksam, § 130 BGB. Für die Frage der Wirksamkeit (Vertretungsmacht) ist aber auf den Zeitpunkt der Abgabe der Erklärung abzustellen.[39]

30 Die Anmeldung ist aufgrund ihres gesetzlich vorgeschriebenen Inhalts zugleich **Eintragungsgrundlage**. Mit ihr machen die zur Eintragung berechtigten und verpflichteten Personen die einzutragenden Tatsachen glaubhaft. Dies gilt vor allem für die Anmeldungen zu den Personenhandelsgesellschaften, die regelmäßig durch alle Beteiligten zu bewirken sind, so dass es nicht der Vorlage weiterer Unterlagen bedarf. Weitergehende Ermittlungen kann das Registergericht daher nur bei begründeten Zweifeln anstellen.

---

35 *Krafka/Willer*, Rn 75; Baumbach/*Hopt*, § 8 Rn 6; *Bumiller/Winkler*, § 128 Rn 2.
36 Näher: Noack/*Willer*, S. 50.
37 Streitig. Diese Doppelwirkung kommt aber auch anderen Verfahrenshandlungen zu. Aus dem Zivilprozessrecht: zum Prozessvergleich vgl. BGHZ 16, 388; 79, 71 (st. Rspr.); zur Prozessaufrechnung vgl. Zöller/*Greger*, ZPO, 26. Auflage 2006, § 145 Rn 11; Baumbach/Lauterbach/Albers/*Hartmann*, ZPO, 65. Auflage 2007, Grdz § 128 Rn 62.
38 BayObLG NJW 1970, 1796.
39 BayObLG Rpfleger 2004, 51; *Krafka/Willer*, Rn 79.

Wortlaut von Anmeldung und Eintragung müssen nicht übereinstimmen. Die Art und Weise der Eintragung wird vielmehr nach pflichtgemäßem Ermessen des Registergerichts bestimmt.[40] Das Registergericht muss dabei die ihm mitgeteilten Tatsachen in eine inhaltlich mit diesen korrespondierende, rechtlich einwandfreie Registereintragung umsetzen.[41] Auch wenn die Anmeldung daher in der Regel keinen bestimmten Wortlaut haben muss, muss sie einen **klaren und bestimmten Inhalt** haben. Dieser richtet sich nach dem jeweiligen Anmeldetatbestand. Die Anmeldung ist im Zweifel so auszulegen, dass sie Erfolg hat. Diese Auslegung kann auch durch das Gericht der weiteren Beschwerde erfolgen, weil die Anmeldung Verfahrenshandlung ist.[42]

b) Form

Die Anmeldung bedarf der **Form des § 12 Abs. 1 S. 1 HGB**. Die Unterschriften der Anmeldenden sind daher **notariell** zu **beglaubigen**. Diese Form wird auch durch die Beurkundung einer Willenserklärung nach den §§ 6 ff. BeurkG gewahrt (vgl. § 129 Abs. 2 BGB). Wegen der Beurkundungen im Einzelnen siehe § 4 Rn 1 ff. Die Anmeldung ist in elektronischer Form einzureichen (vgl. dazu § 1 Rn 5 ff.).

31

c) Anmeldebefugnis

Eine wirksame Anmeldung setzt die **Anmeldebefugnis** der erklärenden Person voraus. Wer zur Anmeldung befugt und unter Umständen auch verpflichtet ist, ergibt sich aus den jeweiligen Anmeldetatbeständen. In der Regel ist auch eine Vertretung bei der Anmeldung möglich (vgl. Rn 42 ff.). Diese ist nur ausgeschlossen, soweit Erklärungen oder Versicherungen abzugeben sind, die zivilrechtliche oder strafrechtliche Folgen nach sich ziehen können. Dies trifft etwa auf die Versicherung nach § 8 Abs. 2 GmbHG über die Einlageleistungen bei der GmbH-Gründung, aber auch auf die Versicherung nach § 8 Abs. 3 GmbHG über die Geschäftsführereignung nach § 6 Abs. 2 S. 3 und 4 GmbHG zu (vgl. § 6 Rn 18, 75).

32

---

40 BGH BB 2007, 1410; OLG Köln NJW-RR 2004, 1106 = ZIP 2004, 505; KG FGPrax 2000, 248; OLG Düsseldorf NJW-RR 1998, 245.
41 OLG Köln NJW-RR 2004, 1106 = ZIP 2004, 505; OLG Düsseldorf NJW-RR 1998, 245.
42 BayObLG BB 2000, 1314 = MittBayNot 2000, 331.

d) Einheit der Anmeldungen

33 Liegen verschiedene, auch urkundlich **getrennte Anmeldungen** vor, können diese (und werden sie in der Regel auch) gemeinsam vollzogen werden (§ 14 Abs. 2 HRV). Liegt eine **einheitliche Anmeldung** mit mehreren eintragungsfähigen Umständen vor, ist das Registergericht grundsätzlich an einen **einheitlichen Vollzug** gebunden, selbst wenn die angemeldeten Umstände auch getrennt eingetragen werden könnten. Ein getrennter Vollzug müsste daher geltend gemacht werden oder sich durch Auslegung aus der Anmeldung ergeben.[43] Wird aber ein abtrennbarer Teil zurückgewiesen, so ist der andere Teil einzutragen. Dieser Grundsatz des einheitlichen Vollzugs führt auch dazu, dass bei einer Sitzverlegung die gesamte Anmeldung beim Gericht des neuen Sitzes zu bearbeiten ist (vgl. Rn 21).

34 Liegen verschiedene trennbare Eintragungsumstände vor, kommt auch ein getrennter Vollzug in Betracht. Ist aber ein Eintragungsumstand in Teilen unwirksam, scheidet ein **teilweiser Vollzug** aus. Dies gilt etwa dann, wenn ein GmbH-Gegenstand auch genehmigungspflichtige Tätigkeiten enthält, hierfür aber keine Genehmigung nach § 8 Abs. 1 Nr. 6 GmbHG vorgelegt wird. Hier ist die Anmeldung insgesamt zurückzuweisen.[44] Eine solche Situation liegt etwa auch vor, wenn eine Prokurabestellung angemeldet wird, die angemeldete Vertretungsbefugnis aber zu beanstanden ist. Gleiches gilt, wenn eine GmbH-Satzung aufgrund eines Gesellschafterbeschlusses an mehreren Stellen geändert wird.[45]

e) Rücknahme

35 Eine Rücknahme der Anmeldung ist durch formlose Erklärung bis zum Vollzug der Eintragung möglich.[46] Soweit ein Notar die Rücknahme erklärt, ist dieser Erklärung das Dienstsiegel beizudrücken (vgl. § 24 Abs. 3 S. 2 BNotO). Die Einreichung hat als Gegenstück zur Anmeldung auch in elektronischer Form zu erfolgen.

---

43 BayObLG WM 1987, 502; *Gustavus*, Handelsregister-Anmeldungen, S. 7.
44 BGHZ 102, 209, 217 = NJW 1988, 1087; *Krafka/Willer*, Rn 190.
45 Nach KG HRR 1939 Nr. 1108 und auch *Gustavus*, Handelsregister-Anmeldungen, S. 7 können aber einzelne Satzungsbestimmungen von der Eintragung ausgenommen werden, wenn dies im Register vermerkt wird. A.A. LG Dresden GmbHR 1994, 555.
46 OLG Düsseldorf Rpfleger 1989, 201; *Gustavus*, Handelsregister-Anmeldungen, S. 7.

3. Prüfung der Eintragungsvoraussetzungen

Grundsätzlich anerkannt ist, dass das Registergericht die formellen und materiellen Voraussetzungen der Eintragungen zu überprüfen hat. Es gibt demgemäß eine **umfassende Prüfungspflicht**.[47] Dies folgt daraus, dass das Register nicht dazu dient, allein die Verlautbarungen der Beteiligten bekannt zu geben. Den Eintragungen liegen Rechtstatsachen zu Grunde, die an weitere Voraussetzungen als nur an die Erklärung der Beteiligten geknüpft sind. Die Prüfung ist unverzüglich durchzuführen und die Anmeldung entsprechend zu bescheiden (§ 25 HRV). 36

Bei dieser Prüfung durch das Gericht handelt es sich um eine auf § 12 FGG beruhende **Prüfung von Amts wegen**.[48] Das Gericht ist damit nicht an Beweisangebote der Beteiligten gebunden und auch nicht verpflichtet, entsprechenden Beweisanträgen nachzugehen. Auch die Art und Weise der Ermittlung ist nicht vorgegeben. Es gilt vielmehr das Freibeweisverfahren, so dass auch telefonische Auskünfte eingeholt werden können. Unberührt bleibt allerdings das Recht der Beteiligten auf rechtliches Gehör. 37

Teilweise legt das Gesetz aber die notwendigen Beweismittel und ihren Umfang fest. Derartige **gesetzliche Nachweisvorgaben** finden sich an vielen Stellen. So können etwa im Recht der Personenhandelsgesellschaften über die Nachweise zur Rechtsnachfolge nach § 12 Abs. 1 S. 3 HGB hinaus (vgl. dazu § 8 Rn 43) grundsätzlich keine weiteren als die dort genannten Unterlagen verlangt werden, weil alle Beteiligten an der Anmeldung mitwirken. Ebenso regeln die Vorschriften über die Anmeldung einer GmbH grundsätzlich abschließend, welche Beweise zum Nachweis der Erbringung der Einlage vorgelegt werden müssen. Dementsprechend ist das pauschale Verlangen nach Vorlage eines Kontoauszugs unzulässig, weil das Gesetz die Versicherung der Geschäftsführer nach § 8 Abs. 2 GmbHG als ausreichenden Nachweis ansieht (vgl. § 6 Rn 20).[49] 38

---

47 Baumbach/*Hopt*, § 8 Rn 7 f.; *Koller/Roth/Morck*, § 8 Rn 22; wegen der Einzelheiten vgl. die Rechtsprechungs-Nachweise bei den einzelnen Anmeldetatbeständen.
48 Baumbach/*Hopt*, § 8 Rn 8.; *Koller/Roth/Morck*, § 8 Rn 23; beide aber auch für die Gesetzmäßigkeit der Verwaltung als Grundlage.
49 Sie reicht aber nicht als Nachweis im Zivilprozess, vgl. OLG Düsseldorf NZG 2002, 577.

§ 2   1. Kapitel: Grundlagen

39   Eine weiter gehende Berechtigung zur Ermittlung ergibt sich allerdings bei **begründeten Zweifeln**.[50] Zeigen sich etwa Hinweise, dass die neu gegründete GmbH ihren Geschäftsbetrieb bereits vor der Eintragung aufgenommen hat, kann das Registergericht geeignete Nachweise über das Vorhandensein des Stammkapitals als Reinvermögen verlangen (vgl. § 6 Rn 20). Sind an einer Beschlussfassung über eine Satzungsänderung nach Lage der Akten nicht alle bisherigen Gesellschafter beteiligt, so kann und muss das Gericht Nachweise über einen etwaigen Übergang des Geschäftsanteils verlangen (vgl. § 6 Rn 121).

40   Das Gericht ist bei der **Wahl der Beweismittel** grundsätzlich frei. Für die Form der Einreichung von Dokumenten gilt allerdings nunmehr § 12 Abs. 2 S. 1 HGB (vgl. dazu § 1 Rn 8). Die sich aus dieser Umstellung ergebenden Einschränkungen sind vom Registergericht hinzunehmen, soweit sich nicht konkrete Zweifel ergeben. Dann könnte das Registergericht wieder auf den Grundsatz zurückgreifen, dass Dokumente in Urschrift, Ausfertigung oder beglaubigter Abschrift vorzulegen sind.

41   Um dem Gericht eine ausreichende Entscheidungsgrundlage vorzugeben, sieht das Gesetz **die Möglichkeit der Anhörung** betroffener Standesorganisationen vor. Dies ergibt sich aus § 23 HRV, die Mitwirkungspflicht der Standesorganisationen folgt aus § 126 FGG. Danach kann die zuständige Industrie- und Handelskammer insbesondere bei einer Firmenänderung, aber auch wegen des Unternehmensgegenstands einer Kapitalgesellschaft und deren Genehmigungsbedürftigkeit angehört werden. In entsprechenden Fällen können auch andere Organisationen wie etwa die Handwerkskammern beteiligt werden. Soweit die Standesorganisationen ihr Antrags- oder Beschwerderecht nach § 126 FGG wahrnehmen, entstehen keine Kosten (vgl. § 87 Nr. 2 KostO).

4. Vertretung bei der Anmeldung

42   Grundsätzlich ist auch eine **Vertretung** bei der Anmeldung möglich (zu den Einschränkungen vgl. Rn 32). Dann muss aber auch die Vollmacht elektronisch in **notariell beglaubigter Form** vorliegen (vgl. § 12 Abs. 1 S. 2

---

50 Baumbach/*Hopt*, § 8 Rn 8.; *Koller/Roth/Morck*, § 8 Rn 23; *Krafka/Willer*, Rn 159; Annahme von Geschäftsunfähigkeit nur bei konkreten Zweifeln: OLG Köln BB 2003, 977.

HGB). Zur Anmeldung ausreichend ist dabei eine Generalvollmacht.[51] Dies gilt allerdings dann nicht, wenn die Generalvollmacht von einem GmbH-Geschäftsführer an einen Nichtgeschäftsführer erteilt worden ist.[52] Denn eine derartige Generalvollmacht ist unwirksam, wenn der Geschäftsführer damit unzulässigerweise seine Organstellung weitergeben würde. Die Vollmacht zur Anmeldung kann auch im Gesellschaftsvertrag enthalten sein, wenn nur die Form des § 12 Abs. 1 S. 2 HGB eingehalten ist (vgl. § 9 Rn 25). Die Vollmacht kann durch das Registergericht ausgelegt werden.[53]

Eine besondere Form der Vertretung ergibt sich aus § 129 FGG. Danach kann ein **Notar**, der eine zu einer Eintragung erforderliche Erklärung beurkundet oder beglaubigt hat, Anträge im Namen des zur Anmeldung Verpflichteten stellen. Er gilt insoweit als zur Antragstellung ermächtigt, ohne dass er eine Vollmacht nach § 13 FGG vorzulegen hätte. Teilweise wird diese Ermächtigung nur auf den Antrag zur Eintragung bezogen, der in jeder Anmeldung enthalten ist. Danach dürfte sich der Notar mit der Einreichung seiner Urkunden zum Verfahrensbevollmächtigten bestellen. Anderer und richtiger Ansicht nach ist der Notar dem Wortlaut der Norm entsprechend auch zur Ergänzung der eigentlichen Anmeldung ermächtigt. Danach kann der Notar bei der GmbH-Gründung eine fehlende abstrakte Vertretungsregelung ebenso anmelden wie die Befreiung des Geschäftsführers von den Beschränkungen des § 181 BGB.[54] Er hat allerdings entsprechend § 24 Abs. 3 S. 2 BNotO sein Dienstsiegel beizudrücken. Nach dieser Auffassung bezieht sich das Anmelderecht aber lediglich auf Pflichtanmeldungen. Anmeldungen, die zu einer rechtsbegründenden (konstitutiven) Eintragung führen, unterliegen damit nicht dem § 129 FGG. Dies schließt aber nicht aus, dass der Notar auch in diesen Fällen als zur Einlegung von Rechtsmitteln ermächtigt anzusehen ist (vgl. § 16 Rn 15). 43

Geschäftsunfähige werden bei der Anmeldung generell vertreten.[55] Die Anmeldung hat in diesem Fall durch den gesetzlichen Vertreter zu erfolgen. Weil es sich insoweit nicht um eine rechtsgeschäftliche Vertretung handelt, kann das Gericht allenfalls den Nachweis der Voraussetzungen der gesetzli- 44

---

51 LG Frankfurt BB 1972, 512.
52 BGH GmbHR 1977, 5 = NJW 1977, 199.
53 BayObLG DB 2004, 647; KG FGPrax 2005, 17 = NZG 2005, 626.
54 *Keidel/Kuntze/Winkler*, § 129 Rn 2.
55 *Krafka/Willer*, Rn 111.

chen Vertretungsmacht, nicht aber eine notariell beglaubigte Vollmacht verlangen.[56]

45 Tritt ein **Prokurist** als Anmelder auf, so ist ihm dies aufgrund der gesetzlich vorgegebenen Vertretungsmacht nur dann möglich, wenn dies im Rahmen einer organschaftlichen Vertretung (sog. **unechten Gesamtvertretung**) erfolgt (vgl. etwa § 125 Abs. 3 S. 1 HGB). In diesem Fall bedarf es keiner Vollmacht in der Form des § 12 Abs. 1 S. 2 HGB. Das Gericht prüft lediglich, ob tatsächlich eine organschaftliche Vertretung vorliegt. Unter Umständen wird es die Vorlage eines beglaubigten Registerausdrucks für die vertretene Gesellschaft verlangen, soweit ihm nicht ohnehin ein Zugriff auf die Eintragungen in dem jeweiligen Register möglich ist.

5. Ersetzung der Anmeldung durch gerichtliche Entscheidung

46 Nach **§ 16 Abs. 1 S. 1 HGB** kann eine erforderliche Anmeldung durch eine **rechtskräftige oder** wenigstens **vollstreckbare Entscheidung des Prozessgerichts** ersetzt werden. Dies setzt mehrere Anmelder voraus, von denen einige die Anmeldung verweigern. Das Registergericht hat hinsichtlich der Anmeldung nach wie vor volles Prüfungsrecht. Lediglich in Bezug auf den Umfang der Rechtskraft tritt eine Bindungswirkung ein. Grundlage einer Ersetzung nach § 16 Abs. 1 HGB können nur Urteile sowie einstweilige Verfügungen sein. In Prozessvergleiche und vollstreckbare Urkunden ist daher die Anmeldeerklärung des Verpflichteten selbst aufzunehmen. Entscheidungen von Schiedsgerichten und den Gerichten der Freiwilligen Gerichtsbarkeit scheiden aus, weil es sich nicht um solche des Prozessgerichts handelt.

47 Wird die Entscheidung, aufgrund derer die Eintragung erfolgt ist, aufgehoben, ist dies auf Antrag eines der Beteiligten in das Register einzutragen (**§ 16 Abs. 1 S. 2 HGB**). Der Antrag hat der Form des § 12 Abs. 1 S. 1 HGB zu entsprechen. Die Eintragung wird dabei nicht gelöscht, es wird vielmehr ein Vermerk nach § 18 S. 2 HRV angebracht.

---

56 Zu den Nachweisen Baumbach/*Hopt*, § 12 Rn 4: Eine Bescheinigung des Notars entsprechend § 21 BNotO im Beglaubigungsvermerk reicht danach nicht.

6. Blockade einer Eintragung durch gerichtliche Entscheidung

Das Gegenstück zu der Regelung des § 16 Abs. 1 S. 1 HGB stellt **§ 16 Abs. 2 HGB** dar. Danach kann die Eintragung aufgrund einer Anmeldung für das Registergericht bindend vereitelt werden, wenn eine Entscheidung des Prozessgerichts erwirkt wird, nach der die angemeldete Eintragung unzulässig ist, und dem Registergericht gegenüber der Widerspruch erklärt wird. Dieser Widerspruch ist dabei formfrei möglich, wird aber wohl für die Akten schriftlich benötigt. In welcher Form der Widerspruch eingereicht werden muss, ist fraglich. Er fällt nicht unmittelbar unter die Regelung in § 12 HGB. Er steht einer Anmeldung aber auch gerade nicht gleich, so dass die Einreichung in Papierform zulässig sein dürfte. Eine Eintragung darf dann nur vorgenommen werden, wenn der die Entscheidung Erwirkende ihr zustimmt.

48

7. Eintragungen von Amts wegen

Im Grundsatz erfolgen Eintragungen in das Handelsregister aufgrund von Anmeldungen (Rn 28). Das Gesetz sieht gleichwohl verschiedentlich **als Ausnahme** die **Eintragung von Amts wegen** vor. Diese Ausnahmen beruhen in der Regel darauf, dass die zur Anmeldung Verpflichteten nicht (mehr) erreichbar sind (vgl. § 31 Abs. 2 S. 2 HGB) oder dass diese nicht mehr zu einer Anmeldung bewegt werden können, die Bedeutung der Eintragung für die Allgemeinheit aber so groß ist, dass eine Eintragung alsbald erfolgen muss. Dies gilt insbesondere für die im Zusammenhang mit dem Insolvenzverfahren stehenden Eintragungen (vgl. § 65 Abs. 1 S. 2 GmbHG). Ähnliches gilt für die Löschungseintragungen nach den §§ 141, 141a, 142 FGG oder die Eintragungen aufgrund der Verfahren nach den §§ 144, 144a, 144b FGG. Wegen der Einzelheiten wird auf die entsprechenden Vorschriften verwiesen.

49

Ebenfalls von Amts wegen einzutragen sind **Berichtigungen**. Nach § 17 HRV werden etwa Schreibfehler und ähnliche offenbare Unrichtigkeiten durch einen Berichtigungsvermerk beseitigt. Unrichtigkeiten können sich aber etwa auch in der Folge von Namensänderungen oder Wohnortwechsel ergeben. Tritt eine solche Änderung ein, liegt kein anmeldepflichtiger Umstand vor.[57] Die Änderung ist vielmehr von Amts wegen im Register zu

50

---

57 *Krafka/Willer*, Rn 201 f.

vermerken. Dabei wird ein geeigneter Nachweis vorzulegen sein, wobei unter Umständen eine Notarbestätigung nach § 21 BNotO reicht.

8. Der Einfluss von Insolvenzverfahren

51 Mitunter werden während eines laufenden Eintragungsverfahrens Maßnahmen nach der Insolvenzordnung vorgenommen. Dabei besteht Einigkeit, dass weder durch vorläufige Maßnahmen noch durch die Eröffnung des Insolvenzverfahrens eine Unterbrechung des Eintragungsverfahrens eintritt.[58] Die entsprechenden Anordnungen beschränken die Fähigkeit der Organe der Gemeinschuldnerin zum Auftreten vor einem Gericht in FGG-Sachen nicht. Wird die Eröffnung des Insolvenzverfahrens angeordnet, ist der Insolvenzverwalter allerdings an dem Anmeldeverfahren zu beteiligen, wenn die Anmeldung im Zusammenhang mit der Ausübung seiner Rechte zur Verwaltung und Verwertung der Insolvenzmasse steht. Dies betrifft etwa die Anmeldung einer Firmenänderung bei Veräußerung des Handelsgeschäfts mit der bisherigen Firma,[59] des Ausscheidens eines Kommanditisten[60] oder eines persönlich haftenden Gesellschafters;[61] streitig ist die Behandlung von Geschäftsführeranmeldungen bei der GmbH.[62] Auch die Bestellung eines Aufsichtsratsmitgliedes nach § 104 AktG ist trotz eröffneten Insolvenzverfahrens möglich.[63] Dann aber bedarf es auch keiner Unterbrechung, weil die Eintragungen ohnehin nur unter Mitwirkung des Insolvenzverwalters vorgenommen werden können und anders als im Zivilprozess, der eine Unterbrechung nach § 240 ZPO vorsieht, ein Widerspruch zum Insolvenzverfahren nicht entstehen kann.

---

[58] OLG Köln BB 2001, 2180, 2181 = Rpfleger 2001, 552; zum Konkursverfahren: BayObLGZ 1978, 278, 280; KG MDR 1988, 329; vgl. auch BGH NJW 1995, 460: Keine Unwirksamkeit einer Kapitalerhöhung durch Eröffnung des Insolvenzverfahrens.
[59] Scholz/*Winter*, § 78 Rn 13; Hachenburg/*Ulmer*, § 78 Rn 16.
[60] OLG Düsseldorf DNotZ 1970, 306 = MDR 1970, 425.
[61] BGH ZIP 1981, 181; zur Beteiligung und zu einem Beschwerderecht des Insolvenzverwalters bei einer Kapitalerhöhung: BayObLG BB 2004, 797.
[62] Verneinend: OLG Köln BB 2001, 2180, 2181 = Rpfleger 2001, 552; für die Mitwirkung des Insolvenzverwalters: AG Charlottenburg ZIP 1996, 683, 684.
[63] KG DB 2005, 2346 = AG 2005, 736.

§ 3 Die Grundlagen des Partnerschaftsregisters

Literatur

Meilicke/Graf von Westphalen/Hoffmann/Lenz, Partnerschaftsgesellschaftsgesetz, Kommentar, 1995; Michalski/Römermann, PartGG – Kommentar zum Partnerschaftsgesellschaftsgesetz, 2. Auflage 1999.

A. Partnerschaftsregistersachen

Mit dem am 1.7.1995 in Kraft getretenen Gesetz über Partnerschaftsgesellschaften Angehöriger Freier Berufe (**Partnerschaftsgesellschaftsgesetz – PartGG**)[1] hat der Gesetzgeber eine **besondere Gesellschaftsform für die Freien Berufe** geschaffen. Diese Gesellschaft betreibt mit der Ausübung der Freien Berufe durch ihre Mitglieder schon definitionsgemäß kein Gewerbe und damit auch kein Handelsgewerbe (vgl. § 1 Abs. 1 S. 2 PartGG). Der Gesetzgeber hat auch darauf verzichtet, die Partnerschaftsgesellschaft von Gesetzes wegen als Handelsgesellschaft zu qualifizieren, wie er dies etwa mit den Kapitalgesellschaften in § 13 Abs. 3 GmbHG, § 3 Abs. 1 AktG getan hat. Schon aus diesen Gründen ist der Partnerschaftsgesellschaft eine Eintragung in das Handelsregister verwehrt. Mit dem Gesetz war aber gerade beabsichtigt, den Freien Berufen eine besondere Gesellschaftsform zur Verfügung zu stellen, die auch von den Vorteilen einer Registereintragung profitiert. Aus diesem Grund hat der Gesetzgeber für diese Gesellschaft ein besonderes Register eingeführt: das **Partnerschaftsregister**. 1

Die besondere **Nähe des Partnerschaftsregisters zum Handelsregister** ist dabei nicht zu verkennen. So verweist nicht nur das PartGG selbst auf eine Vielzahl der grundlegenden Handelsregisternormen (vgl. § 5 Abs. 2 PartGG). Auch für die Anmeldungen wird mit geringen Änderungen im Wesentlichen auf die Vorschriften zur OHG verwiesen (vgl. §§ 4 Abs. 1, 7 Abs. 3, 9 Abs. 1 und 10 Abs. 1 PartGG). Das gleiche System hat der Gesetzgeber in Bezug auf die Verfahrensvorschriften angewandt: Nach § 160b FGG finden die für die Personenhandelsgesellschaften geltenden Vorschriften durch Verweisung auch auf die Partnerschaftsgesellschaft Anwendung. Konsequenterweise hat der Gesetzgeber diese Gleichstellung auch bei der eigentlichen Registerfüh- 2

---

1 Vom 25.7.1994 (BGBl I S. 1744).

rung fortgesetzt: Die Einrichtung und Führung des Partnerschaftsregisters beruht zwar auf der „**Verordnung über die Einrichtung und Führung des Partnerschaftsregisters (Partnerschaftsregisterverordnung – PRV)**" vom 16.6.1995.[2] Diese erklärt aber in ihrem § 1 Abs. 1 die Handelsregisterverordnung für anwendbar, soweit nicht Abweichungen in der Verordnung festgelegt sind. Dieser Gleichlauf zwischen Handelsregister und Partnerschaftsregister ist auch im Rahmen der Einführung des elektronischen Handelsregisters beibehalten worden. Auch das Partnerschaftsregister wird seit dem 1.1.2007 elektronisch geführt. Die Verweisung in § 5 Abs. 2 PartGG bezieht sich auf die durch das EHUG geänderten Registervorschriften. Wegen der Einzelheiten kann insoweit auf § 1 Rn 5 ff. verwiesen werden. Die Eintragungen, Bekanntmachungen und zum Partnerschaftsregister eingereichten Unterlagen sind auch im einheitlichen Unternehmensregister enthalten und können dort eingesehen werden, § 8b Abs. 1 Nr. 3 HGB.

3 Auch wenn die Nähe zum Handelsregisterwesen sehr eng ist, handelt es sich bei den **Partnerschaftsregistersachen nicht** um **Handelssachen i.S.d. FGG**. Denn die Vorschrift des § 160b FGG findet sich im Achten Abschnitt des Gesetzes (betreffend die Vereinssachen, Partnerschaftssachen, Güterrechtsregister; §§ 159 bis 162 FGG) und nicht im Bereich des Siebenten Abschnitts, der die Handelssachen betrifft (§§ 125 bis 158 FGG). Diese Unterscheidung wirkt sich etwa bei der Zuständigkeit über eine Beschwerde aus. Ist in Handelsregistersachen die Kammer für Handelssachen zur Entscheidung berufen (vgl. § 30 Abs. 1 S. 2 FGG), so ist für eine Beschwerde in Partnerschaftsregistersachen eine Zivilkammer zuständig.[3]

B. Das Partnerschaftsregister im Einzelnen

I. Aufgaben und Bedeutung

4 Auch das Partnerschaftsregister ist ein öffentlich geführtes Register, das über bestimmte im Rechtsverkehr rechtserhebliche Tatsachen Auskunft erteilt. Die gesamten für die Publizitätsfunktion bedeutsamen Vorschriften für das Handelsregister gelten über **§ 5 Abs. 2 PartGG** auch für das Partnerschafts-

---

2 BGBl I S. 808; abgedr. etwa bei *Michalski/Römermann* und bei *Meilicke/Graf v. Westphalen/Hoffmann/Lenz*, nach § 4 Rn 34.
3 OLG Frankfurt OLGR 2001, 55 = Rpfleger 2001, 243.

register (siehe § 2 Rn 6 ff.). So sind die entsprechenden Eintragungen in den vom Registergericht bestimmten Blättern bekannt zu machen, und es besteht das gleiche unbeschränkte Einsichtsrecht in die eingereichten Unterlagen. Auch hinsichtlich der Eintragungs- und Bekanntmachungswirkungen kann vollständig auf die Erläuterungen zum Handelsregister verwiesen werden (§ 2 Rn 9 ff.). Denn auch § 15 HGB findet über § 5 Abs. 2 PartGG auf die Partnerschaftsgesellschaft entsprechende Anwendung.

5

II. Organisation

Das Partnerschaftsregister kennt – anders als das Handelsregister – **keine Trennung in Abteilung A und B**. Dies ist die Folge der Tatsache, dass neben den die Partnerschaft betreffenden Eintragungen keine weiteren Eintragungen vorgesehen sind. Allerdings wird auch die jeweilige Partnerschaft unter einer **Registernummer** geführt. Der genaue Inhalt der Eintragungen ergibt sich aus § 5 PRV.

6

III. Zuständigkeit

Nach § 5 Abs. 2 PartGG i.V.m. § 8 HGB wird auch das Partnerschaftsregister bei den Gerichten geführt. **Sachlich** sind insoweit nach § 160b Abs. 1 S. 1 FGG die **Amtsgerichte** zuständig. Die Führung der Partnerschaftsregister kann durch Rechtsverordnung der Länder bestimmten Amtsgerichten übertragen werden.[4] Die für das Handelsregister dargestellte Möglichkeit der Aufgabenverteilung (vgl. § 2 Rn 17) gilt auch hier (§ 160b Abs. 1 S. 2 FGG i.V.m. § 125 Abs. 2 bis 5 FGG).

7

Das **Landgericht** kann in den Partnerschaftsregistersachen erstinstanzlich nur nach § 143 FGG und im Übrigen als Beschwerdegericht zuständig werden. Die Zuständigkeiten des **Oberlandesgerichts** und des **Bundesgerichtshofes** ergeben sich nach den allgemeinen FGG-Vorschriften im Falle der weiteren Beschwerde.

8

---

4 So ist das AG Essen zentral in Nordrhein-Westfalen, das AG Charlottenburg in Berlin, das AG Hamburg für Hamburg, das AG Jena in Thüringen, das AG Hannover in Niedersachsen, das Amtsgericht Stendal in Sachsen-Anhalt, das Amtsgericht Kiel für Schleswig-Holstein, das Amtsgericht Frankfurt a.M. für Hessen und das AG Saarbrücken zentral im Saarland zuständig. Wegen der Zuständigkeiten in den anderen Bundesländern: *Krafka/Willer*, Rn 2020.

9 Die **örtliche Zuständigkeit** richtet sich nach § 4 Abs. 1 PartGG i.V.m. § 106 Abs. 1 HGB nach dem Ort der tatsächlichen Geschäftsführung (vgl. § 2 Rn 20). Dieses Gericht ist für alle Anmeldungen und Eintragungen zuständig. Dies gilt selbst dann, wenn die Gesellschaft ihren Sitz verlegt. Nach § 13h HGB ist die entsprechende Anmeldung beim Gericht des bisherigen Sitzes einzureichen, die diese dann mit einem Auszug über die bisherigen Eintragungen an das nun zuständige Gericht weiterleitet.

10 Die **funktionelle Zuständigkeit** in Partnerschaftsregistersachen folgt aus §§ 3 Nr. 2d, 17 RPflG. Da ein Vorbehalt für eine Richtertätigkeit in § 17 RPflG nicht enthalten ist, ist regelmäßig der **Rechtspfleger** berufen.

IV. Eintragung

11 Wegen der im PartGG vorgenommenen Verweisungen auf das Handelsregisterrecht kann im Hinblick auf die eintragungsfähigen Tatsachen, die Wirkungen der Eintragungen, die Anmeldungen, die Vertretung bei der Anmeldung etc. nahezu vollständig auf die Ausführungen in § 2 Rn 24 ff. verwiesen werden. Soweit sich etwa bei der Prüfung der Eintragungsvoraussetzungen Besonderheiten ergeben, sind diese bei den Eintragungstatbeständen mit behandelt.

§ 4 Beurkundungen

Literatur

Langhein, Notarieller Rechtsverkehr mit englischen Gesellschaften, NZG 2001, 1123–1127; **Reithmann**, Beurkundung, Beglaubigung, Bescheinigung durch inländische und durch ausländische Notare, DNotZ 1995, 360–370; **ders.**, Substitution bei der Anwendung der Formvorschriften des GmbH-Gesetzes, NJW 2003, 385–388.

A. Einleitung

Im Handels- und Partnerschaftsregisterrecht spielen sowohl die Beurkundung von Willenserklärungen nach den §§ 6 ff. BeurkG als auch die Tatsachenbeurkundung nach den §§ 36 ff. BeurkG und die Unterschriftenbeglaubigung einschließlich der Zeichnungsbeglaubigung nach den §§ 40, 41 BeurkG eine Rolle. Die letzten beiden Formanforderungen kommen auch im Recht der Partnerschaftsgesellschaft vor. Die Transformation der Papierurkunde in eine elektronische Urkunde, die zwingend beim Registergericht einzureichen ist, erfolgt über eine Vermerkurkunde nach § 39a BeurkG, vgl. dazu § 1 Rn 6.

B. Beurkundung von Willenserklärungen

Die **Beurkundung von Willenserklärungen** nach den §§ 6 ff. BeurkG ist in den Fällen der **Gründung** einer **GmbH** (§ 2 Abs. 1 GmbHG) und einer **AG** (§ 23 Abs. 1 S. 1 AktG) zu beachten. Diese Form ist weiter bei der **Übertragung von GmbH-Geschäftsanteilen** nach § 15 Abs. 3 und 4 GmbHG einzuhalten.

Kernpunkt der Beurkundung ist die genaue Feststellung der Beteiligten, die eindeutige Aufnahme ihrer Erklärungen nach § 17 BeurkG und das Vorlesen, Genehmigen und Unterschreiben der Niederschrift (vgl. § 13 BeurkG). Die Unterschrift darf nicht nur den Vornamen umfassen.[1] Auch der Vorname mit einem Anfangsbuchstaben des Nachnamens genügt nicht.[2] Insbesondere ist auf die möglichst genaue Abfassung der Niederschrift zu achten, weil § 17

---

1 BGH BB 2003, 328.
2 OLG Stuttgart MDR 2002, 145.

BeurkG eine extensive Auslegung der Erklärungen verhindert. Die Beurkundung von Willenserklärungen ist die stärkste Beurkundungsform. Sie ersetzt die Tatsachenbeurkundung und auch die öffentliche Beglaubigung (§ 129 Abs. 2 BGB).[3]

C. Tatsachenbeurkundung

4 Die **Tatsachenbeurkundung** nach §§ 36 ff. BeurkG ist für die **Aufnahme der Beschlüsse der Gesellschafter-** bzw. **Hauptversammlungen** nach § 54 Abs. 1 GmbHG bzw. § 130 Abs. 1 S. 1 AktG vorgesehen.

5 Die Niederschrift ist entsprechend § 37 BeurkG zu fassen. Es bedarf vor allem keines Verlesens und keiner Genehmigung der Beteiligten, sondern nur der Unterschrift des Notars (vgl. §§ 37 Abs. 3, 13 Abs. 3 BeurkG). Die Tatsachenbeurkundung ersetzt – anders als die Beurkundung von Willenserklärungen – die notarielle Beglaubigung nach § 40 BeurkG nicht. Dies hat etwa Bedeutung für die Beurkundung einer GmbH-Kapitalerhöhung und die Aufnahme der notariell zu beglaubigenden Übernahmeerklärung nach § 55 Abs. 1 GmbHG in die Urkunde. Insoweit reicht die Tatsachenbeurkundung nicht aus.[4]

D. Unterschriftsbeglaubigung

6 Die **Unterschriftsbeglaubigung** ist die häufigste Beurkundungsform im Registerrecht, weil § 12 Abs. 1 HGB diese Form für **jede Anmeldung** vorschreibt. Auch eine Vielzahl von **Vollmachten** muss abweichend von § 167 Abs. 2 BGB dieses Formerfordernis erfüllen, etwa § 12 Abs. 2 HGB, § 2 Abs. 2 GmbHG, § 23 Abs. 1 S. 2 AktG.

7 Die Unterschrift kann entweder vor dem Notar vollzogen werden oder vor ihm anerkannt werden (§ 40 Abs. 1 BeurkG). Der Notar fertigt sodann einen Beglaubigungsvermerk, der den Anforderungen des § 40 Abs. 3 BeurkG entspricht und von ihm unterschrieben und gesiegelt wird (vgl. § 39 BeurkG). Nach einer Entscheidung des OLG Hamm reicht für die Anmeldung auch ein notariell beglaubigtes Handzeichen aus.[5]

---

3 Die gleichen Wirkungen hat die Aufnahme der Erklärungen in ein nach der ZPO errichtetes gerichtliches Protokoll, vgl. § 127a BGB.
4 Baumbach/Hueck/*Zöllner*, § 55 Rn 32.
5 BB 2001, 1756, 1757 = Rpfleger 2001, 553.

E. Unterschriftszeichnungen

Die bisher vom Gesetz geforderten **Unterschriftszeichnungen,** etwa nach § 108 Abs. 2 HGB, § 81 Abs. 4 AktG, § 39 Abs. 4 GmbHG a.f., sind nach dem EHUG nicht mehr vorgesehen. Die Verpflichtung zur Einreichung einer Unterschriftsprobe sollte dem Rechtsverkehr eine Echtheitsprüfung ermöglichen. Die Unterschriftsprobe kann im elektronischen Register nur durch Einscannen bereitgehalten werden. Die eingescannte Unterschrift ermöglicht die Echtheitsprüfung nicht mehr, so dass Unterschriftszeichnungen nicht mehr einzureichen sind.[6]

8

F. Auslandsbeurkundungen

I. Wirkungsstatut und Gleichwertigkeit

Insbesondere unter Kostengesichtspunkten interessant ist die Frage, ob die im Registerrecht häufig formbedürftigen Vorgänge nicht auch im Ausland durch eine dortige Urkundsperson vorgenommen werden können. Dies richtet sich nach Art. 11 Abs. 1 Alt. 1 EGBGB und hängt im Falle des sog. **Wirkungsstatutes** von der **funktionalen Gleichwertigkeit der ausländischen Beurkundung** ab.[7] Eine funktionale Gleichwertigkeit ist gegeben, wenn die ausländische Urkundsperson nach Vorbildung und Stellung im Rechtsleben, insbesondere auch Haftung und Standesrecht, namentlich Disziplinarrecht, eine der Tätigkeit eines deutschen Notars entsprechende Funktion erfüllt und für die Errichtung der Urkunde ein Verfahren zu beachten hat, das in den Grundzügen dem deutschen Beurkundungsverfahrensrecht gleichkommt. Auf die besondere Kenntnis des deutschen Rechts seitens des ausländischen Notars wegen der Belehrungspflichten nach § 17 BeurkG kommt es nach der Rechtsprechung des BGH demgegenüber nicht an, weil die Belehrung verzichtbar ist. Mit der Inanspruchnahme eines ausländischen Notars wird ein entsprechender Verzicht aber wenigstens stillschweigend ausgesprochen.

9

---

6 Vgl. Begründung zum Gesetzentwurf, BT-Drucks 16/960 S. 47.
7 BGHZ 80, 76 = GmbHR 1981, 238; RIW 1989, 649; OLG Hamm NJW 1974, 1057 f.; OLG Karlsruhe RIW 1979, 567 f.; LG Kiel DB 1997, 1223; Scholz/*Westermann*, Einleitung Rn 134.

10 Bejaht wurde eine derartige Gleichwertigkeit für österreichische[8] und englische Notare.[9] Für das lateinische Notariat der romanischen Länder wird häufig nahezu insgesamt eine Gleichwertigkeit angenommen. Das Gleiche gilt für die Notartätigkeit in Israel. Für die schweizerische Notartätigkeit wird zwischen den jeweiligen Kantonen unterschieden,[10] wobei die Notartätigkeit in den Kantonen der Westschweiz wegen ihrer Nähe zur französischen Notartätigkeit häufig als gleichwertig angesehen wird.

11 Ausdrücklich verneint wird eine Gleichwertigkeit für die Tätigkeit des US-amerikanischen notary public im Falle der Notwendigkeit einer Beurkundung. Für den Fall der Beglaubigung, bei der es in der Regel nur um die Feststellung der Identität geht, wird aber eine Gleichwertigkeit wie in den meisten anderen Fällen zu bejahen sein.[11]

II. Einhaltung der Ortsform

12 Nach Art. 11 Abs. 1 Alt. 2 EGBGB steht neben der Einhaltung der Form nach dem Wirkungsstatut die **Einhaltung der** sog. **Ortsform**. Ob diese Regelung auch im internationalen Gesellschaftsrecht Anwendung findet, ist umstritten.[12] Für die Anwendung der Ortsform bedarf es jedenfalls keines völlig identischen Rechtsgeschäfts, es reicht aus, wenn eine Übereinstimmung in den typischen Punkten besteht.[13] Ob und wann die Einhaltung der Ortsform wegen eines Rechtsmissbrauchs unwirksam ist, ist dabei umstritten.[14] Allerdings wird die Absicht, die heimische Form zu umgehen oder Kosten zu sparen, insoweit nicht ausreichen.[15]

---

8 BayObLGZ 1977, 242 = NJW 1978, 500.
9 LG Augsburg NJW-RR 1997, 420.
10 Gleichwertigkeit bejaht: Zürich: RGZ 88, 227; 160, 225, 231; BGHZ 80, 76; OLG Frankfurt WM 1981, 946; OLG Stuttgart IPrax 1983, 79; Bern: OLG Hamburg IPRsp 1979 Nr. 9; Zug: LG Stuttgart IPRsp 1976 Nr. 5a; Basel: LG Nürnberg-Fürth RIW 1992, 314; Luzern: LG Koblenz IPRsp 1970 Nr. 144.
11 Vgl. OLG Naumburg NZG 2001, 853.
12 Bejahend etwa: OLG Düsseldorf NJW 1989, 2200; näher mit weiteren Nachweisen Palandt/*Heldrich*, Art. 11 EGBGB Rn 13; Erman/*Hohloch*, Art. 11 EGBGB Rn 27.
13 Vgl. dazu OLG Stuttgart NGZ 2001, 40, 43 zur Ortsform in Californien für die Übertragung eines GmbH-Anteils.
14 Palandt/*Heldrich*, Art. 11 EGBGB Rn 16; Erman/*Hohloch*, Art. 11 EGBGB Rn 25.
15 Palandt/*Heldrich*, Art. 11 EGBGB Rn 16.

§ 5 Kostenrecht

Literatur

Gustavus, Europarechtswidrige Handelsregistergebühren, ZIP 1998, 502–505; **Hirte**, Kosten der genehmigten Kapitalerhöhung, Rpfleger 2001, 6–9; **Meininger/Gänzle**, Rückforderung europarechtswidriger Registergebühren, BB 2000, 840–844; **Meyer**, Die Neuordnung des ab dem 1.12.2004 geltenden Handelsregistergebührenrechts – Ein Überblick, JurBüro 2005, 59–62; **Müther**, Die Rechtsprechung des EuGH und der Einfluss auf das deutsche Handelsregisterwesen, Rpfleger 2000, 316–320.

A. Grundlagen

Die im Registerverfahren entstehenden Kosten richten sich nach der **Kostenordnung (KostO)**. Die Kostenordnung regelt dabei nicht nur die beim Gericht entstehenden Kosten, sondern auch die Kosten des Notars, §§ 140 S. 1, 141 KostO. Die Kosten im Sinne der Kostenordnung nach § 1 S. 1 KostO erfassen die **Gebühren**, aber auch die **Auslagen**, die insbesondere beim Gericht bisher durch die Veröffentlichung der Eintragung in Papierpublikationen entstanden und für eine Übergangszeit (Art. 61 Abs. 4 EGHGB) noch entstehen. Das handelsregisterrechtliche Kostenrecht hat wesentliche Änderungen durch die auf der Rechtsprechung des EuGH beruhende Änderung der Berechnung der Gerichtskosten erfahren, vgl. dazu Rn 2. Die Privilegierung der aus den neuen Bundesländern kommenden Kostenschuldner, die nur ermäßigte Gebühren zu zahlen hatten, ist in Berlin seit dem 1.3.2002 und im Übrigen seit dem 1.7.2004 entfallen, vgl. § 164 Abs. 1 S. 2 KostO.[1]

1

B. Gerichtskosten

Die Gebühren für Eintragungen in das Register, die Zurücknahme von Anmeldung und anderen Umständen ergeben sich aus der nach § 79a KostO mit Wirkung zum 1.12.2004 in Kraft getretenen **Handelsregistergebührenverordnung**, die nunmehr mit dem EHUG dem elektronischen Register angepasst worden ist. Die Umstellung der Gerichtsgebührenerhebung vom Geschäftswert, der sich nach dem jeweiligen Gegenstand der Anmeldung

2

---

1 Zum Grund der Privilegierung: BGH MDR 1996, 205, 206.

richtete, auf **feste Gebühren** war aufgrund der Rechtsprechung des EuGH[2] erforderlich. Der EuGH sah in der wertabhängigen Berechnung der Gerichtsgebühren einen Verstoß gegen die Regelungen der EG-Gesellschaftssteuerrichtlinie vom 17.7.1969. Der Gesetzgeber hat diese Rechtsprechung, die eigentlich nur bestimmte Gesellschaftsformen betraf[3] und auch hinsichtlich ihres Anwendungsumfangs unklar war,[4] zum Anlass genommen, insgesamt feste Gerichtsgebühren einzuführen. Für **Altfälle**, also die vor dem In-Kraft-Treten der HRegGebVO angefallenen Gebühren, gilt die ursprüngliche Fassung des § 26 KostO, allerdings in europarechtskonformer Auslegung, vgl. § 164 KostO.[5] Die Höhe der Gebühren darf danach den tatsächlichen Aufwand, der allerdings geschätzt werden kann, nicht überschreiten.[6]

3 Das Gericht ist nach § 8 Abs. 2 S. 1 KostO berechtigt, die Eintragung von der Einzahlung eines **Kostenvorschusses** abhängig zu machen. Dies gilt jedenfalls für die nur eintragungsfähigen (§ 2 Rn 26), aber nicht eintragungspflichtigen (§ 2 Rn 27) Tatsachen (zu Letzteren gehört z.B. die Eintragung der Kapitalgesellschaften oder ihrer Satzungsänderungen). Folge der Nichteinzahlung des Kostenvorschusses trotz entsprechender Zwischenverfügung mit Fristsetzung ist die Zurückweisung der Anmeldung.[7] Dies erscheint schon deshalb notwendig, um Rechtsklarheit zu erreichen, an der es fehlen würde, wenn die Nichtzahlung allein zu einem Ruhen des Verfahrens

---

2 *Fantask*, ZIP 1998, 206 m. Anm. *Gustavus*, ZIP 1998, 506. Dazu auch *Müther*, Rpfleger 2000, 316, 318 ff.

3 BayObLG ZIP 1999, 363.

4 Galt auch für die Prokuraanmeldung, so OLG Köln BB 2000, 370 = NZG 2000, 362; nicht aber für die Gebühren im Grundbuchverfahren, auch wenn ein Grundstück bei einer GmbH als Sacheinlage eingebracht werden soll, so OLG Hamm BB 2000, 2488; nicht für Nachlassverfahren, auch wenn der Erbschein für das Registerverfahren benötigt wird, so BayObLG JurBüro 2002, 205; vgl. auch noch LG Stuttgart NZG 2002, 487 f.; BayObLG BB 2000, 1367.

5 Vgl. Vorauflage, § 4 Rn 7; zur Rückerstattung zu viel gezahlter Gebühren: BayObLG NJW 1999, 1194 (Zinsanspruch); OLG Zweibrücken NZG 2000, 363 (Bestehen eines Rückzahlungsanspruchs); OLG Hamm FGPrax 2001, 90 (Zinsanspruch); OLG Dresden Rpfleger 2002, 485 (Zinsanspruch); KG KGR 2005, 291 (Verjährung); allgemein: *Meininger/Gänzle*, BB 2000, 840.

6 Von wem dann in welcher Instanzenzug die Schätzung des tatsächlichen Aufwandes vorgenommen werden muss, ist umstritten: BayObLG NZG 1999, 156 = BayObLGZ 1998, 303 und OLG Brandenburg NGZ 2002, 486, 487 favorisieren eine Zurückverweisung in die erste Instanz. Das OLG Köln NJW 1999, 1341 meint, das LG als Erstbeschwerdegericht sei zuständig. Im Einzelnen zum geschätzten Aufwand: *Müther*, Rpfleger 2000, 316, 319.

7 KG, Beschl. v. 13.2.2001 – 1 W 8144/00, n.v.; LG Berlin, Beschl. v. 28.1.2003 – 102 T 123/02, 102 T 132/02 und 102 T 134/02, alle n.v.; allg.: Korintenberg/*Lappe*, § 8 Rn 10, 35; *Hartmann*, § 8 KostO Rn 18.

führen würde.[8] Dies zeigt sich insbesondere in den Fällen der Sitzverlegung, in denen die letztgenannte Ansicht rechtsmissbräuchlich ausgenutzt werden könnte.

Ausnahmen von der Vorschusspflicht sind in § 8 Abs. 2 S. 2 KostO vorgesehen. Insoweit ist nunmehr durch das EHUG in § 8 Abs. 2 S. 2 Nr. 3 KostO ausdrücklich die bisher ungeschrieben angenommene Möglichkeit der Abgabe einer Kostenzusage durch den Notar als Grund für den Wegfall einer Vorschusspflicht vorgesehen. Durch diese Erklärung, die eindeutig und klar sein muss, sonst aber keiner Form zu genügen braucht,[9] wird der Notar selbst Kostenschuldner, § 3 Nr. 2 KostO. Die Erklärung kann durch jeden Notar abgegeben werden. Dass dieser an der Erstellung der Anmeldung oder den dieser zugrunde liegenden Urkunden mitgewirkt hat, ist nicht erforderlich.

4

C. Notarkosten

Die Beurkundungstätigkeit des Notars wird demgegenüber nicht nach Festgebühren abgerechnet. Die Notartätigkeit wird – jedenfalls soweit diesen die Gebühren ihrer Tätigkeit selbst zufließen – von der Rechtsprechung des EuGH nicht erfasst.[10] Es ist vielmehr bei der früheren Rechtslage geblieben, so dass für die Berechnung der Gebühren weiterhin vom sog. **Geschäftswert** nach § 18 Abs. 1 S. 1 KostO auszugehen ist. Dieser Geschäftswert richtet sich nach dem Gegenstand des Geschäfts und folgt für die Anmeldungen aus den §§ 41a, 41c KostO. Der Geschäftswert wird dabei von dem Notar festgesetzt und kann nur über die Notarkostenbeschwerde angegriffen werden. Wegen der Einzelheiten beachte die Hinweise bei den einzelnen Eintragungs- und Verfahrensgegenständen.

5

Neben den Gebühren für die Anmeldungen stehen den Notaren auch **Gebühren für die notarielle Beurkundung** der zugrunde liegenden materiellen Rechtsvorgänge zu. So gilt etwa für die Beurkundung von Gesellschafterbeschlüssen § 47 KostO. Für die Beurkundung der Verträge gilt § 36 Abs. 2

---

8 So aber: a.A. LG Kleve NJW-RR 1996, 939, das Verfahren ruht.
9 Hartmann, Kostengesetze, § 8 KostO Rn 13.
10 Korintenberg/*Bengel/Tiedke*, § 41a Rn 1e; so auch schon OLG Zweibrücken MittBayNot 1999, 402; OLG Hamm FGPrax 2002, 269. Anders zu portugiesischen Notaren: EuGH DNotZ 1999, 936 – Modelo. Zu den württembergischen Notaren: vgl. LG Stuttgart GmbHR 2004, 187; EuGH ZIP 2002, 663 = DNotZ 2002, 389; Korintenberg/*Bengel/Tiedke*, § 41a Rn 1 f.

KostO. Soweit der Notar weitere Tätigkeiten übernimmt, wie z.b. die Anfertigung der Gesellschafterliste[11] oder eines Sachgründungsberichtes,[12] wird § 147 Abs. 2 KostO anzuwenden sein. Der Antrag auf Ergänzung des Aufsichtsrates einer Aktiengesellschaft nach § 104 Abs. 2 oder 3 AktG richtet sich kostenrechtlich nach § 30 Abs. 2 KostO.[13]

D. Weitere kostenrechtliche Grundsätze

6 Wie sich aus § 2 Abs. 2 S. 1 HRegGebV ergibt, entstehen **für jede einzutragende Tatsache gesonderte Gebühren**. In § 2 Abs. 1 HRegGebV finden sich insoweit Sonderregeln für die Ersteintragung; in § 2 Abs. 3 HRegGebV wird definiert, wann lediglich eine einzutragende Tatsache vorliegt. Allgemein ist festzuhalten, dass alle Umstände, die nur gemeinsam eingetragen werden können, eine einzutragende und damit gebührenauslösende Tatsache darstellen.

Für Anmeldungen gilt: Mehrere in einer Urkunde enthaltene Anmeldungen sind wegen der Kosten nach § 44 KostO zu beurteilen: Haben die Anmeldungen denselben Gegenstand, wird die Gebühr einmal nach dem höchsten Wert berechnet.[14] Nur bei verschiedenen Gegenständen werden die Werte zusammengerechnet. Dabei wird für die Anmeldung eine halbe Gebühr nach § 38 Abs. 2 Nr. 7 KostO, allein für die Beglaubigung der Unterschrift eine Gebühr von einem Viertel der vollen Gebühr (vgl. § 45 KostO) erhoben.

Die Kosten zu tragen hat der sog. Kostenschuldner. Wer Kostenschuldner ist, ergibt sich aus den §§ 2, 3 KostO. Im Anmeldeverfahren ergibt sich die Kostenschuldnerschaft regelmäßig aus § 2 Nr. 1 KostO. Danach sind die

---

11 Wert nach 10–20% des Stammkapitals, vgl. *Gustavus*, Handelsregister-Anmeldungen, A 91, S. 83; nach OLG Hamm NGZ 2002, 486 (st. Rspr.) handelt es sich aber jedenfalls dann um ein gebührenfreies Nebengeschäft, wenn der Notar bei einer Erstanmeldung der GmbH nicht nur die Anmeldung entworfen, sondern auch den Gesellschaftsvertrag beurkundet hat. Diese Auffassung wird geteilt von OLG Frankfurt DNotZ 1987, 641, 642; OLG Karlsruhe Rpfleger 1977, 228; a.A. OLG Celle GmbHR 1993, 294; OLG Stuttgart DNotZ 1985, 121 f.; OLG Saarbrücken MittBayNot 1984, 215 f.
12 Wert nach 20–30% der Werte der Sacheinlagen ohne Schuldenabzug, vgl. *Gustavus*, Handelsregister-Anmeldungen, A 91, S. 83.
13 BayObLG BB 2000, 1367.
14 Mehrere Anmeldungen nach § 39 GmbHG sind kostenrechtlich getrennt zu behandeln, vgl. BGH BB 2003, 220 = DB 2003, 654 und KG BB 2000, 1314; die Anmeldung des Erlöschens und der Erteilung einer Prokura sind ebenfalls getrennt zu behandeln, LG Stuttgart NGZ 2002, 487 f.

Kosten von demjenigen zu tragen, der die Vornahme des Geschäfts – hier der Eintragung – beantragt hat. Danach sind etwa bei den Personengesellschaften regelmäßig alle Gesellschafter Kostenschuldner. Mehrere Kostenschuldner haften als Gesamtschuldner, § 5 KostO. Eine Verpflichtung zur vorrangigen Inanspruchnahme bestimmter Einzelner, wie etwa den neu eingetretenen Kommanditisten, besteht nicht.[15] Als weiterer Kostenschuldner kommt nach § 3 Nr. 2 KostO der Notar in Betracht, der die Erklärung nach § 8 S. 2 Nr. 3 KostO abgegeben hat.

E. Die Kosten in Partnerschaftsregistersachen

Die für die Handelsregister geltenden Grundsätze finden dabei auch auf das **Partnerschaftsregister** Anwendung. So gilt § 79 KostO auch für die Eintragungen in das Partnerschaftsregister. Wegen der Anmeldung gilt § 41b KostO, der auf § 41a KostO verweist.

---

15 LG Berlin, Beschl. v. 1.11.2005– 1 T 110/05, n.v.

2. Kapitel: Die Kapitalgesellschaften im Handelsregister

§ 6 Die GmbH

Literatur

Böhringer, Nachweis der Geldeinlagen bei GmbH-Gründung, Rpfleger 2002, 551–552; **Fritzsche**, Abgabe und Wirksamwerden der Geschäftsführerversicherung nach § 8 Abs. 2 GmbHG, Rpfleger 2002, 552–554; **Goette**, Die GmbH nach der BGH-Rechtsprechung, 2. Aufl. 2002; **Gottwald**, Staatliche Genehmigungserfordernisse bei GmbH-Gründungen, DStR 2001, 944–948; **Halm**, Notwendigkeit der Bildung des mitbestimmten Aufsichtsrates bei der GmbH vor Eintragung in das Handelsregister?, BB 2000, 1849–1853; **Henze**, Erfordernis der wertgleichen Deckung bei Kapitalerhöhungen mit Bareinlagen?, BB 2002, 955–957; **Herbarth**, Freigabeverfahren für strukturändernde Gesellschafterbeschlüsse in der GmbH – zur entsprechenden Anwendung des neuen § 246a AktG im GmbH-Recht, GmbHR 2005, 966–971; **Kögel**, Aktuelle Entwicklungen im Firmenrecht, Rpfleger 2000, 255–259; **Maurer**, Vorbelastungshaftung und Eintragungshindernis bei Kapitalgesellschaften, BB 2001, 2537–2541; **Melchior**, Ausländer als GmbH-Geschäftsführer, DB 1997, 413–417; **Mecklenbrauck**, Abfindungsbeschränkungen in Gesellschaftsverträgen, BB 2000, 2001–2006; **Müther**, Überlegungen zum neuen Firmenbildungsrecht bei der GmbH, GmbHR 1998, 1058–1061; **Müther**, Die Voreinzahlung auf die Barkapitalerhöhung bei der GmbH unter besonderer Berücksichtigung der BGH-Rechtsprechung, NJW 1999, 404–406; **Müther**, Zur Nichtigkeit führende Fehler bei der Einberufung der GmbH-Gesellschafterversammlung, GmbHR 2000, 966–972; **Müther**, Vor-GmbH – die häufigsten Praxisprobleme, MDR 2001, 366–371; **Noack**, Pflichtbekanntmachungen bei der GmbH, DB 2005, 599–601; **Priester**, Mantelverwendung und Mantelgründung bei der GmbH, DB 1983, 2291–2299; **Priester**, Nonprofit-GmbH – Satzungsgestaltung und Satzungsvollzug, GmbHR 1999, 149–157; **Priester**, Unwirksamkeit der Satzungsänderung bei Eintragungsfehlern, BB 2002, 2613–2615; **Roth**, Eine europäische Initiative zur Kodifizierung der Gründungstheorie, RdW 2007, 206–207; **Schlüter**, Die gemeinnützige GmbH, GmbHR 2002, 535–541, 578–584; **Ulbert**, Die GmbH im Handelsregisterverfahren, 1997.

A. Überblick

Die GmbH spielt im Registerrecht eine überragende Rolle. Dies entspricht ihrer Stellung im Wirtschaftsleben. Entsprechend umfangreich ist die zu dieser Gesellschaft ergangene Rechtsprechung, die es rechtfertigt, die Darstellung der Einzelbereiche des Registerrechts mit dieser Gesellschaftsform beginnen zu lassen. 1

Die **Eintragungen** zur GmbH erfolgen im Register B. Neben den Angaben zur Firma, zum Sitz und zum Gegenstand sind weiter der Stammkapital- 2 betrag, die Angaben zu den Geschäftsführern, zu den Prokuristen und Daten zum Abschluss des Gesellschaftsvertrages und zu seinen Änderungen aufzunehmen. Angaben zu den Gesellschaftern werden im Register nicht wiedergegeben. (Ungeprüfte) Erkenntnisse über die Gesellschafterstruktur sind aber über die Gesellschafterlisten nach § 40 GmbHG zu gewinnen (vgl. zu den beabsichtigten Änderungen durch das MoMiG § 1 Rn 19 ff.).

3 Für die wesentlichen Anmeldungen und Eintragungen wie z.B. die Gründung und die Satzungsänderungen sind nach § 17 Nr. 1a und b RPflG die **Richter** zuständig. Diese Eintragungen sind auch konstitutiv (vgl. dazu auch § 2 Rn 27). Anders als beim Einzelkaufmann und bei den Personengesellschaften ergibt sich die Richtigkeit der in den Anmeldungen gemachten Angaben auch nicht allein aus der Anmeldung selbst. Denn die Anmeldungen werden nur den Geschäftsführern überlassen und nicht allen Beteiligten. Aus diesem Grund ergibt sich eher ein Anlass zur Prüfung der Richtigkeit der Angaben. Der Gesetzgeber hat insoweit aber bestimmte Beweismittel, wie z.b. die Versicherungen, vorgegeben. Teilweise ist die Prüfungsbefugnis auch ausdrücklich eingeschränkt (vgl. etwa § 9c GmbHG). Weitere Einschränkungen ergeben sich dadurch, dass die Unterlagen nur noch in elektronischer Form einzureichen sind, vgl. § 1 Rn 5 ff.

B. Ersteintragung der GmbH

I. Rechtliche Grundlagen

4 Der **Anmeldetatbestand** für die **Ersteintragung** der GmbH findet sich in **§ 7 Abs. 1 GmbHG**. Der genaue Inhalt der Anmeldung ist in **§ 8 GmbHG** festgelegt. Der Inhalt der Eintragung ergibt sich aus **§ 10 Abs. 1 und 2 GmbHG**, wobei die genauen Einzelheiten in § 43 HRV geregelt sind.

5 Die Ersteintragung der GmbH ist **konstitutiv**: Die Gesellschaft entsteht nach § 11 Abs. 1 GmbHG als GmbH erst mit ihrer Eintragung. Dementsprechend scheidet eine Durchsetzung der Anmeldung mit Hilfe des Zwangsgeldverfahrens nach § 14 HGB aus (vgl. dazu auch § 2 Rn 27). Das Interesse der Beteiligten folgt vielmehr daraus, dass sie andernfalls als Geschäftsführer über § 11 Abs. 2 GmbHG oder als Gründungsgesellschafter aus der Vor-

belastungshaftung in Anspruch genommen werden können.[1] Für das Verfahren auf Ersteintragung ist der Richter nach § 17 Nr. 1a RPflG zuständig (vgl. aber auch § 2 Rn 22).

II. Einzelheiten

1. Gründer und Vertretung beim Gründungsvorgang

a) Grundsatz

Grundsätzlich kann jede natürliche und auch jede juristische Person **Gesellschafter** einer GmbH sein. Gleiches gilt für die Personenhandelsgesellschaften, die eingetragene Partnerschaftsgesellschaft sowie die BGB-Gesellschaft.[2] Teilweise wird angenommen, dass jede Gesamthandsgemeinschaft, also etwa auch die Erbengemeinschaft, Gründungsgesellschafter sein kann,[3] was wegen des auf Abwicklung der Erbengemeinschaft gerichteten Zweckes jedenfalls dann zweifelhaft ist, wenn die Erbengemeinschaft nicht aufgrund des Todes eines der Gründer eintritt, sondern originärer Gründer sein soll. Rechtsprechung zu dieser Frage fehlt allerdings noch.[4] In bestimmten Fällen ergeben sich bei den Gründern Schwierigkeiten:

6

b) Nicht voll geschäftsfähige Gründer

Bei der Beteiligung von **minderjährigen Kindern** oder anderen nicht voll geschäftsfähigen Personen bei der Gründung ist die Notwendigkeit der Vorlage einer vormundschafts- oder familiengerichtlichen Genehmigung nach § 1822 Nr. 3 BGB zu beachten.[5] Wegen der Ausfallhaftung nach § 24 GmbHG greift zusätzlich die Regelung des § 1822 Nr. 10 BGB.[6] Ist nur einer der Elternteile gleichzeitig ebenfalls als Gründungsgesellschafter beteiligt,

7

---

1 Zu dieser BGHZ 134, 333 = GmbHR 1997, 405 = NJW 1997, 1507; und auch *Müther*, MDR 2001, 366, 367 ff.
2 So schon BGHZ 78, 311 = GmbHR 1981, 188 = NJW 1981, 682; 116, 86 = NJW 1992, 499. Teilweise wird aber wegen der mangelnden Publizität der Gesellschaft angenommen, dass in der Gesellschafterliste die Gesellschafter der BGB-Gesellschaft aufgeführt werden müssen, vgl. Scholz/*Emmerich*, § 2 Rn 53a.
3 Scholz/*Emmerich*, § 2 Rn 53c; *Lutter/Bayer*, § 2 Rn 8.
4 Nach LG Berlin, Beschl. v. 29.8.2003 – 102 T 59/03, n.v. kann eine Erbengemeinschaft jedenfalls einen vorhandenen Anteil erwerben, soweit dies mit Mitteln aus dem Nachlass geschieht.
5 Vgl. dazu BGHZ 107, 23, 29/30 = Rpfleger 1989, 281; Palandt/*Diederichsen*, § 1822 Rn 9; Ulmer/Habersack/*Ulmer*, § 2 Rn 73.
6 Scholz/*Emmerich*, § 2 Rn 43a; *Lutter/Bayer*, § 2 Rn 5.

sind beide Eltern nach den §§ 1629 Abs. 2 S. 1, 1795 Abs. 1 Nr. 1 BGB bzw. nach §§ 181, 1795 Abs. 2 BGB von der Vertretung ausgeschlossen, so dass zusätzlich ein Ergänzungspfleger nach § 1909 BGB bestellt werden muss, der die notwendigen Erklärungen bei der Gründung abgibt.[7] Bei Vormündern gilt Entsprechendes.

c) Ausländische Gründer

8 Während die Existenz natürlicher Personen im Registerverfahren keine Probleme aufwirft, entstehen durch die Beteiligung **ausländischer Gesellschaften** häufig Nachweisschwierigkeiten. Dies bezieht sich nicht nur auf den Nachweis der Vertretungsbefugnis. Dieser ist in der Regel dadurch zu erbringen, dass aus den entsprechenden Unternehmensregistern Auszüge oder, insbesondere bei Gesellschaften aus dem anglo-amerikanischen Rechtskreis, Bestätigungen der Gesellschaften (sog. secretary's certificate) vorgelegt werden. Maßstab für den Nachweis ist dabei immer die Frage, welche Möglichkeiten das ausländische Recht – abweichend vom deutschen Recht – zum Nachweis der Vertretungsbefugnis vorsieht (vgl. § 13d Abs. 3 HGB).

9 Aufgrund der nach wie vor in Deutschland vertretenen **Sitztheorie**[8] muss damit gerechnet werden, dass der **Nachweis** verlangt wird, dass die ausländische Gesellschaft auch tatsächlich im Gründungsland ihren wirklichen Sitz im Sinne eines Schwerpunktes der Geschäftstätigkeit hat. Wäre dies nicht der Fall, wäre die Gesellschaft unter Umständen selbst nicht rechtsfähig, so dass eine Scheinvertretung vorläge.[9] Auch wenn dann der Vertreter unter Umständen selbst als Gründungsgesellschafter[10] anzusehen wäre, widersprächen der Gründungsvorgang und – wegen § 3 Abs. 1 Nr. 4 GmbHG – die Angabe zum Gründungsgesellschafter im Gesellschaftsvertrag dem Richtigkeitsgebot. Eine Beanstandung durch das Registergericht wäre die Folge. Zum Nachweis der Existenz der Gesellschaft im Gründungsstaat werden häufig Mietverträge, Telefonrechnungen und Briefpapier verlangt. Der Nachweis kann nur dann abgelehnt werden, wenn die Rechtsfähigkeit unabhängig vom

---

7 Scholz/*Emmerich*, § 2 Rn 42; *Lutter/Bayer*, § 2 Rn 5; Baumbach/*Hueck/Fastrich*, § 1 Rn 25.
8 BGHZ 97, 269 = GmbHR 1986, 351 = NJW 1986, 2194.
9 Dies gilt allerdings dann nicht, wenn die Gesellschaft ihren tatsächlichen Sitz in Deutschland hat, weil sie dann jedenfalls dem Recht der BGB-Gesellschaft unterfiele, vgl. BGHZ 151, 204 = BB 2002, 2031; an der Pflicht zur ordnungsgemäßen Benennung der Zahlungspflichtigen, also der einzelnen Gesellschafter, ändert dies aber nichts.
10 Vgl. dazu OLG Frankfurt BB 2002, 372 zu § 144 FGG.

tatsächlichen Verwaltungssitz anzuerkennen ist. Eine derartige Anerkennung hat aufgrund der Rechtsprechung des EuGH zur Niederlassungsfreiheit[11] gegenüber Gesellschaften aus anderen EU-Mitgliedsländern zu erfolgen, die eine Rechtsfähigkeit ihrer Gesellschaften nicht von einem tatsächlichen Verwaltungssitz im Gründungsland abhängig machen.[12] Entsprechendes gilt aufgrund entsprechender völkerrechtlicher Verträge gegenüber Gesellschaften aus den EWR-Staaten[13] und aus den USA.[14] Teilweise wird aber auch ohne diese Voraussetzungen von einer Anerkennung der Rechtfähigkeit ausgegangen.[15]

Hinsichtlich der Beteiligung einer **ausländischen natürlichen Person** bestehen grundsätzlich keine besonderen Bedenken gegen eine Gesellschafterstellung.[16] Allerdings hat das Kammergericht in einem Fall eine Gründung durch einen Ausländer als Alleingesellschafter als Umgehung ausländerrechtlicher Bestimmungen über die Zulässigkeit einer Erwerbstätigkeit angesehen, weil dieser sich auch zum alleinigen Geschäftsführer der Gesellschaft bestellt hatte, zu einer Einreise in die BRD aber nicht ohne weiteres befugt war.[17] Aus diesem Grund sollte die Gründung wegen § 134 BGB nichtig sein. Aus ähnlichen Gründen wird auch die Bestellung eines ausländischen Geschäftsführers beanstandet, wenn dieser keine Berechtigung zur selbstständigen Gewerbeausübung besitzt. Diese Frage wird in Rn 76 behandelt.

d) Vertretungsnachweise

Nach § 9c Abs. 1 GmbHG hat das Registergericht die ordnungsgemäße Errichtung der Gesellschaft zu prüfen. Dies schließt neben der Prüfung der Form des § 2 Abs. 1 GmbHG[18] eine lückenlose Prüfung der **Vertretungs-**

---

11 EuGH NJW 2002, 3614 = NZG 2002, 1164 = EuZW 2002, 754 – Überseering.
12 BGHZ 154, 185 = NJW 2003, 1461.
13 BGHZ 164, 148 = NJW 2005, 3351: Lichtensteinische Aktiengesellschaft. Zu den EWR-Staaten gehören noch Norwegen und Island.
14 BGHZ 153, 353 = NJW 2003, 1607. Ob damit auch reine Briefkastengesellschaften erfasst werden, die keinen tatsächlichen effektiven Bezug zu den USA haben, ist offen, vgl. BGH BB 2004, 1868, 1869 m.w.N.
15 So OLG Hamm BB 2006, 2487 zu einer Gesellschaft nach Schweizer Recht.
16 Baumbach/*Hueck*/*Fastrich*, § 1 Rn 29.
17 KG GmbHR 1997, 412, 413; kritisch mit weiteren Nachweisen Scholz/*Emmerich*, § 2 Rn 41b.
18 Zur Auslandsbeurkundung: Diese ist grundsätzlich zulässig und wirksam, wenn die ausländischen Notare eine mit den deutschen Notaren vergleichbare Ausbildung und Rechtsstellung besitzen, vgl. Scholz/*Emmerich*, § 2 Rn 18c. Bejaht für Notare in der Schweiz und in Österreich. Näher § 4 Rn 9 ff.

befugnis der handelnden Personen ein. Bei einer Vertretung des Gründers durch sein Organ bedarf es keiner Vollmacht nach § 2 Abs. 2 GmbHG. Das Vorstandsmitglied einer Aktiengesellschaft ist beispielsweise das gesetzliche Organ dieser Gesellschaft. Es liegt damit grundsätzlich keine rechtsgeschäftliche Vertretung vor.[19] Allerdings hat das Registergericht die Vertretungsmacht des Vorstandsmitglieds als Organ zu prüfen. Dazu bedurfte es bisher der Vorlage eines aktuellen beglaubigten Registerauszugs der Aktiengesellschaft, aus dem sich die Vertretungsbefugnis des Vorstandsmitglieds ergeben musste.[20] Mit der Einführung des elektronischen Handelsregister steht den Registergerichten aber jeweils die Möglichkeit der Einsicht über das Internet zur Verfügung. Der Nachweis der Vertretungsbefugnis kann aber auch durch eine Notarbestätigung nach § 21 BNotO ersetzt werden. Dabei muss allerdings zur Wirksamkeit der Bestätigung der Tag der Einsichtnahme in das Register oder der Tag der Ausstellung der beglaubigten Abschrift des Registerausdrucks, der der Bescheinigung zugrunde liegt, angegeben werden (vgl. § 21 Abs. 2 S. 2 BNotO).

e) Einzelne Vertretungsprobleme

12 Häufiges Problem ist das Auftreten eines **vollmachtlosen Vertreters** bei der Gründung einer **Ein-Personen-Gesellschaft**. In einem solchen Fall reicht die ansonsten immer mögliche nachträgliche Zustimmung des Vertretenen in der Form des § 2 Abs. 2 GmbHG zur Heilung des Formmangels nicht aus.[21] Nach der gesetzlichen Konzeption des GmbH-Gesetzes wird zwar auch bei der Ein-Personen-Gründung ein Gesellschaftsvertrag beurkundet; es besteht jedoch weitgehend Einigkeit darüber, dass hier ein einseitiges Rechtsgeschäft i.S.d. § 180 BGB vorgenommen wird, so dass eine Vertretung ohne Ver-

---

19 Allerdings ist ein Vorstandsmitglied bei einer Beschlussfassung über seine Bestellung zum Geschäftsführer der GmbH nach § 112 AktG von der Vertretung der AG ausgeschlossen, vgl. LG Berlin GmbHR 1997, 750. Der dennoch gefasste Beschluss ist unwirksam, vgl. BayObLG BB 2001, 13 = Rpfleger 2001, 184 = NZG 2001, 128 = DNotZ 2001, 887. Dieser Ausschluss kann auch nicht durch ein Handeln eines Prokuristen der Aktiengesellschaft umgangen werden, weil in der Bestellung zum Geschäftsführer ein Rechtsgeschäft mit dem entsprechenden Vorstandsmitglied liegt, das der Regelung des § 112 AktG unterfällt.

20 Entsprechendes gilt bei der Vertretung durch einen Prokuristen. Insoweit liegt zwar eine rechtsgeschäftliche Vollmacht vor, diese hat aber einen gesetzlich vorgegebenen Inhalt, vgl. Scholz/*Emmerich*, § 2 Rn 29; zur Anmeldung von Gegenständen, die die Grundlagen des eigenen Handelsgeschäfts betreffen, bedarf der Prokurist einer gesonderten Vollmacht; im Übrigen nicht, vgl. BGHZ 116, 190 = NJW 1992, 975. Allgemein zur Prokura: *Müther*, Handelsrecht, § 10 Rn 6 ff.

21 Zur Belehrungspflicht des Notars: BGH MDR 2005, 299 = DNotZ 2005, 286.

tretungsmacht ausgeschlossen ist.²² Insoweit reicht es auch nicht aus, wenn der auftretende Vertreter erklärt, er handele aufgrund einer nur mündlich erklärten oder in einfacher Schriftform erteilten Vollmacht. Die Vorschrift des § 2 Abs. 2 GmbHG hat materiell-rechtliche Wirkung und nicht nur eine Beweisfunktion, so dass derartige nicht formgerechte Vollmachten unwirksam sind.²³ Ist **Gründungsgesellschafterin eine Aktiengesellschaft,** ist bei der Bestellung des Geschäftsführers § 112 AktG zu beachten, so dass sich der Vorstand der Gesellschaft nicht selbst im Rahmen der Gründung zum Geschäftsführer bestellen kann.

Bei der Beteiligung mehrerer Personen entstehen bei einer **Mehrfachvertretung** auch immer wieder Probleme aufgrund der Regelung des § 181 BGB, so dass auch insoweit auf eine ausreichende Vertretungsbefugnis oder eine nachträgliche Zustimmung der betroffenen Vertretenen zu achten ist.²⁴

13

2. GmbH und Aufsichtsrat

a) Fakultativer Aufsichtsrat

Nach der gesetzlichen Grundkonzeption ist bei der GmbH – anders als bei der Aktiengesellschaft – kein Aufsichtsrat zu bilden. Allerdings kann der Gesellschaftsvertrag vorsehen, dass die Gesellschaft einen Aufsichtsrat besitzt. Ist ein solcher **fakultativer Aufsichtsrat** zu bilden, gilt § 52 GmbHG. Die Vorschrift verweist auf Vorschriften des Aktienrechtes, stellt es aber frei, abweichende Bestimmungen im Gesellschaftsvertrag zu treffen.²⁵ Für den Fall, dass die Mitglieder des Aufsichtsrates vor der Eintragung der Gesellschaft bestellt werden, verweist § 52 Abs. 2 S. 1 GmbHG auf die Vorschrift des § 37 Abs. 4 Nr. 3 und 3a AktG. Danach sind die Aufsichtsratsmitglieder anders als bei der Aktiengesellschaft nicht selbst an der Anmeldung beteiligt. Allerdings sind die Urkunden über ihre Bestellung und eine Liste mit der

14

---

22 LG Berlin GmbHR 1996, 123; Scholz/*Emmerich*, § 1 Rn 34; *Lutter/Bayer*, § 2 Rn 17. Dies soll nicht bei einer Satzungsänderung gelten: OLG Frankfurt DB 2003, 654 = NZG 2003, 438.
23 Scholz/*Emmerich*, § 2 Rn 24; *Lutter/Bayer*, § 2 Rn 15.
24 *Lutter/Bayer*, § 2 Rn 17; *Roth/Altmeppen*, § 2 Rn 29; Baumbach/*Hueck/Fastrich*, § 2 Rn 18. Zur Möglichkeit der Ermächtigung eines von zwei Gesamtvertretern: BGHZ 64, 73 = NJW-RR 1986, 778. Handeln tatsächlich beide Vertreter kommt eine Umdeutung in eine Ermächtigung nicht in Betracht: BGH NJW 1992, 618.
25 Ohne Abweichungen im Vertrag gilt auch § 112 AktG, BGH NJW-RR 2004, 330.

Anmeldung einzureichen (§ 37 Abs. 4 Nr. 3 und 3a AktG). Die Liste hat Namen, ausbeübte Berufe und Wohnorte der ersten Mitglieder zu enthalten.

b) Obligatorischer Aufsichtsrat

15 Neben diesem fakultativen Aufsichtsrat steht der **obligatorische Aufsichtsrat**. Nach § 6 Abs. 1 MitbestG kann auch eine GmbH verpflichtet sein, einen Aufsichtsrat zu bilden. Dies ist dann der Fall, wenn die Gesellschaft mehr als 2.000 Arbeitnehmer beschäftigt. Auch wenn ein solcher Mitarbeiterstamm in der Regel bei der GmbH i.Gr. nicht besteht, sind Fallgestaltungen denkbar, in denen dies anders ist. So hatte etwa das BayObLG zu einem Sachverhalt Stellung zu nehmen, in dem ein Unternehmen im Wege der Sachgründung auf die neue GmbH übertragen wurde, so dass sich die Frage stellte, ob der Aufsichtsrat bereits vor der Eintragung zu bilden ist. Das Gericht hat dies verneint.[26] Die Literatur ist insoweit zerstritten.[27] Gegen eine Bildungspflicht spricht der Anwendungsbereich des Mitbestimmungsgesetzes. Denn dieses geht von einer eingetragenen Gesellschaft aus.[28] Soweit man allerdings eine vorhergehende Bildungspflicht bejaht, stellt sich die Frage, ob diese überhaupt eine Auswirkung auf das Eintragungsverfahren hat. Denn das Mitbestimmungsgesetz verweist nicht auf die Vorschriften über die Gründung einer Aktiengesellschaft und der Anwendungsbereich des § 52 Abs. 2 S. 1 GmbHG ist eigentlich nicht erfasst. Jedenfalls aus diesem Grund ist eine Bildungspflicht für das Eintragungsverfahren irrelevant. Lediglich bei einer erfolgten Bildung kommt eine entsprechende Anwendung des § 52 Abs. 2 S. 1 GmbHG in Betracht (vgl. dazu Rn 14).

16 Ebenfalls eine Pflicht zur Bestellung besteht nach **§ 77 Abs. 1 BetrVG** und zwar dann, wenn die Gesellschaft mehr als 500 Arbeitnehmer beschäftigt. Insoweit gelten die Ausführungen zum Aufsichtsrat bei einer mitbestimmten Gesellschaft entsprechend (vgl. Rn 15).

---

26 BayObLG BB 2000, 1538.
27 Übersicht bei *Halm*, BB 2000, 1849, 1850 ff.
28 Ebenso *Halm*, BB 2000, 1849, 1851.

Die GmbH § 6

3. Kapitalaufbringung

a) Einlageversicherung

Die Gründungsprüfung umfasst im Besonderen auch die Prüfung, ob die notwendigen Einlagen erbracht worden sind.[29] Zu diesem Zweck sieht § 8 Abs. 2 GmbHG die Abgabe einer **Versicherung über die Einlageleistungen** vor. Anhand dieser Versicherung hat das Registergericht u.a. auch zu prüfen, ob die Voraussetzungen des § 7 Abs. 2 GmbHG erfüllt worden sind, so dass in der Versicherung angegeben werden muss, **welcher Gesellschafter welchen Betrag geleistet hat.**[30] Auch wenn keine Bindung in der Formulierung besteht, muss aber die Versicherung unzweifelhaft eine endgültige Übertragung zur freien Verfügung ergeben.[31] 17

Die Versicherung ist – wie die Erstanmeldung nach § 78 GmbHG überhaupt – durch **alle Geschäftsführer** abzugeben, also auch durch später neu gewählte Geschäftsführer.[32] Die Versicherung ist wegen der mit ihr verbundenen Strafandrohung höchstpersönlicher Art. Eine Vertretung kommt damit insoweit nicht in Betracht.[33] 18

Nach der Rechtsprechung des BGH ist die Versicherung nach § 8 Abs. 2 GmbHG um Angaben zu etwaigen **Vorbelastungen** des Gesellschaftsvermögens zu ergänzen.[34] Fehlt eine entsprechende Erklärung, ist diese Ergänzung vom Registergericht nachzufordern. Eine derartige Vorbelastung stellt auch die Verpflichtung der Gesellschaft dar, die Gründungskosten zu tragen. Eine Vorbelastung ist überhaupt schon dann gegeben, wenn eine Zahlungspflicht entstanden ist, ohne dass es einer Leistung bedarf. 19

b) Einlagenachweis

Da das Gesetz die **Versicherung** nach § 8 Abs. 2 GmbHG als **Nachweis über die Einlageleistung** vorsieht, können **weitere Nachweise,** wie z.B. die Vorlage eines **Kontoauszugs** oder einer **Quittung,** entgegen der Praxis einer Vielzahl von Registerrichtern nur bei begründeten Zweifeln an der Richtig- 20

---

29 Scholz/Winter/Veil, § 9c Rn 28; Lutter/Bayer, § 9c Rn 4; Roth/Altmeppen, § 9c Rn 3a.
30 Scholz/Winter/Veil, § 8 Rn 23; Lutter/Bayer, § 8 Rn 11.
31 LG Berlin, Beschl. v. 29.3.2000– 98 T 78/99, n.v.
32 Streitig, a.A.: Lutter/Bayer, § 8 Rn 10; Roth/Altmeppen, § 8 Rn 19.
33 Scholz/Winter/Veil, § 8 Rn 22; Lutter/Bayer, § 8 Rn 10; Roth/Altmeppen, § 8 Rn 18.
34 BGHZ 80, 129, 143 = GmbHR 1981, 114 = NJW 1981, 1373; OLG Düsseldorf BB 1996, 2114 = ZIP 1996, 1705; Lutter/Bayer, § 8 Rn 12; Roth/Altmeppen, § 8 Rn 15.

keit der Angaben verlangt werden.[35] Ein Anlass kann dabei die erhebliche zeitliche Differenz zwischen Abgabe der Versicherung und Einreichung der Unterlagen beim Registergericht sein,[36] aber auch eine durch die Gesellschaft verursachte längere Dauer des Eintragungsverfahrens.[37] Soweit Kontoauszüge unaufgefordert eingereicht werden, sind auch diese in die Prüfung einzubeziehen. Dabei kann sich aus dem Kontoauszug etwa ergeben, dass die Gesellschaft ihren Geschäftsbetrieb bereits aufgenommen hat, weil dort bereits Abbuchungen für Gehälter oder Einzahlungen von Kunden vorhanden sind. Die Aufnahme der Tätigkeit ist der Gesellschaft vor der Eintragung nicht untersagt. Der Wegfall des sog. Vorbelastungsverbots ist aber mit einer sog. **Vorbelastungshaftung** ausgeglichen worden. Die Gesellschafter haben dafür einzustehen, dass der Gesellschaft das vereinbarte Stammkapital zum Zeitpunkt der Eintragung als Reinvermögen zur Verfügung steht. Ist dies nicht der Fall, steht der Gesellschaft ein entsprechender Anspruch auf Ausgleich gegen die Gesellschafter zu. Entgegen einer in der Literatur[38] vertretenen Auffassung verlangt die Rechtsprechung[39] aber diesen Ausgleich bereits vor der Eintragung. Ist – mit anderen Worten – das Stammkapital vorbelastet, ist eine Eintragung nur vorzunehmen, wenn die Vorbelastungen bereits ausgeglichen sind. Ist dies nicht der Fall, ist die Eintragung abzulehnen. Zur Ermittlung der Vorbelastung ist dem Registergericht regelmäßig eine sog. **Vorbelastungsbilanz** mit einem zeitnahen Stichtag zum beabsichtigten Eintragungszeitpunkt vorzulegen, aus der sich Aktiva und Passiva ergeben.[40] Dabei wird auch die Frage der Notwendigkeit einer externen Prüfung dieser Bilanz nach den Vorschriften des HGB zu entscheiden sein, so dass sie bei einer Standard-GmbH mit 25.000 EUR Stammkapital im Normalfall von den Geschäftsführern selbst aufgestellt werden kann. Eine

---

35 BayObLG GmbHR 1994, 329; OLG Düsseldorf BB 1996, 2114 = ZIP 1996, 1705; OLG Frankfurt WM 1992, 1317; *Böhringer*, Rpfleger 2002, 551 f.
36 So zu Recht *Fritzsche*, Rpfleger 2002, 552–554.
37 LG Berlin, Beschl. v. 28.1.2003– 102 T 134/02; Beschl. v. 20.5.2003– 102 T 12/03, jeweils n.v.
38 Scholz/*Winter*/*Veil*, § 9c Rn 29 m.w.N.; *Maurer* (BB 2001, 2537, 2540) verneint lediglich eine Prüfungspflicht des Registergerichts.
39 BGHZ 80, 129, 143 = GmbHR 1981, 114 = NJW 1981, 1373; BGHZ 80, 182, 184 f. = GmbHR 1981, 192 = NJW 1981, 1452; BayObLG BB 1998, 2439; 1991, 2391; OLG Hamm DB 1993, 86 f.; a.A. LG Berlin, Beschl. v. 23.9.2003– 102 T 69/03, n.v.: Versicherung der Nachleistung bei fehlenden Anhaltspunkten mangelnder Leistungsfähigkeit soll reichen.
40 Vgl. LG Berlin, Beschl. v. 7.8.2000– 98 T 30/00, n.v.; Beschl. v. 3.3.1998– 98 T 1/98, n.v.; Beschl. v. 7.11.1997– 98 T 104/97, n.v.; Beschl. v. 10.9.1997– 98 T 78/97, n.v.

Prüfung wird entsprechend § 316 HGB nicht erforderlich sein. Alternativ kann die Vorlage einer Bestätigung über die Vermögensverhältnisse eines Steuerberaters ausreichen. Die Abgabe einer Versicherung nach § 8 Abs. 2 GmbHG hat keine Beweiswirkungen im Zivilprozess.[41]

Aus einem **Kontoauszug** ergibt sich mitunter auch, dass das Konto für die GmbH vor der Gründung der Gesellschaft eröffnet worden ist. Eine solche Kontoeröffnung ist unzulässig, weil die Bank nach dem **Grundsatz der Kontenwahrheit** (vgl. § 154 AO) ein Konto nur für eine existierende Person eröffnen darf. Die Vor-GmbH ist zwar kontofähig, sie entsteht aber erst mit dem notariell beurkundeten Abschluss des Gesellschaftsvertrags.[42] Hat die Bank ein Konto für eine nichtexistente Person eröffnet, ist sie nach § 154 Abs. 3 AO an einer Auszahlung des Betrags gehindert; die Einzahlungen stehen den Geschäftsführern damit nicht zur freien Verfügung, so dass das Registergericht eine Neueinzahlung der Einlagen verlangen wird. 21

Erfährt das Registergericht etwa durch die Einholung einer Auskunft aus dem **Schuldnerverzeichnis**, dass einer der Gesellschafter bereits die eidesstattliche Versicherung abgegeben hat, wird es mindestens Nachweise über die tatsächliche Erbringung der behaupteten Einlageleistungen verlangen. Teilweise wird aber auch die Volleinzahlung aller Stammeinlagen vor der Eintragung verlangt, um den Wegfall des bei der Vermögenslosigkeit eines Beteiligten sinnlosen Rückgriffs nach § 24 GmbHG auszugleichen. 22

c) Sacheinlagen

Besondere Schwierigkeiten ergeben sich im Eintragungsverfahren immer wieder durch sog. **verschleierte Sachgründungen**. Das GmbH-Gesetz sieht zwar ausdrücklich die Sachgründung als Alternative zur Bargründung vor, die Sachgründung ist aber mit besonderen Schwierigkeiten verbunden. So müssen die Sacheinlagen[43] nicht nur bereits vor der Eintragung vollständig 23

---

41 OLG Düsseldorf NZG 2002, 577.
42 Zum fehlenden Übergang von der Vorgründungsgesellschaft zur Vor-GmbH: Scholz/*Karsten Schmidt*, § 11 Rn 20; *Lutter/Bayer*, § 11 Rn 2; *Müther*, MDR 2001, 366, 367.
43 Auch obligatorische Nutzungsrechte zur Verwertung von Namen und Logos von Sportvereinen können einlagefähig sein: BGHZ 144, 290 = NJW 2000, 2356 = BB 2000, 1643; ebenso Nutzungsrecht an einem Grundstück mit Halle: BGH BB 2004, 1925 = NJW-RR 2004, 1341. Nicht aber gegen den Gesellschafter gerichtete Forderungen oder Kommanditanteil an einer Gesellschaft, deren Aktivvermögen im Wesentlichen aus gegen den Gesellschafter gerichteten Forderungen besteht: KG FGPrax 2005, 223 = Rpfleger 2005, 542.

geleistet sein (vgl. § 7 Abs. 2 GmbHG),[44] wenn auch nicht durch den Gesellschafter selbst;[45] die Sacheinlagen sind gem. § 5 Abs. 4 S. 1 GmbHG auch ausdrücklich in den Gesellschaftsvertrag aufzunehmen. Für eine derartige Bezeichnung reicht die Bezugnahme auf eine Bilanz allein nicht aus, weil die Sacheinlage im Gesellschaftsvertrag sachenrechtlich bestimmt bezeichnet werden muss.[46] Aus einer Bilanz ergibt sich eine solche sachenrechtlich bestimmte Bezeichnung regelmäßig nicht.

24 Mit der Vereinbarung einer Sacheinlage werden auch die Prüfungsanforderungen durch das **Registergericht** erhöht. Nach § 9c Abs. 1 S. 2 GmbHG hat das Registergericht nämlich nunmehr auch die von den Gesellschaftern behauptete **Werthaltigkeit zu prüfen**.[47] Da es dem Registergericht fast immer an der erforderlichen Sachkunde fehlen wird, werden entsprechende Sachverständigengutachten einzuholen sein. Dies macht die Sachgründung nicht nur teuer; ist sie nicht gut vorbereitet, vergeht auch ein erheblicher Zeitraum bis zur Eintragung. Dies wiederum führt häufig wieder zu Beanstandungen durch das Registergericht, weil die von den Gesellschaftern angenommenen Werte mitunter veraltet sind, so dass weitere Bareinlagen und damit auch eine Änderung des Gesellschaftsvertrags, der den Umfang der entsprechenden Verpflichtungen anzugeben hat, notwendig werden. Übersteigt der Wert der Sacheinlage den Nominalwert der Einlage, kann vereinbart werden, dass der übersteigende Wert als Darlehn überlassen wird. Eine genaue Bezifferung ist insoweit nicht erforderlich.[48]

25 Die Schwierigkeiten der **Sachgründung** können nicht dadurch umgangen werden, dass Bareinlagen vereinbart werden und der Gesellschafter sodann Sachgüter auf die GmbH gegen Verrechnung oder gegen Wiederauszahlung bereits geleisteter Einlagen an die Gesellschaft veräußert. Derartige Hand-

---

44 Dies bedeutet, dass außer dem dinglichen Übertragungsakt auch die zur Ausübung der Rechte erforderlichen Unterlagen (KfZ-Brief) übergeben sein müssen. Bei der Einbringung von Grundstücken wird aus Praktikabilitätsgründen auf eine Eintragung im Grundbuch verzichtet. Insoweit soll es ausreichen, wenn bindende Einigung vorliegt und der Eintragungsantrag gestellt ist, so dass der Rechtserwerb sicher zu erwarten ist, vgl. Baumbach/*Hueck*/*Fastrich*, § 7 Rn 14; *Lutter/Bayer*, § 7 Rn 13; a.A. Scholz/*Winter*, § 7 Rn 40; Michalski/*Heyder*, § 12 Rn 42.
45 BayObLG FGPrax 2005, 229, 230.
46 Scholz/*Winter/Westermann*, § 5 Rn 88; Baumbach/*Hueck*/*Fastrich*, § 5 Rn 21; a.A. *Lutter/Bayer*, § 5 Rn 30.
47 Zur Kapitalerhöhung: OLG Frankfurt FGPrax 2006, 172.
48 LG München, Beschl. v. 18.12.2003– 17 HK T 21706/03.

lungen sind nach § 19 Abs. 5 GmbHG unwirksam;[49] die Einlage ist mit anderen Worten nicht erbracht. Die Annahme derartiger verschleierter Sachgründungen durch das Registergericht ist immer dann gerechtfertigt, wenn es erfährt, dass einer der Gesellschafter bereits ein Unternehmen mit dem Unternehmensgegenstand der GmbH betrieben hat. Ein Hinweis hierauf ergibt sich mitunter durch eine Voreintragung im Handelsregister A oder durch Eintragungen im Telefonbuch. Besteht der Verdacht, müssen ihn die Beteiligten ausräumen. Dies kann unter Umständen auch durch eine **Versicherung** erfolgen, dass nicht beabsichtigt sei, aus der entsprechenden Einzelunternehmung Anlage- oder Umlaufvermögen auf die GmbH durch Wiederauszahlung geleisteter Einlagen oder durch Verrechnung mit bisher nicht geleisteten Einlagen zu erbringen.[50]

Auch die **Übertragung eines Einzelunternehmens** auf die GmbH schließt eine **Bargründung** nicht in jedem Fall aus. Die Übertragung darf jedoch nicht zur Zurückzahlung von Einlagen erfolgen, so dass eine Kaufvereinbarung denkbar ist, nach der der Kaufpreis durch die GmbH nur aus erwirtschafteten Gewinnen erbracht wird.[51] Sie kann lauten: „Der Kaufpreis wird allein durch sich aus dem festgestellten Jahresabschluss ergebende Gewinne der Gesellschaft beglichen. Bis dahin ist er gestundet." Zur **Heilung** einer unwirksamen Bargründung vgl. Rn 164. 26

4. Probleme bei der Gestaltung des Gesellschaftsvertrages

a) Prüfungsbefugnis und Prüfungsumfang des Registergerichts

Durch das Handelsrechtsreformgesetz vom 22.6.1998[52] ist die Prüfungsbefugnis des Registergerichts bei der Ersteintragung der GmbH durch die Aufnahme des § 9c Abs. 2 GmbHG eingeschränkt worden. Das Registergericht ist nun nicht mehr befugt, alle Regelungen des Gesellschaftsvertrags auf 27

---

49 Dazu auch *Müther*, Der Umfang der registerrechtlichen Prüfungspflicht bei Kapitalerhöhungen einer GmbH, BB 1997, 2234.
50 Ebenso *Gustavus*, Handelsregister-Anmeldungen, A 91, S. 97.
51 AG Charlottenburg GmbHR 1996, 685.
52 BGBl I S. 1474.

ihre Wirksamkeit hin zu untersuchen.[53] Eine Gesamtprüfung darf allerdings wegen der Regelung in § 9c Abs. 2 Nr. 3 GmbHG noch vorgenommen werden, wenn der Vertrag nicht über eine salvatorische Klausel verfügt.[54] Denn die Unwirksamkeit einer Regelung hat ohne eine derartige Klausel immer die Nichtigkeit des Vertrags zur Folge, weil nach § 139 BGB die Nichtigkeit eines Teils des Rechtsgeschäfts im Zweifel zu einer Gesamtunwirksamkeit des Rechtsgeschäfts führt.

b) Firma[55]

aa) Namensfunktion

28 Nach § 9c Abs. 2 Nr. 1 i.V.m. § 3 Abs. 1 Nr. 1 GmbHG verbleibt es aber weiter bei der **Prüfung der ordnungsgemäßen Firmenbildung**. Dabei ist nicht nur zu prüfen, ob die Firma den Gesellschaftszusatz nach § 4 GmbHG enthält, wobei auch die Abkürzungen „GmbH"[56] oder „Gesellschaft mbH" als allgemein verständliche Abkürzungen, nicht aber „Company mbH"[57] zulässig sind. Nach einer Entscheidung des OLG München soll auch die häufig für gemeinnützige Gesellschaften benutzte Bezeichnung gGmbH unzulässig sein.[58] Das Gericht prüft weiter, ob die Firma überhaupt den Anforderungen des **§ 18 Abs. 1 HGB** gerecht wird. Insoweit ist zwar durch das Handelsrechtsreformgesetz vom 22.6.1998 eine Bindung an eine Personen- oder Sachfirma aufgegeben worden. Dies bedeutet aber nicht, dass dadurch die Verwendung jeder Bezeichnung als Firma zulässig geworden ist. Nach wie vor als unzulässig werden **Allerweltsbezeichnungen**, insbeson-

---

53 Dies gilt allerdings nur bei der Ersteintragung, KG Rpfleger 2006, 197 = DNotZ 2006, 304; BayObLG BB 2001, 1916 = Rpfleger 2001, 500. Bei späteren Satzungsänderungen spielt diese Einschränkung keine Rolle mehr. Dies ist insbesondere dann von Bedeutung, wenn bei der Satzungsänderung aus Bequemlichkeit der Gesellschaftsvertrag „insgesamt neu gefasst" wird, obwohl nicht alle Regelungen geändert werden.
54 *Lutter/Bayer*, § 9c Rn 12; Baumbach/*Hueck/Fastrich*, § 9c Rn 5.
55 *Kögel*, Rpfleger 2000, 255; *Müther*, Handelsrecht, § 8 Rn 16 ff. Zur Möglichkeit der Erwirkung einer unzulässigen Firma vgl. Baumbach/*Hopt*, § 17 Rn 37.
56 So schon BGHZ 62, 230, 232 = NJW 1974, 1088.
57 So zu Recht *Lutter/Bayer*, § 4 Rn 25; Unzulässig auch: Müller mbH, Müller & Co. mbH sowie Chemische Fabrik mbH.
58 OLG München NJW 2007, 1601 = NZG 2007, 191; a.A. *Fleischhauer/Preuß*, Handelsregisterrecht, S. 388; *Böttcher/Ries*, Rn 293; *Priester*, GmbHR 1999, 149; *Schlüter*, GmbHR 2002, 535, 578, wenn die Gemeinnützigkeit durch die Finanzverwaltung bestätigt ist.

dere Gattungsbezeichnung in Alleinstellung,[59] ebenso wie **nicht aussprechbare Buchstabenkombinationen** ohne Verkehrsgeltung in Alleinstellung[60] anzusehen sein, weil diesen Begriffen keine **Namensfunktion** zukommt. Allerdings hat der BGH mittlerweile einer nicht aussprechbaren Buchstabenkombination als Unternehmenskennzeichen Unterscheidungskraft zugesprochen,[61] so dass auch im Rahmen des Firmenrechts insoweit eine Änderung der Rechtsprechung naheliegend erscheint. Nicht zulässig dürfte aber die Verwendung von sechs Ás sein, zumal einziger Zweck dieser Firmenwahl das Erreichen der ersten Stelle in Telefonbüchern oder Adressverzeichnissen ist.[62] Problematisch soll unter dem Aspekt der Unterscheidungskraft auch die Verwendung von **Allerweltsnamen** wie Müller, Schmidt oder Schulze sein.[63] Dabei handelt es sich aber eher um ein Problem des § 30 HGB.

bb) Irreführung

Eingeschränkt worden ist die Prüfung des Registergerichts hinsichtlich der Frage der **Irreführung der Firmenbezeichnung**. Die Firma darf zwar keine Angaben enthalten, die geeignet sind, über die für die angesprochenen Verkehrskreise wesentlichen geschäftlichen Verhältnisse irrezuführen.[64] Nach § 18 Abs. 2 S. 2 HGB darf eine Eignung zur Irreführung im Registerverfahren aber nur dann berücksichtigt werden, wenn sie auch ersichtlich ist. Damit sollen umfangreiche Beweisaufnahmen verhindert werden – ein weiterer Versuch, das Eintragungsverfahren zu beschleunigen. Eine Beanstandung im Registerverfahren kommt damit nur noch in besonders groben Fällen in Betracht. Nicht zu beanstanden sein wird unter diesem Aspekt, dass die Firma die Bezeichnung einer Person enthält, diese Person aber nicht Gesellschafter der GmbH ist.[65] Anderes kann nur gelten, wenn diese Person

29

---

59 *Lutter/Bayer*, § 4 Rn 12; Baumbach/*Hueck/Fastrich*, § 4 Rn 6. Aus der Rechtsprechung: BayObLG DB 2003, 2382: Profi-Handwerker-GmbH; OLG Frankfurt Rpfleger 2005, 366: Grundbesitz AG.
60 OLG Celle DB 2006, 1950; OLG Frankfurt NJW 2002, 2400; *Müther*, GmbHR 1998, 1058, 1060; zum Vereinsrecht: OLG München NJW-RR 2007, 187; a.A. *Lutter/Bayer*, § 4 Rn 18.
61 BGHZ 145, 279 = NJW 2001, 1868 = MDR 2001, 706, wobei es dort nur um einen Firmenbestandteil ging.
62 Grund: Rechtsmissbrauch, vgl. OLG Frankfurt Rpfleger 2002, 365.
63 Baumbach/*Hueck/Fastrich*, § 4 Rn 6; *Koller/Roth/Morck*, § 18 Rn 4; großzügiger Lutter/*Bayer*, § 4 Rn 11.
64 Zum Maßstab: LG München DB 2004, 375 – Starnberger Gesellschaft für Unternehmensführung.
65 Mitunter wird insoweit aber verlangt, dass der Name in Anführungszeichen gesetzt wird. Vgl. allgemein: OLG Oldenburg BB 2001, 1373; LG Frankfurt GmbHR 2002, 967; Saarländisches OLG NJW-RR 2006, 902 = FGPRax 2006, 131.

eine allgemein bekannte Stellung einnimmt, die auch für den Verkehr von Bedeutung ist.[66] Selbst ohne Beanstandung durch das Registergericht kann die Firma jedoch noch von anderer Seite wegen der Verletzung von Namens- oder Markenrecht sowie wegen einer Irreführung nach § 3 UWG angegriffen werden; dies gilt es stets zu beachten.

30 *Rechtsprechungsbeispiele zu § 18 Abs. 2 HGB*
- Die Bezeichnung **International** ist nicht irreführend, wenn die Gesellschaft überhaupt grenzüberschreitend tätig wird (OLG Stuttgart DB 2001, 697 = Rpfleger 2001, 186).
- Eine vorangestellte **Ortsbezeichnung** ist in der Regel nicht wesentlich irreführend; es kommt allerdings auf den Einzelfall an (LG Heilbronn Rpfleger 2002, 158; OLG Frankfurt Rpfleger 2005, 366).
- Die Verwendung der Ortsbezeichnung **Stuttgart** in der Firma ist nicht wesentlich irreführend, wenn die Gesellschaft in einer Nachbargemeinde ansässig ist (OLG Stuttgart Rpfleger 2001, 186).
- Die Verwendung der Bezeichnung **Architekt** ist irreführend, wenn diese nach dem jeweiligen Landesrecht (hier: Hessen) natürlichen Personen vorbehalten ist (OLG Frankfurt Rpfleger 2000, 219; OLG Düsseldorf OLGR 1996, 81).
- Der Begriff **Institut** ist nach § 18 Abs. 2 HGB als irreführend zu beanstanden, weil der Eindruck entsteht, es handele sich um eine öffentliche oder unter öffentlicher Aufsicht stehende wissenschaftliche Einrichtung (OLG Frankfurt Rpfleger 2001, 428).
- Ein **überregionaler Zusatz** muss auch im Rahmen des § 18 Abs. 2 HGB zutreffen (OLG Frankfurt Rpfleger 2001, 428).
- Der **Rechtsformzusatz** AG darf in der Firma einer GmbH & Co KG nicht enthalten sein (OLG Stuttgart OLGR 2001, 31); der Zusatz & Co darf in der Firma einer GmbH diesem Rechtsformzusatz nicht nachfolgen (LG Bremen GmbHR 2004, 186); der Zusatz OHG darf in der Firma eines Einzelkaufmannes enthalten sein, wenn klar ist, dass es sich um ein Einzelunternehmen handelt (OLG Hamm OLGR 1999, 314).

---

66 LG Wiesbaden NJW-RR 2004, 1106 = NZG 2004, 829.

cc) Unterscheidbarkeit (§ 30 HGB)

Von besonderer Bedeutung im Rahmen der Firmenprüfung ist die deutliche **Unterscheidbarkeit** der im Register eingetragenen Firmen. Die Regelung in § 30 HGB erfasst dabei nicht nur Gleichnamige. Auch eine zu starke Annäherung an eine andere Firma kann die gewählte Firma zu Fall bringen. Im Rahmen der Prüfung ist dabei zu beachten, dass der **Gesellschaftsformzusatz** keine Unterscheidbarkeit herbeiführt. Die Firma „ABC-Bad GmbH" muss daher beanstandet werden, wenn bereits eine gleichnamige OHG im Register eingetragen ist. Diese Problematik wird auch häufiger bei der Firmenbildung einer KG und ihrer Komplementär-GmbH übersehen (vgl. § 8 Rn 11). Die Regelung greift überdies auch bei **Firmengruppen** ein. Denn § 30 HGB bezweckt nicht nur den Schutz des Eingetragenen; vielmehr soll auch der Verkehr vor vermeidbaren Verwechslungen geschützt werden. Eine Firma „Alltreus GmbH" kann deshalb neben einer „Alltreus Vermögensverwaltungs-GmbH" und einer „Alltreus-Bau GmbH" keinen Bestand haben, weil der Verkehr dazu neigt, Firmenbezeichnungen zu verkürzen, so dass der Sachzusatz den Abstand nicht herstellt. Anders ist der Fall zu beurteilen, wenn alle Gesellschaften in der Firma über einen Sachzusatz verfügen. Für die Anwendung des § 30 HGB gilt das **Prioritätsprinzip**: Sind die konkurrierenden Firmen beide noch nicht in das Register eingetreten, entscheidet der Zeitpunkt des Eingangs der Anmeldung.[67]

31

dd) Firmentausch

Unzulässig ist der sog. **Firmentausch**. Danach nimmt eine Gesellschaft die Firma einer bereits einmal im gleichen Register eingetragenen Firma an, ohne dass die Voraussetzungen des § 23 HGB vorliegen. Geschieht dies innerhalb einer Sperrfrist von sechs Monaten nach der Löschung der Firma zugunsten der ersten Gesellschaft, ist die Firma aus § 30 HGB zu beanstanden.[68]

32

---

[67] *Koller/Roth/Morck*, § 30 Rn 4.
[68] OLG Hamburg OLGR 1987, 191.

ee) Bezeichnung „Partner" und weitere Firmenbestandteile

33 Für eine Verwendung in einer GmbH-Firma gesperrt ist die **Bezeichnung „Partner"**. Denn diese ist nach § 11 Abs. 1 PartGG allein den Partnerschaften vorbehalten.[69] Sie darf zwar in einer Übergangszeit noch in Alt-Firmen verwendet werden. Dieser Bestandsschutz entfällt aber mit der Änderung der Firma.[70] Ist eine neue GmbH-Firma mit dem Bestandteil „Partner" eingetragen, kann dagegen vorgegangen werden, weil der Gesellschaft kein Vertrauensschutz zukommt.[71]

34 Eine ähnliche Sperrung wie beim Partnerbegriff findet sich auch in anderen Gesetzen. So ist die Verwendung der Bezeichnung „Architekt in Hessen" nur natürlichen Personen vorbehalten. Selbst wenn man aus einer derartigen Regelung kein allgemeines Verwendungsverbot herleiten mag, dürfte die Verwendung irreführend sein.[72] Bezeichnungen mit Bezug zum **Versicherungswesen** sind nach § 4 Abs. 1 S. 1 VAG Versicherungen vorbehalten.[73] Zur notwendigen Firmenbildung bei Rechtsanwaltsgesellschaften, vgl. § 59k BRAO.[74]

ff) Sonderzeichen u.Ä.

35 Heftig wird in neuerer Zeit auch die Frage diskutiert, inwieweit **Sonderzeichen** in die Firma aufgenommen werden können. Tatsächlich handelt es sich dabei aber gar nicht um ein firmenrechtliches Problem. Denn Sonderzeichen können als **Bildzeichen** nicht Bestandteil einer Firma sein, weil die Firma lediglich der sprachlichen Unterscheidung dient. Auch wenn die moderne Technik dem Registergericht jede noch so exotische Schreibweise einer Firma ermöglicht, kann etwa das **@-Zeichen nicht Teil einer Firma** sein.[75]

---

69 So jetzt BGHZ 135, 257 = GmbHR 1997, 644 = NJW 1997, 1854; dies gilt auch, wenn nur die Unternehmensstrategie bezeichnet werden soll (Beispiel: Brandware Partners), vgl. KG NJW-RR 2004, 976 = GmbHR 2004, 1024; zulässig soll die Verwendung als Wortbestandteil sein: OLG Frankfurt FGPrax 2007, 95.
70 OLG Stuttgart Rpfleger 2000, 336; es sei denn, der Firmenkern bleibt: BayObLG MDR 2003, 582.
71 SchlHOLG Rpfleger 2000, 278 = BB 2000, 1001.
72 OLG Frankfurt Rpfleger 2000, 219.
73 Vgl. dazu und zur Löschungsmöglichkeit nach den §§ 141, 142 FGG: OLG München FGPrax 2005, 227 = Rpfleger 2005, 608.
74 BGH BB 2004, 512 = NJW 2004, 1099; soll nicht für die AG gelten: BayObLG NJW 2000, 1647.
75 BayObLG GmbHR 2001, 476 = Rpfleger 2001, 427 = DNotZ 2001, 813; LG München BB 2001, 854; LG Berlin, Beschluss v. 20.3.2000– 98 T 9/00 – n.v.; *Müther*, GmbHR 1998, 1058, 1059; a.A. *Lutter/Bayer*, § 4 Rn 19.

Entsprechend hat die Gesellschaft auch keinen Einfluss darauf, in welcher Weise die Firma im Handelsregister wiedergegeben wird. Ein Unterschied in der Schreibweise (z.b. bei ausschließlicher Verwendung von Großbuchstaben o.Ä.) bedeutet also nicht, dass die Gesellschaft im Geschäftsverkehr mit einer anderen Firma auftritt. Denn ebenso wie das Registergericht nicht an die Schreibweise der Firma durch die Gesellschaft gebunden ist, bindet die Schreibweise des Registergerichts die Gesellschaft nicht. Eine **Änderung der Schreibweise von Groß- zur Kleinschreibung oder umgekehrt** stellt demnach auch keine Satzungsänderung dar.[76]

gg) Haftungsausschluss

Bedeutung kommt der Wahl der Firma dann zu, wenn eine **Annäherung an eine bereits existierende Firma** vorliegt. Unter den Voraussetzungen des § 25 HGB kommt nämlich eine Haftung in Betracht. Dabei werden die Voraussetzungen des § 25 HGB in der Rechtsprechung mitunter sogar dann angenommen, wenn tatsächlich keine Übernahme des Handelsgeschäftes vorliegt.[77] Ob auch in diesem Fall die Eintragung eines Haftungsausschlusses in Betracht kommt, dürfte zu verneinen sein (vgl. dazu § 10 Rn 43).

36

c) Sitz[78]

Neben der Firma hat das Registergericht nach § 9c Abs. 2 Nr. 1 i.V.m. § 3 Abs. 1 Nr. 1 GmbHG auch die Sitzbegründung zu überprüfen. Während die Gesellschafter vor dem In-Kraft-Treten des Handelsrechtsreformgesetzes in der Wahl des Sitzes weitgehend frei waren,[79] verlangt § 4a Abs. 2 GmbHG nunmehr eine **Sitzbegründung am Betriebsort bzw. am Ort der Geschäftsleitung oder Verwaltung**. Zu Reformvorhaben vgl. § 1 Rn 24. Der Ort darf für die Geschäftsleitung oder Verwaltung nicht nur eine untergeordnete Bedeutung haben, ein **Betrieb** liegt nur bei einer organisatorischen Einheit vor.[80]

37

---

76 KG BB 2000, 1957; LG Berlin, Beschl. v. 26.5.2000 – 98 T 14/00, n.v.
77 BGH NJW 1992, 911, 912; 1986, 581, 582.
78 Zu den Besonderheiten des sog. Doppelsitzes, der heute wohl nicht mehr zulässigerweise begründet werden kann: Baumbach/*Hueck*/*Fastrich*, § 4a Rn 8; Scholz/*Emmerich*, § 4a Rn 16.
79 Vgl. *Müther*, Sind die GmbH-Gesellschafter bei der Wahl des Sitzes wirklich frei?, BB 1996, 2210 ff.
80 LG Memmingen Rpfleger 2002, 157.

38 Die Gesellschaft ist jedoch zur Einrichtung eines **Geschäftslokals** vor der Eintragung nicht verpflichtet. Daher kommt der Frage der Sitzbegründung für die Prüfung des Registergerichts im Rahmen der Ersteintragung nur dann Bedeutung zu, wenn sich aus den Erklärungen ergibt, dass der zugleich die Zuständigkeit des Registergerichts begründende statutarische Sitz nur wegen der Schnelligkeit des Registergerichts bei der Ersteintragung gewählt worden ist, die Gesellschaft im Übrigen aber an ganz anderer Stelle tätig werden wird.

39 Umstritten ist die Frage, welche Auswirkungen eine **nachträgliche Sitzverlegung**, die ohne Satzungsänderung erfolgt, oder eine von vornherein **unrichtige Sitzbestimmung** hat, welche vom Registergericht bei der Ersteintragung nicht bemerkt wird. Immerhin legt § 4a GmbHG nunmehr bestimmte Anforderungen an den Sitz fest. Wegen der Einzelheiten siehe § 15 Rn 57.

d) Unternehmensgegenstand

40 Besondere Bedeutung gerade im Eintragungsverfahren kommt der **Fassung des Gesellschaftsgegenstandes**[81] zu. Denn diese Fassung entscheidet darüber, ob die Gesellschaft mit der Anmeldung eine **Genehmigung** oder **Vorabbescheinigung**[82] nach § 8 Abs. 1 Nr. 6 GmbH vorzulegen hat. Zu Reformvorhaben vgl. § 1 Rn 22. Haben die Beteiligten die Genehmigungspflicht übersehen, kommt es dann zu nicht unerheblichen Verzögerungen, weil das Registergericht die Vorlage einer entsprechenden Genehmigung vor der Eintragung der Gesellschaft verlangt und nach § 8 Abs. 1 Nr. 6 GmbHG verlangen muss. Folgebeanstandungen, die sich aus einer mittlerweile aufgenommenen Geschäftstätigkeit ergeben (vgl. Rn 20), sind häufig das Resultat. Besteht eine grundsätzliche Vorlagepflicht (wie etwa bei dem Betrieb

---

81 Insoweit ist auch sprachliche Disziplin dienlich. Häufig wird der Gegenstand auch als Zweck bezeichnet, obwohl damit nach der gesetzlichen Konzeption (auch) anderes gemeint ist, vgl. *Lutter/Bayer*, § 1 Rn 2 ff.; *Roth/Altmeppen*, § 3 Rn 5. Zur Zulässigkeit einer GmbH mit dem Gegenstand der Erbringung zahnärztlicher Leistungen: BGHZ 124, 224 = NJW 1994, 786. Zur Zulässigkeit einer Rechtsanwalts-GmbH vgl. §§ 59c ff. BRAO.

82 Derartige Bescheinigungen werden ausgestellt, wenn die Erteilung der Genehmigung die Eintragung der Gesellschaft voraussetzt, vgl. etwa § 15 Abs. 4 S. 2 GüKG.

einer Gaststätte), kann eine Änderung der Gegenstandsfassung Abhilfe schaffen:[83] Die Aufnahme des Geschäftsbetriebs muss bereits nach der Regelung im Gesellschaftsvertrag von dem Vorliegen der Genehmigung abhängig sein. Eine Übersicht über genehmigungspflichtige Gegenstände findet sich in Rn 57. Für den Gaststättenbetrieb lautet die Gegenstandsfassung dann folgendermaßen: „Einrichtung und, nach Einholung der entsprechenden Erlaubnis, Betrieb einer Gaststätte."[84] Denkbar ist auch die Einschränkung des Unternehmensgegenstands dahin, dass erlaubnispflichtige Tätigkeiten nicht ausgeübt werden.[85] Auch handwerkliche Tätigkeiten, die nach der Gegenstandsfassung ausgeübt werden können, sind von Bedeutung. Denn die Eintragung in die Handwerksrolle ist als eine Genehmigung i.S.d. § 8 Abs. 1 Nr. 6 GmbHG anzusehen.[86] Bei einem Streit mit dem Registergericht über die Genehmigungspflicht ist zu beachten: An eine Negativentscheidung der zuständigen Behörde ist das Registergericht gebunden.[87] Überhaupt sind Streitigkeiten über eine etwaige Genehmigungspflicht mit den zuständigen Behörden vor den jeweiligen Gerichten und nicht vor den Registergerichten auszutragen.[88]

Der Unternehmensgegenstand muss weiter auch für den Verkehr **ausreichend informativ gefasst** sein.[89] Damit scheiden alle Gegenstandsfassungen aus und sind zu beanstanden, die einfach nur Gesetzesbestimmungen in Bezug nehmen.[90] Aus dem gleichen Grund (fehlende Informativität) sind daher Fassungen wie „Befugnis zu allen Geschäften und Rechtshandlungen, die dem Zweck der Gesellschaft dienlich sind", „jegliche kaufmännische Tätigkeit", „Produktion von Waren aller Art", „Handel mit Waren aller Art"

41

---

83 Dazu reicht es aber nicht aus, dass als Unternehmensgegenstand einfach der Betrieb einer Vielzahl von Gaststätten gewählt wird. A.A. BayObLG DB 1979, 2028; GmbHR 1990, 454; OLG Frankfurt WM 1980, 22, 23. Die Behauptung, es läge ein (zulässiger) Programmsatz vor, verwässert die Abgrenzung zum (unzulässigen) fiktiven Gegenstand.
84 *Ulbert*, S. 69, schlägt „Erwerb, Einrichtung und Ausbau der Gaststätte ..." vor. Der Gegenstand müsste dann aber zum Betrieb der Gaststätte abgeändert werden.
85 Ein solcher Zusatz ist zulässig: BayObLG GmbHR 1994, 60, 62.
86 BGHZ 102, 209, 211 = GmbHR 1988, 135 = NJW 1988, 1087; OLG Frankfurt Rpfleger 2005, 673 = FGPrax 2005, 268.
87 BayObLG Rpfleger 2000, 458.
88 OLG Frankfurt Rpfleger 2005, 673.
89 BayObLG DB 1993, 2225.
90 Sehr häufig bei Gesellschaften, die die Steuerberatung zum Gegenstand haben.

und „Betrieb von Handelsgeschäften" unzulässig[91] und zu beanstanden,[92] soweit diese Angaben nicht durch weitere Angaben konkretisiert werden. Ob bei einer **Komplementär-GmbH** der Hinweis auf die Komplementärstellung im Unternehmensgegenstand ausreicht[93] oder ob insoweit auch der Gegenstand der KG angegeben werden muss, ist umstritten.[94]

42 Für die **Aktiengesellschaft** hat der BGH[95] schließlich entschieden, dass die Bestimmung eines **fiktiven Unternehmensgegenstandes** unwirksam ist und damit auch im Eintragungsverfahren zu beanstanden wäre. Dies gilt auch für die GmbH. Ob die den Unternehmensgegenstand bildende Tätigkeit tatsächlich gar nicht ausgeübt werden soll, lässt sich jedoch bei der Ersteintragung regelmäßig nicht feststellen, weil die Gesellschaft nicht zu einer Tätigkeitsaufnahme vor der Eintragung verpflichtet ist. Größere Bedeutung hat diese auch für die GmbH geltende Rechtsprechung daher bei der sog. Mantelverwertung. Sie wird dort näher ausgeführt (siehe Rn 142). Mit der genannten BGH-Entscheidung ist jedenfalls die sog. **offene Vorratsgründung** („Verwaltung eigenen Vermögens") gebilligt worden.

e) Stammkapital und Stammeinlagen

43 Kaum Schwierigkeiten bereitet die **Festlegung der Stammkapitalziffer**. Die entsprechende Angabe in Höhe von mindestens 25.000 EUR (§ 3 Abs. 1 Nr. 3 GmbHG) ist mittlerweile allgemein bekannt (zu Reformabsichten, § 1 Rn 20). Ähnliches gilt für die Angabe der Stammeinlagen (§ 3 Abs. 1 Nr. 4 GmbHG). Nur gelegentlich wird dort übersehen, dass jeder Gesellschafter nur eine Stammeinlage übernehmen darf und dass diese mindestens 100 EUR betragen sowie ein Vielfaches von 50 EUR darstellen muss (§ 5 Abs. 1 und 3 GmbHG). Die Summe der Stammeinlagen muss bei der Gründung der Stammkapitalziffer entsprechen.[96]

---

91 Scholz/*Emmerich*, § 3 Rn 15; *Lutter/Bayer*, § 3 Rn 6; *Ulbert*, S. 66 f.
92 *Lutter/Bayer*, § 3 Rn 6; Baumbach/*Hueck/Fastrich*, § 3 Rn 10.
93 So nun jedenfalls BayObLG GmbHR 1995, 722 = NJW-RR 1996, 413; GmbHR 1996, 360; noch strenger BayObLG GmbHR 1976, 38.
94 Scholz/*Emmerich*, § 3 Rn 16; *Lutter/Bayer*, § 3 Rn 6; *Roth/Altmeppen*, § 3 Rn 6.
95 BGHZ 117, 323 = GmbHR 1992, 451 = NJW 1992, 1824; nun auch BayObLG Rpfleger 2000, 458, 459; OLG Karlsruhe OLGR 2002, 234.
96 Im Falle einer wirksamen Einziehung kann später die Stammkapitalziffer um den Nennwert des eingezogenen Geschäftsanteils größer sein, weil dieser mit der Einziehung untergeht, vgl. Scholz/ *Westermann*, § 34 Rn 59 f.

f) Gründerangabe

44 Aus der Notwendigkeit der Angabe der Stammeinlagen im Gesellschaftsvertrag nach § 3 Abs. 1 Nr. 4 GmbHG ergibt sich, dass die **Übernehmer** dieser Einlagen ebenfalls **angegeben** werden müssen.[97] Lediglich bei der Ein-Personen-Gründung wird die Auffassung vertreten, dass die Angabe des Gründers im Gesellschaftsvertrag entfallen könne, weil dieser ohnehin vor Eintragung die Volleinzahlung der Einlage zu bewirken habe und keine Verwirrung hinsichtlich der Aufteilung der Einlagen entstehen könne.[98]

45 Die Angaben zu den Gründern müssen **klar und eindeutig** sein. BGB-Gesellschaften[99] etwa werden durch die Angabe ihrer Gesellschafter identifiziert. Ob insoweit allein die Aufnahme der Bezeichnung der Gesellschaft reicht, ist äußerst zweifelhaft. Dies gilt nicht nur für den Fall, dass die Bezeichnung völlig nichtssagend ist, sondern auch in allen anderen Fällen. Es gibt nämlich selten eine Möglichkeit, von der Bezeichnung auf die Gesellschafter rückzuschließen, und die Gesellschaft ist auch in der Verwendung der Bezeichnung frei.[100] Zum Wegfall der Angaben nach der Eintragung vgl. Rn 130.

46 Mit der Gründerangabe im Gesellschaftsvertrag verbunden ist die Frage, wie ein **Gesellschafterwechsel vor der Ersteintragung** vorzunehmen ist. Die Vor-GmbH ist zwar voll handlungsfähig, so dass die Regelungen des GmbH-Rechts in weiten Teilen bereits Anwendung finden.[101] Dies gilt aber nicht für die Vorschriften, die die Rechtsfähigkeit oder die Eintragung der Gesellschaft voraussetzen. Aus diesem Grund kommt eine Abtretung der Geschäftsanteile vor der Eintragung der Gesellschaft nach § 15 Abs. 3 GmbHG nicht in Betracht, weil Geschäftsanteile nach § 14 GmbHG erst mit der Eintragung entstehen.[102] Möglich ist nur eine auf den Eintragungszeitpunkt bezogene Abtretung zukünftiger Geschäftsanteile. Ein Gesellschafterwechsel vor der Eintragung der Gesellschaft kann sich daher nur durch eine **Ver-**

---

97 OLG Hamm GmbHR 1986, 311 = NJW 1987, 263.
98 A.A. Scholz/*Emmerich*, § 3 Rn 33; *Lutter/Bayer*, § 3 Rn 23 f.
99 Diese kann über den Fall des § 18 GmbHG hinaus Gründerin einer GmbH sein, BGHZ 78, 311, 316 f. = GmbHR 1981, 188 = NJW 1981, 682.
100 Zum ähnlichen Problem im Zivilprozess: *Müther*, Zivilprozessuale Probleme der „neuen" BGB-Gesellschaft, MDR 2002, 987, 988.
101 Scholz/*Karsten Schmidt*, § 11 Rn 27; *Lutter/Bayer*, § 11 Rn 5.
102 BGHZ 134, 333 = GmbHR 1997, 405 = NJW 1997, 1507; OLG Frankfurt GmbHR 1997, 896; *Müther*, GmbHR 2000, 966, 968.

tragsänderung nach § 2 GmbHG vollziehen, d.h. unter Mitwirkung aller Gründer und unter Änderung des Gesellschaftsvertrags erfolgen.[103]

g) **Sonstige Satzungsbestimmungen**

aa) **Prüfungsumfang**

47 Die Neufassung des § 9c GmbHG durch das Handelsrechtsreformgesetz vom 22.6.1998 schränkt die Prüfungsbefugnis des Registergerichts in Bezug auf den Gesellschaftsvertrag ein, es schließt sie aber nicht vollständig aus. Soweit eine salvatorische Klausel im Gesellschaftsvertrag vorhanden ist, kommt eine Beanstandung wegen anderer als der in § 9c Abs. 2 Nr. 1 GmbHG genannten Regelungen nur unter den Voraussetzungen des § 9c Abs. 2 Nr. 2 GmbHG in Betracht (vgl. Rn 27). Danach sind nur die Regelungen zu beanstanden, die gegen **Gläubigerschutzvorschriften** oder **sonstige im öffentlichen Interesse bestehende Vorschriften** verstoßen. Die Vorschrift ist in Anlehnung an die Regelung des § 241 Nr. 3 AktG gefasst worden.

48 Wird eine Vertragsklausel im Rahmen des Ersteintragungsverfahrens nicht beanstandet, wird dieser **Ursprungsfehler** nach der Rechtsprechung des BGH unter Umständen entsprechend § 242 Abs. 2 AktG geheilt.[104]

bb) **Gläubigerschutzvorschriften**

49 Eine derartige gläubigerschützende Vorschrift, die sich in Satzungsregelungen niederschlagen kann, stellt etwa die Vorschrift des § 264 Abs. 1 S. 2 HGB über die **Aufstellungsfrist für den Jahresabschluss** dar. Diese Aufstellungsfrist kann nach § 264 Abs. 1 S. 3 HGB nur in besonderen Fällen über die üblichen drei Monate hinaus verlängert werden. Wird Entsprechendes im Gesellschaftsvertrag geregelt, müssen die gesetzlichen Voraussetzungen im Gesellschaftsvertrag genannt werden.[105] Geschieht dies nicht, haben die Beteiligten mit einer Beanstandung durch das Registergericht zu rechnen.

50 Ebenso als gläubigerschützend wird das Verbot anzusehen sein, dass in Bezug auf die **Höhe des Auseinandersetzungsguthabens** bei der Einziehung eines Geschäftsanteils danach differenziert wird, ob der Betrag dem

---

103 BGHZ 15, 204, 206 = GmbHR 1955, 27 = NJW 1955, 219; 21, 242, 246 = GmbHR 1956, 139 = NJW 1956, 1435; BGHZ 29, 300, 303 = GmbHR 1959, 149 = NJW 1959, 934; *Müther*, GmbHR 2000, 966, 968.
104 BGHZ 144, 365 = BB 2000, 1590 = NJW 2000, 2819 = GmbHR 2000, 822.
105 BayObLG GmbHR 1987, 391 = BB 1987, 869; *Koller/Roth/Morck*, § 264 Rn 4.

(ehemaligen) Gesellschafter oder einem seiner Gläubiger zufällt.[106] Dabei reicht es sogar aus, dass nur für den Fall der Pfändung des Geschäftsanteils eine unter dem Verkehrswert liegende Entschädigung vorgesehen ist, weil einem Gesellschafter dann in anderen Fällen auch ohne ausdrückliche Vereinbarung eine Entschädigung in Höhe des Verkehrswertes zusteht.[107] Vgl. auch Rn 133.

Schließlich werden unter den Gesichtspunkt des Gläubigerschutzes auch solche Regelungen fallen, die zu einer **Information der Gläubiger** führen sollen. Dies gilt einmal für die Verpflichtung der Gesellschaft, die **Gründungskosten** zu tragen. Eine solche Verpflichtung ist, wenn sie wirksam sein soll, in entsprechender Anwendung des § 26 Abs. 2 AktG in den Gesellschaftsvertrag aufzunehmen. Im Vertrag sind dabei die Gründungsgesamtkosten im geschätzten Umfang anzugeben.[108] Eine Regelung über die **Gesellschaftsblätter** ist entgegen dem früheren Rechtszustand nicht mehr daraufhin zu prüfen, ob sie eindeutig ist. Denn durch § 12 GmbHG ist nunmehr zwingend eine Bekanntmachung im elektronischen Bundesanzeiger angeordnet, so dass auch wegen der Bekanntmachungen der Gesellschaft nach §§ 30 Abs. 2 S. 2, 58 Abs. 1 Nr. 1, 65 Abs. 2 und § 73 Abs. 1 GmbHG[109] keine Unklarheiten mehr über das Bekanntmachungsorgan entstehen können.

cc) Im öffentlichen Interesse bestehende Vorschriften

Fraglich ist, was unter dem **Begriff des öffentlichen Interesses** i.S.d. § 9c Abs. 2 Nr. 2 GmbHG zu verstehen ist.[110] Interpretiert man diese Vorschrift naheliegenderweise entsprechend dem § 241 Nr. 3 AktG, ist der Begriff weit auszulegen.[111] Dies führt im Aktienrecht dazu, dass jeder Verstoß gegen eine zwingende Vorschrift des Aktienrechts unter die genannte Regelung fällt. Übertragen auf das GmbH-Recht heißt dies, dass dadurch jedenfalls Verstöße

---

106 BGHZ 65, 22 = GmbHR 1975, 227 = NJW 1975, 1835; BGHZ 116, 359, 374 = GmbHR 1992, 257 = NJW 1992, 892; Scholz/*Westermann*, § 34 Rn 27.
107 BGHZ 144, 365 = BB 2000, 1590 = NJW 2000, 2819 = GmbHR 2000, 822.
108 BGHZ 107, 1 = GmbHR 1989, 250 = NJW 1989, 1610; LG Berlin, Beschl. v. 16.9.1999– 98 T 54/99 – n.v.
109 Vgl. *Noack*, DB 2005, 599.
110 Dazu auch *Müther*, Aktuelles zur GmbH aus dem Handelsregister, Berliner Anwaltsblatt 1999, 94–97.
111 Vgl. *Hüffer*, § 241 Rn 18.

gegen die Eckpfeiler des GmbH-Rechts erfasst werden. Als ein solcher Eckpfeiler ist z.b. der **Minderheitenschutz** anzusehen. So ist die Regelung in § 50 GmbHG, nach der Gesellschafter mit Anteilen von mindestens 10% die Einberufung einer Gesellschafterversammlung verlangen und unter weiteren Voraussetzungen diese selbst einberufen können, als zwingend anzusehen.[112] Eine Beschränkung dieser Rechte ist damit unzulässig und zu beanstanden.

53 Ebenso wird auch eine Regelung zu beanstanden sein, welche die Erhebung einer **Auflösungsklage** zu einem Grund für die Zwangseinziehung des Geschäftsanteils des Klagenden macht.[113] Denn mit der Auflösungsklage wird einem Gesellschafter gerade die Berechtigung eingeräumt, die werbende Tätigkeit der Gesellschaft zu beenden. Dem können die anderen Gesellschafter nicht durch die Einziehung zuvorkommen.

54 Ähnlich bedeutsam werden die Geltung einer **Frist zur Anfechtung von Gesellschafterbeschlüssen** von mindestens einem Monat,[114] wobei diese Mindestfrist gegenüber abwesenden Gesellschaftern erst mit dem Zugang des Beschlussprotokolls zu laufen beginnen darf, oder der Ausschluss der Vereinbarung eines Schiedsgerichts zur Entscheidung über die Wirksamkeit von Gesellschafterbeschlüssen[115] sein, so dass entgegenstehende gesellschaftsvertragliche Regelungen auch im Eintragungsverfahren beanstandet werden dürfen. Zu dem Problem der Einführung einer Schiedsklausel durch Satzungsänderung vgl. Rn 139.

h) Satzungsänderung vor der Eintragung

55 Die Satzungsänderung vor der Eintragung der Gesellschaft in das Handelsregister unterfällt nicht den Regelungen der §§ 53 ff. GmbHG. Notwendig ist vielmehr eine **Vertragsänderung** in der Form des § 2 GmbHG.[116] Gleichwohl ist mit der Neufassung eine geänderte Satzung mit der Bescheinigung

---

112 *Lutter/Hommelhoff,* § 50 Rn 2; *Roth/Altmeppen,* § 50 Rn 4; Ulmer/Habersack/*Hüffer,* § 50 Rn 35.
113 BayObLG GmbHR 1979, 61; LG Berlin, Beschl. v. 28.10.1997– 98 T 85/97, n.v.; *Lutter/Hommelhoff/Kleindiek,* § 61 Rn 2; Baumbach/Hueck/*Schulze-Osterloh/Fastrich,* § 61 Rn 3.
114 BGHZ 104, 66 = GmbHR 1988, 304 = NJW 1988, 1844.
115 BGHZ 132, 278 = GmbHR 1996, 437 = NJW 1996, 1753; schiedsfähig sind aber die Rechte nach § 51a GmbHG, vgl. OLG Hamm BB 2000, 1159.
116 Scholz/*Emmerich,* § 2 Rn 21; *Ulbert,* S. 96.

nach § 54 Abs. 1 S. 2 GmbHG einzureichen.[117] Soweit mit der Änderung nicht auch eine Veränderung der den Versicherungen nach § 8 Abs. 2 und 3 GmbHG zugrunde liegenden Tatsachen verbunden ist, ist die Änderung nicht förmlich anzumelden.[118]

Entsprechend ist auch eine **Änderung der Stammkapitalziffer** zu behandeln. Diese erfolgt durch eine Vertragsänderung nach § 2 GmbHG, die Einlageleistungen und die Versicherung nach § 8 Abs. 2 GmbHG sind, soweit notwendig, den Veränderungen anzupassen.

56

5. Übersicht: Genehmigungspflichtige Gegenstände[119]

57

Bankgeschäfte	Genehmigung nach § 32 KWG erforderlich.
Baubetreuung	Erlaubnis nach § 34c GewO erforderlich.
Bauträger	Erlaubnis nach § 34c GewO erforderlich.
Bewachungsgewerbe	Erlaubnis nach § 34a GewO erforderlich.
Buchhaltung	Steuerberatertätigkeit (*siehe dort*)
Finanzierung	Erlaubnis nach § 32 KWG erforderlich.
Finanzierungsvermittlung	Erlaubnis nach § 34c GewO erforderlich.
Gaststättenbetrieb	Erlaubnis nach § 2 Abs. 1 GastG erforderlich.
Gebäudereinigung	Eintragung in die Handwerksrolle erforderlich; entfällt, wenn nach Hausfrauenart ausgeübt wird.
Handwerk	Eintragung in die Handwerksrolle erforderlich (beachte die Anlagen A und B zur Handwerksordnung).
Immobilienvermittlung	Erlaubnis nach § 34c GewO erforderlich.
Immobilienverwaltung	Die Verwaltung fremder Immobilien schließt eine Maklertätigkeit ein (*siehe Immobilienvermittlung*).

---

117 OLG Zweibrücken BB 2000, 2171 = Rpfleger 2001, 34 = DNotZ 2001, 411; OLG Hamm GmbHR 1986, 311; BayObLG DB 1988, 183.
118 OLG Zweibrücken BB 2000, 2171= Rpfleger 2001, 34 = DNotZ 2001, 411; BayObLG DB 1978, 880.
119 Vgl. auch die Übersicht bei *Gottwald*, DStR 2001, 944.

Inkassotätigkeit	Erlaubnis nach § 1 RBerG erforderlich.
Krankenanstalt	Für eine Privatkrankenanstalt ist eine Konzession nach § 30 GewO erforderlich.
Personalvermittlung	Erlaubnis nach § 23 A.F.G erforderlich.
Personenbeförderung	Erlaubnis nach § 2 PBefG erforderlich.
Pfandleihe	Erlaubnis nach § 34 GewO erforderlich.
Rechtsberatung	Erlaubnis nach § 1 RBerG erforderlich.
Reparaturen	Eintragung in die Handwerksrolle kann erforderlich sein.
Spielhallen	Erlaubnis nach § 33i GewO erforderlich.
Sprengstoffherstellung oder -handel	Erlaubnis nach § 7 SprengG erforderlich.
Steuerberatung	Zulassung nach §§ 2, 40, 49 ff. StBerG erforderlich.
Tierarztpraxis	Ausnahmegenehmigung nach § 29 Abs. 2 S. 3 HeilBerG, die eine Zulässigkeit nach der jeweiligen BerufsO voraussetzt.[120]
Transport	Genehmigung nach § 2 PBefG und/oder §§ 8, 80, 90 GüKG erforderlich.
Vermögensverwaltung	Die Verwaltung fremden Vermögens ist erlaubnispflichtig nach § 34c GewO und eigentlich auch nach § 32 KWG.
Versteigerung	Erlaubnis nach § 34b GewO.
Waffenherstellung oder -handel	Erlaubnis nach § 7 WaffG erforderlich.

58 Im Zweifelsfalle ist die zuständige Industrie- und Handelskammer um Rat zu fragen. Ein Negativattest der zuständigen Behörde bindet das Registergericht.[121]

---

120 OLG Düsseldorf FGPrax 2007, 93.
121 BayObLG Rpfleger 2000, 458.

Die GmbH §6

III. Checkliste: Anmeldung der Ersteintragung

1. Checkliste: Anmeldung der Gründung und der Vertretung bei Gründung

- Bei der Beteiligung von nicht voll Geschäftsfähigen wie z.b. Kindern: Liegen die notwendigen Genehmigungen vor? Ist die Beteiligung eines Ergänzungspflegers notwendig (vgl. Rn 7)?   **59**
- Bei der Beteiligung von ausländischen Gesellschaften: Ist die Rechtsfähigkeit geklärt und kann diese auch nachgewiesen werden (vgl. Rn 8)?
- Sind ausländische Gesellschafter vorhanden, die Alleingesellschafter oder Geschäftsführer sein sollen (vgl. Rn 10)?
- Im Falle einer Vertretung: Umfasst die Vollmacht die Gründung der Gesellschaft (vgl. Rn 11)?
- Sind die Beschränkungen des § 181 BGB, § 112 AktG beachtet (vgl. Rn 13)?
- Ist die Vollmacht bzw. Organstellung der Handelnden ausreichend nachgewiesen (ggf. beglaubigter Registerausdruck, Notarbestätigung; vgl. Rn 11)?
- Liegen die Dokumente in der notwendigen elektronischen Form vor (vgl. § 1 Rn 5 ff.)?

2. Checkliste: Anmeldung der Kapitalaufbringung

- Ergibt sich aus der abgegebenen Versicherung, dass die Voraussetzungen des § 7 Abs. 2 GmbHG eingehalten sind (vgl. Rn 17)?   **60**
- Enthält die Versicherung die notwendigen Angaben zu Vorbelastungen (vgl. Rn 19)?
- Ist die Versicherung über die Einlagen und die Vorbelastungen durch alle Geschäftsführer persönlich abgegeben worden (vgl. Rn 18)?
- Ist der vorzulegende Kontoauszug widerspruchsfrei (Konto erst nach der Gründung eröffnet und ohne Vorbelastungen; vgl. Rn 20 f.)?
- Sind bei der Sachgründung die Sacheinlagen sachenrechtlich bestimmt im Gesellschaftsvertrag aufgeführt und liegen die notwendigen und zeitnahen Nachweise für ihre Werthaltigkeit in elektronischer Form vor (vgl. Rn 23 f.)?

- Ist die Frage einer verschleierten Sachgründung geklärt worden (vgl. Rn 25 f.)?
- Ist gegebenenfalls eine Versicherung über das Nichtvorliegen einer verschleierten Sachgründung eingeholt worden (vgl. Rn 26)?

IV. Kosten

61 Für die **gerichtliche Tätigkeit** entstehen im Rahmen der Ersteintragung Gerichtsgebühren und die Kosten der Bekanntmachung als Auslagen. Die Gerichtsgebühr richtet sich nach Nr. 2100 bzw. Nr. 2101 des Gebührenverzeichnisses der Handelsregistergebührenverordnung und beträgt damit 100 EUR bei der Bar- und 150 EUR im Falle der Sachgründung. Folgt die Gründung aus einem Umwandlungsvorgang heraus, beträgt die Gebühr 190 EUR (Nr. 2104 GV der HRegGebVO). Diese Gebühren umfassen auch die weiteren mit der Erstanmeldung verbundenen Eintragungen. Gesonderte Gebühren fallen nur für die Prokura und die Eintragung von Zweigniederlassungen an, § 2 Abs. 1 HRegGebVO. Wegen der Zurücknahme oder Zurückweisung der Anmeldung vgl. §§ 3, 4 HRegGebVO).

62 Eine zu vergütende **Tätigkeit des Notars** kommt in zweifacher Hinsicht in Betracht: Zum einen ist die Anmeldung nach § 12 Abs. 1 HGB notariell zu beglaubigen, zum anderen ist die Gründung zu beurkunden (vgl. § 2 Abs. 1 GmbHG).

63 Für die **Beglaubigung der Anmeldung** erhält der Notar eine halbe Gebühr nach § 38 Abs. 2 Nr. 7 KostO. Diese Regelung gilt nach § 141 KostO für die Tätigkeit der Notare. Der Geschäftswert richtet sich nach § 41a KostO. Für die gleichzeitige Anmeldung der Geschäftsführer, die Abgabe der Erklärung über die Einzahlung der Stammeinlagen, die Versicherung der Geschäftsführer sowie deren Belehrung nach § 8 Abs. 3 GmbHG fallen keine besonderen Gebühren an.[122]

64 Für die Fertigung eines **Sachgründungsberichtes** steht dem Notar eine 5/10-Gebühr nach § 147 Abs. 2 KostO aus 20–30% des Wertes der Sacheinlagen ohne Schuldenabzug zu. Ein entsprechender Betrag ist für die Anfertigung der **Gesellschafterliste** aufzuwenden, wobei nach § 30 KostO als Geschäftswert 20–30% des Ausgabewertes der Geschäftsanteile anzusetzen ist.

---

122 So jedenfalls *Gustavus*, Handelsregister-Anmeldungen, A 91, S. 96.

Für die Anfertigung der **Gründungsurkunden** werden ebenfalls Notargebühren fällig. Insoweit steht dem Notar für die Beurkundung der Gründungserklärung eines Ein-Personen-Gesellschafters eine volle Gebühr nach § 36 Abs. 1 KostO zu.[123] Sind mehrere Gesellschafter vorhanden, werden zwei Gebühren nach § 36 Abs. 2 KostO fällig. Der Geschäftswert dieser Tätigkeit richtet sich nach § 39 KostO. Auszugehen ist dabei vom Stammkapitalbetrag; soweit weitere Leistungen vereinbart werden, sind auch diese einzubeziehen. Die Einlagen belastende Schulden werden nicht berücksichtigt.[124] Der Geschäftswert darf nicht höher als 5.000.000 EUR sein.

65

Die mit dem Nachweis der **Werthaltigkeit der Sacheinlagen** verbundenen Kosten hat die Gesellschaft ebenfalls zu tragen. Gerichtskosten entstehen insoweit allerdings nicht, weil das Gesetz insoweit – anders als bei der Aktiengesellschaft – keine externe Gründungsprüfung durch einen vom Gericht zu bestellenden Prüfer vorsieht (vgl. dazu § 7 Rn 21).

66

C. Eintragungen zu den Geschäftsführern

I. Rechtliche Grundlagen

Der für die **Geschäftsführer** geltende **Anmeldetatbestand** findet sich in § 39 GmbHG. Der Geschäftsführer selbst wird im Registerblatt in Spalte 4 mit seinem Namen, seinem Geburtsdatum und seinem Wohnort vermerkt. In Spalte 6 wird die Tatsache der Bestellung und die konkrete Vertretungsbefugnis vermerkt.

67

Eine Anmeldung, die allein die Bestellung oder Abberufung eines Geschäftsführers betrifft, fällt in die Zuständigkeit des **Rechtspflegers**, weil sie in § 17 RPflG nicht erwähnt wird. Die Eintragung ist deklaratorisch, d.h., Bestellung, Abberufung und Veränderung der Vertretungsmacht sind auch ohne Eintragung wirksam. Sie kann durch die Verhängung von Zwangsgeldern nach § 14 HGB erzwungen werden.[125]

68

---

123 BayObLG DNotZ 1983, 252; OLG Frankfurt JurBüro 1982, 1710; OLG Stuttgart DNotZ 1983, 577; OLG Hamm Rpfleger 1984, 38; KG Rpfleger 1984, 248; OLG Düsseldorf DB 1994, 2440; in der Literatur aber teilweise anders, vgl. die Nachweise bei *Hartmann*, Kostengesetze, § 36 KostO Rn 6.
124 Vgl. näher Korintenberg/Lappe/*Bengel*/*Tiedke*, § 39 Rn 56.
125 Baumbach/Hueck/*Zöllner*, § 39 Rn 14.

II. Einzelheiten

1. Bestellung von Geschäftsführern

a) Anmeldeanlass

69 Nach § 39 Abs. 1 GmbHG ist jede **Änderung in den Personen der Geschäftsführer** sowie die **Beendigung** der Vertretungsbefugnis zum Handelsregister anzumelden und damit auch in das Register einzutragen. Neben der Bestellung und Beendigung der Geschäftsführerstellung ist aber in Ergänzung des Wortlautes der Norm auch die **Veränderung der Vertretungsbefugnis**, wie z.b. die Befreiung von den Beschränkungen des § 181 BGB oder die Erteilung von Einzelvertretungsbefugnis, zum Register anzumelden.[126]

70 Auch die **erneute Bestellung** eines Geschäftsführers nach seiner Abberufung ist anmeldepflichtig, auch wenn die Abberufung nicht im Register vermerkt ist. Gleiches gilt, wenn ein Geschäftsführer vor der Eintragung seiner Bestellung wieder abberufen wurde.[127] Die Eintragungspflicht ergibt sich dabei jeweils aus § 15 HGB. Erfolgt die Neubestellung noch vor der Wirksamkeit der Abberufung, wie dies etwa bei einer befristeten Bestellung möglich ist, liegt allerdings keine Unterbrechung der Organstellung vor, so dass auch keine Anmeldung erforderlich ist.[128]

71 Vollwertige Geschäftsführer nach außen sind auch die **stellvertretenden Geschäftsführer** nach § 44 GmbHG.[129] Diese sind daher ebenso zur Anmeldung befugt und unter Umständen zur Anmeldung verpflichtet. Im Register wird die nur stellvertretende Stellung nicht vermerkt.[130]

b) Geschäftsführereigenschaften

72 Geschäftsführer kann nach **§ 6 Abs. 2 GmbHG** jede natürliche und unbeschränkt geschäftsfähige Person sein. Auch ein **Nichtgesellschafter** kann nach § 6 Abs. 3 S. 1 GmbHG Geschäftsführer sein. Die Person darf in Vermögenssachen keinem Betreuungsvorbehalt nach § 1903 BGB unterliegen. Ein Minderjähriger kommt auch mit der Genehmigung des Vormund-

---

126 *Lutter/Hommelhoff*, § 39 Rn 4; Baumbach/Hueck/*Zöllner/Noack*, § 39 Rn 2.
127 *Lutter/Hommelhoff*, § 39 Rn 2; vgl. auch Scholz/*Schneider*, § 39 Rn 3, allerdings nur als Empfehlung.
128 *Lutter/Hommelhoff*, § 39 Rn 2; Scholz/*Schneider*, § 39 Rn 3.
129 *Lutter/Hommelhoff*, § 44 Rn 1; Scholz/*Schneider*, § 44 Rn 1.
130 BGH GmbHR 1998, 181 = NJW 1998, 1071.

schaftsgerichts nicht als Geschäftsführer in Betracht.[131] Für die Dauer von fünf Jahren, gerechnet ab der Rechtskraft der entsprechenden Verurteilung, kann auch ein Straftäter nach den §§ 283 bis 283d StGB kein Geschäftsführer sein. Schließlich darf der Person nicht durch gerichtliches Urteil oder vollziehbare Entscheidung der Verwaltungsbehörde die Ausübung eines Berufs, Berufszweiges, Gewerbes oder Gewerbezweiges, der dem Unternehmensgegenstand entspricht, untersagt sein. Liegt einer der **Ausschlussgründe** vor, ist ein entgegenstehender Bestellungsbeschluss nichtig.[132] Die betroffene Person ist mit dem Eintritt des Ausschlussgrundes ohne weiteres nicht mehr Geschäftsführer.[133] Dabei führt auch das Verbot einer selbstständigen Tätigkeit zur Amtsunfähigkeit als Geschäftsführer.[134] Ein späterer Wegfall des Bestellungshindernisses ändert daran nichts. Einer Kenntnis anderer Personen oder gar einer Eintragung in das Handelsregister bedarf es nicht. Weitere vorhandene Geschäftsführer in vertretungsberechtigter Anzahl sind zur entsprechenden Anmeldung des Ausscheidens verpflichtet. Kommen sie dieser Verpflichtung nicht nach, kann nach § 14 HGB ein Zwangsgeld gegen sie verhängt werden.

Nach einer Entscheidung des Kammergerichts besteht keine Pflicht zur Anmeldung des Nichtbestehens einer Geschäftsführerstellung der weiteren noch vorhandenen Geschäftsführer, wenn ein **Ausschlussgrund** eines eingetragenen Geschäftsführers **von Anfang an** bestand, dieser also falsche Versicherungen abgegeben hatte.[135] Nach dieser Entscheidung kann eine Löschung dieses „Geschäftsführers" nur nach Maßgabe des § 142 FGG erfolgen. Die Entscheidung wird nicht richtig sein, weil sie jede Verantwortung der Gesellschaft zur Beseitigung der Falscheintragung leugnet.[136] So handelte es sich bei dem betroffenen Geschäftsführer in dem der Entscheidung zugrunde liegenden Fall gerade auch um den Alleingesellschafter, der sich demnach vorsätzlich über die GmbH-Vorschriften hinweggesetzt hatte.

---

131 OLG Hamm MDR 1992, 855.
132 Baumbach/*Hueck*/Fastrich, § 6 Rn 13.
133 H.M.: BGHZ 115, 78, 80 = GmbHR 1991, 358 = NJW 1991, 2566; Scholz/*Schneider*, § 6 Rn 22; Lutter/Hommelhoff/Kleindiek, § 6 Rn 12; Roth/Altmeppen, § 6 Rn 12.
134 OLG Frankfurt OLGR 1994, 219.
135 KG GmbHR 1999, 861.
136 Ebenso Scholz/*Schneider*, § 39 Rn 2.

74 Auch der **Gesellschaftsvertrag** kann Eigenschaftsanforderungen für die Geschäftsführer aufstellen. Halten sich die Gesellschafter bei der Bestellung des Geschäftsführers nicht an diese Vorgaben, ist der Beschluss entsprechend § 243 Abs. 1 AktG anfechtbar. Dies ist nach Maßgabe der Ausführungen in Rn 92 vom Registergericht zu berücksichtigen.

75 Zur Überprüfung der Voraussetzungen des § 6 Abs. 2 S. 2 und 3 GmbHG hat der Geschäftsführer entsprechende **Versicherungen** abzugeben (vgl. § 39 Abs. 3 GmbHG). Dabei ist der Wortlaut der Versicherungen zwar nicht gesetzlich vorgegeben. Aus dem Wortlaut muss sich aber dennoch ergeben, dass dem Versichernden der Inhalt der Erklärung hinreichend deutlich geworden ist.[137] Dies setzt jedenfalls die Wiedergabe des gesetzlichen Wortlauts voraus, ist aber auch gegeben, wenn allein jede Bestrafung verneint wird. Ein Hinweis auf die Norm des GmbH-Gesetzes reicht nicht. Diese Versicherungen sind strafbewehrt und können daher nicht durch einen Vertreter abgegeben werden. Es gilt das Gleiche wie bei der Einlagenversicherung nach § 8 Abs. 2 GmbHG (vgl. Rn 18).

76 Umstritten ist, unter welchen Voraussetzungen ein **Ausländer** Geschäftsführer einer GmbH sein kann und inwieweit das Registergericht diese Voraussetzungen prüfen darf.[138] Verlangt wird dabei häufig, dass der Ausländer eine Aufenthaltsgenehmigung für die EU besitzt,[139] teilweise aber auch, dass er ein selbstständiges Gewerbe ausüben darf. Gegenüber Staatsangehörigen eines Mitgliedstaates der Europäischen Union stellt sich das Problem allerdings nicht, weil diese innerhalb der EU Freizügigkeit genießen und auch in allen Mitgliedstaaten einer selbstständigen Tätigkeit nachgehen dürfen.[140] Wird für die Abfassung der Anmeldung ein Dolmetscher hinzuge-

---

137 H.M.: BayObLG GmbHR 1982, 210; BB 1984, 238; OLG Thüringen GmbHR 1995, 453; OLG Düsseldorf GmbHR 1997, 71, 72.
138 Scholz/*Schneider*, § 6 Rn 16–18b; *Lutter/Hommelhoff/Kleindiek*, § 6 Rn 14; *Melchior*, DB 1997, 413 ff.; keine Beschränkung für Ausländer: OLG Düsseldorf Rpfleger 1977, 411; OLG Frankfurt Rpfleger 1977, 211; LG Braunschweig DB 1983, 706; LG Rostock NJW-RR 2004, 398; jedenfalls unbeschränkt US-Amerikaner, weil drei Monate Aufenthaltsrecht ohne Visumpflicht ausreichen: OLG Frankfurt BB 2001, 852 = Rpfleger 2001, 354 = NZG 2001, 757; strenger OLG Köln DB 1999, 38; GmbHR 1999, 182; OLG Hamm Rpfleger 2000, 23 = DNotZ 2000, 235; LG Duisburg Rpfleger 2002, 366.
139 OLG Hamm Rpfleger 2000, 23 = DNotZ 2000, 235: Jederzeitige Einreisemöglichkeit notwendig; ebenso LG Duisburg Rpfleger 2002, 366; Scholz/*Schneider*, § 6 Rn 17, 18a.
140 Scholz/*Schneider*, § 6 Rn 18 a; *Lutter/Hommelhoff/Kleindiek*, § 6 Rn 14.

zogen, muss dieser weder vereidigt sein noch muss er die Anmeldung unterzeichnen.[141] Die durch den Notar vorgesehene Belehrung über die unbeschränkte Auskunftspflicht gegenüber dem Registergericht kann auch schriftlich und damit auch gegenüber einem im Ausland weilenden Geschäftsführer erfolgen.[142]

c) Anmeldebefugnis, Vertretungsbefugnis

Anders als bei den in § 78 GmbHG aufgeführten Anmeldetatbeständen reicht für die Anmeldung nach § 39 Abs. 1 GmbHG eine **Anmeldung durch Geschäftsführer in vertretungsberechtigter Zahl** aus. Ist eine unechte oder gemischte Vertretung vorgesehen, kann auch ein Prokurist beteiligt werden. Da die Eintragung lediglich deklaratorischer Natur ist, ist ein neuer Geschäftsführer bereits anmeldebefugt,[143] soweit die Bestellung nicht von der Eintragung abhängig gemacht worden ist oder erst ab einem späteren Zeitpunkt wirksam sein soll. Bei einer **antizipierten Anmeldung** (= die Erklärungen werden vor dem Zeitpunkt der Wirksamkeit der Bestellung abgegeben) bedarf es für die Wirksamkeit der Anmeldung einer Bestätigung der Erklärung in der Form des § 12 Abs. 1 HGB. Andererseits muss die Vertretungsmacht nur zum Zeitpunkt der Abgabe der Erklärung vorliegen, auch wenn die Anmeldung erst mit dem Zugang beim Registergericht wirksam wird.[144]

77

Umstritten ist, ob dem **Insolvenzverwalter** eine Anmeldebefugnis zusteht. Das OLG Köln hat dies jedenfalls für ein zum Zeitpunkt der Insolvenzeröffnung bereits laufendes Anmeldeverfahren verneint, weil das FGG-Verfahren durch die Anordnung der Verwaltung nicht nach § 240 ZPO unterbrochen werde und die Organe der Gesellschaft auch durch die Anordnung einer Verwaltungs- und Verfügungsbeschränkung nicht daran gehindert werden, im FGG-Verfahren aufzutreten.[145] Zur Bedeutung des Insolvenzverfahrens allgemein vgl. § 2 Rn 51.

78

Mit der Anmeldung nach § 39 GmbHG ist auch eine von der allgemeinen Bestimmung im Gesellschaftsvertrag **abweichende Vertretungsbefugnis**

79

---

141 OLG Karlsruhe DB 2003, 140 = NJW-RR 2003, 101.
142 Eingehend: Rundschreiben der Bundesnotarkammer (Nr. 39/98), DNotZ 1998, 913–925.
143 OLG Düsseldorf Rpfleger 2000, 218; OLG Köln BB 2001, 2180, 2181 = Rpfleger 2001, 552.
144 BayObLG Rpfleger 2004, 51 = NJW-RR 2004, 1039.
145 OLG Köln BB 2001, 2180, 2181 = Rpfleger 2001, 552; a.A. AG Charlottenburg ZIP 1996, 683, 684.

anzumelden. Üblicherweise wird die Vertretungsbefugnis aber in jedem Fall ausdrücklich in der Anmeldung wiedergegeben. Zur Vertretungsbefugnis ist dabei auch die Befreiung von den Beschränkungen des § 181 BGB zu zählen, die als generelle Befreiung im Register zu vermerken ist.[146] Erteilt und damit eingetragen werden kann eine entsprechende Befugnis allerdings nur, wenn die Satzung eine entsprechende Befreiungsmöglichkeit vorsieht.[147] Überhaupt muss der Gesellschaftsvertrag eine Regelung der Vertretung enthalten, wenn diese von der gesetzlichen abweicht, die eine Gesamtvertretung durch alle Geschäftsführer vorsieht (vgl. § 35 Abs. 2 S. 2 GmbHG). Eine Öffnungsklausel derart, dass die Gesellschafterversammlung auch abweichende Regelungen treffen darf, ist unwirksam.[148] Soll einem Geschäftsführer die Befugnis zur alleinigen Vertretung auch für den Fall der Bestellung weiterer Geschäftsführer erteilt werden, empfiehlt sich die Bezeichnung als **Einzelvertretungsbefugnis**. Denn teilweise wird angenommen, der Begriff der **Alleinvertretungsbefugnis** bezeichne nur den Fall, dass lediglich ein Geschäftsführer vorhanden ist.[149] Üblich ist etwa die Vertretungsregelung, nach der der Geschäftsführer die Gesellschaft gemeinsam mit einem anderen Geschäftsführer oder einem Prokuristen vertritt.

80 Die nach § 39 Abs. 4 GmbHG a.F. gegebene Pflicht des Geschäftsführers, zusätzlich seine **Unterschrift zur Aufbewahrung beim Gericht zu zeichnen**, ist mit dem EHUG entfallen, vgl. dazu § 1 Rn 4.[150]

d) Nachweis der Bestellung

81 Da das Register nicht nur die Erklärungen der Beteiligten wiedergeben soll, sondern nach Möglichkeit auch die tatsächlichen Verhältnisse, ist mit der Anmeldung auch ein **Nachweis über die Richtigkeit der behaupteten Veränderungen** einzureichen. Bei der Anmeldung nach § 39 Abs. 1 GmbHG sieht Abs. 2 insoweit auch die Vorlage entsprechender Unterlagen

---

146 BGHZ 87, 59 = NJW 1983, 1676.
147 BGHZ 87, 59, 61 = NJW 1983, 1676; BGHZ 114, 167, 170 = NJW 1990, 1731; KG DB 2006, 1261 = FGPrax 2006, 171; Scholz/*Schneider*, § 35 Rn 98; a.A. *Roth/Altmeppen*, § 35 Rn 66.
148 OLG Frankfurt OLGZ 1994, 288; OLG Hamm DB 1996, 2272.
149 So LG Neubrandenburg Rpfleger 2000, 338; a.A. aber zu Recht: OLG Jena OLGR 2002, 418. Der BGH BB 2007, 1410 hat auf den Vorlagebeschluss des OLG Brandenburg NJW-RR 2007, 35 in Abweichung zu OLG Zweibrücken NJW-RR 1993, 933; OLG Naumburg DB 1993, 2277 die Gleichwertigkeit der Bezeichnungen bestätigt.
150 KGJ 37 A 138; OLG Hamm BB 2001, 1756, 1757 = Rpfleger 2001, 553 = DNotZ 2001, 956; Baumbach/*Hopt*, § 29 Rn 6; *Ulbert*, S. 123.

vor. Dabei muss es sich entsprechend dem Gesetzeswortlaut und einem allgemeinen Prinzip im Registerverfahren entweder um Originalunterlagen oder um beglaubigte Abschriften handeln.

Für die Bestellung des Geschäftsführers ist nach § 46 Nr. 5 GmbHG, soweit im Gesellschaftsvertrag keine andere Regelung getroffen worden ist und auch kein Aufsichtsrat besteht, die **Gesellschafterversammlung zuständig.** Allein zum Nachweis der Beschlussfassung für das Registergericht bedarf es daher der Anfertigung eines **schriftlichen Protokolls.** Da hier keine gesetzliche Schriftform angeordnet ist, gilt § 126 BGB nicht, so dass es nicht notwendig ist, dass alle Gesellschafter das Protokoll unterzeichnen. Die Unterschrift des Protokollanten oder des Versammlungsleiters wird als ausreichend anzusehen sein. Für den Alleingesellschafter gilt allerdings § 48 Abs. 3 GmbHG. 82

Das Registergericht darf keine Eintragungen vornehmen, die auf nichtigen Beschlüssen beruhen (vgl. Rn 121). Es hat daher auch zu prüfen, ob **alle Gesellschafter ordnungsgemäß zur Gesellschafterversammlung geladen** worden sind.[151] Ist keine Generalversammlung i.S.d. § 51 Abs. 3 GmbHG gegeben (vgl. Rn 86), liegt im Falle der Nichtladung oder der Ladung durch Nichtbefugte ein nichtiger Beschluss vor (vgl. § 241 Nr. 1 und 2 AktG entsprechend).[152] Die Prüfung ist anhand der vorliegenden bzw. vorzulegenden Urkunden, d.h. beim zwischenzeitlichen Gesellschafterwechsel durch Vorlage der Abtretungsurkunden, vorzunehmen. Entgegen einer weit verbreiteten Auffassung reicht eine Abgleichung mit der mittlerweile bei jedem Gesellschafterwechsel einzureichenden Gesellschafterliste nach § 40 GmbHG oder mit den entsprechenden Notaranzeigen nicht aus, weil hierdurch die Unwirksamkeit der entsprechenden Abtretungen nicht sicher ausgeschlossen ist.[153] 83

Hauptunwirksamkeitsgründe sind dabei die Abtretung vor der Eintragung der Gesellschaft oder der Kapitalerhöhung, durch die der Geschäftsanteil erst entstehen soll, und der Verstoß gegen den sachenrechtlichen Bestimmtheits- 84

---

151 KG GmbHR 1997, 708, 709; OLG Hamm Rpfleger 2002, 32; OLG Köln Rpfleger 2002, 318; LG Berlin, Beschl. v. 30.1.1998– 98 T 107/97, n.v.; Beschl. v. 29.3.2000– 98 T 81/99, n.v.
152 Einzelheiten: *Müther*, GmbHR 2000, 966.
153 Zu weiteren Nichtigkeitsgründen bei der Einberufung und Durchführung der Gesellschafterversammlung vgl. *Müther*, GmbHR 2000, 966 ff.

grundsatz.[154] Der erste Unwirksamkeitsgrund folgt daraus, dass abtretbare Geschäftsanteile erst mit der Eintragung der Gesellschaft bzw. der Kapitalerhöhung entstehen. Denkbar ist insoweit nur eine Abtretung, die mit dieser Eintragung wirksam wird. Ein Verstoß gegen den Bestimmtheitsgrundsatz liegt dann vor, wenn der Abtretende mehrere Geschäftsanteile besitzt, von denen er einen abtritt, ohne dass dieser ausreichend individualisiert bezeichnet ist. So reicht die Bezeichnung nach dem Nennwert dann nicht aus, wenn der Gesellschafter mehrere Geschäftsanteile mit diesem Wert besitzt.[155]

85 Das OLG Hamm hat in diesem Zusammenhang die Auffassung vertreten, dass auch das Registergericht an eine **Anzeige nach § 16 GmbHG** gebunden sei.[156] Da die Bindung nach § 16 Abs. 1 GmbHG nur dann eintritt, wenn ein Nachweis des Übergangs derGesellschafterstellung erfolgt und das Registergericht nur bei einem formgerechten Nachweis gebunden ist, müssten auch dem Registergericht die Nachweise vorgelegt werden. Daraus folgt eigentlich wiederum die Pflicht zur Vorlage der Abtretungsurkunde in Ausfertigung oder beglaubigter Abschrift. Immer mehr Registergerichte stellen aber mittlerweile allein auf die Angaben in der Gesellschafterliste ab.

86 Ein **Ladungsfehler** führt dann in keinem Fall zur Nichtigkeit, wenn die Voraussetzungen des § 51 Abs. 3 GmbHG vorliegen. Eine **Generalversammlung** in diesem Sinne liegt aber nur dann vor, wenn die anwesenden Gesellschafter auch mit einer Beschlussfassung einverstanden sind.[157] Andererseits ist die Anwesenheit aller Gesellschafter dann nicht erforderlich, wenn diese schon vor der Beschlussfassung auf eine Teilnahme verzichtet haben oder sich nachträglich mit der Beschlussfassung einverstanden erklären. Kein wirksamer Verzicht ist aber allein darin zu sehen, dass sich die Beteiligten auf eine Vertagung einigen.[158]

87 Im Falle der **Anfechtbarkeit** des Beschlusses entsprechend § 243 Abs. 1 AktG gilt das in Rn 92 Ausgeführte. Zu beachten ist dabei, dass eine Anfechtungsklage alle einem Hauptversammlungsbeschluss anhaftenden

---

154 Vgl. dazu näher *Müther*, GmbHR 2000, 966, 968.
155 KG GmbHR 1997, 603, 605; OLG Brandenburg GmbHR 1998, 935; OLG Düsseldorf MDR 1978, 668; LG Berlin, Beschl. v. 27.9.2002– 102 T 74/02.
156 Rpfleger 2002, 32 = DNotZ 2001, 959 = NZG 2002, 340 = BB 2001, 2076; allgemein zu § 16 GmbHG: BGH NZG 2001, 469.
157 BGHZ 100, 264, 269, 270 = NJW 1987, 2580.
158 OLG Köln Rpfleger 2002, 318.

Mängel erfasst.[159] Es kommt daher nicht darauf an, dass in der Klageschrift ein erkannter Anfechtungsgrund nicht erwähnt wird. Die Entscheidung kann dennoch auf diesen Grund gestützt werden, auch wenn er erst später in das Verfahren eingeführt wird. Keine Nichtigkeit, sondern nur eine Anfechtbarkeit rechtfertigt etwa die **ungenügende Bekanntmachung der Tagesordnung**. Ein Nachweis der Kausalität ist nicht erforderlich, es reicht eine tatsächliche Relevanz aus, die insoweit regelmäßig gegeben ist.[160] Eine derartige ungenügende Bekanntmachung liegt beispielsweise vor, wenn die Abberufung eines Geschäftsführers beschlossen werden soll, der Tagesordnungspunkt aber lediglich auf „Geschäftsführerangelegenheiten" lautet.[161] Auch die **Verletzung einer Wartepflicht bei einer Verspätung** eines Gesellschafters begründet lediglich die Anfechtbarkeit des getroffenen Beschlusses.[162] Die Anfechtbarkeit entfällt, wenn ein Bestätigungsbeschluss nach § 244 S. 1 AktG gefasst wird.[163]

Auch bei der Gesellschafterversammlung zur Bestellung eines Geschäftsführers kann es zu Vertretungsproblemen, insbesondere zu einer gegen § 181 BGB verstoßenden **Mehrfachvertretung** kommen (vgl. dazu Rn 13). Dies gilt jedenfalls dann, wenn sich der Vertreter mit den eigenen und fremden Stimmen selbst zum Geschäftsführer bestellen will.[164] Ein Gesellschafter ist aber nicht nach § 47 Abs. 4 GmbHG gehindert, an einem Beschluss über seine Bestellung zum Geschäftsführer mitzuwirken.[165]

2. Beendigung der Geschäftsführerstellung

a) Beendigungsgründe

Nicht nur der Erwerb der Organstellung eines Geschäftsführers vollzieht sich außerhalb des Registers. Gleiches gilt für die **Beendigung der Organstellung**. Diese tritt automatisch ein mit

---

159 BGH BB 2002, 1879.
160 BGHZ 149, 158, 164 f. = NJW 2002, 1198; 153, 32, 36 f. = NJW 2003, 970.
161 BGH BB 2000, 1538.
162 OLG Dresden BB 2000, 165.
163 Zu den Voraussetzungen: BGH DB 2004, 426; gilt nicht für die Nichtigkeit: BGH BB 2004, 2482, 2483.
164 BayObLG BB 2001, 13 = Rpfleger 2001, 184 = NZG 2001, 128 = DNotZ 2001, 887; LG Berlin GmbHR 1997, 750.
165 Vgl. dazu Scholz/*Karsten Schmidt*, § 47 Rn 118 m.w.N.

- dem Tod des Geschäftsführers
- dem Eintritt eines Bestellungshindernisses
- der Amtsniederlegung
- dem Eintritt einer auflösenden Bedingung[166] oder
- der Abberufung.

90 Zum Eintritt eines Bestellungshindernisses siehe bereits Rn 72. Die Fälle der Beendigung der Organstellung durch Tod sind häufig unproblematisch, insbesondere ist die Geschäftsführerstellung nicht vererblich.[167] In der Praxis bedeutsamer sind die Fälle der Abberufung und Amtsniederlegung:

b) Abberufung[168]

91 Für die Abberufung ist nach § 46 Nr. 5 GmbHG ebenfalls die **Gesellschafterversammlung** zuständig. Der **Abberufungsbeschluss** bedarf nach der gesetzlichen Regelung in § 47 Abs. 1 GmbH der einfachen Mehrheit. Auch wenn die erste Bestellung gemäß § 6 Abs. 3 GmbHG im Gesellschaftsvertrag erfolgt ist, bedeutet der Abberufungsbeschluss keine Satzungsänderung.[169] Ist der Betroffene zugleich auch Gesellschafter, hat er bei der (Ab-)Wahl ein eigenes Stimmrecht.[170] Dies gilt nur dann nicht, wenn die Abberufung auf einen wichtigen Grund gestützt wird. Denn nach allgemeinem Verständnis kann niemand Richter in eigener Sache sein.[171]

92 Die Abberufung ist grundsätzlich unabhängig vom Anstellungsverhältnis **sofort wirksam** und kann jederzeit ohne nähere Begründung erfolgen. Dies gilt dann nicht, wenn die Abberufung im Gesellschaftsvertrag auf **wichtige Gründe** beschränkt ist (vgl. § 38 Abs. 2 GmbHG). Ein Verstoß gegen diese satzungsrechtliche Regelung ist für das Registerverfahren aber grundsätzlich ohne Bedeutung. Liegt der wichtige Grund nämlich nicht vor, macht dies den Beschluss lediglich anfechtbar. Ist der betroffene Geschäftsführer nicht selbst

---

[166] Zur Zulässigkeit BGH BB 2006, 14 = NJW-RR 2006, 182 = Rpfleger 2006, 83; OLG Stuttgart DB 2004, 645.

[167] Baumbach/Hueck/*Zöllner/Noack*, § 38 Rn 79; demgegenüber hält Scholz/*Schneider*, § 38 Rn 4 eine gesellschaftsvertragliche Regelung für möglich, die zu einem unmittelbaren Übergang der Organstellung führt; das ist schon deshalb zweifelhaft, weil für die Übernahme eine Einwilligung notwendig ist.

[168] Zur häufig mit der Abberufung verbundenen Entlastung: *Nägele/Nestel*, BB 2000, 1253 ff.

[169] KGJ 21 A 262.

[170] Vgl. nur Baumbach/Hueck/*Zöllner*, § 47 Rn 83 f.; Scholz/*Karsten Schmidt*, § 47 Rn 118 m.w.N.

[171] BGHZ 86, 177, 178 = NJW 1983, 938; *Lutter/Hommelhoff*, § 38 Rn 17; *Roth/Altmeppen*, § 47 Rn 62.

Gesellschafter, steht ihm ein Anfechtungsrecht nicht zu. § 245 Nr. 4 AktG, der dem Vorstand der Aktiengesellschaft ein eigenes Anfechtungsrecht gewährt, wird im GmbH-Recht nicht entsprechend angewandt.[172] Ist die Angreifbarkeit des Beschlusses unklar, wird das Registergericht lediglich den Ablauf der Anfechtungsfrist abwarten, deren Länge häufig im Gesellschaftsvertrag festgelegt ist (vgl. auch Rn 137). Fehlt es an einer Regelung, gibt die Monatsfrist des § 246 Abs. 1 AktG einen Anhaltspunkt, die Frist kann im Einzelfall länger sein.[173] Eine längere Frist als zwei Monate wird aber nur in Ausnahmefällen in Betracht kommen. Nach einer Entscheidung des OLG Dresden ist eine im Gesellschaftsvertrag festgelegte Frist für die Erhebung der Schiedsklage auch für die Anfechtungsklage maßgebend.[174] Wird keine Klage erhoben, kann die Eintragung erfolgen. Wird eine Anfechtungsklage erhoben, die nicht offensichtlich aussichtslos erscheint, wird das Registergericht das Eintragungsverfahren nach § 127 FGG aussetzen und die Entscheidung des für die Anfechtungsklage zuständigen Landgerichts abwarten.[175]

Lediglich in einer Fallkonstellation ist vor der Eintragung zu überprüfen, ob der **wichtige Grund** für die Abberufung auch vorgelegen hat. Ist nämlich einem Geschäftsführer ein **Sonderrecht auf Geschäftsführung**[176] erteilt worden und wird dieser gegen seinen Willen abberufen, kann eine Eintragung lediglich unter Vorlage einer entsprechend den §§ 117, 127 HGB erwirkten Entscheidung vorgenommen werden.[177] Denn das Sonderrecht führt zu einer Beschränkung der Abberufbarkeit und setzt einen wichtigen Grund voraus.[178] Ein derartiges Sonderrecht muss im Gesellschaftsvertrag ausdrücklich erteilt sein oder sich aus ihm im Wege der Auslegung ergeben. Allein aus der Bestellung des Gesellschaftergeschäftsführers in der Satzung nach § 6 Abs. 3 GmbHG folgt ein solches Sonderrecht allerdings nicht.[179] Auch die Beschränkung der Abberufungsmöglichkeit auf einen wichtigen

93

---

172 *Lutter/Hommelhoff*, Anh. § 47 Rn 32, 65; *Roth/Altmeppen*, § 47 Rn 139.
173 OLG Hamm MDR 2004, 343 = NJW-RR 2004, 838.
174 BB 2000, 165.
175 *Roth/Altmeppen*, § 54 Rn 19; ähnlich *Lutter/Hommelhoff*, § 54 Rn 8.
176 Dazu *Lutter/Hommelhoff*, § 38 Rn 10 ff.
177 *Lutter/Hommelhoff*, § 38 Rn 34; *Roth/Altmeppen*, § 38 Rn 61.
178 BGH GmbHR 1982, 129.
179 BGH GmbHR 1969, 38 = NJW 1969, 131; GmbHR 1982, 129 = BB 1981, 926; OLG Hamm BB 2002, 1063, 1064.

Grund deutet nicht zwingend auf ein Sonderrecht hin.[180] Die Bestellung auf Lebenszeit spricht demgegenüber für ein Sonderrecht auf Geschäftsführung.[181]

94 Nach Auffassung des OLG Nürnberg setzt die Abberufung eines Geschäftsführers, der ein Sonderrecht auf Geschäftsführung besitzt, notwendig eine **Satzungsänderung** unter Berücksichtigung der dafür vorgesehenen Erfordernisse voraus.[182] An dieser Auffassung ist richtig, dass sich ein Sonderrecht auf Geschäftsführung aus dem Gesellschaftsvertrag ergeben muss (vgl. Rn 93). Dies bedeutet aber nicht, dass die Organstellung eines derartigen Gesellschafters nur durch eine entsprechende Änderung des Vertrages beseitigt werden kann. Das Recht auf Geschäftsführung als vertraglich gesichertes Recht und die Organstellung sind streng zu unterscheiden.

95 Auch bei der Beschlussfassung über die Abberufung eines Geschäftsführers können Probleme der **Mehrfachvertretung** auftreten (vgl. dazu Rn 13). Ist der Geschäftsführer zugleich Gesellschafter, ist er von der Abstimmung nicht nach § 47 Abs. 4 GmbHG ausgeschlossen, wenn es nicht um die Abberufung aus wichtigem Grund geht (vgl. Rn 91).

96 Mit der Anmeldung ist nach § 39 Abs. 2 GmbHG der **Gesellschafterbeschluss** einzureichen. Der Vorlage eines Nachweises über den Zugang dieses Beschlusses beim Abberufenen bedarf es allerdings ohne näherer Zweifel an einem derartigen Zugang nicht. Die Abberufung muss dem Geschäftsführer zwar mitgeteilt werden, das Gesetz verlangt aber gleichwohl lediglich die Vorlage des Gesellschafterbeschlusses, weil es von der naheliegenden Annahme ausgeht, dass eine Mitteilung in der Regel erfolgt.[183]

97 Mit der Wirksamkeit des Abberufungsbeschlusses kann der Abberufene an der Anmeldung seiner Abberufung nicht mehr mitwirken. Seine **Anmeldebefugnis** erlischt mit der Wirksamkeit der Abberufung. Allerdings wird man den zu der Fallgruppe der Amtsniederlegung entwickelten Ausnahmefall auch gelten lassen. Vgl. zu diesem Rn 102.

---

180 OLG Hamm BB 2002, 1063, 1064; Scholz/*Schneider*, § 6 Rn 31.
181 Scholz/*Schneider*, § 6 Rn 31.
182 OLG Nürnberg BB 2000, 687.
183 OLG Hamm BB 2002, 2571 f. = DB 2003, 331.

c) Amtsniederlegung

98 Häufiger Beendigungsgrund der Geschäftsführerstellung ist die **Amtsniederlegung**. Diese ist grundsätzlich **jederzeit** möglich und nicht an das Vorliegen eines wichtigen Grundes gebunden.[184] Allerdings kann ein Gesellschaftergeschäftsführer durch den Vertrag mit einer Nebenleistungspflicht zur Geschäftsführung belastet sein; eine Niederlegung soll dann ausgeschlossen sein. Eine derartige Nebenleistungspflicht ergibt sich aber nicht allein daraus, dass Gesellschafterbeschlüsse einstimmig gefasst werden müssen, obwohl dadurch eine Abberufung des Gesellschaftergeschäftsführers nur bei einem wichtigen Grund möglich ist.[185]

99 Von besonderer Bedeutung für den niederlegenden Geschäftsführer ist dabei, dass er **dem Bestellungsorgan gegenüber die Niederlegung erklärt**.[186] Denn die Amtsniederlegung ist empfangsbedürftige Willenserklärung.[187] Die häufig erfolgende Niederlegung gegenüber einem Mitgeschäftsführer reicht dabei nicht aus, wenn dieser nicht zur Entgegennahme derartiger Erklärungen ermächtigt ist.[188] Bisher wurde auch die Auffassung vertreten, dass die Niederlegung gegenüber einzelnen Gesellschaftern unzureichend ist, wenn diese nicht als durch die Gesellschafterversammlung zur Entgegennahme entsprechender Erklärungen als ermächtigt anzusehen sind.[189] Der BGH hat allerdings mittlerweile entschieden, dass es ein allgemeiner Grundsatz des Gesellschaftsrechtes ist, dass zur Entgegennahme der an die Gesamtheit der Gesellschafter gerichteten Erklärungen jeder Einzelne berechtigt ist (**Grundsatz der Einzelpassivvertretung**).[190] Aus der Erklärung muss sich aber weiterhin jedenfalls durch Auslegung ergeben, dass sie an die Gesamtheit der Gesellschafter gerichtet ist.

100 Die Erklärung ist zwar grundsätzlich formfrei; sie ist dem Registergericht gegenüber aber nachzuweisen, so dass sich eine **schriftliche Erklärung empfiehlt**. Die entsprechende Absendung eines derartigen Schreibens muss

---

184 BGHZ 121, 257, 260 = NJW 1993, 1198; NJW 1995, 2850; Scholz/*Schneider*, § 38 Rn 87; *Roth/Altmeppen*, § 38 Rn 75.
185 OLG Hamm BB 2002, 1063, 1065.
186 Scholz/*Schneider*, § 38 Rn 91; *Goette*, § 8 Rn 45.
187 BGHZ 149, 28 = BB 2001, 2547.
188 OLG Düsseldorf FGPrax 2005, 224 = Rpfleger 2005, 609.
189 Vgl. dazu *Müther*, in: Arens, AnwF GesR, § 33 Rn 69.
190 BGHZ 149, 28 = BB 2001, 2547.

dann ebenfalls gegenüber dem Registergericht nachgewiesen werden,[191] so dass sich eine Versendung als Einschreiben ggf. mit Rückschein anbietet. Denkbar ist aber auch eine schriftliche Bestätigung des Zugangs durch den oder die Gesellschafter.

101 Häufig erfolgt eine Amtsniederlegung auch durch den einzigen Geschäftsführer, der zugleich noch der **Alleingesellschafter** ist. Diese Niederlegungen verfolgen sehr oft den Zweck, die Gesellschaft dadurch dem Verkehr zu entziehen, dass kein Vertreter mehr vorhanden ist. Dementsprechend werden derartige Niederlegungen in der Regel als **missbräuchlich** und damit unwirksam angesehen, wenn nicht zugleich ein anderer Geschäftsführer bestellt wird.[192] Denn der Alleingesellschafter könnte ohne weiteres einen anderen Geschäftsführer bestellen. Teilweise sollen aber besondere Gründe eine Amtsniederlegung ohne Neubestellung rechtfertigen können, die sich wegen der §§ 97, 101 InsO nicht aus der Eröffnung eines Insolvenzverfahrens und auch nicht aus der Tatsache ergeben sollen, dass die Gesellschaft keine Vergütung mehr zahlen kann.[193] Der Vorwurf der Missbräuchlichkeit wird nicht dadurch ausgeschlossen, dass ein Abberufungsbeschluss gefasst wird.[194]

102 Gerade in schwierigen Situationen der Gesellschaft wird zwar die Geschäftsführerstellung durch eine Amtsniederlegung beendet, es kommt aber gleichwohl nicht zu einer entsprechenden Eintragung. Denn der niederlegende Geschäftsführer ist mit der Niederlegung nicht mehr vertretungsbefugt, so dass er keine **Anmeldebefugnis** mehr hat. Das Landgericht Berlin hat in einem derartigen Fall dem Geschäftsführer dadurch geholfen, dass es ihn in engem zeitlichen Zusammenhang (zwei Wochen) trotz der Niederlegung noch für anmeldebefugt gehalten hat.[195] Sicherer ist es, die Niederlegung auf den Eintragungszeitpunkt bezogen zu erklären, so dass der Geschäftsführer

---

191 OLG Naumburg NZG 2001, 853, 854 = NJW-RR 2001, 1183; BayObLGZ 1981, 227, 230.
192 BayObLG OLGR 1999, 70 = GmbHR 1999, 980 = BB 1999, 1748; OLG Düsseldorf Rpfleger 2001, 136; LG Mainz Rpfleger 2006, 131; sogar dann, wenn der Alleingesellschafter nur Treuhänder ist: BayObLG OLGR 1992, 47; auch gegenüber Liquidatoren: LG Memmingen NZG 2004, 828. Aber nicht mehr, wenn weitere Gesellschafter vorhanden sind: a.A. LG Memmingen, a.a.O., wenn dieser unter 10% der Anteile halten.
193 OLG Düsseldorf Rpfleger 2001, 136.
194 OLG Zweibrücken BB 2006, 1179.
195 LG Berlin GmbHR 1993, 291; auch LG Köln GmbHR 1998, 183; dagegen OLG Zweibrücken OLGR 1999, 109 = GmbHR 1999, 479.

zum Zeitpunkt der Anmeldung noch Vertreter der Gesellschaft und damit anmeldebefugt ist. Zur antizipierten Anmeldung vgl. auch Rn 77.

3. Bestellung eines Notgeschäftsführers

Mitunter kann es sich als notwendig erweisen, für eine andere oder überhaupt für eine Vertretung der Gesellschaft zu sorgen. Für die Führung eines Zivilprozesses kommt dabei der Antrag auf Bestellung eines **Prozesspflegers** nach § 57 ZPO in Betracht. Im Übrigen fehlt es aber für die GmbH an einer etwa dem § 85 AktG entsprechenden Vorschrift. Insoweit wird die Regelung des **§ 29 BGB** aus dem Vereinsrecht auf die GmbH entsprechend angewandt.[196] Danach hat das Registergericht in dringenden Fällen auf Antrag eines Beteiligten die erforderliche Anzahl von **Notgeschäftsführern** zu bestellen.[197]   103

Die Bestellung eines Notgeschäftsführers durch den Rechtspfleger beim Registergericht ist eine **subsidiäre Maßnahme**. Sie darf daher nur bis zur Beseitigung des Mangels angeordnet werden und muss überdies **notwendig** sein. Das ist nicht allein deshalb der Fall, weil die Gesellschafter keine Versammlung einberufen wollen. Auch vorübergehende Verhinderungen eines Geschäftsführers, die aber jederzeit beendet werden könnten (Auslandsaufenthalt; unbekannter Aufenthalt),[198] rechtfertigen einen Antrag nicht. Eine schlechte Amtsführung des bisherigen Geschäftsführers reicht ebenfalls nicht.[199] Genügend ist aber, wenn ein Gesellschafter bei der Verweigerung der Mitwirkung der Mitgesellschafter zwar einen neuen Geschäftsführer bestellen könnte, dies aber wegen der Zerwürfnisse zwischen den Gesellschaftern ablehnt und keine amtsbereite Person zu finden ist, weil die Gesellschaft keine Vergütung zahlen kann.[200] Überhaupt muss die Bestellung durch das Gericht **dringend** sein. Dies setzt in der Regel unaufschiebbar notwen-   104

---

196 OLG Düsseldorf NZG 2002, 338 = ZIP 2002, 481; OLG Frankfurt Rpfleger 2001, 241; OLG Zweibrücken Rpfleger 2001, 501; BayObLGZ 1976, 129; *Roth/Altmeppen*, § 6 Rn 20 ff.; § 35 Rn 8.
197 Ein Muster für ein Antragsschreiben findet sich bei *Müther*, in: Arens, AnwF GesR, § 33 Rn 78. Siehe zu den Kosten Rn 116.
198 Wegen der Möglichkeit der öffentlichen Zustellung auch im FGG-Verfahren vgl. BayObLG OLGR 1998, 32.
199 OLG Frankfurt BB 1986, 1601.
200 OLG Frankfurt Rpfleger 2001, 241.

dige Maßnahmen voraus. Die Bestellung eines Vertreters nach § 57 ZPO hindert die Bestellung eines Notgeschäftsführers nicht, weil die Organstellung umfassender ist.[201] Anders liegt der Fall bei der Eröffnung eines Insolvenzverfahrens mit einem allgemeinen Verfügungsverbot.[202] Das Gericht kann die Bestellung nach § 8 KostO von der Zusage der Zahlung einer Vergütung abhängig machen.[203]

105 Die Bestellung eines Notgeschäftsführers können allerdings nicht nur die Gesellschafter, sondern auch **Gläubiger** der Gesellschaft beantragen. Denn auch sie haben an der ordnungsgemäßen Vertretung der Gesellschaft ein Interesse und sind deshalb **Beteiligte** im Sinne der Vorschrift. Dabei ist die Beteiligtenstellung durch entsprechende Unterlagen nachzuweisen.[204] Dies gilt auch für Gesellschafter, wobei der Nachweis zumeist durch die Bezugnahme auf die beim Registergericht vorhandenen Unterlagen ausreicht.

106 Immer wieder problematisch ist die **Benennung einer zur Übernahme des Amtes eines Notgeschäftsführers bereiten Person**. Der Antrag nach § 29 BGB ist zwar nicht notwendig mit der Benennung einer solchen Person zu verbinden. Den Registergerichten stehen aber in der Regel keine geeigneten Personen zur Verfügung, so dass es sich schon zur Beschleunigung anbietet, mit dem Antrag einen Vorschlag zu unterbreiten. Die in Aussicht genommene Person muss auch die Anforderungen des § 6 Abs. 2 GmbHG erfüllen. Insoweit liegt es nahe, mit dem Antrag eine Erklärung der vorgeschlagenen Person über ihre Bereitschaft zur Übernahme des Amtes und der Erfüllung der Geschäftsführereigenschaften nach § 6 Abs. 2 GmbHG beizufügen.

107 Daraus, dass die **Gesellschafter** weder gegenüber der Gesellschaft noch gegenüber Dritten zur Bestellung eines Geschäftsführers verpflichtet sind, wird hergeleitet, dass sie nicht gegen ihren Willen zum Notgeschäftsführer der Gesellschaft bestellt werden können.[205] Dies dürfte jedenfalls dann zweifelhaft sein, wenn sie selbst zuvor Geschäftsführer waren und es wie bei der Erteilung eines Arbeitszeugnisses auf ihre Handlung ankommt.

---

201 OLG Zweibrücken Rpfleger 2001, 501.
202 OLG Zweibrücken Rpfleger 2001, 501.
203 *Lutter/Hommelhoff*, § 35 Rn 24.
204 KG OLGR 1998, 355 zur Bestellung eines Nachtragsliquidators.
205 So jedenfalls zur Mehrpersonen-GmbH: KG KGR 2000, 280 = BB 2000, 998; anders und im vorliegenden Fall überzeugender die Vorinstanz: LG Berlin, Beschl. v. 30.11.1999 – 98 T 63/99, n.v.; vgl. auch Scholz/*Schneider*, § 6 Rn 38.

Teilweise wird von dem in Aussicht genommenen Notgeschäftsführer die Abgabe der **Versicherungen** nach § 8 Abs. 3 GmbHG **in notariell beglaubigter Form** verlangt. Dies dürfte überflüssig sein, weil sich die genannte Vorschrift allein auf Anmeldungen bezieht. Der Notgeschäftsführer wird aber vom Gericht nach entsprechender Auswahl eingesetzt. Mitunter wird auch noch eine Verzichtserklärung des designierten Notgeschäftsführers in Bezug auf eine Erstattung von Gebühren und Auslagen durch die Staatskasse verlangt.[206]

108

Dem Notgeschäftsführer kann durch das Gericht auch die Befreiung von den Beschränkungen des § 181 BGB erteilt werden. Dies setzt aber eine Notwendigkeit und eine Befreiungsmöglichkeit der Geschäftsführer nach der Satzung voraus.[207]

109

Die Bestellung eines Notgeschäftsführers kann beim Vorliegen eines wichtigen Grundes wieder durch das Gericht **widerrufen** werden.[208]

110

III. Checkliste: Anmeldung

1. Checkliste: Anmeldung der Bestellung eines Geschäftsführers

- Erfüllt der Geschäftsführer die gesetzlichen und satzungsrechtlichen Anforderungen (vgl. Rn 72, 74)?
- Soweit er Ausländer ist: Erfüllt er die von der Rechtsprechung beim Sitzgericht gestellten Anforderungen (vgl. Rn 76)?
- Liegt ein wirksamer Bestellungsbeschluss (vgl. Rn 81 ff.) in elektronischer Form (§ 1 Rn 5 ff.) vor und ist die erteilte Vertretungsbefugnis nach dem Gesellschaftsvertrag möglich (vgl. Rn 79)?
- Liegt eine elektronische Anmeldung durch die Geschäftsführer in vertretungsberechtigter Anzahl in der Form des § 12 Abs. 1 HGB vor (vgl. Rn 77; § 1 Rn 5 ff.)?
- Enthält die Anmeldung die notwendigen Versicherungen und Angaben zur Vertretungsbefugnis des neuen Geschäftsführers (vgl. Rn 75, 79 f.)?

111

---

206 LG Berlin, Beschl. v. 2.5.2003 – 102 T 95/02, n.v.
207 OLG Düsseldorf NZG 2002, 338 = ZIP 2002, 481.
208 OLG Düsseldorf NZG 2002, 338 = ZIP 2002, 481; 2002, 90.

2. Checkliste: Anmeldung der Amtsniederlegung

112
- Ist die Niederlegung wirksam und in elektronischer Form nachweisbar erklärt worden (vgl. Rn 79 f.)?
- Liegt eine elektronische Anmeldung durch die Geschäftsführer in vertretungsberechtigter Anzahl in der Form des § 12 Abs. 1 HGB vor?
- Soweit eine Anmeldung durch andere Geschäftsführer nicht zu erreichen ist: Liegt eine Anmeldung durch den Niederlegenden vor, die entweder zeitnah zur Niederlegung erfolgt oder sich auf eine Niederlegung bezieht, die erst mit der Eintragung im Register wirksam werden soll (vgl. Rn 102)?

IV. Kosten

1. Anmeldungen und Eintragungen zu den regulären Geschäftsführern

113 Beim **Gericht** entstehen Gerichtsgebühren und Auslagen für die Bekanntmachung. Nach § 79 KostO ist für die Eintragung eine volle Gebühr zu entrichten. Die Gebühr beträgt nach Nr. 2501 des Gebührenverzeichnisses nach § 1 HRegGebVO 40 EUR. Sie deckt bei der Anmeldung der Bestellung auch die Anmeldung der Vertretungsbefugnis mit ab, § 2 Abs. 3 S. 1 HRegGebVO. Betrifft die Anmeldung mehrere Geschäftsführer, werden für jeden weiteren Geschäftsführer 30 EUR erhoben, Nr. 2502 GebV i.V.m. § 2 Abs. 2 S. 2 HRegGebVO. Sind verschiedene Anmeldungen am gleichen Tag eingegangen, gelten diese als eine Anmeldung, § 2 Abs. 4 HRegGebVO.

114 Der Geschäftswert nach § 41a KostO gilt über § 141 KostO auch für die **notarielle Beglaubigung der Anmeldung**. Der Notar erhält für den Entwurf der Anmeldung und die Beglaubigung eine halbe Gebühr (vgl. § 38 Abs. 2 Nr. 7 KostO), allein für die Beglaubigung eine viertel Gebühr, höchstens 130 EUR (vgl. § 45 Abs. 1 KostO). Bei mehreren Einzelanmeldungen werden die Einzelwerte bis zum Höchstwert (§ 39 Abs. 4 KostO) addiert, § 44 Abs. 2 lit. a KostO. Die in der Anmeldung abzugebende Versicherung ist mit der Gebühr abgedeckt.

115 Für die getrennte Belehrung nach § 8 Abs. 3 S. 2 GmbHG wird eine halbe Gebühr nach einem Geschäftswert in Höhe von 10–20% des Stammkapitals erhoben.

2. Der Notgeschäftsführer

Für die **gerichtliche** Tätigkeit im Zusammenhang mit der Bestellung eines Notgeschäftsführers ist nach § 121 KostO eine doppelte Gebühr zu zahlen.[209] Der Geschäftswert bestimmt sich nach § 30 Abs. 1 und 2 KostO.[210] Der Wert ist selbständig zu ermitteln. Er wird dabei häufig aus § 30 Abs. 2 S. 1 KostO entnommen werden können und 3.000 EUR betragen.[211]

116

Soweit das Gericht notariell beurkundete Erklärungen der Geschäftsführerversicherungen verlangt, sind für den **Notar** die gleichen Beträge aufzuwenden wie bei einer regulären Geschäftsführeranmeldung (vgl. Rn 115).

117

D. Eintragung der Satzungsänderung einschließlich der Mantelverwertung

I. Rechtliche Grundlagen

Der Gesellschaftsvertrag einer GmbH kann nach § 53 Abs. 2 GmbHG durch einen mit einer Dreiviertelmehrheit gefassten **notariell beurkundeten Beschluss**[212] der Gesellschafterversammlung geändert werden. Die Änderung ist nach § 54 Abs. 1 GmbHG zum Register anzumelden. Der Beschluss wird nach § 54 Abs. 3 GmbHG aber erst wirksam, nachdem er zum Handelsregister angemeldet und in das Register eingetragen worden ist. Die Eintragung ist daher **konstitutiv** und kann nicht im Zwangsgeldverfahren durchgesetzt werden. Für die Bearbeitung und Eintragung einer Satzungsänderung ist nach § 17 Nr. 1b RPflG der **Richter** zuständig, wenn es sich nicht lediglich um eine Fassungsänderung handelt. Die Eintragung erfolgt unter Angabe des Beschlussdatums in Spalte 6. Ist einer der gesondert zu vermerkenden Umstände wie eine Firmen- oder Gegenstandsänderung betroffen, wird auch diese Eintragung geändert. Die Vorschriften über die Satzungsänderung durch Mehrheitsbeschluss gelten bei der Gründungsgesellschaft noch nicht (vgl. Rn 55 f.).

118

---

209 *Hartmann*, Kostengesetze, § 121 KostO Rn 2; Korintenberg/Lappe/*Hellstab*, § 121 Rn 5, jeweils zum Notvorstand nach § 29 BGB.
210 BayObLG Rpfleger 1979, 231 zur Abberufung eines Notgeschäftsführers.
211 So Korintenberg/Lappe/*Hellstab*, § 121 Rn 26.
212 Keine Beurkundung einer Willenserklärung nach §§ 6 ff. BeurkG, sondern Tatsachenbeurkundung nach §§ 36 ff. BeurkG, vgl. *Lutter/Hommelhoff*, § 53 Rn 16. Die Beurkundung der Willenserklärung ist aber die stärkere Form und schadet daher nicht.

119 Als **Satzungsänderung** ist **jede Änderung des Wortlautes** der Satzung anzusehen.[213] Werden Angaben, die in der Satzung enthalten sind, mit der Zeit unrichtig, bedeutet dies aber nicht, dass auch jeweils eine Satzungsänderung notwendig ist. Dies gilt etwa für die Angaben der Gründungsgesellschafter bei einem Gesellschafterwechsel (vgl. Rn 130), der Abberufung eines Gesellschaftergeschäftsführers mit einem Sonderrecht auf Geschäftsführung (vgl. Rn 94) oder wenn im Falle der Einziehung eines Geschäftsanteils die Summe der vorhandenen Geschäftsanteile nicht mehr dem Stammkapitalbetrag entspricht (vgl. Rn 43). Soweit dennoch eine Änderung der Satzung beschlossen wird, unterliegt diese den allgemeinen Anforderungen. Auch das Ausscheiden des namensgebenden Gesellschafters macht in der GmbH eine Firmenänderung nicht notwendig.[214]

II. Einzelheiten

1. Prüfungsbefugnis: Beschränkung des Prüfungsumfangs?

120 Anders als bei der Anmeldung der Ersteintragung (vgl. Rn 27) hat das Registergericht bei der **Anmeldung einer Satzungsänderung** keine beschränkte, sondern eine **umfassende Prüfungsbefugnis**. Die Regelung des § 9c Abs. 2 GmbHG gilt hier nicht.[215] Dies bedeutet allerdings nicht, dass die Zweckmäßigkeit der einzelnen Regelungen vom Registergericht in Frage gestellt werden könnte.[216] Das Registergericht hat vielmehr die Wirksamkeit der einzelnen Regelungen zu prüfen. Handelt es sich dabei allerdings um Regelungen, die auch für Dritte von Bedeutung sind, erstreckt sich die Überprüfung auch darauf, ob ihr Inhalt im Wesentlichen klar und zweifelsfrei ist.[217] Diese Prüfungsbefugnis bezieht sich allerdings nur auf die geänderten Bestimmungen. Im Falle einer Sitzverlegung entsteht daher kein umfassendes Prüfungsrecht, wie sich aus der Regelung des § 13h Abs. 2 S. 4 HGB ergibt. Aus Vereinfachungsgründen wird der Vertrag jedoch häufig unter Beibehaltung einer Vielzahl von bisherigen Regelungen vollständig neu

---

213 OLG Brandenburg NZG 2001, 129 = MDR 2001, 578.
214 BGHZ 58, 322, 324 f. = NJW 1972, 1419; OLG Frankfurt ZIP 1983, 334; OLG Rostock OLGR 1997, 210.
215 KG Rpfleger 2006, 197 = DNotZ 2006, 304; BayObLG BB 2001, 1916 = Rpfleger 2001, 500.
216 *Lutter/Hommelhoff*, § 54 Rn 9; *Roth/Altmeppen*, § 54 Rn 21.
217 OLG Zweibrücken MittRhNotK 1978, 142. Zur Zulässigkeit der Auslegung auch durch das Gericht der weiteren Beschwerde: KG Rpfleger 2006, 197 = DNotZ 2006, 197.

gefasst. Dadurch erhält das Registergericht dann die Befugnis, den gesamten Vertrag – und nicht nur die tatsächlich geänderten Bestimmungen – zu prüfen.

2. Wirksamkeit der Beschlussfassung

Ebenso wie bei der Anmeldung nach § 39 Abs. 1 GmbHG (vgl. Rn 81) ist auch bei der Anmeldung einer Satzungsänderung die **Wirksamkeit der Beschlussfassung** zu prüfen (vgl. dazu Rn 83). Nichtige Beschlüsse dürfen trotz ihrer Heilbarkeit nicht Gegenstand einer Eintragung sein.[218] Dementsprechend ist auch bei der Satzungsänderung zu prüfen, ob alle Gesellschafter ordnungsgemäß zur Versammlung geladen worden sind. Aber auch ohne **ordnungsgemäße Ladung** kann immer noch eine beschlussfähige Generalversammlung im Sinne des § 51 Abs. 3 GmbHG stattgefunden haben. Eine solche Generalversammlung liegt über den Wortlaut der Norm auch dann vor, wenn ein nicht anwesender Gesellschafter nach der Versammlung die Beschlussfassung entsprechend § 242 Abs. 2 S. 4 AktG genehmigt[219] oder bereits vor der Versammlung auf eine Teilnahme verzichtet hat.[220] Die Voraussetzungen sind dem Registergericht nachzuweisen, so dass es insoweit einer lediglich einfachen schriftlichen Erklärung bedarf. Allerdings führt selbst die Anwesenheit aller Gesellschafter nicht zu einer Generalversammlung, wenn die Einladung nicht ordnungsgemäß erfolgt ist und einer der anwesenden Gesellschafter durch sein Verhalten deutlich macht, dass er mit einer Beschlussfassung nicht einverstanden ist.[221] Zu prüfen ist auch die Unwirksamkeit einer Stimmabgabe wegen eines Verstoßes gegen § 181 BGB.[222] Anders als bei der Gründung soll bei der Beschlussfassung das Auftreten eines vollmachtlosen Vertreters in der Einpersonen-GmbH möglich sein.[223]

121

Nach § 53 Abs. 3 GmbHG reicht in bestimmten Fällen eine Beschlussfassung mit einer Dreiviertelmehrheit der abgegebenen Stimmen nicht aus. Danach

122

---

218 *Lutter/Hommelhoff*, § 54 Rn 7; *Roth/Altmeppen*, § 54 Rn 18, jeweils m.w.N.
219 *Scholz/Karsten Schmidt*, § 51 Rn 38 m.w.N.
220 BGHZ 87, 1 = GmbHR 1983, 267 = NJW 1983, 1677; *Scholz/Karsten Schmidt*, § 51 Rn 38.
221 BGHZ 100, 264, 269/270 = NJW 1987, 2580.
222 BGH NJW 1989, 169; Palandt/*Heinrichs*, § 181 Rn 11a; Erman/*Palm*, § 181 Rn 12; *Roth/Altmeppen*, § 47 Rn 30.
223 OLG Frankfurt DB 2003, 654; Baumbach/Hueck/*Zöllner*, § 47 Rn 55.

bedarf es der **Zustimmung des betroffenen Gesellschafters**, wenn er gegenüber den anderen Gesellschaftern nach der bisherigen Sachlage ungünstiger behandelt werden soll. Dies kann dadurch geschehen, dass ihm bisher bestehende Rechte genommen oder den anderen Gesellschaftern besondere Rechte eingeräumt werden sollen. Auch die spätere Einführung einer Regelung über die Zwangseinziehung der Geschäftsanteile muss zu ihrer umfassenden Wirksamkeit von allen Gesellschaftern beschlossen werden (vgl. § 34 Abs. 2 GmbHG). Das Gleiche wird bei der nachträglichen Vinkulierung der Geschäftsanteile[224] und der Einfügung einer Schiedsklausel (vgl. Rn 139) gelten.

123 Wird ein Gesellschafter in der Versammlung vertreten, ist auch die Vertretungsbefugnis des Vertreters nachzuweisen. Nach § 47 Abs. 3 GmbHG erfordert die **Vertretung in der Versammlung** zwar eine schriftliche Vollmacht. Auf die Vorlage dieser Vollmacht kann aber materiell-rechtlich verzichtet werden.[225] Für das Registergericht ist das Vorliegen einer Vollmacht allerdings nachzuweisen, so dass es insoweit wiederum der Schriftform bedarf. Es kann auch eine nachträgliche, schriftliche Bestätigung des Gesellschafters eingereicht werden. Selbst wenn der Formmangel der Vollmacht erst nach der Anmeldung geheilt wird, bedarf es keiner erneuten Anmeldung.[226] Im Falle der Vertretung bei einer auf eine Satzungsänderung gerichteten Beschlussfassung ist § 181 BGB zu beachten. Zum Problem der Mehrfachvertretung vgl. auch Rn 13.

124 Bei bloßer **Anfechtbarkeit** des Beschlusses nach § 243 Abs. 1 AktG ist eine Eintragung nach Ablauf der Anfechtungsfrist vorzunehmen. Ist Anfechtungsklage erhoben und ist deren Erfolg nach summarischer Prüfung nicht auszuschließen, muss das Eintragungsverfahren gemäß § 129 FGG ausgesetzt werden (vgl. Rn 92).

3. Prüfungsumfang: Die Wirksamkeit der neuen Regelung

a) Grundsatz

125 Das Gericht hat nicht nur die Wirksamkeit der Beschlussfassung zu prüfen, sondern auch die **Wirksamkeit der geänderten Regelungen**. Insoweit gilt

---

224 Baumbach/*Zöllner*, § 53 Rn 33; Scholz/*Priester*, § 53 Rn 161.
225 BGHZ 49, 183, 194 = NJW 1968, 743; *Lutter/Hommelhoff*, § 47 Rn 9; *Roth/Altmeppen*, § 47 Rn 32.
226 OLG Hamm NZG 2002, 425.

etwa hinsichtlich der Anforderungen an eine Firmen-[227] und Gegenstandsänderung das Gleiche wie bei der Prüfung der Ersteintragung (vgl. Rn 28 ff., 40 f.). Eine Gegenstandsänderung darf etwa dann nicht eingetragen werden, wenn der neue Gegenstand nicht wirklich und ernsthaft gewollt ist.[228] Eine Sitzverlegung setzt die Erfüllung der Voraussetzungen des § 4a GmbHG am neuen Sitz voraus. Mitunter liegen aber auch Fälle einer Registersperre vor, so dass zur Eintragung der beabsichtigten Änderungen weitere Änderungen vorzunehmen sind. Eine Auswahl von Klauseln wird im Folgenden aufgeführt. Wegen der Vielzahl der möglichen Regelungen kann hier nur eine kleine Auswahl zu beanstandender Regelungen dargestellt werden. Weitere Regelungen finden sich in Rn 49 ff.

b) Einzelfälle

aa) Regelung über Beschlussmehrheiten

Jeder Verstoß gegen zwingende Vorschriften des GmbH-Rechts muss zu einer Beanstandung führen. So ist etwa die Anordnung der Dreiviertelmehrheit der abgegebenen Stimmen für eine Änderung des Gesellschaftsvertrags in **§ 53 Abs. 2 GmbHG** eine zwingende Mindestanforderung, so dass gesellschaftsvertraglich lediglich Verschärfungen vorgenommen werden können.[229] Ähnliche Regelungen enthält das Umwandlungsgesetz. Nicht zwingend ist demgegenüber § 60 Abs. 1 Nr. 2 GmbHG (vgl. Rn 207). 126

Sieht der Gesellschaftsvertrag nicht vor, welche Anzahl von Gesellschaftern anwesend oder welcher Umfang von Anteilen am Stammkapital in der Gesellschafterversammlung vertreten sein müssen, um die **Beschlussfähigkeit** herzustellen, reicht das Handeln nur eines Gesellschafters aus.[230] 127

bb) Regelung der Vererbung

Mitunter wird durch eine gesellschaftsvertragliche Regelung auch die Möglichkeit der **Vererbung des Geschäftsanteils** ausgeschlossen, indem etwa bestimmt wird, dass die Gesellschaft ohne den verstorbenen Gesellschafter fortgesetzt wird. Eine solche Regelung ist unwirksam. Der Gesellschafts- 128

---

227 Keine Satzungsänderung, wenn nur die Schreibweise etwa von normaler in reine Groß- oder Kleinschreibung verändert werden soll: LG Berlin, Beschl. v. 7.12.1998– 98 T 85/98, n.v.; Beschl. v. 26.5.2000– 98 T 14/00, n.v.
228 OLG Karlsruhe, Beschl. v. 17.7.2001– 14 Wx 62/00, n.v. m. Anm. *Priester*, EWiR 2002, 739.
229 *Lutter/Hommelhoff*, § 53 Rn 13; *Roth/Altmeppen*, § 53 Rn 22.
230 OLG Köln Rpfleger 2002, 318.

vertrag kann zwar den Eintritt des Todes als Einziehungsgrund ausgestalten, nicht ausgeschlossen werden kann aber, dass der Geschäftsanteil mit dem Tod des Gesellschafters in den Nachlass fällt. Der Vorrang des Gesellschaftsrechts vor dem Erbrecht gilt nur bei den Personengesellschaften (vgl. § 8 Rn 19).

cc) Änderung der Geschäftsjahrregelung

129 Soweit im Gesellschaftsvertrag keine Regelung getroffen worden ist, gilt als **Geschäftsjahr** das Kalenderjahr. Gelegentlich soll dies oder eine davon abweichende gesellschaftsvertragliche Regelung geändert werden. Dabei ist allerdings zu beachten, dass eine Änderung nicht rückwirkend erfolgen kann.[231] Teilweise wird insoweit angenommen, dass die Eintragung der Änderung noch im laufenden Geschäftsjahr erfolgen muss,[232] teilweise wird nur der Eingang der Anmeldung vor dem Änderungsstichtag verlangt.[233] Aus Registersicht nicht zu beanstanden sind Regelungen, die keine Angaben dazu enthalten, ab welchem Geschäftsjahr die Änderung gelten soll.

dd) Gesellschafterangaben im Gesellschaftsvertrag

130 Bei Änderungen in der Gesellschafterstruktur wird mitunter auch die – nicht notwendige – Änderung des Gesellschaftsvertrags hinsichtlich der **Gründerangaben** erwogen. Zu beachten ist dabei, dass auch die Änderung nicht mehr relevanter Satzungsbestandteile einer entsprechenden Beschlussfassung nach § 53 Abs. 1 GmbHG bedarf.[234] Eine Änderung, d.h. der Wegfall der Gründerangaben oder ihr Ersatz durch Angabe der neuen Gesellschafter, wird dabei schon zugelassen, wenn die ursprüngliche Fassung eingetragen worden ist. Dabei ist aber bei der Angabe der neuen Gesellschafter auf die richtige Bezeichnung zu achten. Jedenfalls dann, wenn die Stammeinlagen nicht voll erbracht worden sind, darf die Bezeichnung der neuen Gesellschafter nicht dahin lauten, dass diese „Übernehmer" der Stammeinlagen seien.[235] Denn dann würde der unrichtige Eindruck erweckt werden, dass es sich um die Gründer handelt. Übernehmer einer Stammeinlage kann aber nur derjenige

---

231 SchlHOLG OLGR 2000, 316 = BB 2000, 1488 (LS).
232 LG Mühlhausen GmbHR 1997, 313; *Lutter/Hommelhoff*, § 54 Rn 8; Baumbach/Hueck/*Zöllner*, § 53 Rn 30.
233 SchlHOLG OLGR 2000, 316; OLG Karlsruhe Rpfleger 1975, 178; Hachenburg/*Ulmer*, § 53 Rn 25.
234 OLG Brandenburg NZG 2001, 129 = MDR 2001, 578.
235 Strenger OLG Hamm BB 1996, 921: niemals Übernehmer.

sein, der die Verpflichtung zur Einlage originär bei der Gründung oder einer Kapitalerhöhung übernimmt.

ee) Übernahme der Gründungskosten

Eine Änderung der im Gesellschaftsvertrag festgesetzten **Übernahme der Gründungskosten, zu denen nicht die Vergütung der ersten Geschäftsführer gehört**,[236] durch die Gesellschaft unterliegt besonderen Beschränkungen. Denn insoweit ist die Regelung des § 26 AktG entsprechend anzuwenden.[237] Danach kann eine Erweiterung der Kostentragungspflicht überhaupt nicht und ein Wegfall frühestens fünf Jahre nach Abwicklung der Rechtsverhältnisse erfolgen, die der Festsetzung zugrunde liegen (vgl. § 26 Abs. 5 AktG).[238]

131

Besonders häufig tritt eine Änderung der Regelung über die Übernahme der Gründungskosten dann ein, wenn eine **vollständige Neufassung der Satzung** beschlossen wird. Die alte Regelung wird dann einfach nicht in das neue Vertragswerk aufgenommen. Um diesen Mangel zu heilen, hat die Gesellschafterversammlung eine Ergänzung der Satzung in der Form des § 53 GmbHG zu beschließen.

132

ff) Abfindungsklauseln[239]

Anlass für **Abfindungsregelungen** ergeben sich daraus, dass bei einer fehlenden Vereinbarung im Gesellschaftsvertrag im Abfindungsfall der volle Wert des Anteils zu vergüten ist.[240] Die Vereinbarung von Abfindungsbeschränkungen, die häufig der Vermeidung der Schwierigkeiten und Unwägbarkeiten einer Unternehmensbewertung oder der Erhaltung der Liquidität bzw. der stillen Reserven der Gesellschaft dienen, ist im Grundsatz zulässig. Abfindungsklauseln können aber unter zwei Aspekten problematisch sein: Sie können zum einen zu einer Abfindung führen, die im Einzelfall zu beanstanden ist.[241] Nachdem der BGH zunächst über eine Anwendung des § 138 BGB zu einer Unwirksamkeit der den Abfindungsanspruch beein-

133

---

236 BGH BB 2004, 1585 = NJW 2004, 2519.
237 BGHZ 107, 1 = NJW 1989, 1610; Scholz/*Winter*, § 5 Rn 112.
238 LG Berlin GmbHR 1993, 590.
239 *Mecklenbrauck*, BB 2000, 2001–2006. Zu den häufig in diesem Zusammenhang auch bedeutsamen Hinauskündigungsklauseln: BGHZ 164, 98 = NJW 2005, 3641; NJW 2005, 3644.
240 BGHZ 9, 157, 168 = NJW 1953, 780; BGHZ 16, 317, 322 = NJW 1955, 667; BGHZ 116, 359, 370 = NJW 1992, 892.
241 Vgl. dazu Scholz/*Westermann*, § 34 Rn 28.

trächtigenden Klausel kam,[242] nimmt er nun eine ergänzende Vertragsauslegung vor.[243] Abfindungsklauseln können zum anderen aber auch zu Fallgestaltungen führen, die generell zu beanstanden sind, weil sie von vornherein nichtig sind. Nur die letzteren Klauseln können für das Handelsregisterverfahren von Bedeutung sein.

134 Streitig ist, ob durch die Satzung ein **vollständiger Abfindungsausschluss** vorgesehen werden kann. Jedenfalls wird dies überhaupt nur dann zulässig sein, wenn ein solcher Ausschluss auf bestimmte Fälle beschränkt ist, die einen solchen Abfindungsausschluss nahe legen. Dies kann etwa für den Anteil an einer gemeinnützigen GmbH gelten.[244]

135 **Unzulässig** sind Regelungen, bei denen danach differenziert wird, ob der Gesellschafter oder ein den Anteil pfändender Gläubiger die Abfindung erhalten soll.[245] Das Gleiche gilt, wenn eine solche Differenzierung für den Fall der Insolvenz des Gesellschafters getroffen wird. Zu derartigen Klauseln siehe bereits Rn 50. Dies zwingt aber nicht dazu, jede Differenzierung für die Abfindungshöhe als unzulässig anzusehen. Es darf dabei nur nicht zu einer Diskriminierung kommen. Nach Auffassung des BGH soll es möglich sein, in der Satzung zu bestimmen, dass ein Ausscheiden auch ohne gleichzeitige Zahlung der Abfindung wirksam ist.[246]

gg) Klauseln über die Gewinnverteilung

136 Nach § 29 Abs. 1 GmbHG in der derzeit geltenden Fassung steht den Gesellschafter der Jahresüberschuss lediglich vorbehaltlich einer sich aus Gesetz, dem Vertrag oder dem Verwendungsbeschluss ergebenden Abweichung zu. Die frühere Fassung des § 29 GmbHG sah demgegenüber ein uneingeschränktes **Vollausschüttungsgebot** vor. Für die Gesellschaften, die vor dem 1.1.1986 in das Handelsregister eingetragen waren, hat der Gesetzgeber mit Art. 12 § 7 des Gesetzes zur Änderung des Gesetzes betreffend die Gesellschaften mit beschränkter Haftung und anderer handelsrechtlicher Vorschriften vom 4.7.1980[247] in der Fassung des Bilanzrichtlinien-Gesetzes

---

242 BGHZ 116, 359, 376 = NJW 1992, 892 = GmbHR 1992, 257.
243 BGH NJW 1993, 3193; NJW 1994, 2536 = GmbHR 1994, 871.
244 Vgl. dazu Scholz/*Westermann*, § 34 Rn 20; BGH DB 1977, 343 zur Erhaltung einer Gesellschaft als Familiengesellschaft.
245 BGHZ 65, 22 = NJW 1975, 1835 = GmbHR 1975, 227.
246 BGH BB 2003, 1749, 1750 = NJW 2004, 1865.
247 BGBl I S. 836.

vom 19.12.1985[248] zur Anpassung an die Neufassung des § 29 GmbHG eine **Registersperre** eingeführt. Haben die Gesellschafter noch einen Anspruch auf eine Vollausschüttung, besteht für die Anmeldung der nach dem 1.1.1986 eingehenden Satzungsänderung eine Registersperre (vgl. dazu auch Rn 141). Eine Eintragung dieser Änderungen darf erst nach einer Anpassung an die neue Rechtslage erfolgen. Von dieser Registersperre betroffen sind nur die **Altgesellschaften**, die bisher keine Regelung über die Gewinnverwendung im Gesellschaftsvertrag hatten. Ist eine Gewinnverwendungsregelung enthalten, gilt die Registersperre auch dann nicht, wenn der Vertrag ein dem alten Recht entsprechendes Vollausschüttungsgebot enthält.[249]

hh) Frist zur Anfechtung von Gesellschafterbeschlüssen

Zur Aufnahme in einen Gesellschaftsvertrag zu empfehlen ist eine Regelung über die **Anfechtungsfrist**. Denn die Regelung in § 246 AktG gilt für die GmbH nicht.[250] Die dortige Monatsfrist stellt nur ein Leitbild dar. Die Frist kann im Einzelfall länger sein. Um insoweit Klarheit zu gewinnen, bietet sich eine Regelung im Gesellschaftsvertrag an. Dabei ist zu beachten, dass die Monatsfrist nach § 246 AktG eine Mindestfrist ist, die nicht unterschritten werden darf.[251] Auch gegenüber abwesenden Gesellschaftern darf sie erst zu laufen beginnen, wenn diese – etwa durch Zusendung der Beschlüsse – Kenntnisse von den Beschlüssen erlangt haben.[252] Dementsprechend ist eine Regelung, die die Frist ab Absendung des Protokolls laufen lässt, unwirksam.[253]

137

In Bezug auf **Nichtigkeitsgründe** kommt die Einführung einer Frist zur Geltendmachung durch die Satzung nicht in Betracht.[254] Denn die enumerativ aufgeführten Nichtigkeitsgründe in § 241 AktG stehen über den Rahmen des § 242 Abs. 2 S. 4 AktG hinaus nicht zur Disposition der Parteien.

138

---

248 BGBl I S. 2355.
249 BGHZ 105, 206, 211 = NJW 1989, 459 = GmbHR 1989, 72; NJW 1989, 3160 = GmbHR 1989, 413.
250 BGHZ 104, 66, 73 = GmbHR 1988, 304 = NJW 1988, 1844; BGHZ 111, 224, 225 = GmbHR 1990, 344 = NJW 1990, 2625.
251 BGHZ 104, 66, 73 = GmbHR 1988, 304 = NJW 1988, 1844; OLG Brandenburg GmbHR 1996, 540.
252 Scholz/*Karsten Schmidt*, § 45 Rn 145.
253 OLG Düsseldorf BB 2005, 1984.
254 Scholz/*Karsten Schmidt*, § 45 Rn 146.

ii) Schiedsklauseln

139 Grundsätzlich ist auch die Vereinbarung der Zuständigkeit eines **Schiedsgerichtes** für Streitigkeiten der Gesellschafter untereinander oder mit der Gesellschaft möglich. Als nicht schiedsfähig werden aber nach wie vor die Streitigkeiten angesehen, die vor den staatlichen Gerichten als Anfechtungs- und Nichtigkeitsklagen im Sinne der §§ 241 ff. AktG angesehen werden.[255] Diese stehen wegen ihrer Wirkung jedermann gegenüber nicht zur Parteidisposition. Eine diesem Grundsatz widersprechende Satzungsregel wäre unwirksam und ist durch das Registergericht zu beanstanden. Das Auskunfts- und Einsichtsrecht nach § 51a GmbHG soll demgegenüber ebenso schiedsfähig sein[256] wie Streitigkeiten über die Wirksamkeit der Erbringung von Stammeinlageleistungen.[257] Die nachträgliche Einfügung einer Schiedsklausel setzt die Zustimmung aller Gesellschafter voraus.[258]

jj) Sitzverlegung ins Ausland

140 Wird der Sitz einer Gesellschaft förmlich durch einen Gesellschafterbeschluss ins Ausland verlegt, ist dies nach der bisherigen Konzeption des deutschen Registerrechts nicht eintragungsfähig. Denn nach § 13h HGB hätte das bisherige Registergericht die Akten mit einer zusammenfassenden Bestätigung der bisherigen Eintragungen an das neue Registergericht abzugeben. Ob im Ausland ein entsprechendes Register geführt wird, ist dabei häufig schon zweifelhaft. Jedenfalls betrifft § 13h HGB nur die Abgabe an ein deutsches Registergericht. Materiell-rechtlich fraglich ist auch, ob eine derartige Sitzverlegung nicht zu Schwierigkeiten führt, weil die Anerkennung der nach deutschem Recht mit Rechtsfähigkeit ausgestatteten Gesellschaften einen Eingriff in die Souveränität anderer Staaten darstellt und damit dem Territorialitätsprinzip widerspricht. Dementsprechend wird ein **Beschluss über die Sitzverlegung ins Ausland** von der Rechtsprechung nach wie vor als **Auflösungsbeschluss** aufgefasst.[259] Daran wird trotz der

---

255 BGHZ 132, 278 = GmbHR 1996, 437 = NJW 1996, 1753; vgl. auch BB 2004, 1870, 1871.
256 OLG Hamm BB 2000, 1159.
257 BGH BB 2004, 1870 = DStR 2005, 204.
258 Scholz/*Priester*, § 53 Rn 152a.
259 BGHZ 25, 134, 144 = NJW 1957, 1433; RGZ 7, 69; 88, 55; Baumbach/*Hueck/Fastrich*, § 4a Rn 10.

sog. Centros-Entscheidung des EuGH festgehalten (vgl. dazu auch Rn 9).[260] Zu einer Eintragung der Satzungsänderung wird es daher nicht kommen. Aber auch die Auflösung wird nicht einzutragen sein, weil diese nicht angemeldet ist. Ob diese Anmeldung dann im Wege des Zwangsgeldverfahrens durchgesetzt werden kann, hängt davon ab, ob tatsächlich eine vollständige Sitzverlegung ins Ausland vorliegt, die auch nach einem gerichtlichen Hinweis aufrechterhalten bleibt.

dd) Registersperren

Mitunter verhängt der Gesetzgeber auch eine **Registersperre**, um die Gesellschaften zur Anpassung ihrer Gesellschaftsverträge anzuhalten. Satzungsänderungen können danach nur dann eingetragen werden, wenn auch bestimmte weitere Regelungen geändert oder aufgenommen werden. Eine derartige Registersperre ergibt sich etwa aus § 86 Abs. 1 S. 4 GmbHG zum Zwecke der Durchsetzung der Umstellung des Stammkapitals auf EUR. Diese Sperre bezieht sich aber lediglich auf Kapitalveränderungen. Sie wird in Rn 201 ff. behandelt. Eine auf alle Satzungsänderungen bezogene Registersperre ergibt sich aus Art. 12 § 7 des Gesetzes zur Änderung des Gesetzes betreffend die Gesellschaften mit beschränkter Haftung und anderer handelsrechtlicher Vorschriften vom 4.7.1980.[261] Danach sind Gesellschaften, die vor dem 1.1.1986 in das Register eingetragen waren und deren Vertrag keine Regelung über die Gewinnverwendung enthält,[262] gezwungen, mit der Satzungsänderung darüber zu entscheiden, inwieweit eine Gewinnverteilungsregelung getroffen wird.[263] Vgl. dazu schon Rn 136.

141

4. Die Mantelverwertung

Entsprechend der vom BGH vertretenen Ansicht über die **Zulässigkeit der offenen Mantelgründung**[264] besteht mittlerweile kein Zweifel mehr daran,

142

---

260 BayObLG BB 2004, 570 = NJW-RR 2004, 836; OLG Hamm BB 2001, 901 m. Anm. *Emde*; a.A. AG Heidelberg EuZW 2000, 414. Zum Entwurf einer Richtlinie Nr. 14 zur Verlegung des Gesellschaftssitzes innerhalb der EU: ZIP 1997, 1721. Dazu auch Baumbach/*Hueck*/*Fastrich*, Einl. Rn 10. Zu aktuellen Bestrebungen von deutscher Seite: *Roth*, RdW 2007, 206.
261 BGBl I S. 836.
262 BGHZ 105, 206 = GmbHR 1989, 72 = NJW 1989, 459.
263 Näher Scholz/*Emmerich*, § 29 Rn 9 ff.; *Lutter*/*Hommelhoff*, GmbHG, 14. Auflage, § 29 Rn 62 ff.
264 BGHZ 117, 323 = GmbHR 1992, 451 = NJW 1992, 1824.

dass die Anteile an einer sog. **Mantel-GmbH** wirksam erworben werden können.[265] Der Erwerb von Anteilen an einer derartigen GmbH, die keiner Geschäftstätigkeit mehr nachgeht, dient allerdings in der Regel der Vorbereitung der Umgehung der Gründungsvorschriften.[266] Dies rechtfertigt es, denjenigen Maßstab an die Eintragung etwaiger Veränderungen anzulegen, der auch bei der Gründungsprüfung gilt. Betroffen ist davon vor allem die Frage, ob die Gesellschaft noch über das Mindeststammkapital als Reinvermögen verfügt.[267] Schwierigkeiten bereitet allerdings immer die Feststellung, ob denn nun eine Mantelverwertung vorliegt.[268] Allein auf eine Firmen- oder Gegenstandsänderung kann nicht abgestellt werden, denn eine solche Änderung kann auch im Rahmen einer ordnungsgemäßen Fortführung der Tätigkeit der GmbH erfolgen. Deutliches Indiz für eine Mantelverwertung ist aber der Wechsel aller Gesellschafter, verbunden mit der Änderung von Firma und Gegenstand. Häufig werden derartige Änderungen auch noch mit einer Sitzverlegung verbunden. In solchen Fällen kann das Registergericht etwa die Vorlage eines Jahresabschlusses verlangen, der nicht älter als sechs Monate ist. Ergibt sich aus diesem kein Reinvermögen von mehr als 25.000 EUR, kann die Eintragung der Satzungsänderungen abgelehnt werden. Verhindern können dies die Gesellschafter nur durch eine entsprechende Zuführung von Kapital als Eigenkapital. Diese Grundsätze gelten nach der Rechtsprechung des BGH sowohl für Vorrats-GmbHs[269] als auch für Gesellschaften, die bereits wirtschaftlich tätig gewesen sind.[270]

---

265 Dazu auch *Priester*, DB 1983, 2291 ff.
266 Teilweise dient der Erwerb auch dazu, die Gesellschaft und etwaige Haftende dem Zugriff der Gläubiger zu entziehen. Nach AG Memmingen Rpfleger 2004, 223 m. Anm. *Ries* ist eine derartige organisierte Bestattung sittenwidrig.
267 LG Berlin, Beschl. v. 6.4.2001– 98 T 86/00, n.v.; Beschl. v. 2.9.1999– 98 T 44/99, n.v.; Beschl. v. 17.6.1998– 98 T 3/98, n.v.; AG Duisburg GmbHR 1997, 256; ebenso nun auf den Vorlagebeschluss des OLG Brandenburg BB 2002, 1229: BGH BB 2003, 324. Die Vorlage war notwendig wegen der abweichenden Rechtsprechung in BayObLG BB 1999, 971 = GmbHR 1999, 607 = Rpfleger 1999, 399; so auch LG Kleve NZG 2002, 587.
268 Wirtschaftliche Inaktivität: KG GmbHR 1998, 197; OLG Frankfurt GmbHR 1999, 32; inhaltslose Hülle notwendig: OLG Koblenz DB 1989, 373; OLG Stuttgart GmbHR 1999, 610. Vgl. auch OLG Thüringen BB 2004, 2206.
269 BGHZ 153, 158 = BB 2003, 324 = NJW 2003, 892.
270 BGHZ 155, 318 = BB 2003, 2079 = 2003, 3198; auf Vorlagebeschluss des OLG Brandenburg NZG 2002, 641 = GmbHR 2002, 851.

5. Anmeldung der Satzungsänderung

Die Satzungsänderung ist nach § 54 Abs. 1 S. 1 GmbHG zum Register anzumelden. Die Anmeldung hat – soweit es nicht um eine Kapitalmaßnahme geht – durch die **Geschäftsführer in vertretungsberechtigter Anzahl** zu erfolgen. Dabei ist auch eine Anmeldung durch einen Geschäftsführer in Gemeinschaft mit einem Prokuristen möglich, wenn der Gesellschaftsvertrag diese Form der sog. unechten Gesamtvertretung als organschaftliche Vertretung vorsieht.   143

In der Anmeldung reicht in der Regel der Hinweis auf den geänderten Gesellschaftsvertrag durch Bezugnahme auf die der Anmeldung beigefügten Unterlagen aus.[271] Dies gilt allerdings nur, soweit nicht die in **§ 10 GmbHG** genannten Punkte betroffen sind. Ist demnach die Änderung der Firma, des Gegenstands, des Sitzes, des Stammkapitals oder der Vertretungsbefugnis der Geschäftsführer beschlossen worden, ist dies zumindest stichpunktartig ebenso anzumelden wie die Aufnahme oder Änderung einer Zeitbestimmung im Sinne des § 10 Abs. 2 GmbHG.[272] Dies gilt auch bei einer vollständigen Neufassung des Gesellschaftsvertrages und deren Anmeldung, weil das Benennungserfordernis nicht der Erleichterung der Anmeldung dient, sondern eine Richtigkeitsgewähr bewirken soll.[273]   144

Mit der Anmeldung ist der notariell beurkundete Beschluss nach § 53 Abs. 1 GmbHG in Ausfertigung oder beglaubigter Abschrift einzureichen. Zugleich ist eine Satzungsneufassung mit der Bescheinigung nach § 54 Abs. 1 S. 2 GmbHG beizufügen. Dies soll allerdings nach Auffassung des OLG Zweibrücken dann nicht erforderlich sein, wenn eine vollständige Neufassung vorliegt.[274] Denn diese muss sich dann vollständig aus dem Gesellschafterbeschluss ergeben. Zur elektronischen Form vgl. § 1 Rn 5 ff.   145

---

271 BayObLGZ 1978, 282 = GmbHR 1979, 15; *Roth/Altmeppen*, § 54 Rn 9.
272 BGH GmbHR 1987, 423 = NJW 1987, 3191; OLG Düsseldorf NJW 1999, 400; OLG Hamm BB 2001, 2496; OLG Frankfurt BB 2003, 2477; *Roth/Altmeppen*, § 54 Rn 8; die Folgen einer ordnungsgemäßen Anmeldung, aber fehlerhaften Eintragung sind umstritten, vgl. dazu *Priester*, BB 2002, 2613–2615.
273 OLG Hamm BB 2001, 2496; BayObLG DB 1979, 84.
274 OLG Zweibrücken Rpfleger 2002, 155.

§ 6 2. Kapitel: Die Kapitalgesellschaften im Handelsregister

146 Wird durch den Beschluss der Gesellschafterversammlung der Gegenstand nach § 3 Abs. 1 Nr. 2 GmbHG geändert, ist wiederum zu prüfen, ob der neue Gegenstand genehmigungspflichtig im Sinne des § 8 Abs. 1 Nr. 6 GmbHG ist.[275] Die Vorschrift wird zwar im Rahmen der Regelungen über die Änderung des Gesellschaftsvertrags nicht erwähnt. Sie gilt dort aber entsprechend.[276] Wegen der Einzelheiten vgl. Rn 40 ff.

III. Checkliste: Anmeldung der Satzungsänderung

147
- Liegt ein notariell beurkundeter Beschluss vor (vgl. Rn 118)?
- Sind alle tatsächlichen bzw. bekannten Gesellschafter (§ 16 GmbHG) zu dieser Versammlung ordnungsgemäß eingeladen worden (vgl. Rn 121)?
- Bei fehlender ordnungsgemäßer Einladung: Lag eine Generalversammlung im Sinne des § 51 Abs. 3 GmbHG vor (vgl. Rn 121)?
- Sind die Änderungen wirksam (vgl. Rn 125 ff.)?
- Ist eine Anmeldung durch die Geschäftsführer in vertretungsberechtigter Zahl erfolgt (vgl. Rn 143)?
- Ist die Änderung der in § 10 GmbHG genannten Punkte in der Anmeldung stichpunktartig angekündigt (vgl. Rn 144)?
- Liegt der Anmeldung der notariell beurkundete Beschluss in gehöriger Form bei (vgl. Rn 145)?
- Liegt der Anmeldung eine Satzungsneufassung mit der Bescheinigung nach § 54 Abs. 1 S. 2 GmbHG bei (vgl. Rn 145)?
- Bei einer Gegenstandsänderung: Liegen etwa erforderliche Genehmigungen vor (vgl. Rn 146)?
- Liegen die dem Registergericht einzureichenden Unterlagen auch in elektronischer Form vor (vgl. § 1 Rn 5 ff.)?

IV. Kosten

148 Beim **Gericht** fällt neben den Bekanntmachungsauslagen eine Gebühr nach Nr. 2500 des Gebührenverzeichnisses HRegGebVO in Höhe von 30 EUR an. Mehrere gleichzeitig angemeldete Änderungen des Gesellschaftsvertrages

---

275 Zur Abgrenzung zur Zweckänderung, die entsprechend § 33 BGB Einstimmigkeit voraussetzt: KG OLGR 2005, 129.
276 BayObLG Rpfleger 1978, 448; *Roth/Altmeppen*, § 54 Rn 10; *Lutter/Hommelhoff*, § 54 Rn 3; *Scholz/Priester*, § 54 Rn 14.

gelten nach § 2 Abs. 2 S. 1 HRegGebVO für die Gebührenberechnung als eine Tatsache. Betrifft die Änderung des Gesellschaftsvertrag den Sitz, gilt Nr. 2200 des Gebührenverzeichnisses zur HRegGebVO. Danach beträgt die Gebühr, wenn ein anderes Gericht für den neuen Sitz zuständig ist, 110 EUR. Der Geschäftswert für die Berechnung der **Notargebühr** wegen der **Anmeldungsbeglaubigung** ergibt sich aus§ 41a Abs. 4 Nr. 1, Abs. 6 KostO. Mehrere Satzungsänderungen stellen einen Gegenstand dar. Der Notar erhält eine halbe Gebühr aus diesem Wert (vgl. § 38 Abs. 2 Nr. 7 KostO). Die Erstellung einer Satzungsneufassung mit der Bescheinigung nach § 54 Abs. 1 S. 2 GmbHG ist ein gebührenfreies Nebengeschäft, wenn der Notar auch den satzungsändernden Beschluss beurkundet hat (vgl. §§ 47 Abs. 1, 35 KostO). 149

Für die **Beurkundung des Gesellschafterbeschlusses** nach § 53 Abs. 2 S. 1 GmbHG steht dem Notar das Doppelte der vollen Gebühr zu (vgl. § 47 S. 1 KostO). Eine höhere Gebühr als 5.000 EUR wird aber nicht geschuldet (vgl. § 47 S. 2 KostO). Der Geschäftswert berechnet sich nach § 41c Abs. 1 KostO ebenfalls nach § 41a Abs. 4 KostO. Werden mehrere Beschlüsse beurkundet, ist nach § 41c Abs. 3 S. 1 KostO die Vorschrift des § 44 KostO entsprechend anzuwenden. Ein höherer Geschäftswert als 500.000 EUR kommt nicht in Betracht (vgl. § 41c Abs. 4 KostO). 150

E. Satzungsändernde Kapitalmaßnahmen

I. Die möglichen Kapitalmaßnahmen

Das GmbHG sieht insgesamt vier verschiedene satzungsändernde Kapitalmaßnahmen vor, die im Registerverfahren jeweils verschiedenen Anforderungen unterliegen. Es handelt sich um: 151
- die (effektive) Barkapitalerhöhung (§ 57 Abs. 1 GmbHG),
- die Sachkapitalerhöhung (§ 57 Abs. 1 GmbHG),
- die (nominelle) Erhöhung aus Gesellschaftsmitteln (§ 57i GmbHG) und
- die Kapitalherabsetzung (§ 58 GmbHG).

II. Barkapitalerhöhung (§ 57 Abs. 1 GmbHG)

1. Rechtliche Grundlagen

a) Barkapitalerhöhung als Satzungsänderung

152 Die Barkapitalerhöhung stellt eine **Satzungsänderung** dar, so dass neben den speziellen Anforderungen des § 57 GmbHG auch die sich aus § 53 GmbHG (Form der Satzungsänderung) und § 54 GmbHG (Anmeldung und Eintragung) ergebenden allgemeinen Anforderungen an eine Satzungsänderung erfüllt sein müssen:

b) Beschlussanforderungen

153 Der Beschluss über die Kapitalerhöhung ist durch die **Gesellschafterversammlung** zu fassen (vgl. § 53 Abs. 1 GmbHG). Auch insoweit ist durch das Registergericht zu prüfen, ob der Beschluss nichtig oder anfechtbar ist. Es kommt also auch hier darauf an, ob alle Gesellschafter ordnungsgemäß geladen worden sind oder ob eine Generalversammlung vorliegt (vgl. Rn 121). Zum Freigabeverfahren nach § 246a AktG, das wegen der vergleichbaren Sachlage auch für die GmbH gelten dürfte,[277] vgl. § 7 Rn 74.

154 Die Übernahme eines Geschäftsanteils kann auch von der Zahlung eines **Aufgeldes** abhängig gemacht werden. Entspricht dieses Aufgeld nicht dem inneren Wert des Anteils an der Gesellschaft, macht dies den gefassten Erhöhungsbeschluss anfechtbar.[278] Die Leistung des Aufgeldes wird allerdings durch das Registergericht nicht geprüft. § 36a AktG gilt im GmbH-Recht nicht.

155 Die Erhöhung kann durch die Bildung neuer Geschäftsanteile erfolgen (vgl. § 55 Abs. 3 GmbHG). Bei der Neubildung ist § 5 Abs. 1 und 3 GmbHG zu beachten. Die Erhöhung ist aber auch durch **Aufstockung der vorhandenen Geschäftsanteile** möglich.[279] Eine Aufstockung wird aber nur dann für zulässig erachtet, wenn der entsprechende Geschäftsanteil voll eingezahlt ist oder die Gründer noch Inhaber der Anteile sind.[280] Diese Einschränkung ergibt sich aus der Rechtsvorgängerhaftung nach § 22 GmbHG. Denn der

---

277 So *Herbarth*, GmbHR 2005, 966, 969; vorsichtig bejahend auch Baumbach/Hueck/*Zöllner*, Anh § 47 Rn 29.
278 OLG Stuttgart BB 2000, 1155.
279 BGHZ 253, 116 = GmbHR 1975, 35 = NJW 1975, 118; BayObLG DB 1986, 738; BB 2002, 852.
280 Baumbach/Hueck/*Zöllner*, § 55 Rn 46; *Lutter/Hommelhoff*, § 55 Rn 16; *Roth/Altmeppen*, § 55 Rn 35.

Rechtsvorgänger kann wegen der ausstehenden Einlage in Anspruch genommen werden und würde den Geschäftsanteil im Falle seiner Zahlung nach § 22 Abs. 4 GmbHG erwerben. Der Vorteil der Aufstockung besteht darin, dass eine Bindung an die Mindestgröße eines Geschäftsanteils entfällt, so dass auch eine geringere Erhöhung als um 100 EUR möglich ist.[281] Die Teilbarkeitsregel des § 5 Abs. 3 S. 2 GmbHG bleibt aber zu beachten. Sie gilt aber nur für den Geschäftsanteil und nicht für den Erhöhungsbetrag.[282]

c) Übernahmeerklärung

Nach § 55 Abs. 1 GmbHG bedarf es bei der GmbH-Kapitalerhöhung einer notariell beurkundeten Übernahmeerklärung. Diese ist mit der Anmeldung dem Registergericht vorzulegen (vgl. § 57 Abs. 3 Nr. 1 GmbHG). Die Übernahmeerklärung kann nach § 129 Abs. 2 BGB auch in die notarielle Urkunde aufgenommen werden. Dies gilt aber nur in dem Maße, wie der Notar die Willenserklärungen der Beteiligten beurkundet. Nimmt er nur eine für die Satzungsänderung ausreichende Tatsachenbeurkundung nach § 39 BeurkG vor, sind die Anforderungen an eine beglaubigte Erklärung nicht erfüllt (vgl. dazu auch Rn 118). 156

Eine Übernahmeerklärung ist dabei stets erforderlich. Dies gilt auch, wenn ein Alleingesellschafter lediglich seinen Geschäftsanteil aufstocken will.[283] Denn durch die Übernahmeerklärung wird eine eigenständige Verpflichtung begründet. 157

d) Einlagenerbringung

aa) Grundsatz

Auch wenn die Erbringung der Einlageleistungen den gleichen Anforderungen wie bei der Erstanmeldung unterliegt, gibt es bei der Kapitalerhöhung Unterschiede. So ist etwa anerkannt, dass die Einlageleistung lediglich zum **Zeitpunkt der Anmeldung** vorhanden sein muss. Bisher hatte der Bundesgerichtshof zwar noch angenommen, dass die Einlageleistung unter dem Vorbehalt der wertgleichen Deckung zum Eintragungszeitpunkt stünde.[284] Es durfte zum Eintragungszeitpunkt mit anderen Worten noch kein Ver- 158

---

281 Baumbach/Hueck/*Zöllner*, § 55 Rn 46.
282 KG KGR 2005, 592 = FGPrax 2005, 132 = NZG 2005, 397.
283 BayObLG BB 2002, 852.
284 BGHZ 119, 177 = BB 1992, 2027.

brauch eingetreten sein. Diese Rechtsprechung hat er aber mittlerweile aufgegeben.[285] Das Registergericht prüft hier daher nicht mehr, ob die Gesellschaft noch zum Zeitpunkt der Eintragung über die Einlagen verfügt.

159 Häufig stellt sich die Frage, ob die Leistung zur **freien Verfügung** der Geschäftsführer erfolgt ist. Dem steht nicht entgegen, dass der Gesellschafter statt einer Leistung an die Gesellschaft eine Gläubigerforderung erfüllt.[286] Eine Leistung zur freien Verfügbarkeit fehlt aber jedenfalls dann, wenn die Bareinlage als Darlehen an den Einleger zurückgezahlt wird, weil diese Leistung keine Erfüllungswirkung hat, sondern ein Umgehungsgeschäft darstellt.[287] Überhaupt stellt das Hin- und Herzahlen in nahem zeitlichem Zusammenhang keine Leistung zur endgültigen Verfügung dar.[288] Zu einer Beanstandung durch das Registergericht kommt es häufig deshalb nicht, weil diese Umstände dem Gericht nicht bekannt werden. Es gibt aber weitere Fälle, die mitunter anhand der Urkunden erkennbar sind oder sich aus weiter eingereichten Unterlagen ergeben.

bb) Debitorisches Konto

160 Gewisse Probleme bereitet die Einlageleistung durch Einzahlung auf ein **debitorisches Konto**. Das ist für das Registergericht allerdings nur dann erkennbar, wenn ein entsprechender Kontoauszug vorgelegt wird. Jedoch gilt auch hier der Grundsatz, dass das Registergericht ohne weitere Anhaltspunkte nicht mehr als die Versicherung nach § 57 Abs. 2 GmbHG verlangen kann (vgl. dazu näher Rn 20). Die Einzahlung auf ein debitorisches Konto stellt aber nur dann eine **Leistung zur freien Verfügung** dar, wenn die Gesellschaft nachweist, dass sie gleichwohl über den Einlagebetrag verfügen kann, weil ihr ein entsprechender Kreditrahmen eingeräumt wurde.[289] Ein solcher **Kreditrahmen** liegt nicht vor, wenn lediglich Überziehungen durch die Bank geduldet werden. Es reicht aber aus, wenn der Geschäftsführung im Hinblick auf die Kapitalerhöhungseinlagen ein anderer Kredit eingeräumt

---

285 BGH NJW 2002, 1716 = BB 2002, 957; dazu auch *Henze*, BB 2002, 955–957.
286 BGHZ 150, 197 = NJW 1986, 989 = BB 1986, 214; OLG Hamm BB 2000, 319; *Lutter/Bayer*, § 19 Rn 35.
287 OLG Schleswig BB 2000, 2014 = NZG 2001, 84.
288 BGH BB 2001, 2282; Rpfleger 2002, 30 (st. Rspr.).
289 BGH GmbHR 1997, 255 = NJW 1997, 945; BGHZ 150, 197 = NJW 2002, 1716 = BB 2002, 957.

wird.²⁹⁰ Der Nachweis des entsprechenden Kreditrahmens wird durch die Vorlage der entsprechenden Kreditunterlagen oder einer Erklärung der Bank zu erbringen sein.

cc) **Voreinzahlungen**

Auch bei der Kapitalerhöhung kommt es wegen der verschiedenen Anforderungen genau auf die Abgrenzung einer Barkapitalerhöhung von einer Sachkapitalerhöhung an. Einen damit verbundenen Problemkreis stellt die **Voreinzahlung** auf eine noch nicht ordnungsgemäß beschlossene Barkapitalerhöhung dar.²⁹¹ Denn diese Voreinzahlung kann wegen der fehlenden Forderung grundsätzlich keine Erfüllungswirkung haben, so dass ein Rückforderungsanspruch nach Bereicherungsrecht entsteht.²⁹² Dieser Rückforderungsanspruch müsste als Sacheinlage eingebracht werden – entsprechend der Rechtsprechung zur Kapitalerhöhung mit Darlehensrückforderungsansprüchen der Gesellschafter. Die Rechtsprechung macht allerdings dann eine Ausnahme, wenn die Einzahlung Sanierungszwecken dient. Voraussetzung für die Erfüllungswirkung ist dabei, dass die Voreinzahlung etwa durch entsprechende schriftliche Zweckbestimmungserklärungen als Eigenkapitalleistung erkennbar war. Erforderlich ist ein enger zeitlicher Zusammenhang mit der formwirksamen Beschlussfassung über die Kapitalerhöhung, so dass der Notartermin letztlich schon zum Zeitpunkt der Zahlung feststehen muss. Und schließlich muss sich die Gesellschaft in einer existenziellen Krise befinden.²⁹³

161

Ob die Voreinzahlung die genannten Anforderungen erfüllt, ist dann unerheblich, wenn die Einlageleistung zum Zeitpunkt der Eintragung in das Handelsregister jedenfalls dem Werte nach noch vorhanden ist.²⁹⁴ Nach der neueren Rechtsprechung (siehe Rn 158) könnte sogar der Zeitpunkt der Beschlussfassung ausreichend sein. Es kommt damit nicht darauf an, dass die Einlageleistung auf einem Konto getrennt oder als Bargeld weiterhin vorliegt. Es ist vielmehr ein Wertvergleich vorzunehmen. Aber auch diesen

162

---

290 BGH BB 2005, 123, 125; BGHZ 150, 197, 199 ff. = NJW 2002, 1716 = BB 2002, 957.
291 *Müther*, NJW 1999, 404 ff.
292 BGHZ 158, 283 = NJW 2004, 2592; NJW 1995, 460.
293 Baumbach/Hueck/*Zöllner*, § 56a Rn 9 ff.; *Lutter/Hommelhoff*, § 56 Rn 19 ff.; *Müther*, NJW 1999, 404 ff.
294 BGHZ 51, 157 = NJW 1969, 840; 158, 283 = NJW 2004, 2592; NJW 2001, 67 = BB 2000, 2323; OLG Köln BB 2001, 1423.

Wertvergleich wird das Registergericht, wenn es eine Voreinzahlung erkennt, zu überprüfen haben, weil nur dann die Versicherung nach § 57 Abs. 2 GmbHG ordnungsgemäß erfolgt ist.

dd) Schütt-aus-Hol-zurück

163 In den Problemkreis der Abgrenzung der Sach- von der Barkapitalerhöhung gehört auch das sog. **Schütt-aus-Hol-zurück-Verfahren**. Bei diesem auf steuerlichen Gründen beruhenden Vorgehen vereinbaren die Gesellschafter, dass der erwirtschaftete Gewinn zwar an die Gesellschafter ausgeschüttet wird, diese aber den erhaltenen Betrag oder Teile davon alsbald wieder für eine Kapitalerhöhung einzahlen.[295] Dieses Vorgehen ist – ebenso wie das als Darlehensgewährung anzusehende Stehenlassen von Gewinnen, die später für eine Kapitalerhöhung verwandt werden, oder die Einlageerbringung durch Verrechnung mit einem Gewinnauszahlungsanspruch – als Sachkapitalerhöhung anzusehen, so dass es grundsätzlich deren Anforderungen erfüllen muss.[296] Aus diesem Grund hat das Registergericht bei Kenntnis eines Ausschüttungs-Rückholungsvorgehens auf eine Anwendung dieser Vorschriften zu achten. Ein zeitlich sachlicher Zusammenhang zwischen Ausschüttung und Kapitalerhöhung ist dabei ein gewichtiges Indiz für das Vorliegen einer Schütt-aus-Hol-zurück-Situation.[297] Eine in dieser Weise erfolgte Einlageleistung hat bei der Barkapitalerhöhung keine Erfüllungswirkung, so dass auch eine darauf beruhende Versicherung nach § 57 Abs. 2 GmbHG inhaltlich unrichtig wäre. In seinem Urteil vom 26.5.1997[298] hat der BGH Leistungen im Wege des Schütt-aus-Hol-zurück-Verfahrens für wirksam erachtet, wenn dem Registergericht die Werthaltigkeit der Forderungen entsprechend den Grundsätzen der Kapitalerhöhung aus Gesellschaftsmitteln nachgewiesen worden ist. Hieraus kann nicht geschlossen werden, dass eine Verpflichtung des Registergerichts zur Eintragung der so nachgewiesenen Kapitalerhöhung bestünde. Denn tatsächlich liegen weder die gesetzlichen Voraussetzungen für die Eintragung einer Barkapitalerhöhung noch für die Eintragung einer Sachkapitalerhöhung oder einer Erhöhung aus Gesellschaftsmitteln vor.

---

295 Zu den Variationsmöglichkeiten: *Lutter/Hommelhoff*, § 56 Rn 14.
296 BGHZ 113, 335 = GmbHR 1991, 255 = NJW 1991, 1754; BGHZ 135, 381 = GmbHR 1997, 788 = NJW 1997, 2516.
297 BGHZ 152, 38 = NJW 2002, 3774; BB 2000, 219 = NJW 2000, 725 = GmbHR 2000, 131.
298 BGHZ 135, 381 = GmbHR 1997, 788 = NJW 1997, 2516.

ee) Heilung verschleierter Sachkapitalerhöhungen

Ist die Kapitalerhöhung zu Unrecht als Barkapitalerhöhung eingetragen worden, kommt neben der Neueinzahlung der dann ja noch offenen Einlagen auch eine andere Form der **Heilung** in Betracht.[299] Denn nach der Rechtsprechung kann eine verdeckte Sacheinlage auch nach der Eintragung der Kapitalerhöhung in das Handelsregister durch einen satzungsändernden Mehrheitsbeschluss im Wege der Änderung der Einlagendeckung in eine Sacheinlage umgewandelt werden.[300] Dabei ist neben der entsprechenden Änderung der Satzung die **Werthaltigkeit** der neuen Einlage nachzuweisen und ein Erhöhungsbericht der Geschäftsführer anzufertigen. Der BGH verlangt überdies, dass die Geschäftsführer die Werthaltigkeit der Einlage versichern.[301] Eine solche Versicherung sieht das Gesetz jedoch auch für die Sachkapitalerhöhung nicht vor, so dass sie auch in diesem Fall eigentlich nicht verlangt werden kann. 164

Bestehen Bedenken, ob die Einlageleistung Erfüllungswirkung hatte, sollten die genauen Umstände dem Registergericht gegenüber offengelegt werden. Dadurch kann in einem gewissen Rahmen Rechtssicherheit erlangt und der Vorwurf der Umgehungsabsicht ausgeräumt werden.[302] 165

e) Sonstige Anforderungen an die Anmeldung

Häufig übersehen wird bei der Kapitalerhöhung, dass diese nach § 78 GmbHG nicht nur durch die Geschäftsführer in vertretungsberechtigter Zahl, sondern durch **alle Geschäftsführer** anzumelden ist. 166

Mit der Anmeldung ist auch eine **Liste** der die neuen Geschäftsanteile übernehmenden Gesellschafter einzureichen (vgl. § 57 Abs. 3 Nr. 2 GmbHG). Dieses Erfordernis dürfte erfüllt sein, wenn eine die Kapitalerhöhung berücksichtigende (Gesamt-)Gesellschafterliste eingereicht wird. Allerdings besteht nach dieser Regelung nur die Verpflichtung zur Vorlage einer Übernehmerliste.[303] Auch wenn das Fehlen einer vollständigen aktualisierten Gesellschafterliste kein Eintragungshindernis für die Kapitalerhöhung darstellt, kann diese doch über § 40 GmbHG erfordert werden. 167

---

299 Umfassend auch zu den weiteren Rechtsfolgen: BGHZ 155, 329 = NJW 2003, 3127.
300 BGHZ 132, 141 = GmbHR 1996, 351 = NJW 1996, 1473; 155, 329 = NJW 2003, 3127.
301 BGHZ 132, 141, 156 = GmbHR 1996, 351 = NJW 1996, 1473.
302 Die Rechtsprechung neigt in derartigen Fällen bei einer erfolgten Eintragung häufig dazu, auch die Einlageleistungen als wirksam anzusehen, vgl. etwa BGHZ 135, 381 = GmbHR 1997, 788 = NJW 1997, 2516; OLG Köln BB 2001, 1423.
303 BayObLG BB 2002, 852, 853.

2. Checkliste: Anmeldung der Barkapitalerhöhung

168
- Liegt ein notariell beurkundeter Erhöhungsbeschluss vor, der § 5 Abs. 1 und 3 GmbH beachtet (vgl. Rn 152, 155)?
- Liegen die weiteren für eine Satzungsänderung notwendigen Voraussetzungen vor (vgl. Rn 147)?
- Liegen die notwendigen Übernahmeerklärungen in der gehörigen Form vor (vgl. Rn 156)?
- Sind die erforderlichen Einlageleistungen wirksam erfolgt (vgl. Rn 158 ff.)?
- Ist eine Anmeldung durch alle Geschäftsführer erfolgt (vgl. Rn 166)?
- Liegt die Übernehmerliste oder eine aktualisierte Gesellschafterliste vor (vgl. Rn 167)?
- Sind die einzureichenden Unterlagen in die jeweilige elektronische Form übertragen (vgl. § 1 Rn 5 ff.)?

3. Kosten

169 Für die **Eintragung einer Barkapitalerhöhung** gelten die allgemeinen Regelungen für die Satzungsänderung. Es ist daher eine Gebühr nach Nr. 2500 des Gebührenverzeichnisses der HRegGebVO in Höhe von 40 EUR zu zahlen. Neben dieser Gebühr sind die Auslagen für die Bekanntmachung zu tragen.

170 Für die Beglaubigung der **Anmeldung der Kapitalerhöhung** erhält der Notar eine halbe Gebühr nach § 38 Abs. 2 Nr. 7 KostO, berechnet nach einem Geschäftswert aus § 41a Abs. 1 Nr. 3 KostO.

171 Für die Beurkundung der **Übernahmeerklärung** ist an den Notar eine volle Gebühr nach § 36 Abs. 1 KostO zu zahlen.[304] Der Geschäftswert folgt dabei aus dem Betrag der zu übernehmenden Einlage. Dies ergibt sich aus § 39 KostO.

172 Für die **Beurkundung des Gesellschafterbeschlusses** nach § 53 Abs. 2 S. 1 GmbHG steht dem Notar das Doppelte der vollen Gebühr zu (vgl. § 47 S. 1 KostO). Eine höhere Gebühr als 5.000 EUR wird aber nicht geschuldet (vgl. § 47 S. 2 KostO). Der Geschäftswert berechnet sich nach § 41a Abs. 1 Nr. 3 KostO, so dass es auf den Erhöhungsbetrag ankommt.

---

[304] Korintenberg/Lappe/*Bengel/Tiedke*, § 36 Rn 3.

III. Sachkapitalerhöhung (§ 57 Abs. 1 GmbHG)

1. Rechtliche Grundlagen

a) Sachkapitalerhöhung als Satzungsänderung

Auch die Anmeldung einer Sachkapitalerhöhung richtet sich nach § 57 GmbHG; auch insoweit müssen also die Voraussetzungen einer **Satzungsänderung** vorliegen (vgl. Rn 152).[305]

173

b) Beschlussanforderungen und Übernahmeerklärungen

Soll als Einlagegegenstand eine Sacheinlage erbracht werden, bedarf es – anders als bei der Barkapitalerhöhung – der **genauen Beschreibung der Sacheinlage**[306] im Beschluss (§ 56 Abs. 1 S. 1 GmbHG). Die Beschreibung muss dabei den Anforderungen entsprechen, die nach dem sachenrechtlichen Bestimmtheitsgrundsatz für die Übertragung beweglicher Sachen aufgestellt werden (vgl. zur Gründung Rn 23). Denn die Aufnahme der Sacheinlageangaben in den Erhöhungsbeschluss entspricht dem Angebot auf Abschluss einer entsprechenden Beitragsverpflichtung, die dann durch die Übernahmeerklärung angenommen wird. Die genaue Beschreibung ist letztlich auch für die Prüfung der Werthaltigkeit von Bedeutung, weil nur so festgestellt werden kann, was denn nun tatsächlich auf die Gesellschaft übergehen soll. Im Prinzip reicht damit die Angabe einfacher äußerer Merkmale, die es einem Dritten erlauben, die Sache unschwer von anderen zu unterscheiden.[307] Bei Sachgesamtheiten reicht demgegenüber eine Sammelbezeichnung aus, wenn durch diese klar erkennbar ist, welche Gegenstände übergehen sollen.[308] So kann es unter Umständen bei Erhöhung durch Einbringung von Waren als ausreichend anzusehen sein, wenn die Lage des Warenlagers beschrieben würde, soweit dort nicht noch weitere Gegenstände vorhanden sind, die gerade nicht mit übergehen sollen.

174

---

305 Zur Rückabwicklung, wenn die Sacheinlagen geleistet worden sind und eine Eintragung nicht erfolgt: OLG Schleswig NJW-RR 2004, 126.

306 Auch obligatorische Nutzungsrechte zur Verwertung von Namen und Logos von Sportvereinen können einlagefähig sein: BGHZ 144, 290 = NJW 2000, 2356; ebenso Nutzungsrecht an einem Grundstück mit Halle; BGH BB 2004, 1925 = NJW-RR 2004, 1341. Nicht aber gegen den Gesellschafter gerichtete Forderungen oder Kommanditanteil an einer Gesellschaft, deren Aktivvermögen im Wesentlichen aus gegen den Gesellschafter gerichteten Forderungen besteht: KG FGPrax 2005, 223 = Rpfleger 2005, 542.

307 Palandt/*Bassenge*, § 930 Rn 2; Erman/*Michalski*, Anh. §§ 929–931 Rn 6; *Jauernig*, § 930 Rn 8.

308 Palandt/*Bassenge*, § 930 Rn 3; Erman/*Michalski*, Anh. §§ 929–931 Rn 6; *Jauernig*, § 930 Rn 46 f.

175 Auch bei der Sachkapitalerhöhung ist eine **Übernahmeerklärung erforderlich**, die ebenfalls eine sachenrechtlich bestimmte Beschreibung des Einlagegegenstandes enthalten muss (vgl. § 56 Abs. 1 S. 2 GmbHG).

c) Zusätzliche Erfordernisse

176 Neben den bereits beschriebenen Anforderungen an die Barkapitalerhöhung (siehe Rn 153 ff.) ist hier ein **Nachweis** zu führen, dass die vereinbarten Sacheinlagen tatsächlich den von den Gesellschaftern angenommenen Wert zum Zeitpunkt der Erhöhung erreichen.[309] Zum Zweck des Wertnachweises sind etwa auch die dem Erwerb der Sacheinlage zugrunde liegenden Verträge einzureichen (vgl. § 57 Abs. 3 Nr. 3 GmbHG). Häufig ergibt sich aus diesen Unterlagen nichts Ausreichendes, so dass sachverständige Hilfe in Anspruch genommen werden muss. Anders als das Aktienrecht (vgl. § 7 Rn 76) sieht das GmbH-Recht keine externe Prüfung durch einen vom Gericht bestellten Prüfer vor, so dass die Gesellschaft selbst entsprechende Prüfungen in Auftrag geben kann und bereits mit der Anmeldung vorlegen sollte.

177 Teilweise wird angenommen, dass die Gesellschafter entsprechend § 5 Abs. 4 S. 2 GmbHG auch bei der Sachkapitalerhöhung zur Anfertigung eines **Erhöhungsberichtes** verpflichtet wären. Das Gesetz sieht die Vorlage eines entsprechenden Berichts jedoch nicht vor. Und auch die Mitwirkung aller Gesellschafter ist wegen der zur Beschlussfassung ausreichenden qualifizierten Mehrheit nicht gesichert. Dann aber kann eine Verpflichtung zur Vorlage eines entsprechenden Berichts nicht angenommen werden.[310] Gleichwohl empfiehlt es sich häufig, dem Registergericht gegenüber alle Bewertungen der Gesellschaft offen zu legen.

178 Die Sacheinlagen müssen zum **Zeitpunkt der Beschlussfassung** auch noch vorhanden sein.[311] Ist dies nicht der Fall, kommt eine Sachkapitalerhöhung nicht mehr in Betracht. Ob diese Grundsätze auch dann gelten, wenn die Kapitalerhöhung der Sanierung dient, ist bisher nicht entschieden worden. Auf einen vorhergehenden Verbrauch der Sachgüter kann dabei die Beschlussfassung hinweisen, wenn dort etwa erklärt wird, dass die Einlage bereits erbracht worden ist. Dies gilt insbesondere dann, wenn kein Anlage-, sondern Umlaufvermögen in die Gesellschaft eingebracht werden soll.

---

309 OLG Frankfurt FGPrax 2006, 172; OLG Düsseldorf FGPRax 1996, 73 = BB 1996, 338.
310 Zweifelnd auch: BGH NJW-RR 2004, 1341 = BB 2004, 1925.
311 BGH BB 2000, 2323 = DNotZ 2001, 154 = NZG 2001, 27 = Rpfleger 2001, 83.

2. Checkliste: Anmeldung der Sachkapitalerhöhung

- Sind die in Rn 147 genannten Anforderungen erfüllt?
- Wird in dem Erhöhungsbeschluss die Sacheinlage sachenrechtlich bestimmt angegeben (vgl. Rn 174)?
- Enthalten die Übernahmeerklärungen eine genaue Beschreibung der Sacheinlage (vgl. Rn 175)?
- Ist die Sacheinlage vor der Anmeldung vollständig geleistet (vgl. Rn 23)?
- Liegen die Unterlagen nach § 57 Abs. 3 Nr. 3 GmbHG und ein Nachweis über die Werthaltigkeit der Anmeldung bei (vgl. Rn 176)?
- Sind die einzureichenden Unterlagen in die jeweilige elektronische Form übertragen (vgl. § 1 Rn 5 ff.)?

179

3. Kosten

Hinsichtlich der Kosten gilt wegen der Notarkosten das Gleiche wie bei einer Barkapitalerhöhung. Auf die Ausführungen in Rn 169 ff. wird verwiesen. Die Gerichtsgebühr ergibt sich aus Nr. 2401 des Gebührenverzeichnisses zur HRegGebVO. Sie beträgt 140 EUR.

180

IV. Kapitalerhöhung aus Gesellschaftsmitteln (§ 57i GmbHG)

1. Rechtliche Grundlagen

a) Überblick

Die Kapitalerhöhung aus Gesellschaftsmitteln ist in den §§ 57c bis 57o GmbHG geregelt. Die Regelungen waren bis zum 1.1.1995 enthalten im Gesetz über die Kapitalerhöhung aus Gesellschaftsmitteln und über die Verschmelzung von Gesellschaften mit beschränkter Haftung.[312] Auch die Kapitalerhöhung aus Gesellschaftsmitteln bedarf eines satzungsändernden Beschlusses. Die hierfür geltenden Anforderungen sind daher ebenfalls einzuhalten.

181

b) Erhöhungsbeschluss

Der Beschluss über die Kapitalerhöhung aus Gesellschaftsmitteln darf erst gefasst werden, wenn der Jahresabschluss für das vorangegangene Geschäftsjahr durch die Gesellschafterversammlung festgestellt worden ist oder die

182

---

312 Vom 23.12.1959 (BGBl I S. 789).

Voraussetzungen des § 57n Abs. 2 GmbHG vorliegen. Nach § 57c Abs. 3 GmbHG ist dem Beschluss auch eine **Bilanz** zugrunde zu legen. Dabei kann es sich um die letzte Jahresbilanz (vgl. § 57e GmbHG) oder um eine speziell zu diesem Zweck erstellte Zwischenbilanz (vgl. § 57f GmbHG) handeln. Abweichend vom allgemeinen Recht muss die dem Beschluss zugrunde liegende Bilanz auch bei einer kleinen Kapitalgesellschaft im Sinne des § 267 HGB durch Prüfer geprüft worden sein (§§ 57e Abs. 1, 57f Abs. 2 GmbHG). Die Bilanz muss auch bei Kleinbeträgen mit einem uneingeschränktem Bestätigungsvermerk versehen sein, sonst ist der auf der Grundlage einer dagegen verstoßenden Bilanz gefasste Erhöhungsbeschluss nichtig.[313] Die für die Erhöhung vorgesehenen Beträge müssen sich als Kapital- oder Gewinnrücklagen aus diesen Bilanzen ergeben (vgl. § 57d GmbHG). Ausreichend ist aber auch ein Gewinnverwendungsbeschluss, der die Beträge den Rücklagen zuweist. Eine Kapitalerhöhung aus Gesellschaftsmitteln ist nur möglich, soweit die Bilanz keinen Verlustvortrag ausweist. Ausgeschlossen ist die Erhöhung demnach nur insoweit, als der Verlustvortrag die Rücklage erreicht. Der überschießende Rücklagenteil kann für eine Erhöhung verwandt werden.

183 Die Erhöhung kann durch Bildung neuer Anteile oder aber durch eine Nennbetragserhöhung erfolgen. Die entsprechende **Art der Anteilsbildung** muss im Erhöhungsbeschluss angegeben werden (vgl. § 57h Abs. 2 S. 1 GmbHG). Teileingezahlte Geschäftsanteile können nur durch eine Nennbetragserhöhung an der Kapitalerhöhung teilnehmen (vgl. § 57l Abs. 2 GmbHG). Im Rahmen der Kapitalerhöhung nach § 57c GmbHG ist die Regelung des § 5 Abs. 3 S. 2 GmbHG über die Bildung des Geschäftsanteils, wonach jeder Anteil durch 50 EUR teilbar sein muss, aufgehoben (vgl. §§ 57h Abs. 1, 57l Abs. 2 GmbHG).

184 Keine Angaben muss der Kapitalerhöhungsbeschluss darüber enthalten, wie sich die Erhöhungsbeträge verteilen. Denn die Erhöhung wirkt nach § 57j GmbHG **streng proportional**. Jede Abweichung von der verhältniswahrenden Erhöhung macht den Erhöhungsbeschluss nichtig und verhindert seine Eintragung in das Register.[314]

---

313 BayObLG Rpfleger 2002, 525 = BB 2002, 1288 (LS).
314 Zur AG: OLG Dresden BB 2001, 1221.

Umstritten ist, inwieweit eine Kapitalerhöhung aus Gesellschaftsmitteln mit anderen Kapitalerhöhungen kombiniert werden kann. Teilweise wird eine zeitgleiche **Kombination** für unzulässig erklärt, weniger weil sich ein Gesellschafter zu einer Erhöhung gegen Einlagen gezwungen sehen könnte, sondern weil hierdurch Unklarheit über die Herkunft der Erhöhungsmittel entstünde.[315] Eine derartige Gefahr ist auch in einer Einpersonengesellschaft gegeben, so dass auch dort keine Verbindung zuzulassen sein wird.[316] 185

c) **Anmeldung nach § 57i GmbHG**

Die Anmeldung hat nach § 78 GmbHG durch **alle Geschäftsführer** in der Form des § 12 Abs. 1 HGB zu erfolgen. In der Anmeldung haben die Geschäftsführer die Versicherung nach § 57i Abs. 1 S. 2 GmbHG abzugeben. Der Anmeldung sind beizufügen: der notariell beurkundete Beschluss über die Kapitalerhöhung einschließlich der Satzungsänderung, eine Satzungsneufassung mit der Bescheinigung nach § 54 Abs. 1 S. 2 GmbHG und die dem Beschluss zugrunde liegende geprüfte Bilanz.[317] Das Gesetz verlangt nicht die Vorlage einer neuen Gesellschafterliste mit der Anmeldung. Eine Verpflichtung ergibt sich aber aus § 40 Abs. 1 GmbHG. Ein Eintragungshindernis für die Kapitalerhöhung entsteht durch ein Fehlen dieser Liste aber nicht. 186

Die Anmeldung muss innerhalb von **acht Monaten** nach dem Stichtag der dem Beschluss zugrunde gelegten Bilanz beim Registergericht eingegangen sein. Jede noch so kleine Fristüberschreitung ist schädlich.[318] Die Frist kann grundsätzlich nicht durch Einreichung der Unterlagen in Schriftform gewahrt werden, weil die Einreichung in elektronischer Form zwingend ist. 187

Ob die Anmeldung zur Fristwahrung **beanstandungsfrei** sein muss, ist umstritten. Nach einer Auffassung führt nur die Einreichung einer mangelfreien Anmeldung zur Fristwahrung.[319] Eine Ausnahme wird nur insoweit gemacht, als die ordnungsgemäß zugrunde gelegte Bilanz auch nach Frist- 188

---

315 *Lutter/Hommelhoff*, § 57c Rn 15; *Roth/Altmeppen*, § 57c Rn 7; *Baumbach/Hueck/Zöllner*, § 57c Rn 8.
316 A.A. Vorauflage. Vgl. dazu auch OLG Düsseldorf NJW 1986, 2060 = GmbHR 1986, 192: Einverständnis der Gesellschafter reicht.
317 A.A. in Bezug auf eine Satzungsneufassung: *Roth/Altmeppen*, § 57i Rn 6.
318 OLG Frankfurt BB 1981, 1253.
319 *Lutter/Hommelhoff*, § 57g Rn 11; *Hachenburg/Ulmer*, Anh § 57b §§ 3–5 KapErhG Rn 17.

ablauf nachgereicht werden kann.³²⁰ Nach anderer Ansicht reicht allein eine fristgerechte Anmeldung aus, wenn dann auf entsprechende Zwischenverfügung hin die Beanstandungen beseitigt werden und eine Eintragung erfolgt.³²¹

2. Checkliste: Anmeldung der Kapitalerhöhung aus Gesellschaftsmitteln

189
- Liegt eine Anmeldung der Kapitalerhöhung durch alle Geschäftsführer vor (vgl. Rn 186)?
- Enthält die Anmeldung auch die Erklärung nach § 57i Abs. 1 S. 2 GmbHG (vgl. Rn 186)?
- Ist der notariell beurkundete Gesellschafterbeschluss über die Kapitalerhöhung und die Satzungsänderung beigefügt (vgl. Rn 186)?
- Ist eine Satzungsneufassung nach § 54 Abs. 1 S. 2 GmbHG beigefügt (vgl. Rn 186)?
- Ist die dem Erhöhungsbeschluss zugrunde liegende geprüfte Bilanz beigefügt (vgl. Rn 182, 186)?
- Ist die Frist von acht Monaten zum Zeitpunkt der Anmeldung schon verstrichen (vgl. Rn 187)?
- War der Jahresabschluss für das vorangegangene Geschäftsjahr zum Zeitpunkt der Beschlussfassung bereits festgestellt oder lagen die Voraussetzungen des § 57n GmbHG vor (vgl. Rn 182)?
- Ist die strenge Proportionalität des § 57j GmbHG eingehalten worden (vgl. Rn 184)?

3. Kosten

190 Wegen der Kosten gilt das Gleiche wie bei einer Barkapitalerhöhung; es wird insoweit auf die Ausführungen in Rn 169 ff. verwiesen. Allerdings bedarf es keiner Übernahmeerklärungen, so dass die entsprechenden Kosten nicht anfallen.

---

320 *Lutter/Hommelhoff*, § 57g Rn 11.
321 Baumbach/Hueck/*Zöllner*, § 57e Rn 4; Rowedder/*Zimmermann*, § 57g Rn 7.

V. Kapitalherabsetzung (§ 58 GmbHG)

1. Rechtliche Grundlagen

Die Kapitalherabsetzung ist bei der GmbH nach § 58 GmbHG möglich. Nach § 58a GmbHG ist zur Beseitigung von Bilanzverlusten auch eine **vereinfachte Kapitalherabsetzung** zulässig. Anders als die **ordentliche Kapitalherabsetzung** sieht die vereinfachte Kapitalherabsetzung keinen Gläubigeraufruf nach § 58 Abs. 1 Nr. 1 GmbHG und auch nicht die Einhaltung der Sperrfrist von einem Jahr nach § 58 Abs. 1 Nr. 3 GmbHG vor.

191

Der **Gläubigeraufruf** im Falle der ordentlichen Kapitalherabsetzung hat dabei nach § 58 Abs. 1 Nr. 1 GmbHG in den Gesellschaftsblättern zu erfolgen. Gesellschaftsblatt ist nach § 12 GmbHG der elektronische Bundesanzeiger. Daneben können im Gesellschaftsvertrag weitere elektronische Medien oder öffentliche Blätter als Gesellschaftsblätter bestimmt sein. Soweit in älteren Gesellschaftsverträgen der Bundesanzeiger als Veröffentlichungsblatt bestimmt ist, ist hierunter nach § 12 S. 3 HGB nunmehr der elektronische Bundesanzeiger zu verstehen.

192

Beide Kapitalherabsetzungen erfordern im Beschluss die **Angabe des Zwecks** der Herabsetzung. Das Gesetz sieht diese Zweckangabe zwar nicht vor, insoweit wird aber die Vorschrift des § 222 Abs. 3 AktG entsprechend anzuwenden sein (vgl. auch § 7 Rn 99 f.).[322]

193

Die **Anmeldung** hat durch alle Geschäftsführer zu erfolgen (vgl. § 78 GmbHG).[323] Neben dem notariell beurkundeten Beschluss und der Satzungsneufassung mit der Bescheinigung nach § 54 Abs. 1 S. 2 GmbHG sind bei der ordentlichen Kapitalherabsetzung die Bekanntmachungen des Herabsetzungsbeschlusses mit dem Gläubigeraufruf in den Gesellschaftsblättern einzureichen, soweit nicht die Veröffentlichungen allein im elektronischen Bundesanzeiger erfolgen mussten. Für diese Veröffentlichungen müssen keine Nachweise erbracht werden, sofern das Registergericht die Veröffentlichungen durch entsprechende Hinweise auffinden kann. Die Anmeldung ist mit der Versicherung zu versehen, dass die Gläubiger, die sich bei der

194

---

322 BayObLG GmbHR 1979, 111; LG Berlin, Beschl. v. 17.5.2002– 102 T 26/02, n.v.; *Lutter/Hommelhoff*, § 58 Rn 8; *Ulbert*, S. 166, 170; *Gustavus*, Handelsregister-Anmeldungen, A 110, S. 121.

323 Das gilt auch im Falle der vereinfachten Kapitalherabsetzung: *Roth/Altmeppen*, § 58a Rn 18; a.A. *Ulbert*, S. 171: vertretungsberechtigte Anzahl.

Gesellschaft gemeldet haben und der Herabsetzung nicht zugestimmt haben, befriedigt oder sichergestellt worden sind (vgl. § 58 Abs. 1 Nr. 4 GmbHG).

195 Bei der **vereinfachten Kapitalherabsetzung** ist die **Frist nach § 58e Abs. 3 GmbHG** zu beachten. Danach muss eine Eintragung des Beschlusses binnen drei Monaten nach der Beschlussfassung erfolgen. Das Registergericht hat auch die Voraussetzungen der vereinfachten Kapitalherabsetzung zu prüfen. Allerdings sieht das Gesetz die Vorlage entsprechender Nachweise nicht vor. Soweit das Gericht aber nicht durch bereits vorliegende Jahresabschlüsse die Voraussetzungen für den Beschluss erkennen kann, ist es nicht gehindert, entsprechende Nachweise zu verlangen. Diese können zur Vereinfachung auch bereits mit der Anmeldung durch die Geschäftsführer eingereicht werden.

196 Die vereinfachte Kapitalherabsetzung kann nach § 58a Abs. 4 GmbHG mit einer **Kapitalerhöhung verbunden** werden und dadurch zeitweise auch zu einer Unterschreitung der Mindeststammkapitalziffer von 25.000 EUR führen. In diesem Fall gilt die strenge Frist von drei Monaten für beide Beschlüsse.

197 Das Gesetz verlangt nicht die Vorlage einer neuen **Gesellschafterliste** mit der Anmeldung. Eine Verpflichtung ergibt sich aber aus § 40 Abs. 1 GmbHG. Ein Eintragungshindernis für die Kapitalerhöhung folgt daraus aber nicht.

2. Checkliste: Anmeldung

a) Checkliste: Anmeldung der ordentlichen Kapitalherabsetzung

198 ■ Liegt eine Anmeldung aller Geschäftsführer in der Form des § 12 Abs. 1 HGB vor (vgl. Rn 194)?
■ Enthält die Anmeldung die Versicherung nach § 58 Abs. 1 Nr. 4 GmbHG (vgl. Rn 194)?
■ Ist der notariell beurkundete Gesellschafterbeschluss über die Kapitalherabsetzung und die Satzungsänderung beigefügt (vgl. Rn 194)?
■ Liegt die Satzungsneufassung mit der Bescheinigung nach § 54 Abs. 1 S. 2 GmbHG vor (vgl. Rn 194)?
■ Liegen die drei Bekanntmachungen des Gläubigeraufrufs in den Gesellschaftsblättern vor (vgl. Rn 192, 194)?
■ Ist die Jahresfrist nach § 58 Abs. 1 Nr. 3 GmbHG abgelaufen?

b) Checkliste: Anmeldung der vereinfachten Kapitalherabsetzung

- Liegt eine Anmeldung aller Geschäftsführer in der Form des § 12 Abs. 1 HGB vor (vgl. Rn 194)?
- Ist der notariell beurkundete Gesellschafterbeschluss über die Kapitalherabsetzung und die Satzungsänderung beigefügt (vgl. Rn 194)?
- Ist die Frist nach § 58e Abs. 3 GmbHG beachtet worden (vgl. Rn 195)?

199

3. Kosten

Wegen der Kosten gilt das Gleiche wie bei der Barkapitalerhöhung; auf die Ausführungen in Rn 169 ff. wird verwiesen. Der Geschäftswert ergibt sich hier aus dem Betrag, um den das Stammkapital herabgesetzt wird.

200

VI. Euro-Umstellung (§ 86 GmbHG)

Die Euro-Umstellung ist in § 86 GmbHG geregelt. Nach § 86 Abs. 1 GmbHG dürfen sog. Altgesellschaften ihr Stammkapital weiterhin in DM ausweisen. Daran sind sie auch nach dem 31.12.2001 nicht gehindert. Das Gesetz sieht lediglich eine **Registersperre** für Kapitalmaßnahmen nach diesem Zeitpunkt vor, wenn nicht zugleich eine Umstellung auf EUR erfolgt. Zur Registersperre vgl. auch Rn 141.

201

Als **Umstellungsmaßnahmen** lassen sich unterscheiden:
- die einfache Euro-Umstellung nach § 86 Abs. 3 S. 1 und 2 GmbHG und
- die mit weiteren Kapitalmaßnahmen verbundene Euro-Umstellung (echte Euro-Umstellung) nach § 86 Abs. 3 S. 3 GmbHG.

202

Die **einfache Euro-Umstellung** bedeutet lediglich eine rechnerische Umstellung, die eigentlich zwar eine Satzungsänderung darstellt, nach der gesetzlichen Regelung aber weder die materiellen noch die formellen Voraussetzungen einer Satzungsänderung erfüllen muss. Einer Beschlussfassung bedarf es aber trotzdem.[324] Das bisherige Stammkapital von beispielsweise 50.000 DM wird nach der Umstellung mit 25.564,59 EUR angegeben.

203

Wird nicht der praktische Weg der einfachen Euro-Umstellung gewählt, müssen zur Glättung des krummen Betrages von 25.564,59 EUR weitere Kapitalmaßnahmen vorgenommen werden. Für diese **echte Euro-Umstellung** gelten nach § 86 Abs. 3 S. 3 GmbHG die allgemeinen Regeln. Aller-

204

---

324 OLG Frankfurt BB 2003, 2477 = NJW-RR 2003, 1616.

dings entfallen bei einer Kapitalherabsetzung der Gläubigeraufruf, die Sperrfrist und die weiter in § 58 GmbHG aufgeführten Erfordernisse, wenn zugleich eine Kapitalerhöhung vorgenommen wird.

205 Eine Glättung der krummen Euro-Beträge kommt letztlich nur durch eine **Nennbetragserhöhung** in Betracht, weil anderenfalls die Vorschrift des § 5 Abs. 3 S. 2 GmbHG verletzt würde. Eine Nennbetragserhöhung ist aber grundsätzlich dann ausgeschlossen, wenn der Geschäftsanteil noch nicht vollständig eingezahlt ist und noch ein Rückgriff auf einen Vorgänger in Betracht kommt (vgl. Rn 155). Dieser Grundsatz ist durch die Regelung des § 86 GmbHG nicht entfallen. Er muss aber dahin eingeschränkt werden, dass eine Handhabung der Vorschrift nur dann Sinn macht, wenn man auch bei teileingezahlten Geschäftsanteilen eine Nennbetragserhöhung auf den nächsten durch 50 teilbaren Betrag zulässt. Bei der Euro-Umstellung ist schließlich zu beachten, dass zunächst das Stammkapital umgestellt wird und dann eine Anpassung der Geschäftsanteile erfolgt.

F. Auflösung, Fortsetzung und Beendigung der GmbH

I. Auflösung und Abwicklung

1. Rechtliche Grundlagen

a) Auflösungsgründe und ihre Eintragung (§ 65 GmbHG)

206 Das Gesetz sieht in § 60 GmbHG verschiedene Gründe für die Auflösung einer GmbH vor.[325] Weitere Auflösungsgründe finden sich in anderen gesetzlichen Regelungen, die notwendige Kapitalmaßnahmen betreffen, vgl. Rn 231. Auch der Gesellschaftsvertrag kann nach § 60 Abs. 2 GmbHG weitere **Auflösungsgründe** festlegen. Die Auflösung ist in das Register einzutragen, wobei der Auflösungszeitpunkt nicht vermerkt wird. Teilweise erfolgt die Eintragung der Auflösung von Amts wegen, teilweise sieht das Gesetz eine Anmeldepflicht der gesetzlichen Vertreter vor (vgl. § 65 Abs. 1 GmbHG). In der Regel ist die Eintragung der Auflösung nur deklaratorischer Natur und dann im Zwangsgeldverfahren nach § 14 HGB durchsetzbar.

---

325 Weiterer Auflösungsgrund, der nicht in § 60 Abs. 1 GmbHG aufgeführt wird, ist die Sitzverlegung ins (auch EG-)Ausland: OLG Hamm BB 2001, 744 = Rpfleger 2001, 430 = NZG 2001, 562; ebenso OLG Düsseldorf NZG 2001, 506 = BB 2001, 901 m. abl. Anm. *Emde*; vgl. auch Baumbach/*Hueck*/*Fastrich*, § 4a Rn 10.

Lediglich wenn zur Auflösung eine Satzungsänderung notwendig ist, ist die Eintragung konstitutiv. Ihre Anmeldung entspricht der anderer Satzungsänderungen (vgl. dazu Rn 118 ff.).

Auch die **Eintragung des Auflösungsbeschlusses** der Gesellschafterversammlung gem. § 60 Abs. 1 Nr. 2 GmbH ist deklaratorischer Natur. Es handelt sich nicht um eine Satzungsänderung, so dass weder das qualifizierte Mehrheitserfordernis von Dreiviertel der abgegebenen Stimmen zwingend ist noch eine notarielle Beurkundung nach § 53 Abs. 2 GmbHG erfolgen muss.[326] Anderes gilt nur dann, wenn die Gesellschaft nach dem Gesellschaftsvertrag befristet ist,[327] so dass eine vorzeitige Beendigung eine Änderung des Vertrags erfordert.[328]

207

b) Satzungsänderungen in der Abwicklungsphase

Für die Gläubiger der Gesellschaft ändert sich durch den Eintritt der Auflösung an sich nichts. Lediglich die nunmehr als „**Abwickler**" oder „**Liquidatoren**" bezeichneten Geschäftsführer sind jetzt gemäß § 70 GmbHG verpflichtet, die Gesellschaft abzuwickeln, indem sie die Schulden der Gesellschaft begleichen, die Forderungen einziehen und die Vermögenswerte, soweit erforderlich, in Geld umsetzen. Im **Außenverhältnis** hat die Gesellschaft einen entsprechenden Liquidationszusatz zu tragen (vgl. § 68 Abs. 2 GmbHG). Dies bedeutet keine Firmenänderung, der Zusatz wird auch nicht im Register vermerkt.[329]

208

Im **Innenverhältnis** gelten zwar die allgemeinen Vorschriften des GmbH-Rechts weiter (vgl. § 69 GmbHG). Dennoch ist die Befugnis der Gesellschafter zur Änderung der Satzung eingeschränkt. Denn durch die Änderung des Gesellschaftszweckes steht die Beendigung der Gesellschaft im Vordergrund. Allerdings sind **Satzungsänderungen** bei aufgelösten Gesellschaften nicht völlig ausgeschlossen;[330] sie bedürfen aber einer sachlichen Rechtfertigung, die auch durch das Registergericht zu überprüfen ist.[331] So werden

209

---

326 Lutter/Hommelhoff, § 60 Rn 5; Baumbach/Hueck/*Schulze-Osterloh/Fastrich*, § 60 Rn 18.
327 Die Befristung ist nach § 10 Abs. 2 GmbHG in das Register einzutragen. Die fehlende Eintragung ändert an der Auflösung mit Fristablauf aber nichts. Im Einzelnen: *Goette*, § 10 Rn 6; Lutter/Hommelhoff, § 60 Rn 2.
328 *Goette*, § 10 Rn 10; Baumbach/Hueck/*Schulze-Osterloh/Fastrich*, § 60 Rn 15.
329 Scholz/*Karsten Schmidt*, § 69 Rn 13.
330 Lutter/*Kleindiek*, § 69 Rn 13; *Roth/Altmeppen*, § 69 Rn 9.
331 *Roth/Altmeppen*, § 69 Rn 9.

etwa **Firmenänderungen** und **Sitzverlegungen**[332] nur unter sehr eingeschränkten Voraussetzungen möglich sein. Denn derartige Maßnahmen fördern die Liquidation nicht, sondern sind besonders geeignet, eine ordnungsgemäße Liquidation zu verhindern.[333] Noch höhere Anforderungen an die sachliche Rechtfertigung einer Satzungsänderung sind dann zu stellen, wenn die Auflösung nicht auf dem Willen der Gesellschafter beruht, sondern aufgrund anderer Umstände eingetreten ist. So wird eine Gesellschaft wegen der Abweisung eines Insolvenzantrages über ihr Vermögen mangels Masse kaum einen nachvollziehbaren Anlass haben, durch eine Satzungsänderung eine Sitzverlegung herbeizuführen.

c) Liquidatoren und ihre Anmeldung (§ 67 GmbHG)

210 Die Abwicklung wird durch die Liquidatoren oder Abwickler durchgeführt. Mit dem Eintritt des Auflösungsgrundes werden die bestellten Geschäftsführer automatisch zu Liquidatoren (vgl. § 66 Abs. 1 GmbHG). Man bezeichnet sie aus diesem Grund auch als „**geborene Liquidatoren**". Möglich ist aber auch, dass die Gesellschafterversammlung ihre bisherigen Geschäftsführer abberuft und neue Personen bestellt. Bei diesen handelt es sich dann um sog. „**gekorene Liquidatoren**". Mit der Auflösung und der Bestellung der Liquidatoren ist notwendigerweise die Abberufung der Geschäftsführer verbunden, so dass dies nicht mehr ausdrücklich angemeldet werden muss.[334] Wegen der Beendigung des Amtes eines Liquidators gelten die Ausführungen zum Geschäftsführer, insbesondere auch wegen der Unwirksamkeit der Amtsniederlegung wegen Missbrauchs,[335] entsprechend, vgl. Rn 89 ff.

211 Während § 6 Abs. 2 S. 1 GmbHG festlegt, dass ein Geschäftsführer eine **natürliche Person** sein muss, fehlt ein entsprechender Hinweis in den Vorschriften über die Liquidatoren. § 66 Abs. 4 GmbHG schließt diese Vorschrift in seiner Verweisung auf § 6 Abs. 2 GmbHG gerade nicht ein. Daraus wird allgemein geschlossen, dass auch juristische Personen[336] und

---

332 Die Sitzverlegung muss ersichtlich der Abwicklung dienen, ihr darf auch nicht der gebotene Schutz der Gläubiger entgegenstehen: LG Berlin DB 1999, 1158; Beschl. v. 6.4.2001 – 98 T 7/01, n.v.; vgl. OLG Jena OLGR 2006, 617.

333 So sieht etwa LG Frankfurt/Oder DB 2003, 494 eine Firmenänderung in dieser Phase als irreführend an.

334 BayObLG DNotZ 1995, 219 = Rpfleger 1995, 25.

335 LG Memmingen NZG 2004, 828.

336 *Krafka/Willer*, Rn 1131; OLG Dresden OLGR 1998, 1.

auch Personenhandelsgesellschaften[337] als Liquidatoren einer GmbH tätig werden können.

Die Liquidatoren sind nach § 67 Abs. 1 GmbHG in das Register zur Eintragung anzumelden. Diese **Anmeldeverpflichtung** trifft auch die geborenen Liquidatoren, obwohl diese schon als Geschäftsführer angemeldet und eingetragen sein können.[338] Sind allerdings durch die Gesellschafterversammlung andere Personen bestellt worden, führt dies nicht zu der Verpflichtung der bisherigen Geschäftsführer zur Anmeldung. Entgegen dem Wortlaut des § 67 Abs. 1 GmbHG trifft die Anmeldepflicht hier die neuen Liquidatoren.[339] Denn die bisherigen Geschäftsführer hätten mit der Neubestellung anderer Personen ihre Vertretungsbefugnis verloren, so dass es einen unverständlichen Systembruch darstellte, ihnen noch die Anmeldeverpflichtung aufzuerlegen.[340] 212

Die Liquidatoren haben ebenso wie neue Geschäftsführer ihre Eignung zur Übernahme der Organstellung durch die Abgabe der **Versicherungen nach § 67 Abs. 3 GmbHG** nachzuweisen. Diese Verpflichtung trifft auch die geborenen Liquidatoren.[341] Diese haben die entsprechende Versicherung zwar schon bei der Anmeldung der Übernahme der Geschäftsführerstellung abgegeben, das Gesetz differenziert insoweit aber nicht zwischen geborenen und gekorenen Liquidatoren. Dem Registergericht wird damit die Möglichkeit gegeben, das Weiterbestehen der Amtsfähigkeit der Beteiligten zu überprüfen. 213

Die Verpflichtung der Vertretungsorgane zur Zeichnung ist mit dem EHUG entfallen, vgl. § 1 Rn 4.[342] 214

Mit der Anmeldung sind nach § 67 Abs. 2 GmbHG, entsprechend § 39 Abs. 2 GmbHG, die **Nachweise über die Bestellung** der Liquidatoren zu erbringen. Ein solcher Nachweis ist regelmäßig nur bei der Neubestellung von Liquidatoren notwendig, weil sich die Liquidatorenstellung ehemaliger Geschäftsführer aus dem Gesetz und der Tatsache der Auflösung der Gesellschaft 215

---

337 OLG Dresden OLGR 1998, 1.
338 *Lutter/Kleindiek*, § 67 Rn 2.
339 *Lutter/Kleindiek*, § 67 Rn 2; *Roth/Altmeppen*, § 67 Rn 6.
340 Anders aber wegen § 54 Abs. 3 GmbHG, wenn die Auflösung eine Satzungsänderung voraussetzt: BayObLG GmbHR 1994, 479.
341 BayObLG ZIP 1987, 1183; *Lutter/Kleindiek*, § 67 Rn 8; *Roth/Altmeppen*, § 67 Rn 11.
342 *Keidel/Schmatz/Stöber*, Rn 770; *Lutter/Kleindiek*, § 67 Rn 8.

ergibt. Für die Anforderungen an den Umfang und an die Wirksamkeit des Bestellungsbeschlusses gilt das zur Geschäftsführerbestellung Gesagte entsprechend (vgl. Rn 81 ff.).

d) Vertretungsbefugnis der Liquidatoren

aa) Vertretungsbefugnis der geborenen Liquidatoren

216 Es liegt nahe anzunehmen, die Regelung der Vertretung sei bei geborenen Liquidatoren die gleiche wie diejenige für sie als ursprüngliche Geschäftsführer.[343] Immerhin ist ihnen diese Befugnis bereits durch die Gesellschafterversammlung zugestanden worden. Demgegenüber wird überwiegend die Auffassung vertreten, die **Weitergeltung der Vertretungsbefugnis** ehemaliger Geschäftsführer müsse sich, wenn nicht ausdrücklich, so doch wenigstens durch Auslegung aus dem Gesellschaftsvertrag entnehmen lassen.[344] Es gebe nämlich keinen allgemeinen Grundsatz, nach dem von einer Weitergeltung auszugehen sei. Demzufolge ist bei mehreren Liquidatoren entsprechend § 68 Abs. 1 S. 2 GmbHG im Zweifel von einer Gesamtvertretung auszugehen.

217 Besondere Auswirkungen hat diese Auffassung für die Befreiung von den Beschränkungen des **§ 181 BGB**: Für eine Befreiung von der Norm wird allgemein eine entsprechende Satzungsermächtigung verlangt (vgl. Rn 79). Eine Befreiung der Liquidatoren kommt daher nur dann in Betracht, wenn eine Ermächtigung auch für diese in der Satzung enthalten ist oder sich zumindest durch Auslegung aus der Satzung ergibt.[345]

bb) Bestimmung der Vertretungsbefugnis durch die Gesellschafterversammlung

218 Den **gekorenen Liquidatoren** ist mit ihrer Bestellung **Vertretungsbefugnis** zu erteilen. Soweit dies nicht ausdrücklich geschieht, ergibt sich diese grundsätzlich aus dem Vertrag oder aus dem Gesetz. Aus der Regelung in § 68 Abs. 1 S. 1 GmbHG wird dabei geschlossen, dass die Gesellschafterver-

---

343 So etwa *Roth/Altmeppen*, § 68 Rn 6; Baumbach/Hueck/*Schulze-Osterloh/Noack*, § 68 Rn 4.
344 BayObLG GmbHR 1997, 13 = BB 1997, 8 = ZIP 1996, 2110; GmbHR 1985, 392 = MDR 1985, 761; OLG Düsseldorf GmbHR 1989, 465 = NJW-RR 1990, 51; OLG Rostock NJW-RR 2004, 1109; *Lutter/Kleindiek*, § 68 Rn 2.
345 BayObLG GmbHR 1997, 13 = BB 1997, 8 = ZIP 1996, 2110; GmbHR 1985, 392 = MDR 1985, 761; a.A. LG Berlin Rpfleger 1987, 250; LG Bremen GmbHR 1991, 67: Befreiungsmöglichkeit für Geschäftsführer reicht.

sammlung bei der Festlegung der Vertretungsbefugnis der Liquidatoren gänzlich frei ist, es sei denn, der Gesellschaftsvertrag enthält entsprechende Beschränkungen.[346] Die Gesellschafterversammlung kann daher auch einem von mehreren Liquidatoren Einzelvertretungsbefugnis erteilen, auch wenn der Gesellschaftsvertrag hierfür keine Ermächtigung vorsieht.[347]

Diese Freiheit in der Bestimmung der **Vertretungsbefugnis** durch die Gesellschafterversammlung mit einfacher Mehrheit gilt dabei auch für den **geborenen Liquidator**. Sie kann auch später noch getroffen werden, und sie ist von einer gleichzeitigen Liquidatorenbestimmung nicht abhängig. Diese Auffassung gilt allerdings nicht für den Fall der Befreiung von den Beschränkungen des § 181 BGB (vgl. Rn 217). Insoweit ist eine Satzungsermächtigung zur Befreiung notwendig.

e) Gerichtliche Bestellung und Abberufung von Liquidatoren

Nach § 66 Abs. 2 GmbHG kann das Registergericht **auf Antrag** aus wichtigen Gründen Liquidatoren bestellen. Diese Bestellung schließt einen Antrag auf Bestellung eines **Notliquidators** nach § 29 BGB schon deshalb nicht aus,[348] weil hier nur ein Gesellschafter antragsbefugt ist, der mindestens 10% der Anteile an der Gesellschaft hält.

Die gerichtliche Bestellung von Liquidatoren und die Abberufung von Liquidatoren, auch der durch die Gesellschafterversammlung berufenen, ist von dem Vorliegen eines **wichtigen Grundes** abhängig. Maßgeblich für die Beantwortung der Frage, ob ein solcher Grund vorliegt, ist die Entscheidung, ob der **Abwicklungszweck** andernfalls gefährdet ist. Der Abwicklungszweck ergibt sich dabei aus § 70 GmbHG. Danach sind, soweit für die Abwicklung notwendig, ausstehende Einlagen noch einzuziehen, eigenkapitalersetzende Darlehen erst nach Befriedigung aller anderen Gläubiger zurückzuzahlen und die vorhandenen Vermögenswerte zum besten Preis zu veräußern. Eine Gefährdung des Abwicklungszweckes ist daher etwa dann gegeben, wenn ein begründetes Misstrauen gegen die Unparteilichkeit des Liquidators gerechtfertigt ist. Dies kann sich auch daraus ergeben, dass erhebliche Streitigkeiten im Verhältnis zu den einzelnen Gesellschaftern vorliegen. Anlass kann auch

---

346 *Lutter/Kleindiek*, § 68 Rn 2.
347 BayObLG GmbHR 1997, 13 = BB 1997, 8 = ZIP 1996, 2110; GmbHR 1985, 392 = MDR 1985, 761.
348 *Lutter/Kleindiek*, § 66 Rn 7.

ein Verhalten während der Geschäftsführertätigkeit des Liquidators sein. Nicht erforderlich ist ein Verschulden des Liquidators.[349]

222 Auch insoweit stehen dem Registergericht selten **geeignete Personen** zur Verfügung, so dass auch hier amtsbereite und geeignete Personen mit dem Antrag vorgeschlagen werden sollten. Insoweit muss das Gericht aber besonders Bedacht darauf nehmen, dass mit der Bestellung auch tatsächlich der Abwicklungszweck erreicht wird. Liegen die gleichen Bedenken, die zur Abberufung des bisherigen Liquidators führen sollen, auch in der Person des gerichtlich zu bestellenden Liquidators vor, kommt eine Neubestellung kaum in Betracht. Auch von dem gerichtlich zu bestellenden Liquidator kann die Abgabe der Versicherungen nach § 67 Abs. 3 GmbHG ebenso wenig wie bei den Geschäftsführern (vgl. Rn 108) verlangt werden.

223 Das Gericht ist bei der Bestellung und auch bei der Ausgestaltung der Vertretungsbefugnis **nicht an den Gesellschaftsvertrag gebunden**.[350] Es kann daher auch bei einer Gesellschaft, die eine Vertretung durch mindestens zwei Liquidatoren vorsieht, einen neuen Liquidator mit Einzelvertretungsberechtigung bestellen. Die Befreiung eines gerichtlich bestellten Liquidators von den Beschränkungen des § 181 BGB wird wegen der damit verbundenen Missbrauchsmöglichkeiten nur in Ausnahmefällen in Betracht kommen. Der gerichtlich bestellte Liquidator kann vom Gericht aus wichtigem Grund wieder abberufen werden.[351] Ein solcher Grund liegt vor, wenn durch die Weiterführung des Amtes durch den bestellten Liquidator der Abwicklungszweck gefährdet wird.[352]

2. Checkliste: Anmeldung der Auflösung

224 ■ Liegt ein nicht von Amts wegen einzutragender, sondern anzumeldender Auflösungsgrund vor (vgl. Rn 206)?
■ Soweit ein Auflösungsbeschluss vorliegt: Ist die Beschlussfassung wirksam (vgl. Rn 215), war ausnahmsweise eine Satzungsänderung notwendig (vgl. Rn 207)?

---

349 Im Einzelnen: Baumbach/Hueck/*Schulze-Osterloh/Noack*, § 66 Rn 20; *Roth/Altmeppen*, § 66 Rn 44.
350 Baumbach/Hueck/*Schulze-Osterloh/Noack*, § 68 Rn 9; Hachenburg/*Hohner*, § 68 Rn 11.
351 OLG Köln BB 2003, 977.
352 OLG Düsseldorf ZIP 1998, 334; BayObLG NJW-RR 1996, 1384; OLG Düsseldorf DB 2002, 39.

- Bei den geborenen Liquidatoren: Können diese ihre Vertretungsbefugnis behalten (vgl. Rn 216 f.) und haben diese in der Anmeldung erneut die Versicherung nach § 67 Abs. 3 GmbHG abgegeben (vgl. Rn 213)?
- Bei den gekorenen Liquidatoren: Sind diese ordnungsgemäß und nachweislich unter Abberufung der alten Geschäftsführer bestellt (vgl. Rn 215) und liegen die Bestellungsvoraussetzungen vor (vgl. Rn 213)?
- Liegt eine formgerechte Anmeldung nach § 12 Abs. 1 HGB durch die jetzigen Liquidatoren in vertretungsberechtigter Anzahl mit einem Nachweis des Auflösungsgrundes vor (vgl. Rn 206)?

3. Kosten

Für die Eintragung einer nach § 65 Abs. 1 S. 1 GmbHG anzumeldenden **Auflösung der Gesellschaft** wird eine Gebühr nach Nr. 2500 des Gebührenverzeichnisses der HRegGebVO in Höhe von 40 EUR fällig. Die Eintragungen des Wegfalls der Geschäftsführer, der Prokuristen und der Personen der Liquidatoren sind in diesem Betrag bereits berücksichtigt. Soweit die Eintragung der Auflösung von Amts wegen aufgrund der Eröffnung des Insolvenzverfahrens erfolgt, entfällt die Gebührenpflicht nach § 87 Nr. 1 KostO. 225

Der Notar erhält für die **Beglaubigung der Anmeldung** nach § 38 Abs. 2 Nr. 7 KostO eine halbe Gebühr nach einem Geschäftswert aus § 41a Abs. 4 Nr. 1 KostO. Soweit auch ein Gesellschafterbeschluss zu beurkunden ist, gelten die Ausführungen zu einer Satzungsänderung entsprechend (vgl. Rn 150). 226

Betrifft eine Anmeldung und Eintragung **nur die Liquidatoren**, gelten die Ausführungen zu den Kosten bei den Anmeldungen und Eintragungen zu den Geschäftsführern entsprechend (vgl. Rn 113 ff.). 227

Für die **gerichtliche Bestellung eines Notliquidators** werden zwei volle Gerichtsgebühren nach § 121 KostO erhoben. Der Geschäftswert wird sich aus § 30 Abs. 2 KostO ergeben und an dem Wert von 3.000 EUR orientieren. Im Übrigen wird auf die Ausführungen zu den Kosten beim Notgeschäftsführer verwiesen (vgl. Rn 116 f.). 228

II. Fortsetzung

1. Rechtliche Grundlagen

a) Voraussetzungen und die Anmeldung

229 Bereits aus § 60 Abs. 1 Nr. 4 GmbHG ergibt sich, dass die Gesellschafter die aufgelöste Gesellschaft wieder in eine werbende Gesellschaft umwandeln können. Dazu sind in Anlehnung nach § 274 AktG folgende Maßnahmen erforderlich:
- die Beseitigung des Auflösungsgrundes,
- ein Fortsetzungsbeschluss durch die Gesellschafterversammlung, der grundsätzlich keine Satzungsänderung darstellt,[353]
- die Abberufung der Liquidatoren und die Neubestellung von Geschäftsführern,
- die Anmeldung der Fortsetzung, der Abberufung der Liquidatoren und der Neubestellung der Geschäftsführer nach Maßgabe des § 39 GmbHG zur Eintragung in das Handelsregister,
- das Übersteigen der Aktiva gegenüber den Passiva,[354]
- die Versicherung,[355] dass mit der Verteilung des Vermögens unter den Gesellschaftern noch nicht begonnen worden ist (vgl. dazu § 274 Abs. 3 AktG).

b) Beseitigung des Auflösungsgrundes

230 Die **Beseitigung des Auflösungsgrundes** stellt sich mitunter als sehr einfach dar. So etwa, wenn die Auflösung allein auf einem Gesellschafterbeschluss nach § 60 Abs. 1 Nr. 2 GmbHG beruht. Mitunter ist eine Beseitigung der Auflösung aber ausgeschlossen. Das ist etwa dann der Fall, wenn die Beendigung der Gesellschaft bereits in das Register eingetragen ist,[356] die Eröffnung des Insolvenzverfahrens über das Vermögen der Gesellschaft mangels Masse zurückgewiesen worden ist oder im Insolvenzverfahren bereits der Schlusstermin stattgefunden hat. Denn in den letzten beiden Fällen ist eine Fortsetzung aus Gläubigerschutzgründen nicht erwünscht.[357]

---

353 Actus contrarius zu dem Beschl. nach § 60 Abs. 1 Nr. 2 GmbHG.
354 Baumbach/Hueck/*Schulze-Osterloh/Fastrich*, § 60 Rn 52.
355 *Gustavus*, Handelsregister-Anmeldungen, A 120, S. 135; *Krafka/Willer*, Rn 1158.
356 Hachenburg/*Ulmer*, § 60 Rn 109; Rowedder/*Rasner*, § 60 Rn 41; jedenfalls aber bei einer Löschung nach § 141a FGG: BGHZ 75, 178, 180; KG BB 1993, 1751; BayObLG 1995, 667.
357 BGHZ 75, 178, 180 = GmbHR 1980, 83.

Häufiger Auflösungsgrund war bisher die fehlende Anpassung an Gesetzesänderungen. Dies betrifft etwa die Erhöhung des Stammkapitals von 25.000 DM auf 50.000 DM[358] und auch die Umstellung der auf Mark lautenden DDR-GmbH auf DM.[359] Bei der Euro-Umstellung hat der Gesetzgeber nunmehr einen anderen Weg gewählt: Die Gesellschaften sind erst dann zu einer Euro-Umstellung gezwungen, wenn sie nach dem 31.12.2001 eine Änderung des Stammkapitals in das Register eintragen lassen wollen (vgl. § 86 Abs. 1 S. 4 GmbHG). Siehe hierzu Rn 201 ff. **231**

2. Checkliste: Anmeldung der Fortsetzung

- Ist der Auflösungsgrund beseitigt (vgl. Rn 230)? **232**
- Liegt ein wirksamer Fortsetzungsbeschluss vor (vgl. Rn 229)?
- Sind die Liquidatoren wirksam abberufen und neue Geschäftsführer bestellt (vgl. Rn 229)?
- Liegt eine Anmeldung durch die neuen Geschäftsführer in vertretungsberechtigter Anzahl in der Form des § 12 Abs. 1 HGB vor, die die Angabe der Fortsetzung, die Abberufung der bisherigen Liquidatoren und eine Anmeldung der neuen Geschäftsführer sowie eine Versicherung über die Nichtverteilung des Vermögens enthält (vgl. Rn 229)?

3. Kosten

Die Eintragung der Fortsetzung lässt eine **Ggebühr** nach Nr. 2500 des Gebührenverzeichnisses der HRegGebVO entstehen. Die Eintragung der Beendigung der Liquidatorenstellungen und der neuen Geschäftsführung wird hiervon erfasst. **233**

Der Notar erhält für die **Beglaubigung der Anmeldung** eine halbe Gebühr nach § 38 Abs. 2 Nr. 7 KostO aus dem Geschäftswert nach § 41a Abs. 4 Nr. 1 KostO. Auch insoweit sind die weiteren Anmeldungen zu den Organen mit diesem Betrag abgegolten. Die Beschlüsse sind regelmäßig nicht zu beurkunden. **234**

---

358 Art. 12 § 1 des Gesetzes zur Änderung des Gesetzes betreffend die Gesellschaften mit beschränkter Haftung und anderer handelsrechtlicher Vorschriften vom 4.7.1980 (BGBl I S. 836). Dazu Baumbach/Hueck/*Schulze-Osterloh/Fastrich*, § 60 Rn 37.
359 § 57 DM-Bilanz-Gesetz. Vgl. Baumbach/Hueck/*Schulze-Osterloh/Fastrich*, § 60 Rn 39.

III. Beendigung und Nachtragsliquidation

1. Anmeldung der Beendigung nach § 74 Abs. 1 GmbHG

235 Während der Abwicklungsphase haben die Liquidatoren nach § 73 Abs. 1 GmbHG drei Mal einen **Gläubigeraufruf** zu veröffentlichen. Die Veröffentlichung hat im elektronischen Bundesanzeiger, der nach § 12 S. 1 GmbHG zum Gesellschaftsblatt bestimmt ist, zu erfolgen. Dies gilt auch, wenn der Gesellschaftsvertrag – wie häufig[360] – den Bundesanzeiger in Papierform als Gesellschaftsblatt bestimmt hat, § 12 S. 3 GmbHG.[361] Sieht der Gesellschaftsvertrag weitere Blätter oder Veröffentlichungsmedien vor, ist der Gläubigeraufruf auch in diesen zu veröffentlichen.

236 Die **Anmeldung** nach § 74 Abs. 1 GmbHG hat – wie sich im Gegenschluss aus § 78 GmbHG ergibt – durch die Liquidatoren in vertretungsberechtigter Anzahl zu erfolgen. Mit der Anmeldung ist der Nachweis über die ordnungsgemäße Veröffentlichung des Gläubigeraufrufes zu erbringen,[362] vgl. aber auch Rn 238. Ob die Anmeldung dann darauf zu lauten hat, dass die Firma erloschen ist (entsprechend § 31 Abs. 2 S. 1 HGB) oder dass die Liquidation beendet ist (entsprechend § 273 Abs. 1 S. 1 AktG),[363] ist umstritten. Auch wenn mehr für eine Anmeldung entsprechend § 273 Abs. 1 S. 1 AktG spricht, empfiehlt es sich, beide Formulierungen in die Anmeldung aufzunehmen.[364] In der Anmeldung der Beendigung ist gleichzeitig die Erklärung der Liquidatoren zu sehen, dass ihr Amt beendet sei.[365] Ausdrücklich angemeldet werden muss die Beendigung der Liquidatorenstellung aber nicht.[366]

237 Das Gericht prüft insoweit auch von Amts wegen nach § 12 FGG, ob die Liquidation tatsächlich beendet ist.[367] Dass die Gesellschafter einen entsprechenden Beschluss gefasst haben, kann insoweit allenfalls Indizwirkung haben.

---

360 Zu den Gründen: Vorauflage, § 5 Rn 235.
361 Zur nicht angreifbaren Auswahl der Registerblätter: LG Berlin, BB 1997, 955 m. Anm. *Müther*. A.A. OLG Celle BB 1997, 2292.
362 *Gustavus*, Handelsregister-Anmeldungen, A 121, S. 136.
363 *Krafka/Willer*, Rn 1149.
364 So auch *Gustavus*, Handelsregister-Anmeldungen, A 121, S. 135.
365 OLG Hamm BB 2001, 1701, 1702.
366 BayObLG GmbHR 1994, 259.
367 OLG Hamm BB 2001, 1701, 1702; KG JW 1932, 2623; DR 1941, 2130; Baumbach/Hueck/Schulze-Osterloh/Noack, § 74 Rn 5.

Die **Eintragung der Beendigung** kommt wegen § 73 Abs. 1 GmbHG erst in 238
Betracht, wenn nach der dritten Bekanntmachung des Gläubigeraufrufes ein
Jahr vergangen ist. Nach Auffassung des OLG Naumburg kommt es auf die
Einhaltung des Sperrjahres dann nicht an, wenn bereits vor den Bekanntmachungen kein verteilungsfähiges Vermögen vorhanden ist, was etwa dann
der Fall sein kann, wenn die Eröffnung des Insolvenzverfahrens mangels
Masse abgelehnt worden ist.[368] Dass in diesen Fällen die Anmeldung der
Vollbeendigung erfolgt, ist ein seltener Fall. Häufig kommt es in diesen
Fällen zu einer Amtslöschung im Verfahren nach § 141a FGG.

Um einer Bestimmung durch das zuständige Gericht nach den §§ 146, 148 239
FGG zu entgehen, bietet es sich an, bereits mit der Anmeldung nach § 74
GmbHG eine Person zu bestimmen, welche die Verwahrung der Bücher und
Schriften übernimmt.[369] Notwendig ist dies aber nicht. Das Gericht kann in
der Folge auf Antrag Einsicht gewähren. Durchgesetzt wird diese gerichtlich
gewährte Einsicht nach § 33 FGG.[370]

2. Nachtragsliquidation

Stellt sich nach der Eintragung der Beendigung der Gesellschaft heraus, dass 240
weitere Abwicklungsmaßnahmen erforderlich sind,[371] steht die Löschung
der Gesellschaft der Vornahme entsprechender Handlungen zwar nicht entgegen, weil der endgültige Untergang der Gesellschaft nicht nur deren
Löschung im Register, sondern auch absolute Vermögenslosigkeit voraussetzt.[372] Die Gesellschafterversammlung verliert aber mit der Löschung die
Befugnis zur Bestellung von Vertretern der Gesellschaft.[373] Dementsprechend sieht § 66 Abs. 5 GmbHG für den Fall der Löschung wegen Vermögenslosigkeit nunmehr ausdrücklich die gerichtliche Bestellung eines
Nachtragsliquidators vor. Soweit die Voraussetzungen dieser Norm – etwa
wegen einer Löschung nach § 74 GmbHG – nicht vorliegen, kommt ihre

---

368 BB 2002, 1609; OLG Köln GmbHR 2005, 108 = Rpfleger 2005, 146.
369 *Gustavus*, Handelsregister-Anmeldungen, A 121, S. 135.
370 OLG Oldenburg BB 1983, 1434; *Roth/Altmeppen*, § 74 Rn 20.
371 Der Anspruch auf Einsicht in Geschäftsunterlagen rechtfertigt eine Nachtragsliquidation nicht, vgl.
OLG Hamm BB 2001, 1701, 1703. Ansonsten reichen alle Maßnahmen, die eine gesetzliche
Vertretung erforderlich machen, vgl. *Roth/Altmeppen*, § 74 Rn 27 m.w.N.
372 *Roth/Altmeppen*, § 65 Rn 19; Baumbach/Hueck/*Schulze-Osterloh/Noack*, § 74 Rn 16.
373 BGHZ 53, 264 = GmbHR 1970, 123 = NJW 1970, 1044.

entsprechende Anwendung in Betracht.³⁷⁴ Sie bezieht sich überdies nur auf Abwicklungsmaßnahmen, die auf aufgefundenes Vermögen Bezug nehmen. Soweit sonstige Abwicklungsmaßnahmen im Raume stehen, scheidet eine Nachtragsliquidation aber nicht aus. Das ergibt sich aus der Regelung in § 273 Abs. 4 AktG. Die Notwendigkeit der Abwicklungsmaßnahmen ist durch den Antragsteller konkret vorzutragen.³⁷⁵

241 **Beteiligter** im Sinne der Vorschrift ist wiederum jeder, der ein Interesse an der Vornahme der noch notwendigen Handlung hat. Dies kann das Finanzamt sein, das noch Steuerbescheide zustellen will. Das können Gläubiger sein, die für die Durchführung der Zwangsvollstreckung in unbewegliches Vermögen der Gesellschaft einen Vertreter der Gesellschaft benötigen. Ebenfalls als antragsberechtigt wird das Vollstreckungsgericht in Zwangsversteigerungssachen angesehen, das zur Durchführung des Verfahrens Zustellungen bewirken muss.³⁷⁶ Entsprechend den Anforderungen an die Bestellung eines Notgeschäftsführers ist auch bei einem Antrag nach § 66 Abs. 5 GmbHG die Beteiligtenstellung³⁷⁷ und ein Bedürfnis für die Bestellung nachzuweisen (vgl. Rn 104). Dem Nachtragsliquidator wird in der Regel nur eine auf die notwendigen Maßnahmen beschränkte Vertretungsbefugnis erteilt, so dass diese ihrem ungefähren Umfang nach zu beschreiben sind.

242 Für die **Bestellung eines Nachtragsliquidators** gelten die gleichen Grundsätze wie bei der Notgeschäftsführerbestellung (vgl. dazu Rn 106): Der Nachtragsliquidator muss geeignet sein, also die Voraussetzungen des § 6 Abs. 2 S. 3 und 4 GmbHG erfüllen. Auch muss er zur Übernahme des Amtes bereit sein. Da dem Registergericht **geeignete Personen** in der Regel nicht zur Verfügung stehen, hat ein entsprechender Antrag nur dann Erfolg, wenn mit dem Antrag eine bereite Person benannt wird. Auch hier kann ein bisheriger Gesellschafter nicht gegen seinen Willen zum Nachtragsliquidator

---

374 Früher wurde § 273 Abs. 4 AktG entsprechend angewandt, vgl. BGHZ 53, 264 = GmbHR 1970, 123 = NJW 1970, 1044; KG BB 2001, 324 = Rpfleger 2001, 239. Ein Unterschied ergibt sich hieraus allenfalls hinsichtlich der Rechtsmittel.
375 OLG Frankfurt FGPrax 2005, 271.
376 LG Leipzig, Beschl. v. 14.2.2000– 14 T 1861/00, n.v.; LG Chemnitz, Beschl. v. 16.11.2000– 4 HK T 3642/00, n.v.
377 KG OLGR 1998, 355.

bestellt werden.[378] Das Gericht kann die Bestellung von der Einzahlung eines Vorschusses für die Vergütung und die Auslagen des Nachtragsliquidators abhängig machen.

Mit der Bestellung des Nachtragsliquidators wird in der Regel keine **Wiedereintragung der Gesellschaft in das Register** erfolgen. Der damit verbundene Arbeits- und Kostenaufwand rechtfertigt eine Wiedereintragung zumeist nicht. Die Bestellung erfolgt demgemäß durch einen Beschluss, der auch die Aufgaben des Liquidators umschreibt. Mit der Beschlussausfertigung weist der Nachtragsliquidator dann im Rechtsverkehr seine Vertretungsbefugnis nach. Die Ausfertigung ist nach dem Ende der Liquidation an das Gericht zurückzureichen. 243

3. Kosten

Für die Eintragung der Beendigung wird beim Gericht keine Gebühr fällig, Vorbem. 2 Abs. 3 des Gebührenverzeichnisses zur HRegGebVO. 244

Der Notar erhält für die **Anmeldung** der Beendigung eine halbe Gebühr nach § 38 Abs. 2 Nr. 7 KostO nach einem Geschäftswert nach § 41a Abs. 4 Nr. 1 KostO. Allerdings gilt der Höchstwert von 200.000 EUR nur für die Eintragung und damit nicht für die Beglaubigung der Anmeldung. 245

Das Erlöschen kann auch **von Amts wegen** eingetragen werden. Für derartige Eintragungen werden nach Vorbem. 2 Abs. 3 des Gebührenverzeichnisses zur HRegGebVO keine Gebühren erhoben. 246

---

378 KG BB 2001, 324 = Rpfleger 2001, 239.

§ 7 Die Aktiengesellschaft

Literatur

Emmerich/Habersack, Aktien- und GmbH-Konzernrecht, Kommentar, 4. Auflage 2005; **Geßler/Hefermehl**, Aktiengesetz, Kommentar, ab 1973; **Henn**, Handbuch des Aktienrechts, 7. Auflage 2002; **Henze**,Leitungsverantwortung des Vorstands – Überwachungspflicht des Aufsichtsrats, BB 2000, 209–213; **Henze**, Pünktlich zur HV-Saison: Ein Rechtsprechungsüberblick zu Informations- und Auskunftsrechten, DB 2002, 893–903; **Hüffer**, Aktiengesetz, Kommentar, 5. Auflage 2002; **Ihrig/Erwin**, Zur Anwendung des Freigabeverfahrens auf „Altbeschlüsse" und bereits eingetragene Beschlüsse, BB 2005, 1973–1978; **Jäger**, Aktiengesellschaft, 2004; **Jahn**, Entwurf eines Gesetzes zur Unternehmensintegrität und Modernisierung des Anfechtungsrecht (UMAG) vom 17.11.04, BB 2005, 5–13; **Kölner Kommentar zum Aktiengesetz**, 2. Auflage, ab 1988; **Krieger**, Sequeeze-Out nach neuem Recht: Überblick und Zweifelsfragen, BB 2003, 53–62; **Lappe**, Gemischte Kapitalerhöhung und Bezugsrechtsausschluss in Restrukturierungsfällen, BB 2000, 313–318; **Münchener Handbuch des Gesellschaftsrechts**, Band 4, Aktiengesellschaft, 3. Auflage 2007; **Münchener Kommentar zum Aktiengesetz**, 2. Auflage, ab 2000; **Noack**, Der elektronische Bundesanzeiger im Aktienrecht – Ein Überblick, BB 2002, 2025–2028; **Priester**, Unwirksamkeit der Satzungsänderung bei Eintragungsfehlern?, BB 2002, 2613–2615; **Sigel/Schäfer**, Die Hauptversammlung der Aktiengesellschaft aus notarieller Sicht, BB 2005, 2137–2144; **Vogel**,Aktienoptionsprogramme für nicht börsennotierte AG – Anforderungen an Hauptversammlungsbeschlüsse, BB 2000, 937–940; **Wagner**, Gründung bzw. Kapitalerhöhung von Kapitalgesellschaften: Aufgeld aufsatzungsmäßiger bzw. schuldrechtlicher Grundlage, DB 2004, 293–297; **Witte/Wunderlich**, Die Nachgründungsproblematik bei „jungen Aktiengesellschaften", BB 2000, 2213–2220.

A. Überblick

Die **strukturelle Nähe** zwischen der Aktiengesellschaft und der Gesellschaft mit beschränkter Haftung zeigt sich besonders deutlich im Handelsregisterrecht. Während allgemein eine entsprechende Anwendung der Vorschriften für die Aktiengesellschaft auf die GmbH abgelehnt wird, wird der Grundsatz der Normstrenge hinsichtlich der Eintragungsfähigkeit von Tatsachen (vgl. dazu § 2 Rn 24 f.) gerade hier durchbrochen, indem etwa Unternehmensverträge unter Beteiligung von Gesellschaften mit beschränkter Haftung als beherrschtes Unternehmen für eintragungsfähig gehalten werden.[1] Die weitgehende Übereinstimmung der verschiedenen Regelungen zeigt sich aber auch bei den jeweiligen Eintragungstatbeständen. So finden sich nicht nur bei den Vorschriften über die Ersteintragung und das ihr zugrunde liegende

1

---

[1] BGHZ 105, 324 = GmbHR 1989, 25 = NJW 1989, 295; BGHZ 116, 37, 43 = GmbHR 1992, 34 = NJW 1992, 505.

Verfahren deutliche Parallelen (zu den Abweichungen vgl. Rn 4). Auch die Vorschriften über die Anmeldung und Eintragung bezüglich der Vorstandsmitglieder, der Satzungsänderung und der Auflösung und Beendigung stimmen in wesentlichen Punkten überein, so dass insoweit immer Verweisungen auf die Ausführungen zur GmbH in Betracht kommen.

2 Die Aktiengesellschaft wird als juristische Person im **Handelsregister B** geführt. Für die Ersteintragung und die Eintragung der Satzungsänderungen ist nach § 17 Nr. 1a und b RPflG der Richter zuständig. Diese wesentlichen Eintragungen sind auch konstitutiver Natur. Anderes gilt für die Eintragungen in Bezug auf die Vorstandsmitglieder und etwa die Auflösung der Gesellschaft. Wegen der genauen Einzelheiten wird auf die nachfolgenden Ausführungen verwiesen.

3 Die **Richtigkeit** der mit den Anmeldungen vorgebrachten Tatsachen wird von Amts wegen nach § 12 FGG geprüft. Anders als beim Einzelkaufmann und bei den Personengesellschaften ergibt sich hier die Richtigkeit aber nicht allein aus der Tatsache der Anmeldung, so dass eine genaue Prüfung nur bei begründeten Zweifeln notwendig wäre. Um aber nicht zu einer endlosen Prüfungskette zu gelangen, hat der Gesetzgeber bestimmt, dass bestimmte Erklärungen von den Anmeldern abzugeben sind. Darüber hinaus hat er etwa bei der Gründung der Aktiengesellschaft in bestimmten Fällen eine externe Gründung vorgesehen. In bestimmten Fällen ist die Prüfung des Gerichts aber auch eingeschränkt (vgl. § 38 Abs. 3 AktG). In Bezug auf diese Grundpositionen besteht kein Unterschied zur GmbH, die allerdings keine Gründungsprüfung durch die Gesellschaft oder Externe kennt (vgl. § 6 Rn 24).

B. Ersteintragung der Aktiengesellschaft

I. Rechtliche Grundlagen

4 Die registerrechtlichen Vorschriften über die Ersteintragung der Aktiengesellschaft finden sich in den §§ 36 ff. AktG. Die Anwendung der Vorschriften über das elektronische Handelsregister folgt für die Erstanmeldung aus § 37 Abs. 5 AktG. Ein Vergleich der Gründungserfordernisse bei der AG und bei der GmbH ergibt: Die AG-Gründung ist komplizierter. Dies folgt nicht nur aus der Tatsache, dass die Aktiengesellschaft notwendigerweise über ein weiteres Gesellschaftsorgan, den Aufsichtsrat, verfügt. Es bedarf auch einer

nachzuweisenden Gründungsprüfung. Dennoch bestehen wesentliche Übereinstimmungen, so dass wegen bestimmter Punkte auf die Ausführungen zur GmbH verwiesen werden kann.

Übereinstimmungen mit der GmbH-Gründung bestehen bei: 5
- den Anforderungen an die Gründer und die Prüfung der Vertretung (vgl. § 6 Rn 6 ff.) und
- der Gestaltung des Gesellschaftsvertrages, soweit die Fragen der Firma, des Sitzes und des Unternehmensgegenstandes[2] betroffen sind (vgl. § 6 Rn 27 ff.).

Der genaue **Gründungsablauf** besteht dabei im Falle der einfachen Gründung in der notariellen Beurkundung der Gründung nach § 23 AktG[3] mit der Bestellung eines Aufsichtsrates und eines Abschlussprüfers nach § 30 AktG. Die fehlende Bestellung des Abschlussprüfers stellt allerdings kein Eintragungshindernis dar.[4] Der Aufsichtsrat wiederum bestellt den Vorstand.[5] Die Gründer erstatten einen Gründungsbericht (§ 32 AktG) und Vorstand und Aufsichtsrat prüfen die Gründung gemäß § 33 AktG. Die Gründung ist nunmehr nach Maßgabe des § 37 AktG anzumelden und entsprechend § 39 AktG in das Handelsregister einzutragen und bekannt zu machen. Wegen der Änderung der Bekanntmachungsvorschriften durch das EHUG vgl. § 1 Rn 4. 6

II. Einzelheiten

1. Kapitalaufbringung

a) Übernahmeerklärung

Anders als bei der GmbH bedarf es keiner Aufnahme der Einlageverpflichtungen in die Satzung (zur GmbH vgl. § 6 Rn 44 ff.). Bei der Aktiengesellschaft muss die Gründungsurkunde vielmehr selbst die **Übernahmeerklä-** 7

---

2 Das gilt trotz des engeren Wortlauts des § 23 Abs. 3 Nr. 2 AktG. Auch eine Rechtsanwalts-AG wird unabhängig von den Regelungen in den §§ 59c ff. BRAO als zulässig angesehen, vgl. BGH NJW 2005, 1568 = BB 2005, 1131; OLG Hamm FGPrax 2006, 274; BayObLG OLGR 2000, 36 = Rpfleger 2000, 337 = BB 2000, 946 m. Anm. *Hartung*.
3 Beurkundung von Willenserklärung nach §§ 6 ff. BeurkG, vgl. *Hüffer*, § 23 Rn 9; *Henn*, Rn 174.
4 *Hüffer*, § 30 Rn 10.
5 Die Bestellung bedarf keiner notariellen Beurkundung, sondern des Nachweises durch Vorlage des Protokolls nach § 107 Abs. 2 AktG, vgl. *Krafka/Willer*, Rn 1299. Dieses ist als elektronische Aufzeichnung nach § 12 Abs. 2 S. 2 Alt. 1 HGB einzureichen, § 37 Abs. 5 AktG.

rungen der Gründer enthalten (§ 23 Abs. 2 Nr. 1 AktG). Mit der Abgabe dieser Erklärungen ist die Aktiengesellschaft als **Vor-AG** errichtet (§ 29 AktG).

8 Im Rahmen der Übernahmeerklärung bedarf es der **Verteilung der verschiedenen Aktien**. Es ist festzulegen, welcher Gründer welche Aktien übernimmt. Soweit Aktien verschiedener Gattungen (§ 11 AktG) vorhanden sind, ist auch insoweit eine Aufteilung vorzunehmen. Sind **Nennbetragsaktien** (§ 8 AktG) vereinbart und sollen Aktien verschiedener Nennbetragsstückelung ausgegeben werden, bedarf es nicht nur der Angabe des Gesamtnennbetrags, sondern auch der genauen Aufteilung auf die verschiedenen Stückelungen. Neben **Namensaktien** können zugleich **Inhaberaktien** ausgegeben werden.[6]

9 Nach § 23 Abs. 2 Nr. 3 AktG ist in der Gründungsurkunde ebenfalls anzugeben, welche Leistungen auf die Einlagen zu diesem Zeitpunkt erbracht sind. Aus dieser Regelung kann nicht geschlossen werden, dass bereits Vorleistungen auf die spätere Einlagepflicht möglich sind. Auch im Recht der Aktiengesellschaft gilt, dass sich die Vorgründungsgesellschaft nicht ipso iure in die Vor-AG umwandelt, so dass Bargeldleistungen, die vor der Gründung erbracht worden sind, noch als solche vorhanden sein müssen, um als Einlageleistung gelten zu können (vgl. auch zur GmbH § 6 Rn 21).

b) Einlageleistungen

10 Das **Grundkapital** der Aktiengesellschaft muss auf **50.000 EUR** lauten; anders als bei der GmbH ist die Erbringung der Einlageleistung nachzuweisen (§ 37 Abs. 1 S. 2 AktG). Neben der Versicherung nach § 37 Abs. 1 S. 1 AktG wird der Nachweis der Einlage im Regelfall durch eine **Bankbestätigung nach § 37 Abs. 1 S. 3 AktG** erbracht. Da mit dieser Erklärung eine Haftung der Bank[7] verbunden ist, bedarf sie eines genauen Inhalts.[8] Auch wenn das Gesetz keinen genauen Wortlaut verlangt, muss sich aus der

---

6 *Krafka/Willer*, Rn 1279; MüKo/*Pentz*, AktG, § 37 Rn 35; vgl. auch den Sachverhalt zu OLG Dresden BB 2001, 1221.
7 Zum Inhalt der Haftung BGHZ 119, 177 = NJW 1992, 3300; dazu auch *Hüffer*, § 37 Rn 3a.
8 LG Hamburg NJW 1976, 1980, 1981; *Hüffer*, § 37 Rn 3a; zur Auslegung einer Bankbestätigung im GmbH-Recht vgl. BGH GmbHR 1997, 255 = NJW 1997, 945.

Bestätigung ergeben, dass das Geld noch unversehrt vorhanden ist und dass der Bank keine Gegenansprüche zustehen oder bekannt sind. Eine besondere Form ist für die Bestätigung nicht vorgesehen, so dass sie auch elektronisch abgegeben werden könnte.[9]

Der Nachweis über die Erbringung der Einlageverpflichtung kann auch auf andere Art und Weise erbracht werden. Für die Überprüfung, ob der Nachweis ausreicht, ist die Vorschrift des **§ 54 Abs. 3 AktG** von Bedeutung, weil sie festlegt, wann eine Leistung erfüllende Wirkung haben kann.[10] An dieser Norm ist dann der entsprechende Nachweis auszurichten, so dass etwa auch eine Quittung des Vorstands über Barzahlungen als Nachweis in Betracht kommt. Allerdings wird der Vorstand diesen Betrag bei ordnungsgemäßem Geschäftsgebaren alsbald bei einer Bank einzuzahlen haben, so dass dann wieder eine Bankbestätigung verlangt werden könnte. Das Registergericht könnte jedenfalls einen Nachweis über den Verbleib des Geldes verlangen.

11

Zum Zeitpunkt der Anmeldung müssen auf die Aktien bei einer Bareinlage mindestens ein Viertel der Einlage und das vollständige Agio, soweit es vereinbart ist,[11] geleistet sein (§ 36a Abs. 1 AktG). Sacheinlagen müssen grundsätzlich vor der Anmeldung vollständig auf die Gesellschaft übertragen sein. Eine Ausnahme gilt unter den Voraussetzungen des § 36a Abs. 2 S. 2 AktG, wenn die Einlage in der Verpflichtung zur Übertragung eines Vermögensgegenstandes besteht. Diese Erfordernisse der **Leistung der Einlagen** sind bei der Anmeldung nach §§ 36 Abs. 1, 37 Abs. 1 AktG vom Vorstand, den Gründern und den Aufsichtsräten zu versichern. Dabei gilt auch hier die Rechtsprechung des Bundesgerichtshofs zur Vorbelastung, so dass auch eine fehlende oder näher dargelegte Vorbelastung des Gesellschaftsvermögens in die Versicherung einzubeziehen ist (vgl. auch dazu § 6 Rn 19).

12

---

9 *Hüffer*, § 37 Rn 3.
10 BGHZ 119, 177 = NJW 1992, 2200.
11 Vgl. dazu *Wagner*, DB 2004, 293 ff.

c) Sachgründung und Sachübernahme

13 Auch bei der Aktiengesellschaft führt die **Sachgründung**,[12] also das Versprechen der Einbringung von anderen Gegenständen als Bargeld, zu einem erweiterten Prüfungsprogramm (zur GmbH vgl. § 6 Rn 23 ff.). Die Vereinbarung derartiger Einlagen ist nach § 27 Abs. 1 AktG in die Satzung aufzunehmen. Bei der Bestellung der Aufsichtsratsmitglieder ist bei einer Sachgründung die Regelung des § 31 AktG zu beachten. Diese betrifft den Fall, dass Unternehmen oder Unternehmensteile als Sacheinlage erbracht werden. Die Vorschrift soll die möglichst frühzeitige Beteiligung der Arbeitnehmervertreter ermöglichen, wenn eine solche Beteiligung für die eingetragene Gesellschaft etwa nach dem MitbestG oder dem BetrVG vorgesehen ist. Vgl. dazu die Situation bei der GmbH (§ 6 Rn 15). Im Falle der Sachgründung ist zwingend ein externer Gründungsprüfer zu bestellen (vgl. § 33 Abs. 2 Nr. 4 AktG; Rn 21). Dem Registergericht obliegen besondere Prüfungspflichten (§ 38 Abs. 2 AktG). Als Sachgründung ist es schließlich auch anzusehen, wenn die Gesellschaft von dem Aktionär unter Anrechnung auf seine Bareinlageverpflichtung Gegenstände erwerben soll (vgl. § 27 Abs. 1 S. 2 AktG).

14 Ebenfalls den Sachgründungsregeln unterfallen die sog. **Sachübernahmen**. Danach soll die Gesellschaft von dem Aktionär nach dessen Erbringung einer Bareinlage Sachgegenstände übernehmen. Die getroffenen Regelungen können nur nach Maßgabe des § 27 Abs. 5 AktG geändert oder aufgehoben werden.

15 Ein **Verstoß** gegen diese Vorschriften kann nach der Eintragung der Gesellschaft nicht mehr durch eine Satzungsänderung geheilt werden. Möglich ist es aber nach § 52 Abs. 10 AktG, durch die Einhaltung der Nachgründungsvorschriften eine Wirksamkeit des Geschäfts herbeizuführen. Das Registergericht ist trotzdem zu der Prüfung berechtigt und verpflichtet, ob eine verschleierte Sachgründung vorliegt. Gegebenenfalls hat das Gericht die Eintragung trotz der **Heilungsmöglichkeit** abzulehnen.[13]

---

12 Zur Definition siehe § 27 Abs. 2 AktG. Als Sacheinlage kommt auch die Einbringung obligatorischer Nutzungsrechte in Betracht, die zu einer Verwertung der Namensrechte und Logos von Sportvereinen berechtigen, vgl. BGHZ 144, 290 = NJW 2000, 2356; ebenso Nutzungsrecht an einem Grundstück mit Halle: BGH BB 2004, 1925 = NJW-RR 2004, 1341. Nicht aber gegen den Gesellschafter gerichtete Forderungen oder Kommanditanteil an einer Gesellschaft, deren Aktivvermögen im Wesentlichen aus gegen den Gesellschafter gerichteten Forderungen besteht: KG FGPrax 2005, 223 = Rpfleger 2005, 542.

13 *Hüffer*, § 27 Rn 31; MüKo/*Pentz*, AktG, § 27 Rn 78; Kölner Kommentar/*Kraft*, AktG, § 27 Rn 85.

2. Satzungsregelungen

a) Eingeschränkte Gründungsprüfung

Durch das Handelsrechtsreformgesetz[14] ist die Gründungsprüfung des Registergerichts wie bei der GmbH auch bei der Aktiengesellschaft eingeschränkt worden. Nach § 38 Abs. 3 AktG darf insoweit nicht mehr jede mangelhafte, fehlende oder nichtige Satzungsbestimmung beanstandet werden. Dabei ist zu beachten, dass eine Abweichung der AG-Satzung von den Vorschriften des Aktiengesetzes ohnehin nur unter beschränkten Voraussetzungen möglich ist (vgl. § 23 Abs. 5 AktG), so dass etwa die Einschränkung der freien Übertragbarkeit der Aktien außerhalb der Vinkulierungsvorschriften, etwa durch besondere Formerfordernisse, unwirksam ist.[15] Wegen der Auslegung des § 38 Abs. 3 AktG wird das Gleiche zu gelten haben wie im GmbH-Recht. Fehlt es an einer salvatorischen Klausel, ist grundsätzlich jede fehlerhafte Klausel zu beanstanden. Im Übrigen kommt nur das Fehlen einer Regelung nach § 38 Abs. 3 Nr. 1 AktG oder der Verstoß gegen Grundlagenregelungen in Betracht (vgl. im Einzelnen § 6 Rn 27, 47).

16

b) Notwendiger Satzungsinhalt

Ebenso wie bei der GmbH sind in die Satzung der Aktiengesellschaft Bestimmungen über die Firma, den Sitz, den Gegenstand und die Höhe des Grundkapitals, das mindestens 50.000 EUR betragen muss, aufzunehmen (vgl. § 23 Abs. 3 AktG). Weiter ist die genaue Zerlegung des Grundkapitals in Aktien anzugeben und auch festzulegen, ob die Aktien auf den Inhaber oder auf den Namen lauten sollen. Schließlich ist die Zahl der Vorstandsmitglieder oder die Art und Weise der Bestimmung ihrer Anzahl aufzunehmen. Dabei reicht es aus, wenn die Bestimmung nach der Satzung dem Aufsichtsrat überlassen wird.[16] Ein Verstoß gegen europäisches Recht liegt darin nicht.[17] Die Satzung muss ferner zwingend Bestimmungen über die Form der Bekanntmachungen enthalten (§ 23 Abs. 4 AktG). Bedeutung hat die Regelung etwa dann, wenn ein Aktionär nach § 65 AktG seiner Aktien für verlustig erklärt werden soll. Dies ist ohne Bekanntmachung nicht möglich.[18]

17

---

14 Vom 22.6.1998 (BGBl I S. 1474).
15 BGH BB 2004, 2482; allgemein zum Grundsatz der Satzungsstrenge: *Jäger*, § 8 Rn 1 ff.
16 BGH BGH-Report 2002, 419.
17 BGH BGH-Report 2002, 419.
18 BGH BB 2002, 537.

Nach § 25 S. 1 AktG ist in jedem Fall der elektronische Bundesanzeiger als Bekanntmachungsblatt anzusehen.[19, 20] Die Satzung kann auch weitere elektronische Informationsmedien für die Bekanntmachungen bestimmen (vgl. § 25 S. 2 AktG). Weitere Erfordernisse ergeben sich aus § 27 AktG für den Fall einer Sachgründung oder Sachübernahme. Den sog. Gründungsaufwand hat die Gesellschaft nach § 26 Abs. 2 AktG nur zu tragen, wenn dieser in der Satzung festgelegt ist, ebenso können Sondervorteile nur wirksam durch eine Satzungsbestimmung vereinbart werden (§ 26 Abs. 1 AktG). Ein Fehlen derartiger Regelungen oder eine fehlerhafte Gestaltung des notwendigen Inhalts ist durch das Registergericht zu beanstanden (vgl. § 38 Abs. 3 AktG). Nicht zum Gründungsaufwand zählen die Gehälter des ersten Vorstands.[21]

18 Häufig wird mit der Gründung eine Bestimmung über ein **genehmigtes Kapital** nach § 202 Abs. 1 AktG aufgenommen. Insoweit handelt es sich zwar nicht um eine notwendige Satzungsbestimmung. Erfolgt sie aber, ist die Regelung des § 202 Abs. 3 AktG über die zulässige Höhe des genehmigten Kapitals ebenso zu beachten wie die Tatsache, dass der entsprechende Umstand in der Anmeldung der Gesellschaft anzugeben ist. Verstöße sind nach § 38 Abs. 3 Nr. 1 AktG durch das Registergericht zu beanstanden, weil das genehmigte Kapital in das Register einzutragen ist (vgl. § 202 Abs. 2 AktG).[22] Sollen Sacheinlagen auf das genehmigte Kapital erbracht werden, ist § 206 AktG zu beachten.

3. Gründungsbericht und (externe) Gründungsprüfung

19 Nach § 32 AktG haben die Gründer einen **Gründungsbericht** anzufertigen, der mit der Anmeldung zum Handelsregister einzureichen ist. Er soll dem Registergericht die Prüfung einer ordnungsgemäßen Gründung ermöglichen.

20 Neben der Vorlage eines Gründungsberichtes ist durch den Vorstand und den Aufsichtsrat eine **(interne) Gründungsprüfung** durchzuführen. Der Prüfungsbericht ist ebenfalls mit der Anmeldung der Gesellschaft einzureichen (§ 37 Abs. 4 Nr. 4 AktG).

---

19 BGBl I S. 2681.
20 Im Einzelnen *Noack*, BB 2002, 2025–2028.
21 BGH BB 2004, 1585, 1586 = NJW 2004, 2519.
22 Welche Folgen eine fehlende Eintragung bei ordnungsgemäßer Anmeldung hat, ist umstritten, vgl. dazu *Priester*, BB 2002, 2613 ff.

Die Aktiengesellschaft § 7

In bestimmten Fällen ist zusätzlich eine **externe Gründungsprüfung** durchzuführen. Dies ist nicht nur in den Fällen der §§ 26 und 27 AktG notwendig, sondern auch dann, wenn ein Vorstands- oder Aufsichtsratsmitglied unmittelbar oder mittelbar als Gründer an der Gründung beteiligt ist (vgl. § 33 Abs. 2 AktG). Dieser Prüfer ist auf den Antrag der Gründer oder des Vorstands hin durch das Gericht nach einer zwingenden Anhörung der Industrie- und Handelskammer (IHK) zu bestellen. Das Gericht hat bei der Auswahl des Prüfers ein Auswahlermessen. Soweit keine entgegenstehenden Gründe ersichtlich sind, wird es dabei den bei der Antragstellung benannten Prüfer bestellen. Der Prüfer muss dieselben Anforderungen erfüllen, die nach § 143 AktG an einen Sonderprüfer gestellt werden. Das Gericht hat allerdings Bestellungshindernisse nach § 33 Abs. 5 AktG zu überprüfen, so dass es eine entsprechende Erklärung des in Betracht kommenden Prüfers fordern wird. 21

Die Einreichung einer Erklärung des vorgeschlagenen Prüfers über das Fehlen von Bestellungshindernissen nach § 33 Abs. 5 AktG zusammen mit der Antragstellung ist aus Zeitgründen ebenso zu empfehlen wie eine Vorabstimmung über die Person des Prüfers mit der IHK. 22

Durch das Transparenz- und Publizitätsgesetz vom 19.7.2002[23] ist die Möglichkeit eröffnet worden, dass eine nach § 33 Abs. 2 Nr. 1 und 2 AktG erforderliche, also in den Fällen der personellen Verflechtungen von Organen und Gründern, **Gründungsprüfung** auch durch den die Gründungsverhandlung beurkundenden **Notar** vorgenommen wird (vgl. § 33 Abs. 3 AktG). Einer gerichtlichen Bestellung eines Gründungsprüfers bedarf es dann nicht. Dies ist aber nur dann möglich, wenn nicht zugleich die Voraussetzungen des § 33 Abs. 2 Nr. 3 oder 4 AktG vorliegen. 23

Der **Umfang der Gründungsprüfung** ergibt sich aus § 34 AktG. Bei Meinungsverschiedenheiten über die notwendige Mitwirkung der Gründer kann das Gericht angerufen werden (§ 35 Abs. 2 AktG). Auf den Antrag des externen Prüfers hin setzt das Registergericht die Auslagen und die Vergütung für die Tätigkeit im Verfahren nach den §§ 145, 146 FGG fest (vgl. § 35 Abs. 3 AktG). Der Festsetzungsbeschluss dient dann als Vollstreckungstitel (vgl. § 33 Abs. 5 S. 5 AktG i.V.m. § 794 Abs. 1 Nr. 3 ZPO).[24] 24

---

23 BGBl I S. 2681.
24 *Hüffer*, § 35 Rn 7; MüKo/*Pentz/Doralt*, AktG, § 35 Rn 28.

III. Checkliste: Anmeldung der Ersteintragung

25
- Erfüllt die Gründungsverhandlung die Anforderungen des § 23 AktG (vgl. Rn 7 f., 17)?
- Ist das Vorliegen einer verschleierten Sachgründung ausgeschlossen worden (Rn 13 ff.)?
- Ist eine externe Gründungsprüfung notwendig (Rn 21)?
- Liegen die Unterlagen nach § 37 Abs. 4 AktG vor?
- Sind die Versicherungen des Vorstands nach § 37 Abs. 2 AktG und aller Anmelder über die Einlageleistung vollständig (Rn 12, 40)?
- Liegt eine ordentliche Bankbestätigung vor (Rn 10)?
- Liegt eine Berechnung des Gründungsaufwandes nach § 37 Abs. 4 Nr. 2 AktG vor?
- Sind die Unterlagen in die notwendige elektronische Form übertragen (vgl. § 1 Rn 5 ff.)?

IV. Kosten

26 Für die **gerichtliche Tätigkeit** entstehen im Rahmen der Ersteintragung Gerichtsgebühren und die Kosten der Bekanntmachung als Auslagen. Die Gerichtsgebühr ergibt sich aus Nr. 2102 des Gebührenverzeichnisses der HRegGebVO und beträgt 240 EUR. Soweit Sacheinlagen vereinbart sind, beträgt die Gebühr 290 EUR (Nr. 2103 GV). Erfolgt die Eintragung aufgrund eines Umwandlungsvorgangs, so gilt Nr. 2105 GV. Die Gebühr beträgt 210 EUR.

27 Der Geschäftswert für die **Beglaubigungstätigkeit des Notars** ergibt sich aus § 41a Abs. 1 Nr. 1 KostO. Der Höchstwert beträgt nach § 39 Abs. 4 KostO 500.000 EUR. Der Notar erhält aus diesem Geschäftswert eine halbe Gebühr (vgl. § 38 Abs. 2 Nr. 7 KostO). Nicht extra berechnet werden die gleichzeitige Anmeldung des Vorstands, die Abgabe der Erklärung über die Einzahlung des Grundkapitals, die Berechnung des Gründungsaufwandes und die Versicherung des Vorstands sowie dessen Belehrung nach § 37 Abs. 2 S. 1 AktG.[25] Ebenso ist die Mitanmeldung des Aufsichtsrates Teil der Erstanmeldung.

---

25 So jedenfalls *Gustavus*, Handelsregister-Anmeldungen, A 130, S. 159.

Für die Fertigung eines **Sachgründungsberichtes** steht dem Notar eine 28
5/10-Gebühr nach § 147 Abs. 2 KostO aus 20–30% des Wertes der Sacheinlagen ohne Schuldenabzug zu. Ein entsprechender Betrag ist für die
Anfertigung des Aktionärsverzeichnisses aufzuwenden, wobei nach § 30
KostO als Geschäftswert 20–30% des Ausgabewertes der Aktien anzusetzen
sind.

Weitere Kosten entstehen bei der Durchführung einer **externen Gründungs-** 29
prüfung. So sind die Kosten der externen Gründungsprüfer zu tragen und für
den Beschluss über die Bestellung der Prüfer zwei volle Gebühren nach § 121
KostO aufzuwenden. Der Geschäftswert hat sich dabei an dem Wert des
Grundgeschäfts zu orientieren. Er wird dabei häufig mit dem Regelwert von
3.000 EUR nach § 30 Abs. 2 KostO bewertet.[26] Wird die Prüfung nach § 33
Abs. 3 AktG n.F. durch den beurkundenden Notar durchgeführt, steht diesem
eine Gebühr nach § 147 Abs. 2 KostO zu.[27]

C. Nachgründung nach § 52 AktG

I. Rechtliche Grundlagen

Unter den Voraussetzungen des **§ 52 Abs. 1, 9 und 10 AktG** sind bestimmte 30
Rechtsgeschäfte, die innerhalb von zwei Jahren nach der Gründung der
Gesellschaft abgeschlossen worden sind, unwirksam, wenn die Hauptversammlung ihrem Abschluss nicht zugestimmt hat und keine Eintragung in
das Handelsregister erfolgt ist.[28] Diese Rechtsgeschäfte sind nach § 52 Abs. 4
AktG vor der Beschlussfassung durch die Hauptversammlung durch vom
Gericht bestellte Prüfer zu prüfen. Für die Bestellung und die Durchführung
der Prüfung gelten die Vorschriften über die externe Gründungsprüfung
entsprechend, so dass hierauf verwiesen werden kann (vgl. Rn 21). Die
Eintragung ist konstitutiv. Die Prüferbestellung und die Anmeldung werden
vom Richter bearbeitet.

Schließlich ist der Vertrag nach § 52 Abs. 6 AktG zur Eintragung in das 31
Handelsregister anzumelden. Die **Anmeldung** hat durch den Vorstand in
vertretungsberechtigter Anzahl seiner Mitglieder zu erfolgen. Der Anmel-

---

26 Vgl. BayObLG JurBüro 1988, 92 m.w.N.
27 Heidel/*Braunfels*, AktienR, § 33 AktG Rn 14.
28 Gilt auch bei der Verschmelzung, vgl. § 67 UmwG.

dung ist der Vertrag,[29] ein Nachgründungsbericht nach § 52 Abs. 3 AktG, der Bericht der Nachgründungsprüfer und der notariell beurkundete Beschluss der Hauptversammlung über die Zustimmung zum Abschluss der Verträge beizufügen. Der Vertragsabschluss musste dabei mindestens in Schriftform im Sinne des § 126 BGB erfolgen. Der Vertrag kann daher nur durch Einscannen in elektronische Form überführt werden, wenn er nicht die Anforderungen nach § 126a BGB erfüllt, vgl. § 1 Rn 9.

32 Die **registerrechtliche Prüfung** bezieht sich insoweit auf die formellen Voraussetzungen der Anmeldung. Materiell-rechtlich hat es nach § 52 Abs. 7 AktG unter anderem zu prüfen, ob die durch die Aktiengesellschaft erbrachten Leistungen unangemessen hoch waren. Ist dies nicht der Fall, erfolgt die Eintragung. Die früher notwendigen besonderen Bekanntmachungen (§ 52 Abs. 8 AktG a.F.) sind mit dem EHUG entfallen, vgl. § 1 Rn 4.

33 Diskutiert wird weiter eine entsprechende Anwendung des § 52 AktG, wenn innerhalb von zwei Jahren seit der Ersteintragung eine **Sachkapitalerhöhung** stattfindet.[30] Die Einhaltung der Vorschriften des § 52 AktG ist zu empfehlen, soweit das Registergericht eine entsprechende Eintragung zulässt, weil die Vorschriften über die Nachgründung strenger als die Vorschriften über die Sachkapitalerhöhung sind.

34 Die jetzige Fassung des § 52 AktG beruht auf Änderungen der Absätze 1 und 9 durch das Namensaktiengesetz vom 18.1.2001.[31] Nach der alten Gesetzesfassung wurde jede Form von Drittgeschäften erfasst, der Vertragspartner musste nicht Gründer oder Aktionär sein. Freigestellt waren demgegenüber die Geschäfte, die dem Unternehmensgegenstand unterfielen. Die neue Fassung gilt rückwirkend seit dem 1.1.2000. Nach § 11 EGAktG kann die Unwirksamkeit eines vor dem 1.1.2000 abgeschlossenen Nachgründungsvertrages seit dem 1.1.2002 nur dann geltend gemacht werden, wenn dieser auch nach der

---

29 Der dem Hauptversammlungsprotokoll als Anlage beigefügte Vertrag reicht nicht aus, weil das Registergericht prüfen soll, ob der Hauptversammlung der richtige Vertrag vorgelegt worden ist, vgl. *Krafka/Willer*, Rn 1573; a.A. Heidel/*Terbrack/Lohr*, AktienR § 52 AktG Rn 15.
30 *Hüffer*, § 52 Rn 11; MüKo/*Pentz*, AktG, § 52 Rn 73; *Krafka/Willer*, Rn 1397.
31 BGBl I S. 123.

Neufassung zustimmungsbedürftig und eintragungspflichtig wäre. Ein nach dem 1.1.2000 abgeschlossenes Geschäft, das nach der damaligen Fassung des § 52 AktG gültig war, ist nicht rückwirkend unwirksam geworden.[32]

II. Checkliste: Anmeldung der Nachgründung

■ Ist die Anmeldung in der Form des § 12 Abs. 1 HGB durch den Vorstand in vertretungsberechtigter Anzahl erfolgt (vgl. Rn 31)?   35

■ Liegt der in Schriftform nach § 126 BGB abgeschlossene Vertrag in mindestens beglaubigter Form, ein Nachgründungsbericht nach § 52 Abs. 3 AktG, der Bericht der gerichtlich bestellten Nachgründungsprüfer und der notariell beurkundete Beschluss der Hauptversammlung bei (vgl. Rn 31)?

■ Sind die Unterlagen in die notwendige elektronische Form überführt (vgl. § 1 Rn 5 ff.)?

III. Kosten

Beim **Registergericht** werden Gerichtsgebühren und Auslagen für die Bekanntmachung entstehen. Die Gebühr beträgt nach Nr. 2400 des Gebührenverzeichnisses der HRegGebVO 170 EUR.   36

Der **Notar** erhält für die Anmeldung aus dem Geschäftswert nach § 41a Abs. 4 Nr. 1 KostO eine halbe Gebühr. Die Kosten für die **Nachgründungsprüfer** berechnen sich wie bei der Gründung (vgl. dazu Rn 29). Für die Beurkundung des Hauptversammlungsbeschlusses erhält der Notar nach § 47 KostO zwei volle Gebühren, wobei sich der Geschäftswert ebenfalls nach § 41a Abs. 4 Nr. 1 KostO richtet (vgl. § 41c Abs. 1 KostO). Der Geschäftswert darf aber den Höchstwert von 500.000 EUR nicht übersteigen (vgl. § 41c Abs. 4 KostO) und die Gebühr nicht höher als 5.000 EUR sein (vgl. § 47 S. 2 KostO).   37

---

32 LG Hagen Rpfleger 2002, 461. Dort ging es um ein Immobiliengeschäft, das dem Unternehmensgegenstand entsprach.

D. Eintragung der Vorstandsmitglieder

I. Rechtliche Grundlagen

38 Eintragungsgrundlage der Bestellung sowie der Abberufung von Vorstandsmitgliedern sowie der Veränderung ihrer Vertretungsbefugnis ist der Anmeldetatbestand des § 81 Abs. 1 AktG. Die Vorstandsmitglieder werden mit ihrem Vor- und Nachnamen, ihrem Geburtsdatum und ihrem Wohnort im Register vermerkt. Ebenso wird die Vertretungsbefugnis ausdrücklich aufgenommen.

39 Die entsprechenden Eintragungen sind **deklaratorisch**, die Rechtsänderung vollzieht sich also unabhängig von der Eintragung außerhalb des Registers. Es gilt aber § 15 Abs. 1 HGB. Soweit die Anmeldung nicht mit anderen Gegenständen verbunden ist, die nach § 17 RPflG durch den Richter zu bearbeiten sind, ist der Rechtspfleger zuständig.

II. Einzelheiten

1. Eignungsvoraussetzungen und weitere Anmeldevoraussetzungen

40 Ein Vorstandsmitglied einer Aktiengesellschaft muss die gleichen Anforderungen erfüllen, die an einen Geschäftsführer einer GmbH gestellt werden. Auch insoweit findet eine Überprüfung allein anhand der Versicherung des Vorstandsmitglieds bei der Anmeldung nach § 81 Abs. 3 AktG bzw. bei der Gründung nach § 37 Abs. 2 AktG statt. Ein pauschaler Hinweis auf das Fehlen von Bestellungshindernissen reicht ebenso wenig wie die Wiedergabe der Gesetzesnormen nicht aus (vgl. § 6 Rn 75).

41 Auch zur Bestellung der Vorstandsmitglieder gilt im Übrigen das für den GmbH-Geschäftsführer Gesagte entsprechend. Ein entscheidender Unterschied zwischen beiden Organen besteht in der **Bestellungs- und Abberufungszuständigkeit**. Denn hierfür ist bei der Aktiengesellschaft der **Aufsichtsrat** zuständig. Auch insoweit verlangt § 81 Abs. 2 AktG einen **Nachweis** über die angemeldete Änderung. Der Aufsichtsrat entscheidet dabei durch Beschluss. Dieser Beschluss kann dem Registergericht nur dadurch nachgewiesen werden, dass er schriftlich gefasst oder zumindest protokolliert wird. Auch insoweit wird die Unterschrift des Protokollanten oder eine Bestätigung des Vorsitzenden des Aufsichtsrates ausreichen müssen, wenn keine Anhaltspunkte dafür vorliegen, dass die Angaben falsch

sind. Zur Möglichkeit, das Protokoll originär elektronisch zu errichten, vgl. § 1 Rn 9. Eine Überprüfung der Personen des Aufsichtsrates kann nur anhand der Protokolle der Hauptversammlung und der eingereichten Listen nach § 106 AktG erfolgen. Widersprüche sind durch das Registergericht aufzuklären.

2. Abberufung von Vorstandsmitgliedern

Auch die Abberufung eines Vorstandsmitgliedes erfolgt durch den **Aufsichtsrat**. Eine Abberufung darf nach § 84 Abs. 3 S. 1 AktG nur erfolgen, wenn ein **wichtiger Grund** vorliegt. Das Gericht hat von einem solchen aber bereits dann auszugehen, wenn ein entsprechender Abberufungsbeschluss vorliegt, weil die Wirksamkeit bis zu einer anderslautenden rechtskräftigen Entscheidung nach § 84 Abs. 3 S. 4 AktG fingiert wird.

42

3. Zur Vertretung der Vorstandsmitglieder

Auch die Vertretungsbefugnis der Vorstandsmitglieder einer Aktiengesellschaft entspricht der Vertretungsbefugnis der Geschäftsführer einer GmbH. Fehlt es daher an einer Satzungsregelung, vertreten die bestellten Mitglieder gemeinschaftlich; ist nur ein Vorstandsmitglied bestellt, vertritt dieses allein. Üblicherweise wird in der Satzung die Vertretung durch ein Vorstandsmitglied vorgesehen, wenn nur eines bestellt ist, im Übrigen aber die Vertretung durch zwei Vorstandsmitglieder gemeinschaftlich oder durch ein Vorstandsmitglied in Gemeinschaft mit einem Prokuristen angeordnet. Ergänzend wird dann vorgesehen, dass Einzelvertretungsbefugnis[33] einzelnen Vorstandsmitgliedern erteilt werden kann.

43

Anders als bei der GmbH besteht für ein Vorstandsmitglied einer AG aber nicht die Möglichkeit der vollständigen **Befreiung von den Beschränkungen des § 181 BGB**. Denn nach § 112 AktG ist die Gesellschaft bei Rechtsgeschäften mit dem Vorstand zwingend durch den Aufsichtsrat zu vertreten.

44

---

33 Die Verwendung dieses Begriffs empfiehlt sich, weil etwa LG Neubrandenburg Rpfleger 2000, 338 die Auffassung vertritt, „Alleinvertretungsbefugnis" bedeute nur alleinige Vertretung, wenn keine weiteren Geschäftsführer vorhanden seien. Anders zum Begriff der Alleinvertretungsbefugnis aber OLG Jena OLGR 2002, 418; BGH BB 2007, 1410 auf den Vorlagebeschl. des OLG Brandenburg NJW-RR 2007, 35 wegen Abweichung zu OLG Zweibrücken NJW-RR 1993, 933; OLG Naumburg DB 1993, 2277.

Eine Befreiung des Vorstands kann daher auch durch die Satzung nur insoweit vorgesehen werden, als der Vorstand ein Rechtsgeschäft mit der Gesellschaft als Vertreter eines Dritten vornimmt. Ein Rechtsgeschäft mit sich selbst nimmt der Vorstand auch dann vor, wenn er sich selbst in einer Tochtergesellschaft der AG zum Organ bestellen will.[34] Dass eine Befreiungsmöglichkeit in der Satzung enthalten sein muss, kann hier nicht anders beurteilt werden als bei der GmbH (vgl. dazu § 6 Rn 79).

III. Checkliste: Anmeldung der Bestellung oder Abberufung eines Vorstandsmitglieds

45
- Erfüllt das Vorstandsmitglied die gesetzlichen und satzungsrechtlichen Anforderungen (vgl. Rn 40)?
- Soweit er Ausländer ist: Erfüllt er die von der Rechtsprechung beim Sitzgericht gestellten Anforderungen (vgl. § 6 Rn 76)?
- Liegt ein wirksamer Bestellungsbeschluss vor (vgl. Rn 41) und ist die erteilte Vertretungsbefugnis nach der Satzung und dem Gesetz (§ 112 AktG) möglich (vgl. Rn 43 f.)?
- Liegt eine Anmeldung durch Vorstandsmitglieder in vertretungsberechtigter Anzahl in der Form des § 12 Abs. 1 HGB vor (vgl. § 6 Rn 75)?
- Enthält die Anmeldung die notwendigen Versicherungen und Angaben zur Vertretungsbefugnis des neuen Vorstandsmitgliedes (vgl. Rn 40)?

46 Bei der Abberufung bedarf es lediglich der Vorlage eines Abberufungsbeschlusses und einer ordnungsgemäßen Anmeldung. In Bezug auf die Amtsniederlegung gilt das Gleiche wie bei der GmbH (vgl. § 6 Rn 112). Zur elektronischen Form, vgl. § 1 Rn 5 ff.

IV. Kosten

47 Für die **Eintragung der Bestellung oder Abberufung** eines Vorstandsmitglieds wird eine Gerichtsgebühr nach Nr. 2501 GV der HRegGebVO erhoben. Neben der Gerichtsgebühr sind die Bekanntmachungskosten zu tragen. Für den Fall, dass die Anmeldung mehrere Vorstandsmitglieder

---

34 LG Berlin GmbHR 1997, 950.

betrifft, wird die Gebühr für jede Eintragung erhoben, § 2 Abs. 2 HRegGebVO. Insoweit beträgt die Gebühr aber lediglich noch 30 EUR, Nr. 2502 GV. Vgl. auch § 6 Rn 113.

Die dem Notar für die **Beglaubigung der Anmeldung** zustehende halbe Gebühr berechnet sich nach § 41a KostO. Zu beachten ist die Höchstwertbestimmung für den Geschäftswert nach § 39 Abs. 4 KostO von 500.000 EUR. Mehrere Vorgänge werden auch hier beim Geschäftswert addiert. Die Gebühr erfasst die Anmeldung, die Versicherung und auch die Belehrung des Geschäftsführers über seine unbeschränkte Auskunftspflicht. 48

Da eine **Zeichnung** nicht mehr erforderlich ist, entfallen insoweit auch Gebührenansprüche. 49

V. Bestellung von Not-Vorstandsmitgliedern

Nach § 85 AktG kann durch das Registergericht des Sitzes auf Antrag eines Beteiligten die Bestellung eines Notvorstands vorgenommen werden. Auch dieser Antrag setzt wie § 29 BGB eine besondere Dringlichkeit voraus. Der Gesellschaft, ihren Aktionären, den Gläubigern oder den Mitarbeitern der Gesellschaft müssen daher erhebliche Nachteile drohen, ohne dass die Gesellschaft selbst bzw. ihr Aufsichtsrat Abhilfe schaffen könnten. Ist die Aktiengesellschaft noch nicht eingetragen, scheidet die Bestellung eines Notvorstands aus.[35] Wegen der weiteren Einzelheiten siehe § 6 Rn 103 ff. 50

Die Kosten für den Bestellungsbeschluss des Gerichts errechnen sich wieder aus § 121 KostO (vgl. dazu § 6 Rn 116 f.). 51

VI. Einreichungspflichten des Vorstands

Das Aktiengesetz sieht unter anderem vor, dass der Vorstand dem Handelsregister gegenüber anzuzeigen hat, wenn sich alle Aktien der Gesellschaft, die nicht dieser selbst gehören, in einer Hand vereinigen (vgl. **§ 42 AktG**). Dem Registergericht ist unverzüglich eine entsprechende Mitteilung unter Angabe des vollständigen Namens, des Geburtsdatums und des Wohnortes des **Einzelaktionärs** einzureichen. Die Mitteilung bedarf nicht der Beglaubigung, weil es sich nicht um eine Anmeldung nach § 12 Abs. 1 HGB 52

---

35 OLG Frankfurt OLGR 1995, 260.

handelt. Die Mitteilung wird lediglich zur Akte genommen. Eine Eintragung erfolgt nicht, auch entstehen keine Kosten. Die Pflicht kann durch die Verhängung eines Zwangsgeldes nach § 14 HGB durchgesetzt werden.

53 Nach § 130 Abs. 5 AktG ist der Vorstand weiter verpflichtet, das **Protokoll der Hauptversammlung** unverzüglich nach ihrer Durchführung in öffentlich beglaubigter Form bzw. für den Fall ihrer nur schriftlichen Niederlegung in durch den Vorsitzenden des Aufsichtsrats unterzeichneter Abschrift zum Handelsregister einzureichen. Auch diese Pflicht ist mit dem Zwangsgeldverfahren nach § 14 HGB durchsetzbar. Zu weiteren Einreichungspflichten vgl. etwa §§ 248 Abs. 1 S. 2, 250 Abs. 3 S. 1, 254 Abs. 2 S. 1, 255 Abs. 3, 257 Abs. 2 S. 1, 275 Abs. 2 S. 2 AktG. Zur Pflicht auf Einreichung einer Liste über die Zusammensetzung des Aufsichtsrates.

E. Das Handelsregister und die Aufsichtsräte[36]

I. Rechtliche Grundlagen

54 Die Mitglieder des Aufsichtsrats werden, soweit kein Entsendungsrecht nach den mitbestimmungsrechtlichen Vorschriften besteht, durch die Hauptversammlung bestellt (§ 101 Abs. 1 S. 1 AktG). Sie werden aber weder in das Register eingetragen noch zu diesem angemeldet. Anzumelden ist durch den Vorstand lediglich, wer zum Vorsitzenden des Aufsichtsrates gewählt ist (vgl. § 107 Abs. 1 S. 2 AktG), wobei die Anmeldung keiner notariellen Beglaubigung bedarf.[37] Allerdings ist im Falle eines Wechsels im Aufsichtsrat jeweils eine vollständige Liste über die Zusammensetzung des Aufsichtsrates einzureichen (§ 106 AktG). Das Registergericht macht insoweit die Einreichung der Liste in seinen Bekanntmachungsorganen bekannt. Durch die Beteiligung des Aufsichtsrates an der Anmeldung zur Ersteintragung und den eingereichten Hauptversammlungsprotokollen ergibt sich so für das Registergericht der Bestand des derzeitigen Aufsichtsrates. Die Zugehörigkeit zum Aufsichtsrat endet dabei spätestens in dem Zeitpunkt, in dem die Hauptversammlung über die Entlastung über das vierte Geschäftsjahr seit

---

36 Zu den Aufgaben des Aufsichtsrates näher: *Henze*, BB 2000, 209–216.
37 KG JW 1938, 2281.

dem Amtsantritt hätte beschließen müssen.[38] Die Verpflichtung zur Einreichung der Liste kann durch die Einleitung eines Zwangsgeldverfahrens nach § 14 HGB durchgesetzt werden.

II. Gerichtliche Bestellung des Aufsichtsrates

Der Aufsichtsrat ist nach § 108 Abs. 2 AktG grundsätzlich **beschlussfähig**, wenn er über die Hälfte der bestimmten Mitglieder (vgl. dazu § 95 AktG) verfügt. Fehlt ihm die erforderliche Anzahl von Mitgliedern, ist er mit anderen Worten handlungsunfähig, hat das Registergericht nach § 104 Abs. 1 AktG auf Antrag des Vorstands, eines Aufsichtsratsmitglieds oder eines Aktionärs durch Beschluss die fehlende Zahl von Mitgliedern zu bestellen. Der Aufsichtsrat ist ebenfalls handlungsunfähig, wenn weniger als drei Aufsichtsräte zur Verfügung stehen. Die Eröffnung des Insolvenzverfahrens über das Vermögen der Aktiengesellschaft lässt das Bedürfnis nach der Ergänzung des Aufsichtsrates nicht entfallen. Der Aufsichtsrat wird mit der Insolvenzeröffnung nicht funktionslos, weil er den insolvenzfreien Innenbereich der Gesellschaft und die Interessen der Aktionäre zu vertreten hat.[39]

55

Nach § 104 Abs. 2 AktG[40] erfolgt eine gerichtliche Bestellung bereits, wenn die eigentlich **vorgesehene Anzahl der Aufsichtsratsmitglieder nicht mehr gegeben** ist. Dieser Antrag darf allerdings erst gestellt werden, wenn die vorgesehene Anzahl mehr als drei Monate unterschritten wird. Diese Frist gilt nicht, wenn ein dringender Fall vorliegt.[41] Soweit es um die Ergänzung eines Aufsichtsrats geht, in dem die Arbeitnehmer ein Mitbestimmungsrecht nach dem Mitbestimmungsgesetz, dem Montan-Mitbestimmungsgesetz oder nach dem Mitbestimmungsergänzungsgesetz haben, gilt die genannte Frist ebenfalls nicht (vgl. § 104 Abs. 3 Nr. 2 AktG). Unter Umständen ist eine gerichtliche Bestellung sogar ganz ausgeschlossen (vgl. § 104 Abs. 3 Nr. 1

56

---

38 BGH BB 2002, 1822.
39 KG AG 2005, 736 = DB 2005, 2346.
40 Die Vorschrift gilt nicht bei einer Vor-GmbH, die im Wege der Sachgründung ein Unternehmen mit mehr als 500 Arbeitnehmern weiterführt, vgl. BayObLG Rpfleger 2000, 502 = BB 2000, 1538; sie gilt auch nicht entsprechend bei einer GmbH & Co. KG, vgl. OLG Hamm Rpfleger 2000, 338.
41 Ist der Aufsichtsrat beschlussfähig, liegt nach AG Wiesbaden AG 1970, 174 kein dringender Fall vor; zweifelhaft.

AktG). Die erfolgte Bestellung endet mit der Wahl eines Aufsichtsratsmitglieds durch die Hauptversammlung.[42]

57 Für das Verfahren ist § 104 Abs. 4 AktG zu beachten, aus dem sich unter bestimmten Voraussetzungen besondere Anforderungen an die Anzahl der zu bestellenden Mitglieder und **Anhörungspflichten** ergeben. Mit dem Antrag sollten wiederum Bestellungsvorschläge unterbreitet werden, die Vorgeschlagenen sollten ihre Bereitschaft zur Übernahme des Amtes erklären. Soweit Arbeitnehmervertreter für den Aufsichtsrat zu bestellen sind, sind die zum Vorschlag berechtigten Organisationen nach § 104 Abs. 4 S. 4 AktG anzugeben, damit das Gericht eine Anhörung durchführen kann. Der Bestellungsbeschluss kann nach § 104 Abs. 2 S. 4 AktG mit der sofortigen Beschwerde angegriffen werden. Beschwerdebefugt ist jeder, der einen Antrag hätte stellen können.[43]

III. Kosten

58 Für die gerichtliche Bestellung der Aufsichtsratsmitglieder werden Kosten nach § 121 KostO fällig. Der Geschäftswert richtet sich dabei nach § 30 KostO. Insoweit wird von einem Wert von 3.000 EUR auszugehen sein.

F. Satzungsänderungen und Kapitalmaßnahmen

I. Rechtliche Grundlagen

59 Ebenso wie bei der GmbH wird auch die Satzungsänderung bei der Aktiengesellschaft erst mit der Eintragung in das Handelsregister wirksam (vgl. § 181 Abs. 3 AktG). Die Anmeldung hat nach § 181 Abs. 1 AktG durch Vorstandsmitglieder in vertretungsberechtigter Anzahl zum Register zu erfolgen. Da die Eintragung konstitutiven Charakter hat, ist ihre Anmeldung nicht zwangsweise durchsetzbar.[44] Die Bearbeitung der Anmeldung erfolgt in der Regel durch den Richter (vgl. § 17 Nr. 2 RPflG), nur im Fall einer reinen Fassungsänderung (vgl. dazu Rn 71) ist der Rechtspfleger zuständig.

---

42 OLG München FGPrax 2006, 228.
43 KG OLGZ 1966, 596; OLG Frankfurt NJW 1955, 1929; zum Fristbeginn LG Berlin AG 1980, 139 und OLG München FGPrax 2006, 228: bei Aktionären spätestens mit der Veröffentlichung im Bundesanzeiger.
44 *Hüffer*, § 181 Rn 5, 24; Kölner Kommentar/*Zöllner*, AktG, § 181 Rn 2.

II. Allgemeine Voraussetzungen einer Satzungsänderung

1. Satzungsänderung durch Hauptversammlungsbeschluss

Ob eine **Satzungsänderung** vorliegt, ist rein formell danach zu beurteilen, ob der Inhalt der Satzung ergänzt oder geändert wird.[45] Zuständig für eine Satzungsänderung ist in der Regel die Hauptversammlung. Auch wenn eine Fassungsänderung durch den Aufsichtsrat erfolgt (vgl. dazu Rn 71), ist die Hauptversammlung dadurch beteiligt, dass sie generell oder im Einzelfall eine Zustimmung erteilt hat. 60

Als Satzungsänderung wird es auch anzusehen sein, wenn eine **Umstellung der Aktien** auf vinkulierte Namensaktien erfolgen soll.[46] Dies ergibt sich daraus, dass die entsprechende Festlegung nach § 23 Abs. 2 Nr. 5 AktG in der Satzung erfolgt ist. Gleiches hat daher bei dem Wechsel zwischen Nennbetrags- und Stückaktien sowie bei der Änderung oder Einführung von Aktiengattungen zu gelten (vgl. § 23 Abs. 2 Nr. 4 AktG). 61

Wie bei der GmbH (siehe § 6 Rn 121) darf das Registergericht bei der AG ebenfalls keine **nichtigen Beschlüsse** in das Register eintragen.[47] Anders als bei der GmbH ist ihm bei der AG aber zumeist aus praktischen Gründen eine Prüfung verwehrt, ob tatsächlich alle Aktionäre mit der Einladung erreicht worden sind. Auch eine wirksame Übertragung der Aktien bei einem Aktionärswechsel kann durch das Gericht in der Regel nicht überprüft werden, weil etwa bei verbrieften Inhaberaktien allein die Übergabe der Aktie und bei Namensaktien die Abtretung der Mitgliedschaft und die Übergabe der Urkunde ausreicht.[48] Es fehlt damit bereits an prüfbaren Urkunden, wie sie im GmbH-Recht vorliegen müssen. Bei größeren Gesellschaften ist eine Durchführung wegen der Vielzahl von Aktionären auch praktisch unmöglich. Die Prüfung beschränkt sich daher in der Regel auf die ordnungsgemäße Bekanntmachung der Einberufung, die sich nach § 121 Abs. 3 und 4 AktG richtet. Entsprechende Nachweise sind der Anmeldung beizufügen, wenn nicht eine Generalversammlung vorliegt (vgl. § 121 Abs. 6 AktG). Dies schließt aber nicht aus, andere Punkte aus der Anmeldung zu überprüfen, 62

---

45 Zur GmbH vgl. OLG Brandenburg NZG 2001, 129 = MDR 2001, 578.
46 *Steck*, AG 1998, 460.
47 Nur ergänzend *Henn*, Rn 200; Geßler/Hefermehl/*Hefermehl*, § 181 Rn 40; Kölner Kommentar/*Zöllner*, AktG, § 181 Rn 34.
48 *Wiesener*, in: Münchener Handbuch zum Aktienrecht, § 14.

wenn sich insoweit Zweifel an der Richtigkeit ergeben oder Aufklärungsbedarf besteht.[49]

63 Soweit das LG Wuppertal[50] die Auffassung vertreten hat, dass der beurkundende Notar auch die Stimmenauszählung zu überwachen hat, weil sonst keine ordnungsgemäße Beurkundung im Sinne der §§ 130 Abs. 2, 241 Nr. 2 AktG vorläge, ist dem nicht zu folgen. Schon der Wortlaut des § 130 Abs. 2 AktG verlangt eine solche Überwachung nicht.[51]

64 Liegen im Zusammenhang mit der Beschlussfassung **Anfechtungsgründe** vor, sind auch diese für das Eintragungsverfahren nicht völlig ohne Belang.[52] Insoweit hat das Registergericht abzuwägen, ob es eine Eintragung vornimmt, die nach erfolgreicher Durchführung eines Klageverfahrens nach § 246 AktG zu einer Löschung des Beschlusses im Register verpflichtet.[53] Dabei hat das Gericht eine überschlägige Prüfung vorzunehmen. Ist der Erfolg einer Anfechtungsklage danach aller Wahrscheinlichkeit nach ausgeschlossen, kann die Eintragung ohne weiteres erfolgen. Besteht eine Wahrscheinlichkeit für den Erfolg einer Klage, ist zunächst die Anfechtungsfrist nach § 246 Abs. 1 AktG abzuwarten. Wird innerhalb der Anfechtungsfrist keine Klage erhoben, kann die Eintragung erfolgen. Wird tatsächlich Klage erhoben, hat das Gericht das Eintragungsverfahren nach § 127 S. 1 FGG auszusetzen (vgl. § 6 Rn 124).

65 Häufiger Gegenstand von Anfechtungsklagen ist die **Verletzung von Informations- und Auskunftsrechten**.[54] Diese Verletzung hat dabei dann Einfluss auf die Beschlussfassung, wenn ein objektiv urteilender Gesellschafter bei Kenntnis aller maßgebenden Umstände anders abgestimmt hätte.[55] Auf eine abweichende Erklärung der Hauptversammlung kommt es nach § 243 Abs. 4 AktG nicht an. Wegen der Komplexität der mit diesen Sachverhalten

---

49 BayObLG Rpfleger 2002, 366.
50 MittBayNot 2002, 202.
51 Näher *Priester*, EWiR 2002, 645.
52 Zur Möglichkeit der Beseitigung der Anfechtungsgründe durch Fassung eines Bestätigungsbeschlusses nach § 244 S. 1 AktG: BGHZ 157, 206 = NJW 2004, 1165.
53 *Hüffer*, § 181 Rn 17; Kölner Kommentar/*Zöllner*, AktG, § 181 Rn 37; Heidel/*Wagner*, AktienR § 181 AktG Rn 15.
54 Rechtsprechungsüberblick bei *Henze*, BB 2002, 893–903. Fallbeispiel: BGH BB 2005, 68 = NJW 2005, 828.
55 BGHZ 107, 296, 307 = NJW 1989, 2689; BGHZ 119, 1, 19 = NJW 1992, 2760; BGHZ 122, 211, 239 = NJW 1993, 1976.

verbundenen Fragen wird es hier im Falle einer fristgerechten Klageerhebung zumeist zu einer Aussetzung des Eintragungsverfahrens kommen.

Ebenfalls als Anfechtungsgrund ist es anzusehen, wenn die vom Vorstand nach § 124 Abs. 3 AktG abzugebenden **Beschlussvorschläge** nicht von einem ordnungsgemäß besetzten Vorstand erstellt werden.[56] Die Beschlussvorschläge müssen nämlich vom Gesamtvorstand erteilt werden, an dem es fehlt, wenn bei einem notwendig zweigliedrigen Vorstand nur ein Vorstandsmitglied vorhanden ist.[57] Dass sich dieser Mangel schließlich auch bei der Beschlussfassung ausgewirkt hat, ist nach § 124 Abs. 4 S. 1 AktG zu unterstellen.[58] 66

Einen Anfechtungsgrund stellt es weiter dar, wenn der Vorstand nicht seiner Pflicht nachkommt, innerhalb der Frist des § 126 Abs. 1 AktG eingehende **Gegenanträge zur Hauptversammlung** den dort genannten Institutionen zukommen zu lassen.[59] Schließlich führt auch die unvollständige Benennung der Hinterlegungsstelle bei der Einberufung der Hauptversammlung zu einer Anfechtbarkeit der gefassten Versammlungsbeschlüsse.[60] 67

Im Falle der **Gegenstandsänderung**[61] stellt sich wiederum die Frage der Vorlage einer etwa notwendigen Genehmigung (vgl. dazu § 6 Rn 40 ff., 146). Wegen der Unwirksamkeit einzelner Satzungsregelungen wird auf die Ausführungen zur GmbH verwiesen (vgl. § 6 Rn 125 ff.). Auch bei der Aktiengesellschaft gelten die Prüfungseinschränkungen des Ersteintragungsverfahrens bei der Satzungsänderung nicht. Bei der Aktiengesellschaft ist aber zu beachten, dass die Satzung ohnehin nur dann vom AktG abweichen darf, wenn das Gesetz Abweichungen zulässt oder keine abschließenden ausdrücklichen Verbote enthält, die bei der Anmeldung einer Satzungsänderung zu beachten sind. Exemplarisch sei auf die Vorschrift des § 192 Abs. 4 AktG hingewiesen, wonach Hauptversammlungsbeschlüsse nichtig sind, wenn sie einem Beschluss über eine bedingte Kapitalerhöhung entgegenstehen.[62] Weitere zu beachtende Regelungen werden in § 241 S. 1 AktG aufgeführt. 68

---

56 BGH BB 2002, 265 = NJW 2002, 1128.
57 BGH BB 2002, 265 = NJW 2002, 1128.
58 BGH BB 2002, 265 = NJW 2002, 1128.
59 BGHZ 143, 339 = BB 2000, 475 = NJW 2000, 1328.
60 OLG München BB 2000, 582.
61 Zur Abgrenzung zur Zweckänderung, die einstimmig erfolgen muss: KG NZG 2005, 88 = DStR 2005, 298.
62 Im Einzelnen *Hüffer*, § 192 Rn 26–28; Kölner Kommentar/*Lutter*, AktG, § 192 Rn 32 ff.

69 Eine Änderung der Satzung hinsichtlich des **Sitzes** ist noch beim Ausgangsgericht anzumelden (§ 45 Abs. 1 AktG).[63] Das Gericht des neuen Sitzes hat die bisherigen Eintragungen zu übernehmen, soweit diese nicht geändert worden sind. Die Prüfungsbefugnis beschränkt sich daher auf eine ordnungsgemäße **Sitzverlegung** und auf eine nach § 30 HGB zulässige Firma. Ist die Gesellschaft innerhalb der letzten zwei Jahre gegründet worden, hat die Bekanntmachung der Eintragung beim Gericht des neuen Sitzes alle Angaben der Gründung nach § 40 AktG zu enthalten.

70 Zusammenfassend ergeben sich folgende in elektronischer Form vorzulegende (vgl. § 1 Rn 5 ff.) Unterlagen:
- Anmeldung in der Form des § 12 Abs. 1 HGB durch den Vorstand in vertretungsberechtigter Anzahl
- notariell beurkundeter Hauptversammlungsbeschluss
- Satzungsneufassung mit der Bescheinigung nach § 181 Abs. 1 S. 2 AktG
- Nachweise über die ordnungsgemäße Einberufung der Versammlung
- etwa erforderliche Genehmigungen,[64] auch wegen einer Gegenstandsänderung.

2. Fassungsänderung[65] durch den Aufsichtsrat

71 Nach § 179 Abs. 1 S. 2 AktG können Änderungen der Fassung der Satzung durch die Hauptversammlung generell oder durch einen Einzelfallbeschluss der Hauptversammlung dem **Aufsichtsrat** überlassen werden. Eine **Fassungsänderung** liegt dann vor, wenn lediglich die **sprachliche Form der Satzung geändert** wird und nicht der Inhalt.[66] Das ist etwa dann der Fall, wenn sich mit der Durchführung einer Kapitalerhöhung die Grundkapitalziffer ändert.[67] Das Gleiche gilt bei der Ausnutzung genehmigten oder bedingten Kapitals.

72 Liegt eine Fassungsänderung vor, ist diese entsprechend § 181 Abs. 1 AktG zum Register **anzumelden**. Die in Rn 70 aufgeführten Unterlagen sind

---

63 Eine Sitzverlegung ins Ausland bedeutet Auflösung, vgl. *Henn*, Rn 472 und OLG Hamm BB 2001, 744 zur GmbH.
64 Genehmigungserfordernis nach § 12 Abs. 2 S. 2 AktG oder nach §§ 13 Abs. 1, 5 Abs. 3 Nr. 1 VAG.
65 Für die Eintragung der Änderungen der Fassung einer Satzung ist an sich der Rechtspfleger zuständig und nicht der Richter, vgl. § 17 Nr. 1b RPflG.
66 *Henn*, Rn 193; Heidel/*Wagner*, AktienR § 179 AktG Rn 23.
67 *Hüffer*, § 188 Rn 10; Kölner Kommentar/*Zöllner*, AktG, § 179 Rn 131.

einzureichen, allerdings ist der Hauptversammlungsbeschluss durch den Aufsichtsratsbeschluss zu ersetzen. Für diesen gilt § 107 AktG. Ein Nachweis über die ordnungsgemäße Einladung entfällt immer dann, wenn – wie regelmäßig – an dem Aufsichtsratsbeschluss alle Mitglieder mitwirken.

III. Änderung des Grundkapitals

1. Kapitalerhöhung gegen Einlagen (§§ 182 ff. AktG)

a) Rechtliche Grundlagen

Die Erhöhung des Grundkapitals nach den §§ 182 ff. AktG erfolgt in zwei Schritten: Zunächst beschließt die Hauptversammlung die Erhöhung des Grundkapitals um einen bestimmten Betrag oder um einen Betrag bis zu ... EUR.[68] Dieser Beschluss ist nach **§ 184 AktG** zum Handelsregister anzumelden und dort einzutragen. Die Eintragung bereitet die Durchführung der Kapitalerhöhung vor. Mit der Zeichnung der neuen Aktien und der Leistung der notwendigen Einlagen ist die Kapitalerhöhung durchgeführt. Dies ist nach **§ 188 AktG** zum Handelsregister anzumelden und dort einzutragen. Erst mit dieser Eintragung ist die Kapitalerhöhung wirksam. 73

Ein getrenntes Vorgehen ist aber nicht zwingend. Der Beschluss über die Erhöhung und seine Durchführung können auch gemeinsam zum Register angemeldet und eingetragen werden (vgl. § 188 Abs. 4 AktG).

Nach § 186 Abs. 1 S. 1 AktG steht jedem Aktionär bei einer Kapitalerhöhung ein **Bezugsrecht** entsprechend seinem bisherigen Anteil am Grundkapital zu. Dieses Bezugsrecht kann allerdings nach § 186 Abs. 3 AktG im Erhöhungsbeschluss ausgeschlossen werden, wobei dies ausdrücklich erklärt werden muss.[69] Dieser Ausschluss muss aber nicht nur zuvor bekannt gegeben werden (vgl. § 186 Abs. 4 S. 1); er ist aber durch den Vorstand zu begründen, wobei ein schriftlicher Bericht zu erstellen ist (vgl. § 186 Abs. 4 S. 2 AktG). Soweit dabei auf Verträge Bezug genommen wird, müssen diese in deutscher 74

---

68 Ist ein bestimmter Betrag angegeben, muss der Erhöhungsbetrag vollständig gezeichnet sein, weil sonst die Durchführung der Erhöhung nicht eingetragen wird, vgl. *Hüffer*, § 188 Rn 4; Kölner Kommentar/*Lutter*, AktG, § 188 Rn 8.
69 OLG Stuttgart NZG 2001, 232, 233; OLG Karlsruhe NZG 2002, 959.

Übersetzung vorliegen.[70] Nach der insoweit geänderten Rechtsprechung des BGH muss der schriftliche Bericht die Maßnahme nur allgemein umschreiben.[71] Diese Anforderungen sind aber dann nicht erfüllt, wenn der Bericht nur Allgemeinplätze enthält.[72] Aus dem Begründungserfordernis hat die Rechtsprechung geschlossen, dass der **Bezugsrechtsausschluss** einer sachlichen Rechtfertigung bedarf.[73] Diese ist auch durch das Registergericht zu prüfen.[74] Ein Bezugsrechtsausschluss ist bei börsennotierten Gesellschaften dabei in der Regel wirksam, wenn die zu erbringenden Bareinlagen nicht mehr als 10% des Grundkapitals betragen und der Ausgabebetrag den Börsenkurs nicht wesentlich unterschreitet, sog. vereinfachter Bezugsrechtsausschluss (§ 186 Abs. 3 S. 4 AktG).[75] Eine fehlende sachliche Rechtfertigung macht den Beschluss allerdings lediglich anfechtbar (vgl. dazu Rn 64). Um der faktischen Sperrwirkung einer Klage gegen einen Erhöhungsbeschluss entgegenzutreten, hat der Gesetzgeber mit dem Gesetz zur Unternehmensintegrität und Modernisierung des Anfechtungsrechts vom 22.9.2005 das **Freigabeverfahren** in § 246a AktG eingeführt.[76] Danach kann das Prozessgericht mit bindender Wirkung (§ 246a Abs. 3 S. 4 AktG) feststellen, dass die Klagegründe einer Eintragung nicht entgegenstehen.[77] Die Vorschrift unterscheidet sich insoweit von den Verfahren nach den § 319 Abs. 6 AktG, § 16 Abs. 3 UmwG. In den dortigen Fällen besteht mit der Klageerhebung ein rechtliches Eintragungshindernis, dass durch eine Entscheidung des Prozessgerichts aufgehoben wird. § 246a AktG gilt bei allen Beschlüssen über Maßnahmen der Kapitalbeschaffung, der Kapitalherabsetzung oder einen Unternehmensvertrag.

75 Die Leistung der Einlagen muss **zur freien Verfügung** des Vorstands erfolgen (vgl. dazu auch § 6 Rn 159). Die Erbringung der Einlagen ist

---

70 LG München BB 2001, 1648, 1649.
71 BGHZ 136, 133 = NJW 1997, 2815 unter Aufgabe von BGHZ 83, 319 = NJW 1982, 2444; BGH BB 2006, 457.
72 OLG München BB 2002, 1976 = ZIP 2002, 1580; vorgehend LG München BB 2001, 748.
73 BGHZ 71, 40, 43 ff. = NJW 1978, 1316; BGHZ 83, 319, 325 = NJW 1982, 2444.
74 *Krafka/Willer*, Rn 1399.
75 Vgl. OLG München OLGR 2006, 698 = NJW-RR 2006, 1473.
76 Dazu *Jahn*, BB 2005, 5. Vgl. auch LG München BB 2006, 459.
77 Der Beschluss ist mit der sofortigen Beschwerde anfechtbar. Die Rechtsbeschwerde dürfte ausgeschlossen sein, vgl. dazu BGHZ 168, 48 = NJW 2006, 2924 = MDR 2006, 1356. Zum Begriff der offensichtlichen Unbegründetheit OLG Frankfurt OLGR 2006, 300; OLG Düsseldorf ZIP 2004, 359.

nachzuweisen. Zur Bankbestätigung vgl. Rn 10. Zur Verwendung der Einlagen vor der Anmeldung und zur Aufgabe der Rechtsprechung des BGH zur wertgleichen Deckung siehe § 6 Rn 158.

Im Rahmen der Anmeldung der Kapitalerhöhung hat das Gericht, soweit sich Anhaltspunkte ergeben, neben den Formalien auch zu prüfen, ob nicht eine **Sachkapitalerhöhung** vorliegt. Ist dies der Fall, ist die Vorschrift des § 183 AktG zu beachten. Dabei ist insbesondere auch eine externe Prüfung der Werthaltigkeit der Sacheinlage nach § 183 Abs. 3 AktG erforderlich. Ein Sachkapitalerhöhungsprüfer ist zu bestellen. Insoweit gilt das zur Gründungsprüfung Gesagte entsprechend (vgl. Rn 21). Ist die Gesellschaft noch keine zwei Jahre im Register eingetragen, sind überdies auch die Nachgründungsvorschriften zu beachten (vgl. Rn 23). Bar- und Sachkapitalerhöhung können auch kombiniert werden.[78] Dabei sind die jeweiligen Vorschriften einzuhalten. 76

Häufige Fehlerquelle sind die **Zeichnungsscheine**. Wenn diese nicht alle Angaben nach § 185 Abs. 1 AktG enthalten, sind sie gemäß Abs. 2 nichtig. Mitunter wird im Registerverfahren auch die Vertretungsbefugnis der Zeichner geprüft, wenn diese für Dritte handeln. Dies wird jedenfalls bei vollständiger Leistung der Einlage entbehrlich sein. 77

Die Anmeldung hat dabei durch den Vorstand in vertretungsberechtigter Anzahl und den Vorsitzenden des Aufsichtsrates zu erfolgen. Soweit der **Vorsitzende des Aufsichtsrates** verhindert ist, ist unter den Voraussetzungen des § 107 Abs. 1 AktG auch sein Stellvertreter zur Anmeldung befugt. Die Anmeldung sollte insoweit einen klärenden Hinweis enthalten, um eine Nachfrage des Registergerichts entbehrlich zu machen. 78

b) Checkliste: Anmeldung

aa) Checkliste: Anmeldung des Beschlusses über die Erhöhung des Grundkapitals nach § 184 AktG[79]

- Liegt eine Anmeldung in der Form des § 12 Abs. 1 HGB durch den Vorstand in vertretungsberechtigter Anzahl und durch den Vorsitzenden des Aufsichtsrats vor? 79

---

[78] Zu dieser Kombination und zu einem Bezugsrechtsausschluss in Restrukturierungsfällen: *Lappe*, BB 2000, 313–318.

[79] Einer Anmeldung der Änderung der Satzung hinsichtlich der Grundkapitalziffer bedarf es nicht, weil diese erst mit der Durchführung der Kapitalerhöhung erhöht und erst mit dieser eingetragen wird.

- Enthält die Anmeldung die Versicherung nach § 184 Abs. 2 AktG über die noch nicht auf das Grundkapital geleisteten Einlagen?[80]
- Ist der notariell beurkundete Beschluss über die Kapitalerhöhung beigefügt?
- Ist bei einer Sachkapitalerhöhung ein Prüfer bestellt worden und liegt der Bericht vor?
- Liegen die Unterlagen in der notwendigen elektronischen Form vor (vgl. § 1 Rn 5 ff.)?

bb) **Checkliste: Anmeldung der Durchführung der Kapitalerhöhung nach § 188 AktG**

80
- Liegt eine Anmeldung der Durchführung der Kapitalerhöhung durch den Vorstand in vertretungsberechtigter Anzahl und durch den Vorsitzenden des Aufsichtsrates vor?
- Enthält die Anmeldung die Erklärung nach §§ 188 Abs. 2, 37 Abs. 1 AktG über die Leistung der Einlagen?
- Liegen die Zweitschriften der Zeichnungsscheine und ein vom Vorstand in vertretungsberechtigter Anzahl unterschriebenes Verzeichnis der Zeichner jeweils im Original vor?
- Liegt eine Berechnung der Kosten der Kapitalerhöhung,[81] aufgeschlüsselt entsprechend § 37 Abs. 4 Nr. 2 AktG, vor?
- Liegt im Fall der Barkapitalerhöhung die Bankbestätigung nach § 37 Abs. 1 S. 3 AktG oder ein gleichwertiger Nachweis über die Einlageleistung vor?
- Liegen im Fall der Sachkapitalerhöhung die notwendigen Unterlagen nach § 183 Abs. 3 Nr. 2 AktG vor?
- Liegt eine für die Kapitalerhöhung etwa erforderliche Genehmigung vor?
- Ist die Satzungsänderung hinsichtlich der Grundkapitalziffer in gehöriger Form beschlossen und angemeldet (vgl. Rn 70)?[82]

---

80 Zu dem Ausstehen von Einlagen in verhältnismäßig geringfügigem Umfang: 5% bei einem Grundkapital bis 250.000 EUR und 1% bei höherem Grundkapital, vgl. *Hüffer*, § 182 Rn 28; *Krafka/Willer*, Rn 1406.

81 Gemeint sind Steuern, Kosten der Beurkundung und Eintragung, Druckkosten für die Herstellung der Aktienurkunden, Kosten für die Börseneinführung, also auch für die Emissionsbank und Kosten der bestellten Prüfer. Die Kosten sind zu schätzen. Vgl. *Hüffer*, § 188 Rn 15; Heidel/*Elsner*, AktienR, § 188 AktG Rn 24.

82 Die Verbindung mit der Anmeldung der Durchführung ist zwingend erforderlich: *Hüffer*, § 188 Rn 11; Kölner Kommentar/*Lutter*, AktG, § 188 Rn 39.

- Liegt eine Anmeldung mit den notwendigen Unterlagen nach § 184 AktG vor?[83]
- Liegen die Unterlagen in der notwendigen elektronischen Form vor (vgl. § 1 Rn 5 ff.)?

2. Kapitalerhöhung aus bedingtem Kapital (§§ 192 ff. AktG)

a) Erhöhungsbeschluss und seine Anmeldung

Das Grundkapital einer Aktiengesellschaft kann auch **bedingt erhöht** werden (vgl. §§ 192 bis 201 AktG). Bedingtes und genehmigtes Kapital kann dabei bis zu den jeweiligen Grenzen auch nebeneinander bestehen.[84] Der Umfang der bedingten Erhöhung ist nach § 192 Abs. 3 AktG begrenzt. Die Erhöhung des Grundkapitals tritt im Fall einer bedingten Erhöhung außerhalb des Registers durch die Ausgabe der sog. **Bezugsaktien** ein (§ 200 AktG). Voraussetzung ist aber die Eintragung des entsprechenden Erhöhungsbeschlusses, der damit konstitutive Wirkung hat. Eine bedingte Kapitalerhöhung ist allerdings nur zu bestimmten Zwecken zulässig, wie sich aus § 192 Abs. 2 AktG ergibt.[85] Danach kommt als Zweck lediglich die Gewährung von Umtausch- und Bezugsrechten an Inhaber von Wandelschuldverschreibungen der Gesellschaft, die Vorbereitung eines Zusammenschlusses mehrerer Unternehmen und die Gewährung von Bezugsrechten an Arbeitnehmer oder Geschäftsführungsmitglieder dieser Gesellschaft oder eines verbundenen Unternehmens[86] in Betracht. Nicht zulässig ist ein Aktienoptionsprogramm für die Aufsichtsratsmitglieder.[87] Das Vorliegen eines **zulässigen Zwecks** ist bei der Anmeldung des Beschlusses nach § 195 AktG durch das Registergericht zu prüfen. Er ist auch mit der Bekanntmachung der Eintragung bekannt zu geben (vgl. § 196 AktG). Denkbar ist auch die Eintragung mehrerer bedingter Kapitalerhöhungen zu verschiedenen Zwecken, soweit § 192 Abs. 3 AktG beachtet wird. Das Verfahren der bedingten

---

83 Die Anmeldung nach § 184 AktG hat nämlich spätestens mit der Anmeldung nach § 188 AktG zu erfolgen.
84 BGH BB 2006, 457, 458 = NJW-RR 2006, 473.
85 Das „soll" im Wortlaut eröffnet kein Ermessen: *Hüffer*, § 192 Rn 9; *Krafka/Willer*, Rn 1500.
86 Zu den Anforderungen an den Hauptversammlungsbeschluss in diesen Fällen: *Vogel*, BB 2000, 937–940.
87 BGHZ 158, 122 = BB 2004, 621 = NJW 2004, 1109.

Kapitalerhöhung erfolgt in zwei Schritten: Zunächst wird der Beschluss über die bedingte Kapitalerhöhung eingetragen, später folgt die Anmeldung der Aktienausgabe nach § 201 AktG.

82 Die bedingte Kapitalerhöhung erfordert zwar nicht die Aufnahme einer entsprechenden gesonderten **Satzungsregelung, erst die Ausgabe der Aktien führt zu einer Veränderung der Grundkapitalziffer**; dies ist aber auch nicht ausgeschlossen und wird häufig schon aus Klarstellungsgründen praktiziert.[88] Soweit zugleich die Satzung geändert wird, sind die Anforderung an eine Satzungsänderung zu erfüllen (vgl. Rn 70). Die Änderung der Regelung über das Grundkapital tritt erst mit der Ausgabe der Bezugsaktien ein (§ 200 AktG). Eine entsprechende Anmeldung der Änderung des Grundkapitals kommt damit erst mit der Anmeldung nach § 201 AktG in Betracht.

83 Die bedingte Kapitalerhöhung ist auch mit **Sacheinlagen** möglich (vgl. § 194 AktG). Keine Sacheinlage stellt es dabei nach § 194 Abs. 3 AktG dar, wenn Arbeitnehmer der Gesellschaft die ihnen eingeräumte Gewinnbeteiligung zur Einlage verwenden. Auch bei der bedingten Kapitalerhöhung mit Sacheinlagen hat eine externe Pflichtprüfung stattzufinden, die vor einer Eintragung des Erhöhungsbeschlusses in das Handelsregister durchgeführt werden muss (vgl. § 194 Abs. 4 AktG). Insoweit kann auf die Darlegungen zur externen Gründungsprüfung verwiesen werden (vgl. Rn 21). Die Werthaltigkeit der Sacheinlage ist durch das Registergericht selbständig zu prüfen.

b) Checkliste: Anmeldung des Beschlusses über die bedingte Kapitalerhöhung nach § 195 AktG

84
- Ist eine Anmeldung der bedingten Kapitalerhöhung durch die Vorstandsmitglieder in vertretungsberechtigter Anzahl und den Vorsitzenden des Aufsichtsrates vorhanden?
- Liegt ein beurkundeter Hauptversammlungsbeschluss vor, der den Anforderungen des § 193 AktG entspricht?
- Waren Sonderbeschlüsse nach § 179 Abs. 3 AktG erforderlich?
- Liegt eine Kostenberechnung nach § 195 Abs. 2 Nr. 2 AktG vor?
- Soweit mit Sacheinlagen erhöht wird: Ist § 195 Abs. 2 Nr. 1 AktG beachtet worden?

---

88 *Hüffer*, § 192 Rn 5; *Krieger*, in: Münchener Handbuch zum Aktienrecht, § 57 Rn 33.

Die Aktiengesellschaft § 7

- Ist eine Satzungsregelung über das bedingte Kapital geschaffen: Sind zusätzlich die Vorschriften über die Satzungsänderung eingehalten worden?
- Liegen die Unterlagen in der notwendigen elektronischen Form vor (vgl. § 1 Rn 5 ff.)?

c) Anmeldung der Aktienausgabe

Mit der Ausgabe der Bezugsaktien erhöht sich nach § 200 AktG das Grundkapital der Gesellschaft außerhalb des Registers. Die Ausgabe der Aktien ist nach § 201 Abs. 1 AktG jeweils einen Monat nach dem Ablauf des Geschäftsjahres anzumelden, um eine Richtigstellung der Grundkapitalziffer im Register zu bewirken. Spätestens mit der Ausgabe aller Aktien oder dem Auslaufen der Bezugsfrist bedarf es auch einer Anpassung des Satzungswortlauts an die neue Grundkapitalziffer. Insoweit handelt es sich um eine **Fassungsänderung**, so dass die entsprechende Satzungsänderung durch den Aufsichtsrat nach § 179 Abs. 1 S. 2 AktG vorgenommen werden kann, wenn eine entsprechende Ermächtigung vorliegt (vgl. Rn 71 f.).

85

Für die Anmeldung nach § 201 AktG gilt:

86

- Die Anmeldung hat durch Vorstandsmitglieder in vertretungsberechtigter Anzahl zu erfolgen.
- Die Zweitschriften der Bezugserklärungen nach § 198 AktG sind vorzulegen.
- Ein vom Vorstand unterzeichnetes Verzeichnis der ausübenden Personen ist mit den Angaben zu ihren Einlagen einzureichen (§ 201 Abs. 2 AktG).
- Der Vorstand hat in der Anmeldung die Erklärungen nach § 201 Abs. 3 AktG abzugeben.
- Mit Ablauf der Bezugsfrist oder der Ausübung aller Bezugsrechte ist zusätzlich die Satzung hinsichtlich der Grundkapitalziffer und der Einteilung des Grundkapitals zu ändern und die Änderung ist anzumelden (vgl. Rn 70 oder 72).

3. Kapitalerhöhung aus genehmigtem Kapital (§§ 202 ff. AktG)

Eine weitere Maßnahme der Kapitalbeschaffung ist die Einräumung eines sog. **genehmigten Kapitals**. Dabei wird das Grundkapital bis zu einem bestimmten Nennbetrag (genehmigtes Kapital) durch Ausgabe neuer Aktien gegen Einlagen erhöht (vgl. § 202 Abs. 1 S. 1 AktG). Das genehmigte

87

Kapital kann im Wege der **Satzungsänderung** nach § 202 Abs. 2 AktG eingeräumt werden, die Ermächtigung kann aber auch schon in der Gründungssatzung enthalten sein (vgl. Rn 18). Die Höhe des genehmigten Kapitals ist nach § 202 Abs. 3 AktG begrenzt, die Ermächtigung kann nach § 202 Abs. 1 AktG nur befristet auf höchstens fünf Jahre erteilt werden. Auch die Kapitalerhöhung aus genehmigtem Kapital erfolgt in zwei Schritten: Zunächst ist die Eintragung der Ermächtigung in das Handelsregister zu bewirken; es handelt sich um eine Satzungsänderung, so dass § 181 AktG unmittelbar Anwendung findet.[89] Die Ausübung der Ermächtigung und die Ausgabe der neuen Aktien führt dann zur **Durchführung** der Kapitalerhöhung, die nach § 203 Abs. 1 AktG entsprechend § 188 AktG anzumelden ist. Die Kapitalerhöhung aus genehmigtem Kapital bedarf keiner besonderen Rechtfertigung. Sie steht gleichberechtigt neben der Kapitalerhöhung gegen Einlagen nach den §§ 182 ff. AktG.[90]

88 Die Ermächtigung kann auch vorsehen, dass die Kapitalerhöhung **unter Ausschluss des Bezugsrechts** der Aktionäre erfolgt.[91] In diesem Fall ist wichtig, dass bei der Erteilung der Ermächtigung nach § 203 Abs. 2 AktG die Vorschrift des § 186 Abs. 4 AktG beachtet wird. Wegen der näheren Einzelheiten siehe Rn 74. Danach ist die beabsichtigte Ermächtigung zum Bezugsrechtsausschluss ausdrücklich und ordnungsgemäß bekannt zu machen und der Vorstand hat einen schriftlichen Bericht zu erstellen.[92]

89 Nach einer Entscheidung des Kammergerichts[93] ist ein Ermächtigungsbeschluss zur Ausübung des genehmigten Kapitals dann anfechtbar, wenn das genehmigte Kapital bei einem Bezugsrechtsausschluss dazu eingesetzt wird, als **Mehrzuteilungsoption (Greenshoe-Verfahren)** zur Verfügung zu stehen, der Zuteilungspreis aber unter Missachtung des § 255 Abs. 2 AktG gebildet worden ist.

---

89 *Hüffer*, § 202 Rn 3; Kölner Kommentar/*Lutter*, AktG, § 202 Rn 5; Heidel/*Groß*, AktienR, § 202 AktG Rn 98.
90 OLG Karlsruhe NZG 2002, 959.
91 Auch der Vorstand kann zum Bezugsrechtsausschluss ermächtigt werden. Dann besteht keine Vorabberichtspflicht, sondern eine nachträgliche. Vgl. dazu BGHZ 136, 133 = NJW 1997, 2815 – Siemens/Nold; BGHZ 164, 249 = NJW 2006, 374 – Mangusta/Commerzbank II.
92 BGHZ 136, 133 = NJW 1997, 2815 – Siemens/Nold; zum genauen Inhalt des Berichts nun LG München I BB 2001, 748 und weniger streng LG Heidelberg BB 2001, 1809.
93 KGR 2002, 41 = AG 2002, 243; kritisch die Literatur, vgl. MüKo/*Bayer*, § 204 Rn 21 m.w.N.

Soweit die Ermächtigung Entsprechendes vorsieht, kommt nach § 205 AktG auch eine Erbringung von **Sacheinlagen** im Rahmen der genehmigten Kapitalerhöhung in Betracht. Auch insoweit ist im Fall der Durchführung der Erhöhung eine externe Prüfung der Werthaltigkeit vorzunehmen (vgl. § 205 Abs. 3 AktG). Die Bestellung des Prüfers richtet sich dabei wieder nach § 33 Abs. 3 bis 5 AktG (vgl. dazu Rn 21). In Betracht kommt auch, dass Verträge über die Sacheinlage auf das genehmigte Kapital bereits vor der Eintragung der Gesellschaft geschlossen werden; es gilt dann § 206 AktG.

90

Wegen der Anmeldung der Durchführung ist auf die Ausführungen zu § 188 AktG zu verweisen (Rn 80).

91

4. Kapitalerhöhung aus Gesellschaftsmitteln (§§ 207 ff. AktG)

Im Aktienrecht ist eine Kapitalerhöhung ferner durch **Umwandlung von Kapital- und Gewinnrücklagen in Grundkapital** möglich. Die Einzelheiten ergeben sich aus den §§ 207 ff. AktG. Die Anmeldung ist nach § 207 Abs. 2 S. 1 AktG i.V.m. § 184 Abs. 1 AktG durch den Vorstand in vertretungsberechtigter Anzahl und durch den Vorsitzenden des Aufsichtsrates zu bewirken. Dem Beschluss der Hauptversammlung ist nach § 207 Abs. 4 AktG eine **Bilanz** zugrunde zu legen. Die Bilanz ist mit einem uneingeschränkten Bestätigungsvermerk eines Abschlussprüfers zu versehen, und zwar auch dann, wenn das Grundkapital um einen relativ geringfügigen Betrag erhöht wird.[94] Diese Bilanz ist mit der Anmeldung beim Register einzureichen (vgl. § 210 Abs. 1 AktG). Handelt es sich nicht um die Jahresbilanz, ist die letzte Jahresbilanz zusätzlich einzureichen. Auch wenn das Registergericht nach § 210 Abs. 3 AktG nicht zu prüfen braucht, ob die vorgelegte Bilanz den gesetzlichen Vorschriften entspricht, ist dennoch zu prüfen, ob die Bilanz geprüft worden ist und ob der Bestätigungsvermerk des Prüfers uneingeschränkt erteilt worden ist (vgl. § 209 Abs. 1 AktG). Offensichtliche Mängel der Bilanz werden trotz § 210 Abs. 3 AktG beanstandet werden können. Vgl. auch die Rechtslage bei der GmbH (§ 6 Rn 182).

92

Nach § 212 S. 1 AktG erfolgt eine Erhöhung aus Gesellschaftsmitteln für die einzelnen Aktionäre verhältniswahrend. Der Umfang der Beteiligung des einzelnen Aktionärs ist von Gesetzes wegen gleich. Einer Zeichnung der

93

---

94 BayObLG Rpfleger 2002, 525 = BB 2002, 1288 (LS).

Aktien bedarf es daher nicht. Der **Grundsatz der Verhältniswahrung** ist zwingend; ein Verstoß führt zur Nichtigkeit des Beschlusses (§ 212 S. 2 AktG) und steht einer Eintragung entgegen. Auf die Verhältniswahrung kann auch nicht verzichtet werden.[95]

94 Zum Zeitpunkt der Anmeldung darf die Bilanz nicht älter als acht Monate sein (§ 209 Abs. 2 S. 2 AktG). Jede auch noch so kurze Überschreitung dieser **8-Monats-Frist** verbietet dem Registergericht eine Eintragung des Beschlusses (vgl. § 210 Abs. 2 AktG).[96] Fraglich ist, ob die Anmeldung zur Fristwahrung völlig beanstandungsfrei sein muss.[97] Insoweit wird das Gleiche zu gelten haben wie bei der GmbH (siehe § 6 Rn 188).

95 In der Anmeldung haben die Anmeldenden eine **Versicherung** dahin abzugeben, dass nach ihrer Kenntnis seit dem Stichtag der zugrunde gelegten Bilanz bis zum Zeitpunkt der Anmeldung keine Vermögensminderung eingetreten ist, die der Kapitalerhöhung entgegenstünde, wenn sie am Tag der Anmeldung beschlossen worden wäre (§ 210 Abs. 1 S. 2 AktG).

96 Dass es sich bei der Erhöhung um eine Kapitalerhöhung aus Gesellschaftsmitteln handelt, wird in der **Registereintragung** in Spalte 6 des Registerblattes ausdrücklich aufgenommen (vgl. § 210 Abs. 4 AktG).

97 Zu beachten bleibt, dass mit der Eintragung der Kapitalerhöhung aus Gesellschaftsmitteln mitunter automatisch auch die **Veränderung anderer Kapitalziffern** verbunden ist. So führt die Kapitalerhöhung aus Gesellschaftsmitteln zu einer automatischen Veränderung des bedingten Kapitals (vgl. § 218 AktG). Diese Veränderung tritt zwar kraft Gesetzes ein, dies führt aber nicht zu einer Berichtigung des Handelsregisters von Amts wegen. Die Änderung ist vielmehr durch Vorstandsmitglieder in vertretungsberechtigter Anzahl anzumelden.[98] Die Anmeldung kann durch das Registergericht nach § 14 HGB erzwungen werden. Ist die bedingte Kapitalerhöhung als Satzungsregelung ausgestaltet, bedarf es auch einer Berichtigung der Satzung; eine entsprechende **Satzungsneufassung** mit der Bescheinigung nach § 181 Abs. 1 S. 2 AktG ist einzureichen. Eine derartige Satzungsneufassung ist

---

95 OLG Dresden BB 2001, 1221.
96 OLG Frankfurt GmbHR 1981, 243 = BB 1981, 1253; LG Essen GmbHR 1982, 213 = BB 1982, 1901, jeweils zu § 7 KapErhG; *Krieger*, in: Münchener Handbuch zum Aktienrecht, § 59 Rn 23.
97 Die Anmeldung muss einwandfrei sein: Geßler/Hefermehl/*Bungeroth*, § 209 Rn 21; Kölner Kommentar/*Lutter*, AktG, § 209 Rn 6.
98 *Hüffer*, § 218 Rn 3; Kölner Kommentar/*Lutter*, AktG, § 218 Rn 3.

aber ohnehin einzureichen, weil sich mit der Eintragung des Kapitalerhöhungsbeschlusses automatisch auch die Grundkapitalziffer verändert.

5. Die Kapitalherabsetzung (§§ 222 ff. AktG)

a) Ordentliche und vereinfachte Kapitalherabsetzung

Die Voraussetzungen einer **Kapitalherabsetzung** richten sich nach den §§ 222 bis 239 AktG. Das Gesetz unterscheidet die 98
- **ordentliche** Kapitalherabsetzung (§§ 222–228 AktG) von der
- **vereinfachten** Kapitalherabsetzung (§§ 229–236 AktG).

Während die vereinfachte Kapitalherabsetzung nur besonderen Zwecken, wie z.B. dem Wertminderungsausgleich, dem Verlustausgleich oder der Einstellung in die Kapitalrücklagen, dienen darf (vgl. § 229 Abs. 1 S. 1 AktG), kann die ordentliche Kapitalherabsetzung auch der Einlagenrückzahlung oder der Zwangseinziehung nach § 239 AktG dienen.

Der Beschluss über die Kapitalherabsetzung muss zu seiner Wirksamkeit den **Zweck der Herabsetzung** angeben (vgl. § 222 Abs. 3 AktG).[99] Durch die Kapitalherabsetzung kann jedenfalls bei der ordentlichen Kapitalherabsetzung ein Buchertrag entstehen, weil dadurch bisher gebundenes Grundkapital freigegeben wird. Dieser Buchertrag muss durch den Vorstand einer Verwendung zugeführt werden, die durch die Zweckangabe vorgegeben ist. Daher reicht als Herabsetzungszweck nicht die Angabe „zur Euro-Umstellung", weil hierdurch die fehlende Anweisung an den Vorstand, wie mit dem freigewordenen Kapital zu verfahren ist, nicht ersetzt wird. 99

Ein **Fehlen der Zweckangabe** führt nach der überwiegenden Meinung lediglich zu einer Anfechtbarkeit des Erhöhungsbeschlusses. Nach den dargelegten Grundsätzen (vgl. § 6 Rn 124) bedeutet dies eigentlich, dass ein im Registerverfahren zu beachtendes Eintragungshindernis erst dann entsteht, wenn überhaupt eine Anfechtungsklage erhoben wird. Es ist insoweit aber unstreitig, dass die Zweckangabe auch der Gläubigerinformation dient. Will man hieraus nicht eine auch vom Registergericht jederzeit zu beachtende Nichtigkeit des gegen § 222 Abs. 3 AktG verstoßenden Beschlusses schließen, steht die Gläubigerinformation jedoch so im Vordergrund, dass hier ein 100

---

[99] *Hüffer*, § 222 Rn 13; MüKo/*Oechsler*, AktG, § 222 Rn 22; Heidel/*Terbrack*, AktienR, § 222 AktG Rn 25, 38.

von der Anfechtung unabhängiges Prüfungsmerkmal besteht. Dies entspricht im Ergebnis der Handhabung im GmbH-Recht (vgl. § 6 Rn 193).

101 Neben der Angabe des Zwecks bedarf es auch der Angabe der **Kapitalherabsetzungsart** (vgl. § 222 Abs. 4 AktG). Die Zusammenlegung von Aktien ist dabei gegenüber der Herabsetzung des Nennbetrags (Nennbetragsaktien nach § 8 Abs. 2 AktG) oder des auf die Aktie entfallenden anteiligen Betrags am Grundkapital (Stückaktien nach § 8 Abs. 3 AktG) subsidiär und kommt nur in Betracht, wenn die erste Alternative wegen der Unterschreitung des Nennbetrags oder Beteiligungsanteils unter 1 EUR ausscheidet.[100]

102 Der Kapitalherabsetzungsbeschluss bedarf, anders etwa als ein Bezugsrechtsausschluss bei der Kapitalerhöhung gegen Einlagen (vgl. dazu Rn 74), **keiner sachlichen Rechtfertigung**, da die Rechte der Aktionäre nicht unausgewogen tangiert werden können.[101] Denn ihre Beteiligungsquote und das Verhältnis ihrer Mitgliedschaftsrechte untereinander bleibt beibehalten, etwaig freigesetzte Beträge werden ihnen ausgezahlt oder verbleiben der Gesellschaft.[102] Dass Kleinaktionäre unter Umständen den Verlust ihrer Mitgliedschaft hinnehmen müssen, ist durch § 222 Abs. 4 AktG hinreichend berücksichtigt.[103]

b) Anmeldungen zur ordentlichen Kapitalherabsetzung

103 Der **Beschluss über die ordentliche Kapitalherabsetzung** ist nach § 223 AktG durch den Vorstand in vertretungsberechtigter Anzahl und durch den Vorsitzenden des Aufsichtsrates zur Eintragung in das Handelsregister anzumelden. Die Anmeldung hat in der Form des § 12 Abs. 1 AktG zu erfolgen. Der Anmeldung ist der Beschluss über die Herabsetzung in der gehörigen Form beizufügen. Die Eintragung der Herabsetzung wirkt konstitutiv; bereits mit der Eintragung des Beschlusses ist das Grundkapital herabgesetzt (§ 224 AktG). Diese Änderung der Grundkapitalziffer bedarf einer Satzungsänderung, die den oben beschriebenen Anforderungen unterliegt (vgl. Rn 70). Diese ist zugleich mit der Herabsetzung anzumelden.[104]

---

100 *Hüffer*, § 222 Rn 21; MüKo/*Oechsler*, AktG, § 222 Rn 48; Kölner Kommentar/*Lutter*, AktG, § 222 Rn 25.
101 BGHZ 138, 71, 76 = BB 1998, 810.
102 BGHZ 138, 71, 76 = BB 1998, 810.
103 BGHZ 138, 71, 76 = BB 1998, 810.
104 *Hüffer*, § 223 Rn 1; MüKo/*Bachner/Oechsler*, AktG, § 223 Rn 1; Kölner Kommentar/*Lutter*, AktG, § 223 Rn 6.

Nach § 227 Abs. 1 AktG ist auch noch die **Durchführung der Kapitalherabsetzung** anzumelden. Diese erfolgt durch den Vorstand in vertretungsberechtigter Anzahl. Die Eintragung hat – wie der Wortlaut nahe legt – lediglich deklaratorische Wirkung.[105]

Die Anmeldungen und Eintragungen nach §§ 223 und 227 AktG können miteinander verbunden werden (§ 227 Abs. 2 AktG). Im Fall der Herabsetzung des Nennbetrags der Aktien oder des auf die Aktie entfallenden anteiligen Betrags am Grundkapital bedarf es keiner weiteren Durchführungsmaßnahmen, so dass die Anmeldungen hier immer miteinander verbunden sind.[106]

Im Falle der Zusammenlegung der Aktien nach § 222 Abs. 4 S. 2 AktG sind die Maßnahmen nach § 226 AktG zu ergreifen und dem Registergericht gegenüber plausibel zu machen. Die Einreichung etwaiger Nachweise ist nicht erforderlich.[107]

Die **Bekanntmachung** der Eintragung des Beschlusses über die Herabsetzung des Grundkapitals wird mit dem Hinweis an die Gläubiger über ihr Recht auf Sicherheitsleistung nach § 225 Abs. 1 AktG verbunden.

Die Einzelheiten über die **Kapitalherabsetzung durch Einziehung** sind in den §§ 237 bis 239 AktG geregelt.

c) Anmeldungen zur vereinfachten Kapitalherabsetzung

Ein nach Maßgabe der §§ 229 Abs. 2, 230 AktG zulässiger Kapitalherabsetzungsbeschluss, der im Übrigen dem nach § 222 AktG zu entsprechen hat, ist nach § 229 Abs. 3 i.V.m. § 223 AktG vom Vorstand in vertretungsberechtigter Anzahl und vom Vorsitzenden des Aufsichtsrates zur Eintragung in das Handelsregister **anzumelden**. Die Ausführungen im Rahmen der ordentlichen Kapitalherabsetzung zu § 223 AktG (Anmeldung des Beschlusses) und § 227 AktG (Anmeldung der Durchführung) gelten hier entsprechend (vgl. Rn 103 ff.). Dem Beschluss über die Kapitalherabsetzung ist nach dem Gesetz nicht zwingend eine Bilanz zugrunde zu legen. Der Registerrichter hat aber gleichwohl die Voraussetzungen des § 229 Abs. 2 AktG zu prüfen.

---

105 *Hüffer*, § 227 Rn 1; MüKo/*Bachner/Oechsler*, AktG, § 227 Rn 1; Kölner Kommentar/*Lutter*, AktG, § 227 Rn 2.
106 *Hüffer*, § 227 Rn 2; MüKo/*Bachner/Oechsler*, AktG, § 227 Rn 2; Kölner Kommentar/*Lutter*, AktG, § 227 Rn 2.
107 *Hüffer*, § 227 Rn 6; MüKo/*Bachner/Oechsler*, AktG, § 227 Rn 5.

Soweit hierfür der letzte bereits eingereichte Jahresabschluss Aufschlüsse enthält, bedarf es keiner weiteren Vorlagen. Soweit eine Zwischenbilanz erstellt wurde, kann diese aber auch angefordert werden.[108]

110 Nach § 229 Abs. 3 AktG i.V.m. § 227 AktG ist auch die **Durchführung der Herabsetzung** zum Register anzumelden. Auch insoweit gilt das bereits Ausgeführte (vgl. Rn 104 f.).

111 Soweit die Kapitalherabsetzung **rückwirkende Kraft** entfalten soll, gilt § 234 AktG. Insoweit ist § 234 Abs. 3 AktG zu beachten, der eine Eintragung des Beschlusses innerhalb von drei Monaten nach seiner Fassung vorsieht. Auch wenn derartige Anmeldungen durch das Registergericht beschleunigt bearbeitet werden, empfiehlt sich hier eine vorherige Abstimmung mit dem zuständigen Gericht. Eine entsprechende Frist findet sich in § 235 Abs. 2 AktG für den Fall, dass die Kapitalherabsetzung mit einer Erhöhung verbunden wird.

6. Die Euro-Umstellung

112 Die Umstellung des Grundkapitals auf EUR ist in den §§ 3 und 4 EGAktG geregelt. Ebenso wie bei der GmbH ist eine Umstellung für Altgesellschaften nur dann notwendig, wenn diese nach dem 31.12.2001 eine Änderung des Grundkapitals eintragen lassen wollen (zur Registersperre vgl. auch § 6 Rn 141).

113 Besondere Bedeutung hat die Euro-Umstellung für Gesellschaften mit **Nennbetragsaktien**. Insoweit sind Erleichterungen durch Kapitalerhöhungen aus Gesellschaftsmitteln und für Kapitalherabsetzungen vorgesehen.[109] Dabei reicht unter anderem eine einfache Mehrheit für die Beschlussfassung aus (vgl. § 4 Abs. 2 EGAktG). Für Kapitalherabsetzungen gilt dies aber nur, wenn zumindest die Hälfte des Grundkapitals auf der Versammlung vertreten ist. Soweit bei der Umstellung mehrere Maßnahmen zugleich ergriffen werden, müssen sich die einzelnen Schritte hinreichend deutlich aus dem Beschluss und der Anmeldung ergeben.[110]

---

108 *Krafka/Willer*, Rn 1550.
109 Erleichterte Herabsetzung gilt nur für Glättung der Nennbeträge: OLG Frankfurt BB 2003, 386.
110 OLG Frankfurt BB 2001, 1424, 1425 = Rpfleger 2001, 431 = NZG 2001, 612 zur Verbindung einer Euro-Umstellung mit Kapitalherabsetzung und Umstellung auf Stückaktien.

Kaum Probleme bereitet die Umstellung, wenn das Grundkapital in **Stück-** 114
aktien eingeteilt ist, weil für diese nach § 8 Abs. 3 AktG lediglich ein
Mindestanteil von 1 EUR am Grundkapital vorgeschrieben ist. Eine glatte
Einteilung ist hier – anders als bei den Nennbetragsaktien – nicht erforder-
lich. Insoweit bietet sich vor der Euro-Umstellung eine Neueinteilung des
Grundkapitals in Stückaktien an.[111]

IV. Kosten

Die wegen der Eintragung der Satzungsänderung beim **Gericht** anfallenden 115
Gebühren berechnen sich nicht mehr nach einem Geschäftswert, der etwa bei
den Kapitalerhöhungen nach dem Erhöhungsbetrag zu berechnen war. Maßgebend ist vielmehr das Gebührenverzeichnis zur HRegGebVO. Danach ist
für die Eintragung von Beschlüssen der Hauptversammlung über Kapitalbeschaffungsmaßnahmen, die Kapitalherabsetzung und die Durchführung der
Kapitalerhöhung eine Gebühr nach Nr. 2400 GV in Höhe von 170 EUR zu
zahlen. Daneben fallen Auslagen für die Bekanntmachungskosten an. Sonstige Satzungsänderungen unterfallen der Nr. 2400 GV. Insoweit werden
Gebühren in Höhe von 40 EUR fällig. Hat die einzutragende Tatsache keine
wirtschaftliche Bedeutung, gilt Nr. 2501 GV. Die Gebühr beträgt danach
30 EUR. Betrifft die Satzungsänderung eine Sitzverlegung, findet Nr. 2300
GV Anwendung, die eine Gebühr von 110 EUR vorsieht.

Für die Berechnung der **Notargebühren** ist weiterhin auf denden Geschäfts- 116
wert abzustellen, der sich für die Anmeldung aus § 41a Abs. 1 Nr. 4, Abs. 4
Nr. 1 KostO und bei fehlender wirtschaftlicher Bedeutung aus § 41a Abs. 6
KostO ergibt. Für die Beglaubigung der Anmeldung erhält der Notar eine
halbe Gebühr, § 38 Abs. 2 KostO. Mit der Gebühr sind die Anmeldung und
die mit einer Kapitalmaßnahme verbundenen Versicherungen abgegolten.
Die Erteilung einer Satzungsneufassung mit der Bescheinigung nach § 179
AktG ist dann kostenloses Nebengeschäft, wenn der Notar auch den Hauptversammlungsbeschluss beurkundet hat. Ist dies nicht der Fall, steht ihm eine
halbe Gebühr nach § 147 Abs. 2 KostO zu, wobei der Geschäftswert nach
§ 30 KostO 10 bis 50% des Wertes nach § 41a Abs. 4 Nr. 1 KostO beträgt.

---

111 OLG Frankfurt BB 2001, 1424, 1425 = Rpfleger 2001, 431 = NZG 2001, 612.

Ob dies nur dann gilt, wenn der Notar die Fassung zu prüfen hat, oder auch dann, wenn er die Satzung nur zusammenstellen soll, ist umstritten.

117 Für die **Beurkundung des Beschlusses der Hauptversammlung** erhält der Notar nach § 47 KostO eine doppelte Gebühr; der Geschäftswert richtet sich nach §§ 41c, 41a Abs. 4 Nr. 1 KostO oder nach § 41a Abs. 1 Nr. 4 KostO.

G. Eingliederung und Ausschluss von Minderheitsaktionären

I. Die Eingliederung

1. Überblick

118 Die Eingliederung ist in den §§ 319 ff. AktG geregelt. Sie bedeutet die **organisatorische Einordnung einer Gesellschaft in eine andere.** Die rechtliche Selbstständigkeit der Gesellschaften wird davon nicht berührt. Der Verlust der Selbstständigkeit des eingegliederten Unternehmens betrifft nur das Innenverhältnis.

2. Ersteintragung

119 Das Gesetz unterscheidet zwischen der Eingliederung in eine Aktiengesellschaft, die 100% an dem einzugliedernden Unternehmen hält, und der Eingliederung in eine Aktiengesellschaft, die lediglich mindestens 95% der Aktien an dem einzugliedernden Unternehmen hält. Im letzten Fall gehen mit der Eingliederung alle Aktien auf die Hauptgesellschaft über. Diese hat die weichenden Aktionäre mit eigenen Aktien, jedenfalls aber in bar abzufinden. Bei der **Barabfindung,** deren Höhe nur im Spruchverfahren nach dem Gesetz über das gesellschaftsrechtliche Spruchverfahren überprüft werden kann, ist der Börsenkurs zu berücksichtigen.[112] Für eine derartige Eingliederung bedarf es aber nicht nur besonderer Anforderungen an die Einberufung; § 320 AktG sieht auch die Prüfung der Eingliederung durch vom Vorstand der zukünftigen Hauptgesellschaft bestellte Eingliederungsprüfer vor.

120 Für die Bearbeitung der Anmeldung der Eingliederung ist der **Richter** nach § 17 Nr. 1c RPflG zuständig. Die Eingliederung wird in jedem Fall erst mit der Eintragung in das Handelsregister wirksam (vgl. § 319 Abs. 7 AktG).[113]

---

[112] BVerfGE 100, 289 = NJW 1999, 3769; BGHZ 147, 108 = NJW 2001, 2080.
[113] *Emmerich/Habersack,* § 319 Rn 41.

Eine Durchsetzung der Anmeldung durch ein Zwangsgeldverfahren scheidet damit aus.[114] § 407 Abs. 2 AktG steht dem nicht entgegen.[115]

Die **Anmeldung** hat durch den Vorstand der einzugliedernden Gesellschaft in vertretungsberechtigter Anzahl in der Form des § 12 Abs. 1 HGB zu ihrem Register zu erfolgen (vgl. § 319 Abs. 4 AktG). Die Hauptversammlungsbeschlüsse sind mit ihren Anlagen in Ausfertigung oder beglaubigter Abschrift einzureichen. Der Vorstand hat Erklärungen nach § 319 Abs. 5 AktG abzugeben, soweit nicht das Verfahren nach § 319 Abs. 6 AktG erfolgreich durchgeführt wurde.[116] Die Klagerhebung führt hier zu einer **Registersperre**. Die Bekanntmachung der Eingliederung hat den nicht einzutragenden Hinweis nach § 321 AktG zu enthalten. Danach können die Gläubiger der eingegliederten Gesellschaft binnen sechs Monaten seit der Eintragung Sicherheit für ihre vor der Eingliederung begründeten Forderungen verlangen. 121

Für die Eintragung der Eingliederung wird vom Gericht eine **Gebühr** nach Nr. 2404 GV der HRegGebVO in Höhe von 60 EUR erhoben. 122

Der **Notar** erhält für die Anmeldung eine halbe Gebühr nach dem Geschäftswert, der für die Eintragung maßgeblich ist (vgl. § 38 Abs. 2 Nr. 7 KostO). Sind die jeweiligen Hauptversammlungsbeschlüsse zu beurkunden, entsteht für die Beurkundung eine doppelte Gebühr nach § 47 KostO. Für den Geschäftswert gilt das Gleiche wie für die Beschlüsse zu den Unternehmensverträgen (vgl. § 12 Rn 34): Es liegt ein Beschluss vor, der sich nicht auf einen Geldwert bezieht, so dass über § 41c Abs. 1 KostO die Regelung des § 41a Abs. 4 Nr. 1 KostO anzuwenden ist. 123

3. Eintragung der Beendigung

Die Eingliederung endet unter den Voraussetzungen des § 327 AktG. Die Beendigung ist nach § 327 Abs. 3 AktG zum Handelsregister anzumelden. Die Eintragung hat lediglich deklaratorische Bedeutung. Verpflichtet ist der Vorstand der eingegliederten Gesellschaft in vertretungsberechtigter Anzahl. 124

---

114 *Hüffer*, § 319 Rn 13.
115 *Hüffer*, § 327e Rn 2.
116 Der Beschluss ist mit der sofortigen Beschwerde anfechtbar. Die Rechtsbeschwerde dürfte ausgeschlossen sein, vgl. dazu BGHZ 168, 48 = NJW 2006, 2924 = MDR 2006, 1356. Zum Begriff der offensichtlichen Unbegründetheit OLG Frankfurt OLGR 2006, 300; OLG Düsseldorf ZIP 2004, 359. Trägt das Gericht ein, obwohl die Versicherung fehlt oder jedenfalls nicht ausreichend ist, liegt eine Amtspflichtverletzung vor: BGH NJW 2007, 224 = DNotZ 2007, 54 = NZG 2006, 956.

In der Anmeldung sind der Grund des Endes und der genaue Zeitpunkt anzugeben, die dementsprechend auch im Register vermerkt werden. Die **Kosten** entsprechen denen, die für die Ersteintragung entstehen (vgl. Rn 122).

II. Der Ausschluss von Minderheitsaktionären

125 Durch das Gesetz zur Regelung von öffentlichen Angeboten zum Erwerb von Wertpapieren und von Unternehmensübernahmen vom 20.12.2001[117] können nunmehr Minderheitsaktionäre aus einer Aktiengesellschaft herausgedrängt werden (**squeeze out**), wenn ein Hauptaktionär 95% oder mehr der Anteile an dieser Gesellschaft hält, ein Beschluss über die Übertragung der Anteile durch die Hauptversammlung gefasst und dieser Beschluss in das Handelsregister eingetragen wird (vgl. §§ 327a ff. AktG).[118] Mit der Eintragung des Beschlusses gehen alle Aktien der Minderheitsaktionäre auf den Hauptaktionär über (vgl. § 327e AktG). Die Regelungen sind verfassungsgemäß.[119]

126 Die Gewährung hat gegen Zahlung einer angemessenen Barabfindung zu erfolgen. Die Angemessenheit der Barabfindung ist durch einen vom Gericht zu bestellenden **Prüfer** zu überprüfen (vgl. § 327c Abs. 2 AktG). Der Prüfer wird auf Antrag des Hauptaktionärs durch das Landgericht entsprechend den Vorschriften über die Vertragsprüfer bei den Unternehmensverträgen bestellt (§§ 293b ff. AktG; § 12 Rn 26). Eine gerichtliche Überprüfung der Barabfindung kann nur im Verfahren nach dem Gesetz über das gesellschaftsrechtliche Spruchverfahren erfolgen, § 327f AktG.

127 *Hüffer* nimmt an, dass der Übertragungsbeschluss unter Umständen nicht notariell beurkundet werden müsste, weil er mit einfacher Stimmenmehrheit gefasst werden könnte.[120] Von Bedeutung ist die Frage der **Formbedürftigkeit**, weil die fehlende Beurkundung den Beschluss nach § 241 Nr. 2 AktG nichtig machen würde, wenn eine Beurkundung erforderlich wäre. Die

---

117 BGBl I S. 3822.
118 Näher *Krieger*, BB 2003, 53–62.
119 BGH BB 2005, 2651 = NZG 2006, 117; OLG Düsseldorf ZIP 2004, 359; LG Hamburg BB 2003, 1296; LG Berlin DB 2003, 707.
120 *Hüffer*, § 327e Rn 2.

Auffassung *Hüffers* ließe sich aber nur dann halten, wenn man von der Zulässigkeit uneinheitlicher Stimmrechtsausübung ausgehen würde.[121] Dies ist durchaus strittig, so dass sich die Beurkundung des Übertragungsbeschlusses in jedem Fall empfiehlt.

Zur Information der betroffenen Aktionäre haben ab dem Zeitpunkt der Einberufung in den Geschäftsräumen der Gesellschaft auch die Jahresabschlüsse und Lageberichte der letzten drei Geschäftsjahre auszuliegen (vgl. § 327c Abs. 3 Nr. 2 AktG). Das LG Hamburg hat insoweit entschieden, dass es sich auch dann um die Unterlagen der letzten drei Jahre und nicht um die letzten drei aufgestellen Abschlüsse handeln muss, wenn die Versammlung vor Ablauf der Aufstellungsfrist nach § 264 HGB stattfinden soll.[122] Ist eine Holdinggesellschaft betroffen, sind die Konzernabschlüsse vorzulegen, weil nur diese ein vollständiges Bild über die wirtschaftliche Lage vermitteln.[123] Werden diese Anforderungen nicht eingehalten, ist der Beschluss anfechtbar. Zu den Auswirkungen im Registerverfahren vgl. § 6 Rn 124. Allerdings führt auch hier eine Klage gegen den Beschluss zu einer Registersperre, die nur durch eine Entscheidung des Prozessgerichts überwunden werden kann (§§ 327e Abs. 2, 319 Abs. 6 AktG; vgl. dazu Rn 74).

128

Der gefasste Beschluss ist durch den Vorstand in vertretungsberechtigter Anzahl bei dem zuständigen Registergericht in der Form des § 12 Abs. 1 HGB **anzumelden**. Der Hauptversammlungsbeschluss ist mit seinen Anlagen in Ausfertigung oder beglaubigter Abschrift beizufügen. Darüber hinaus hat sich der Vorstand über die Wirksamkeit des Hauptversammlungsbeschlusses entsprechend § 319 Abs. 5 und 6 AktG zu erklären.[124]

129

Fraglich könnte sein, wer die Anmeldung nach § 327e AktG zu bearbeiten hat. Während Unternehmensverträge und Eingliederungen in § 17 RPflG ausdrücklich erwähnt werden, fehlt es daran in Bezug auf die Eintragung eines Übertragungsbeschlusses. Allerdings steht das Verfahren nach

130

---

121 Dazu näher Scholz/*Karsten Schmidt*, § 47 Rn 63 ff.
122 LG Hamburg BB 2002, 2625 m. abl. Anm. *Beier*.
123 OLG Celle DB 2004, 301.
124 Trägt das Gericht ein, obwohl die Versicherung fehlt oder jedenfalls nicht ausreichend ist, liegt eine Amtspflichtverletzung vor: BGH NJW 2007, 224 = DNotZ 2007, 54 = NZG 2006, 956.

§§ 327a ff. AktG der Eingliederung sehr nahe, so dass insoweit die Annahme eines Redaktionsversehens in Betracht kommt und die **Richterzuständigkeit** aus § 17 Nr. 1c RPflG zu folgern wäre.[125]

131 Die Eintragung des Übertragungsbeschlusses hat **konstitutive** Bedeutung und kann daher nicht durch das **Zwangsgeldverfahren** durchgesetzt werden. Dem steht nicht entgegen, dass § 327e AktG in § 407 Abs. 2 AktG nicht erwähnt wird. Denn auch insoweit wird ein Redaktionsversehen anzunehmen sein.[126]

H. Auflösung und Beendigung der Aktiengesellschaft

132 Die Vorschriften des Aktienrechts über die Auflösung und Beendigung der Aktiengesellschaft entsprechen denen für die GmbH, so dass auf die dortigen Ausführungen verwiesen werden kann (vgl. § 6 Rn 206 ff.). Die Vorschrift über die **Anmeldung der Auflösung** findet sich in § 263 AktG. Die **Anmeldung der Liquidatoren**, die nach § 265 Abs. 2 S. 2 AktG auch juristische Personen sein können, folgt aus § 266 AktG und die **Anmeldung der Beendigung** aus § 273 Abs. 1 AktG. Auch für die Aktiengesellschaft können nach § 265 Abs. 3 AktG **gerichtliche Abwickler** und nach §§ 264 Abs. 2 S. 2, 273 Abs. 4 AktG **Nachtragsliquidatoren** gerichtlich bestellt werden. Für die **Fortsetzung** der aufgelösten Aktiengesellschaft findet sich in § 274 AktG eine eigene Regelung. Danach ist mit der Anmeldung der Fortsetzung der Gesellschaft nachzuweisen, dass mit der Verteilung des Vermögens der Gesellschaft unter den Gesellschaftern noch nicht begonnen worden ist (vgl. § 274 Abs. 3 S. 2 AktG).

133 Für die Eintragung der Löschung fallen beim Registergericht keine **Gerichtsgebühren** an, vgl. Vorbem. 2 Abs. 3 GV zur HRegGebVO. Die Bekanntmachungskosten sind als Auslagen zu erstatten. Die Eintragungen zu den Liquidatoren unterfallen den gleichen Regeln wie die Eintragungen zu den Vorstandsmitgliedern (siehe hierzu Rn 47). Die gerichtliche Bestellung von Abwicklern oder Nachtragsliquidatoren ist nach § 121 KostO zu vergüten (siehe dazu auch § 6 Rn 228).

---

125 Zum gleichen Problem wegen der Nichterwähnung des § 327e AktG in § 407 Abs. 2 AktG: *Hüffer*, § 327e Rn 2.
126 *Hüffer*, § 327e Rn 2.

Entsprechendes gilt für die beim **Notar** anfallenden Kosten. Dieser erhält für die Beglaubigung der Anmeldung jeweils eine halbe Gebühr nach dem jeweiligen für das Gericht maßgebenden Geschäftswert (vgl. auch Rn 48 f.). 134

3. Kapitel: Die Personenhandelsgesellschaften im Handelsregister

§ 8 Die offene Handelsgesellschaft

Literatur

Benner, Neuer Streit um die Verwertung der Firma in der Insolvenz, Rpfleger 2002, 342–352; **Michalski**, OHG-Recht, 2000; **Schmidt, K.**, Alte Kündigungsklauseln und neue Kündigungsfolgen bei Personengesellschaften, BB 2001, 1–6; **Sudhoff**, Personengesellschaften, 7. Auflage 1999; **Wüstenberg**, Das Ausscheiden des Betreuten aus einer BGB-Erwerbsgesellschaft oder einer Partnerschaftsgesellschaft, Rpfleger 2002, 295–298.

A. Überblick

Anders als die juristischen Personen werden die **Personenhandelsgesellschaften**, also die offene Handelsgesellschaft und die Kommanditgesellschaft, nicht in das Register B, sondern in das **Register A** des Handelsregisters eingetragen. Für die Eintragungen ist der Rechtspfleger zuständig, weil es an einem Vorbehalt in § 17 RPflG fehlt. Die Anmeldungen sind in der Regel durch alle Gesellschafter zu bewirken, so dass eine eingehende Prüfung der Richtigkeit der angemeldeten Tatsachen in der Regel unterbleiben kann (vgl. dazu auch § 2 Rn 30).

Anmeldetatbestände finden sich in:

- § 106 HGB für die Ersteintragung
- § 107 HGB für Änderungen eintragungspflichtiger Umstände mit Ausnahme des Ausscheidens eines Gesellschafters
- § 143 Abs. 2 i.V.m. Abs. 1 HGB für das Ausscheiden eines Gesellschafters
- § 143 Abs. 1 HGB für die Auflösung der Gesellschaft
- § 144 Abs. 2 HGB für die Fortsetzung der Gesellschaft
- § 148 HGB für die Bestellung, Abberufung und Veränderung der Vertretungsbefugnis der Liquidatoren und schließlich in
- § 157 Abs. 1 HGB für das Erlöschen der Gesellschaft.

B. Ersteinragung der OHG

I. Rechtliche Grundlagen

3   Besteht eine OHG, sind alle Gesellschafter nach §§ 106, 108 HGB verpflichtet, die Gesellschaft zum Handelsregister anzumelden. Die entsprechende Eintragung ist **deklaratorischer** Natur.[1] Die Anmeldung kann vom Registergericht mit Hilfe des Zwangsgeldverfahrens nach § 14 HGB erzwungen werden. Soweit die Gesellschaft kein Handelsgewerbe betreibt, etwa weil der Umfang zu gering ist oder eine Vermögensverwaltung vorliegt, ist die Eintragung in das Register freiwillig (vgl. § 105 Abs. 2 HGB). Hier lässt erst die Eintragung die OHG entstehen. Die Anmeldung kann in diesem Fall nicht durch das Registergericht erzwungen werden, sie ist **konstitutiver** Natur.[2]

II. Einzelheiten

1. Vertragsschluss und die Gesellschafter

a) Grundvoraussetzungen

4   Die OHG ist nach § 105 Abs. 1 HGB eine Gesellschaft, deren Zweck auf den Betrieb eines Handelsgewerbes gerichtet ist. Soweit einer der Gesellschafter in seiner Haftung gegenüber den Gesellschaftsgläubigern beschränkt sein soll, kommt die OHG wegen § 128 HGB als Rechtsform nicht in Betracht. Häufig ist eine Kommanditgesellschaft gewollt. Der notwendig abzuschließende **Gesellschaftsvertrag** bedarf keiner besonderen Form, soweit nicht das Geschäft über die Einlageerbringung eine besondere Form verlangt.[3] Er kann daher auch stillschweigend geschlossen werden.[4] Allein in der Fortführung eines einzelkaufmännischen Gewerbes durch eine Erbengemeinschaft liegt aber kein solcher stillschweigender Abschluss eines Gesellschaftsvertrags.[5] Da beim Vertragsschluss in der Regel keine besondere Form einzuhalten ist, verlangt das Gesetz bei der Anmeldung auch nicht die

---

1 Baumbach/*Hopt*, § 105 Rn 12; Ebenroth/*Boujong*, § 105 Rn 28.
2 Baumbach/*Hopt*, § 105 Rn 12; Ebenroth/*Boujong*, § 105 Rn 26.
3 *Koller/Roth/Morck*, § 105 Rn 6; Baumbach/*Hopt*, § 105 Rn 54 f.
4 *Karsten Schmidt*, GesR, § 46 I 1 b.
5 BGHZ 92, 259, 264 = NJW 1985, 136; Palandt/*Edenhofer*, § 2032 Rn 7; Erman/*Schlüter*, § 2032 Rn 4; Baumbach/*Hopt*, § 1 Rn 38. Eine Fortführung in Erbengemeinschaft liegt aber nicht mehr vor, wenn das Geschäft durch Erbteilserwerber fortgeführt wird, vgl. KG KGR 1999, 70.

Vorlage eines entsprechenden Vertrages.[6] Die Richtigkeit der behaupteten Angaben wird dadurch gewährleistet, dass die Anmeldungen im Register A regelmäßig durch alle Betroffenen zu bewirken sind (vgl. dazu § 2 Rn 30). Lag daher vorher noch kein entsprechender Vertragsschluss vor, so findet sich dieser jedenfalls in der gemeinsamen Anmeldung zum Handelsregister.[7]

b) Minderjährige, Geschäftsunfähige

Gesellschafter einer OHG können alle natürlichen und juristischen Personen sein. Probleme bereiten insoweit allein **Minderjährige, andere Geschäftsunfähige und in der Geschäftsfähigkeit Beschränkte**, weil diese nach §§ 1643, 1822 Nr. 3 BGB für den Vertragsschluss einer **vormundschafts- oder familiengerichtlichen Genehmigung** bedürfen. Sind auch die Eltern als Gesellschafter an der Gründung beteiligt, müssen die Kinder zusätzlich wegen der §§ 1795, 181 BGB durch **Ergänzungspfleger** vertreten werden. Jedes Kind ist dabei durch einen eigenen Pfleger zu vertreten; dies ergibt sich bereits aus § 181 BGB.[8] Die Problematik des **§ 181 BGB** zeigt sich überdies nicht nur bei den vertragsbegründenden Abreden, sondern auch bei den vertragsändernden Maßnahmen.[9] Lediglich bei den Geschäftsführungsmaßnahmen wird eine Anwendung des § 181 BGB abgelehnt.[10] Eine Genehmigung des Vormundschafts- oder Familiengerichts ist bei der Vertragsänderung grundsätzlich nur dann erforderlich, wenn diese den Minderjährigen selbst betrifft.[11]

c) Sonstige Gesellschafter der OHG

Neben den juristischen Personen[12] können auch Personenhandelsgesellschaften selbst wie die OHG und die KG Gesellschafter einer anderen Personenhandelsgesellschaft sein. Verneint wurde dies bisher für die **BGB-Gesellschaft**.[13] Der BGH hat der BGB-Gesellschaft aber mittlerweile zivilprozessuale Parteifähig-

---

6 Selbst wenn die Einhaltung einer bestimmten Form, etwa wegen der Einbringung eines Grundstücks die notarielle Beurkundung, erforderlich ist, hat dies auf die Vorlagepflicht gegenüber dem Handelsregister keinen Einfluss.
7 BGH WM 1984, 1605, 1606; 1985, 1229; NJW-RR 1986, 28.
8 Palandt/*Diederichsen*, § 1795 Rn 2; Erman/*Holzhauer*, § 1795 Rn 7.
9 BGHZ 65, 93, 96 = NJW 1976, 49; BGHZ 112, 339, 342 = NJW 1991, 691; Baumbach/*Hopt*, § 119 Rn 22.
10 Baumbach/*Hopt*, § 119 Rn 22.
11 Baumbach/*Hopt*, § 105 Rn 26; *Ebenroth/Boujong*, § 105 Rn 68.
12 Diese können sogar bereits als Vorgesellschaft, also ab der Beurkundung des Gesellschaftsvertrages bzw. der Satzung, Gesellschafter sein: BGHZ 80, 129, 132 = GmbHR 1981, 114 = NJW 1981, 1373.
13 BGHZ 46, 291, 296 = NJW 1967, 826; Baumbach/*Hopt*, § 105 Rn 29.

keit zuerkannt,[14] in der Folge dieser Entscheidung geht er nunmehr davon aus, dass eine BGB-Gesellschaft auch Kommanditistin sein kann.[15] Die flüchtige Struktur der BGB-Gesellschaft spricht aber nach wie vor dagegen, sie als Gesellschafterin einer OHG anzuerkennen.[16] Der Gesetzgeber hat in Reaktion auf die Rechtsprechungsänderung auch nur Regelungen für den Fall getroffen, dass eine BGB-Gesellschaft als Kommanditistin auftritt. Die Erbengemeinschaft kann ebenfalls wegen ihrer auf eine Abwicklung gerichteten Zielsetzung nicht Gesellschafterin einer OHG sein, ehelichen Gütergemeinschaften fehlt die notwendige Rechtsfähigkeit.[17] Ebenfalls Gesellschafter können ausländische Gesellschaften sein, soweit diese als rechtsfähig anzusehen sind. Bei der Beurteilung der Rechtsfähigkeit wird das Gleiche wie bei der Frage zu gelten haben, ob eine ausländische Gesellschaft Gesellschafter einer GmbH sein kann (vgl. § 6 Rn 9).[18]

2. Firma und Sitz

7   Mit der Handelsrechtsreform zum 1.7.1998[19] ist auch das Firmenrecht der Personenhandelsgesellschaften reformiert worden. Das Firmenrecht für die verschiedenen Gesellschaftsformen ist abgesehen vom Rechtsformzusatz nunmehr identisch. Die **Firma der OHG** muss daher die Anforderungen des § 18 HGB erfüllen, den Rechtsformzusatz nach § 19 Abs. 1 Nr. 2 HGB und unter Umständen den Haftungsbeschränkungszusatz nach § 19 Abs. 2 HGB enthalten sowie gegenüber anderen im gleichen Register eingetragenen Firmen deutlich unterscheidbar sein (vgl. § 30 HGB). Dass die Firma aus dem Nachnamen mindestens eines der Gesellschafter besteht, ist nicht mehr erforderlich.[20] Wegen der Einzelheiten zur Firmenbildung wird auf § 5 Rn 28 ff. verwiesen.

---

14 BGHZ 146, 341 = NJW 2001, 1056 = BB 2001, 374 = MDR 2001, 459 m. krit. Anm. *Müther*.
15 BGHZ 148, 291 = BB 2001, 1966; Vorlagebeschluss: BayObLG BB 2000, 2380.
16 A.A. LG Berlin BB 2003, 1351; *Karsten Schmidt*, GesR, § 46 I 1 b, der allein ein formales Eintragungsproblem sieht.
17 BayObLG NJW-RR 2003, 899 = DB 2003, 715.
18 BGHZ 22, 192 = NJW 1957, 180; BGHZ 58, 316, 317 = NJW 1972, 1755; Palandt/*Edenhofer*, § 2032 Rn 8; Erman/*Schlüter*, § 2032 Rn 4; Baumbach/*Hopt*, § 105 Rn 29.
19 Vom 22.6.1998 (BGBl I S. 1474).
20 Zu dem Problem der Verwertung einer Firma nach neuem Recht in der Insolvenz vgl. *Benner*, Rpfleger 2002, 342 ff.; *Koller/Roth/Morck*, § 17 Rn 25; zum alten Recht etwa BGHZ 32, 103, 108 = NJW 1960, 1008.

Bei der Firmenwahl zu beachten ist, dass es unter Umständen zu einer 8
Haftung für Altverbindlichkeiten kommen kann. Übernimmt die Gesellschaft
etwa ein bereits bestehendes Handelsgeschäft unter Fortführung der dortigen
Firma, haftet sie für die bisherigen Verbindlichkeiten (vgl. § 25 HGB).
Entsteht die Gesellschaft dadurch, dass jemand einem einzelkaufmännischen
Geschäft als persönlich haftender Gesellschafter oder Kommanditist beitritt,
greift die Haftung auch ohne **Firmenfortführung** ein (vgl. § 28 HGB). In
beiden Fällen kommt die Eintragung eines Haftungsausschlusses nach § 25
Abs. 2 HGB in Betracht, die aber zeitnah zur Übernahme bzw. zum Beitritt
erfolgen muss.[21] Eine verspätete Eintragung ist unwirksam. Dem Registergericht
soll insoweit zwar keine unmittelbare Prüfungspflicht obliegen; eine
offensichtliche verspätete Anmeldung soll aber zurückzuweisen sein.[22] Dabei
soll ein Zuwarten von mehr als sechs Wochen bereits schädlich sein, eine im
Beschwerdeverfahren durchgesetzte Eintragung von fünf Monaten kann
demgegenüber aber noch genügen.[23]

Für den **Sitz** kommt es auf den tatsächlichen Ort der Geschäftsführung an.[24] 9
Davon abweichende Bestimmungen im Gesellschaftsvertrag sind für das
Registergericht irrelevant. Der Sitz bestimmt dabei auch die örtliche Zuständigkeit
des Registergerichts (vgl. § 2 Rn 20). Die Lage der Geschäftsräume
ist mit der Anmeldung anzugeben und wird in die Bekanntmachung aufgenommen
(vgl. § 24 HRV).

3. Unternehmensgegenstand

Nach § 24 HRV ist mit der Anmeldung der Gesellschaft auch der Geschäfts- 10
zweig anzugeben, in dem die Gesellschaft tätig wird. Diese Angabe ermöglicht
dem Registergericht unter Umständen die Feststellung, dass eine Eintragung
ausscheidet, weil kein Gewerbe betrieben wird. Ein **Gewerbe** liegt
dann vor, wenn eine selbstständige, außengerichtete und planmäßige Tätigkeit
in Gewinnerzielungsabsicht vorgenommen werden soll, die nicht freibe-

---

21 BGH WM 1992, 736; Baumbach/*Hopt*, § 25 Rn 15.
22 OLG Frankfurt BB 1977, 1571; BayObLG WM 1984, 1535 (5 Monate).
23 Vgl. dazu Baumbach/*Hopt*, § 25 Rn 15.
24 BGH WM 1957, 999; WM 1969, 293; KG KGR 1997, 53 = BB 1997, 173, 174; *Keidel/Schmatz/Stöber*, Rn 607; Baumbach/*Hopt*, § 106 Rn 8.

ruflicher Natur ist.[25] Die Auflistung in § 1 Abs. 2 PartGG stellt keine bindende Feststellung darüber dar, ob eine Tätigkeit als freiberufliche Tätigkeit anzusehen ist.[26] Insoweit gilt nichts anderes als beim Einzelkaufmann (vgl. dort § 10 Rn 6). Eine an sich nicht gewerbliche Vermögensverwaltung kann durch eine OHG allerdings aufgrund des § 105 Abs. 2 HGB betrieben werden. Wird ein allgemein zulässiges Gewerbe betrieben, kommt es auf eine öffentlich-rechtliche Erlaubnis nach § 7 HGB nicht an; ihr Vorliegen wird daher auch im Registerverfahren nicht geprüft. Liegt eine freiberufliche Tätigkeit vor, kommt eine Partnerschaftsgesellschaft als Gesellschaftsform in Betracht (vgl. § 14 Rn 1). Der Unternehmensgegenstand der OHG ist – anders als bei den Kapitalgesellschaften und den Partnerschaftsgesellschaften – nicht in das Register einzutragen.[27]

11 Umfasst der Gegenstand auch nichtgewerbliche Tätigkeiten, insbesondere freiberufliche Tätigkeiten, entscheidet der Schwerpunkt, ob diese **Mischtätigkeit** noch als gewerbliche Tätigkeit angesehen werden kann, die unter § 1 HGB fällt.[28] Dies gilt allerdings nur dann, wenn die Tätigkeiten nicht ohnehin getrennt organisiert sind (vgl. auch zur Partnerschaftsgesellschaft § 14 Rn 24).

4. Handelsgewerbe

12 Das Entstehen einer OHG setzt voraus, dass die Gesellschaft ein Handelsgewerbe betreibt. § 1 Abs. 2 HGB verlangt dafür neben einer gewerblichen Tätigkeit, dass diese zusätzlich **einen in kaufmännischer Weise eingerichteten Geschäftsbetrieb** erfordert. Entscheidend ist insoweit eine Gesamtbetrachtung.[29]

---

25 Baumbach/*Hopt*, § 1 Rn 11–21; *Koller/Roth/Morck*, § 1 Rn 3–15; *Ebenroth/Kindler*, § 1 Rn 20–38. Zur Einstufung einer Heilpraktikertätigkeit als Gewerbe: BGHZ 144, 86 = NJW 2000, 1940 zu § 196 BGB a.F.; auch die Entwicklung und der Vertrieb von Software hat gewerblichen Charakter, vgl. BayObLG Rpfleger 2002, 454. Zur einer ARGE als OHG: OLG Dresden NJW-RR 2003, 257 = DB 2003, 317, dazu auch *Müther*, Handelsrecht, § 3 Rn 9; OLG Düsseldorf NJW-RR 2003, 1120 nimmt eine Handelsgesellschaft auch an, wenn die erzielten Gewinn karitativen Zwecken zugeführt werden sollen. Vgl. auch BGH NJW 2006, 2250 = MDR 2006, 1271: Gewinnerzielungsabsicht für unternehmerische Tätigkeit nicht erforderlich.
26 BGH BGHZ 144, 86 = NJW 2000, 1940; *Karsten Schmidt*, GesR, § 64 I 2 b.
27 Weder eintragungspflichtig noch eintragungsfähig: KG JW 1934, 1730; Baumbach/*Hopt*, § 8 Rn 5.
28 *Koller/Roth/Morck*, § 1 Rn 25.
29 BGH BB 1960, 1067; OLG Dresden NJW-RR 2002, 33.

Relevante Kriterien **quantitativer** Art sind: der Umsatz, der Kapitaleinsatz, 13
die Inanspruchnahme von Kredit, Umfang der Werbung und Lagerhaltung.

Kriterien **qualitativer** Art sind: Zahlung und Funktion der Beschäftigten, 14
Vielfalt der Waren und Geschäftsverbindungen, Internationalität des Geschäfts, Zahl der Betriebsstätten, Größe des Geschäftslokals und Vergleichbares.[30]

Ist das Geschäft erst kurz zuvor aufgenommen worden, kommt es darauf an, 15
ob der kaufmännische Umfang des Geschäftsbetriebs alsbald eindeutig zu
erwarten ist.[31] Für eine genaue Einschätzung wird das Registergericht im
Zweifel die Stellungnahme der IHK nach § 126 FGG (vgl. dazu auch § 2
Rn 41) einholen. Orientierungsmaßstab kann aber gleichwohl die häufig
genannte Umsatzschwelle von 250.000 EUR sein.[32]

Von Bedeutung ist diese Unterscheidung zwischen kaufmännischem und 16
nichtkaufmännischem Umfang des Geschäfts für die Frage, ob die Gesellschaft erst mit der Eintragung entsteht oder ob sie bereits vorher entstanden
ist. Wird der Beginn der Gesellschaft ohnehin von der Eintragung im
Handelsregister abhängig gemacht, bedarf es keiner weiteren Prüfung. Anders liegt der Fall aber dann, wenn der **Geschäftsbetrieb vor der Eintragung aufgenommen** worden ist und eintragungsrelevante Umstände
eingetreten sind. Dies ist etwa der Fall, wenn ein ursprünglicher Gesellschafter nach der Geschäftsaufnahme, aber vor der Eintragung ausgeschieden
ist. Bestand die OHG schon vor der Eintragung, dann sind seine ursprüngliche Gesellschafterstellung wie auch sein Ausscheiden gleichwohl im Register zu vermerken.[33] Fehlt es an der Voreintragung, gilt insoweit § 15
Abs. 1 HGB (vgl. dazu § 2 Rn 11).

5. Vertretung

a) Die Vertretung im Allgemeinen

Nach § 125 Abs. 1 HGB wird die OHG durch alle Gesellschafter vertreten. 17
Diese besitzen dabei Einzelvertretungsbefugnis.[34] Die Vertretungsmacht

---

30 Baumbach/*Hopt*, § 1 Rn 23; *Koller/Roth/Morck*, § 1 Rn 44.
31 Baumbach/*Hopt*, § 105 Rn 4; *Ebenroth/Kindler*, § 1 Rn 54; *Koller/Roth/Morck*, § 1 Rn 25.
32 *Ebenroth/Kindler*, § 1 Rn 51; *Koller/Roth/Morck*, § 1 Rn 44; *Röhricht/Röhricht*, § 4 Rn 9.
33 OLG Oldenburg GmbHR 1988, 140; *Koller/Roth/Morck*, § 143 Rn 4.
34 Baumbach/*Hopt*, § 125 Rn 10; *Michalski*, § 125 Rn 19.

steht nur den Gesellschaftern zu, weil im Personengesellschaftsrecht bis zum Zeitpunkt der Auflösung der Gesellschaft der **Grundsatz der Selbstorganschaft** gilt (zur Vertretung während der Auflösung vgl. Rn 58).[35] Diesen Grundsatz können die Gesellschafter zwar nicht abschaffen, sie können aber Abweichungen von dem **Grundsatz der Einzelvertretungsbefugnis** aller Gesellschafter vereinbaren (vgl. § 125 Abs. 2 HGB). Die genaue Ausgestaltung ist dabei gesetzlich nicht vorgegeben. So kann die gemeinsame Vertretung aller Gesellschafter oder die Vertretung durch zwei oder mehr Gesellschafter gemeinsam vorgesehen werden.

18 Nach § 125 Abs. 3 HGB kann auch die Beteiligung eines **Prokuristen** an der Vertretung vereinbart sein. Es handelt sich dabei um die **sog. gemischte oder unechte Gesamtvertretung**, die nicht mit der nichtorganschaftlichen Vertretung eines Prokuristen in Gemeinschaft mit einem Gesellschafter nach § 53 Abs. 1 S. 2 HGB verwechselt werden darf.[36] Unwirksam ist die Bindung des einzigen vertretungsberechtigten Gesellschafters an die Mitwirkung eines Prokuristen oder die Bindung jeder Vertretungshandlung an die Mitwirkung eines Prokuristen.[37] Denn durch eine solche Vereinbarung würde der Grundsatz der Selbstorganschaft verletzt.

19 Einzelne Gesellschafter können auch überhaupt **von der Vertretung ausgeschlossen** werden (vgl. § 125 Abs. 1 HGB). Dies trifft aber nicht per se für die minderjährigen Gesellschafter zu.[38] Denn diese werden durch ihre gesetzlichen Vertreter vertreten. Auch ihr Ausschluss von der Vertretung bedarf daher der Vereinbarung und Eintragung in das Handelsregister.

20 Ist für die Gesellschafter Gesamtvertretung angeordnet und fällt einer der Gesellschafter weg, führt dies nicht dazu, dass nunmehr jeder Gesellschafter einzelvertretungsbefugt wäre. Denn dies sollte nach dem Gesellschaftsvertrag gerade ausgeschlossen werden. Ist aber nur noch ein anderer vertretender Gesellschafter vorhanden, so muss dieser bis zur Behebung des Mangels auch alleine vertretungsbefugt sein.[39] Diese Fallgestaltung wird in erster Linie bei einer KG auftreten können.

---

35 BGHZ 26, 330, 333 = NJW 1958, 330; BGHZ 41, 367, 369 = NJW 1964, 1624.
36 Baumbach/*Hopt*, § 125 Rn 25.
37 Baumbach/*Hopt*, § 125 Rn 20; *Ebenroth/Hillmann*, § 125 Rn 38.
38 Baumbach/*Hopt*, § 125 Rn 10; *Ebenroth/Hillmann*, § 125 Rn 48.
39 BGHZ 41, 367 = NJW 1964, 1626 = BB 1964, 785.

Besonderer Probleme werfen im Rechtsverkehr immer wieder Fallgestaltungen auf, in denen ein Gesellschafter bei der rechtsgeschäftlichen Vertretung der Gesellschaft entweder selbst Vertragspartner der Gesellschaft sein soll oder zumindest zugleich einen Dritten vertritt. Eine derartige Vertretung ist nur unter den **Voraussetzungen des § 181 BGB** zulässig. Die entsprechende generelle Ermächtigung kann auch in das Handelsregister eingetragen werden.[40] Soweit die Gesellschaft juristische Personen als Gesellschafter besitzt, so kann auch deren Befreiung von den Beschränkungen des § 181 BGB eingetragen werden. Anerkannt ist mittlerweile auch, dass die Befreiung der Vertretungsorgane der juristischen Personen von den Beschränkungen des § 181 BGB für die Personenhandelsgesellschaften in deren Register eingetragen werden kann.[41] Verlangt wird insoweit aber, dass die Eintragung unabhängig von den Eintragungen bei der juristischen Person Bestand haben kann (vgl. näher § 9 Rn 53).

21

b) Die Anmeldung der Vertretungsbefugnis

Nach § 125 Abs. 4 HGB a.F. waren **Abweichungen von der gesetzlich vorgesehenen Einzelvertretungsbefugnis** aller Gesellschafter durch alle Gesellschafter **zur Eintragung anzumelden**. Die Vorschrift ist durch das Gesetz über elektronische Register und Justizkosten für Telekommunikation (ERJuKoG) vom 10.12.2001[42] gestrichen.[43] Nunmehr ist **jede Vertretungsbefugnis** nach § 106 Abs. 2 Nr. 4 HGB **anzumelden** und dementsprechend auch einzutragen. Dadurch wird der Informationsgehalt des Registers erhöht, weil jetzt jede Vertretungsbefugnis unabhängig von der Rechtsform dem Registerblatt entnommen werden kann. In der Anmeldung ist dabei die jeweilige Vertretungsbefugnis konkret anzumelden. Anzugeben ist demnach auch, ob und welcher Gesellschafter die Gesellschaft überhaupt nicht vertreten darf. Dass nach dem Gesellschaftsvertrag die Möglichkeit besteht, einen Gesellschafter von der Vertretung auszuschließen, ist weder anzumelden noch einzutragen.[44]

22

---

40 OLG Hamm BB 1983, 858, 859; OLG Hamburg ZIP 1986, 1186, 1187; BayObLG ZIP 2000, 701 f.; *Ebenroth/Hillmann*, § 125 Rn 53.
41 BayObLG Rpfleger 2000, 115, 394, 395.
42 BGBl I S. 3422.
43 Zur alten Fassung noch *Müther*, in: Arens, AnwF GesR, § 35 Rn 15.
44 OLG Köln NJW-RR 2004, 1106 = Rpfleger 2004, 571.

23 Die **Anmeldeverpflichtung** trifft auch die Gesellschafter, die von der Vertretung gänzlich ausgeschlossen sind. Der Mitwirkung eines Prokuristen im Falle der Vereinbarung einer unechten oder gemischten Gesamtvertretung (Rn 18) bedarf es nicht.[45]

24 Die bisher vorgesehene Verpflichtung der vertretungsberechtigten Gesellschafter, ihre Unterschrift unter Angabe der Firma **zur Aufbewahrung zu zeichnen**, ist mit dem EHUG entfallen, vgl. § 1 Rn 4.

c) Die Altfälle

25 Da die Regelung des § 106 Abs. 2 Nr. 4 HGB für die bereits eingetragenen Gesellschaften keine Bedeutung hat, hat der Gesetzgeber in Art. 52 EGHGB eine Übergangsregelung eingeführt. Danach besteht nur anlässlich einer Anmeldung der Abweichung der Vertretungsbefugnis vom gesetzlichen Regelfall eine Anmeldepflicht (Art. 52 S. 1 EGHGB). Gemeint sind damit die alten Anmeldefälle nach § 125 Abs. 4 HGB. Weiter entsteht eine entsprechende Anmeldepflicht mit der Auflösung. Das Registergericht kann aber von Amts wegen die Eintragung der bisher fehlenden Angaben zur Einzelvertretungsbefugnis vornehmen (vgl. Art. 52 S. 2 EGHGB).

III. Checkliste: Anmeldung nach § 106 HGB

26
- Liegt ein (Handels-)Gewerbe vor (vgl. Rn 10 ff.)?
- Bestehen Bedenken gegen einen wirksamen Vertragsschluss (Minderjährige; Doppelvertretung. Können alle Beteiligten Gesellschafter sein, vgl. Rn 5 f.)?
- Entspricht die Firma den gesetzlichen Anforderungen (vgl. Rn 7)?
- Liegt eine Anmeldung aller Gesellschafter in der Form des § 12 HGB elektronisch vor (vgl. Rn 3 und § 2 Rn 31)?
- Enthält die Anmeldung die Angaben nach § 106 HGB?
- Ist die Vertretungsbefugnis der einzelnen Gesellschafter konkret angegeben (vgl. Rn 22)?[46]
- Sind in der Anmeldung der Geschäftszweig und die Lage des Geschäftsbetriebs angegeben (vgl. § 24 HRV)?[47]

---

45 Noch zu § 125 HGB a.F.: *Ebenroth/Hillmann*, § 125 Rn 54.
46 Baumbach/*Hopt*, § 106 Rn 12.
47 Die Verpflichtung zur Angabe des Tätigkeitsbeginns (§ 106 Abs. 2 Nr. 3 HGB) ist mit Wirkung vom 1.9.2004 durch das 1. JuMoG entfallen.

IV. Kosten

Für die **gerichtliche Tätigkeit** entstehen im Rahmen der Ersteintragung 27 Gerichtsgebühren nach der HRegGebVO und die Kosten der Bekanntmachung als Auslagen. Die Gerichtsgebühren betragen für Gesellschaften mit bis zu drei Gesellschaftern 70 EUR (Nr. 1101 des GV zur HRegGebVO). Für jeden weiteren Gesellschafter werden 20 EUR erhoben (Nr. 1102 GV). Entsteht die Gesellschaft im Rahmen einer Umwandlung, beträgt die Grundgebühr 80 EUR (Nr. 1104 GV), ab dem 4. Gesellschafter werden für jeden weiteren Gesellschafter ebenfalls 20 EUR erhoben (Nr. 1105 GV).

Der für die Berechnung der Notargebühren notwendige Geschäftswert für die 28 **Beglaubigungstätigkeit des Notars** ergibt sich aus § 41a Abs. 3 Nr. 2 KostO. Er beträgt danach bei zwei Gesellschaftern 37.500 EUR. Für jeden weiteren Gesellschafter erhöht sich dieser Wert um 12.500 EUR. Der Notar erhält aus dem so bestimmten Geschäftswert eine halbe Gebühr (vgl. § 38 Abs. 2 Nr. 7 KostO).

Die Verpflichtung zur Zeichnung ist entfallen (vgl. Rn 24), so dass insoweit 29 keine Kosten mehr anfallen können.

C. Änderung von Firma, Sitz, Vertretungsbefugnis sowie der Gesellschafterstruktur

I. Rechtliche Grundlagen

Nach § 107 HGB sind Veränderungen der Firma, des Sitzes oder aber auch 30 der Eintritt neuer Gesellschafter zum Handelsregister anzumelden. Mit dem Gesetz über elektronische Register und Justizkosten für Telekommunikation (ERJuKoG) vom 10.12.2001 ist nunmehr auch die Eintragung der Vertretungsbefugnis der Gesellschafter selbst für den Fall eingeführt worden, dass diese der gesetzlich vorgesehenen Einzelvertretungsbefugnis entspricht. Die Vertretungsbefugnis ist dabei bereits mit der Erstanmeldung anzugeben. § 107 HGB sieht nunmehr auch die Anmeldung der Änderung der Vertretungsverhältnisse vor.

Die jeweiligen Eintragungen sind deklaratorisch. Die Rechtsänderung findet 31 demnach außerhalb des Registers statt. Das Registergericht kann die Anmeldepflicht nach § 14 HGB mit dem Zwangsgeldverfahren durchsetzen. Da die Anmeldungen der Änderung nach § 108 HGB unabhängig von den Vertretungsverhältnissen nur von allen Gesellschaftern angemeldet werden müssen, bedarf es auch hier wegen der damit verbundenen Richtigkeitsgewähr in der Regel keiner eingehenden Prüfung des Registergerichts über die Richtigkeiten der Angaben (vgl. § 2 Rn 30).

II. Einzelheiten

1. Änderung von Firma und Sitz

a) Die Firmenänderung

32 Im Falle der **Firmenänderung** gelten die Ausführungen zur Ersteintragung entsprechend (vgl. Rn 7 f.). Die Firma muss damit den Anforderungen des § 18 HGB entsprechen, den Gesellschaftszusatz nach § 19 Abs. 1 Nr. 1 HGB und unter Umständen den Hinweis nach § 19 Abs. 2 HGB enthalten sowie eine deutliche Unterscheidbarkeit von den eingetragenen Firmen aufweisen (vgl. § 30 HGB). Diese Vorschriften gelten grundsätzlich auch für Firmen, die vor dem 1.7.1998 in das Register eingetragen worden sind. Allerdings dürfen die betroffenen Gesellschaften ihre bisherige Firma nach Art. 38 Abs. 1 EGHGB bis zum 31.3.2003 weiterführen. Eine Umstellungspflicht entsteht erst nach diesem Zeitpunkt. Ein nach § 19 Abs. 2 HGB erforderlicher Zusatz muss nicht zum Register angemeldet werden.

33 Keine Firmenänderung ist bei einer **Änderung des Namens des firmengebenden Gesellschafters** erforderlich (vgl. § 21 HGB). Ebenso kann die bisherige Firma nach den §§ 22, 24 Abs. 2 HGB bei einem **Ausscheiden des namensgebenden Gesellschafters** beibehalten werden, wenn dieser bzw. seine Erben ausdrücklich in die Firmenfortführung einwilligen. Überhaupt hat eine **Änderung im Gesellschafterbestand** grundsätzlich keinen Einfluss auf die Firma (vgl. § 24 Abs. 1 HGB). Die Einwilligung nach § 24 Abs. 2 HGB ist auch erforderlich, wenn jemand den Namen seines Vorfahrens zuvor als abgeleitete Firma bei einer Neugründung eingebracht hat.[48] Hat ein Erbe in die Fortführung der Firma eingewilligt, bedarf es ihrer beim Ausscheiden des Erben als Gesellschafter nicht erneut.[49]

34 Die **teilweise Änderung einer fortgeführten Firma** nach §§ 22, 24 Abs. 2 HGB ist nicht immer möglich, weil es dann häufig zu einer Neubildung der

---

[48] BGHZ 92, 79 = NJW 1985, 59; Sudhoff/*Jäger*, 2. Teil A Rn 52, S. 36 f.
[49] BGHZ 100, 75 = NJW 1987, 2081; Sudhoff/*Jäger*, 2. Teil A Rn 52, S. 36 f.

Firma kommt. Die Bedeutung dieses Problems hat aber mit der Liberalisierung des Firmenrechts deutlich abgenommen, weil nunmehr fast jede Firma neu gebildet werden kann. Zur Firmenbildung vgl. § 6 Rn 28 ff.

Ergibt sich aus einem Gesellschafterwechsel die Notwendigkeit zu einer Firmenänderung, kann die Eintragung des Gesellschafterwechsels nicht von der Firmenänderung abhängig gemacht werden.[50] Es handelt sich um verschiedene Eintragungsgegenstände. Die Durchsetzung der Firmenänderung[51] hat vielmehr auf andere Art und Weise zu erfolgen, vgl. etwa § 37 HGB, § 140 FGG. 35

b) Die Sitzänderung

Eine **Sitzänderung** erfordert die Verlegung des tatsächlichen Geschäftsbetriebs (vgl. Rn 9). Die Anmeldung ist nach § 13h Abs. 1 HGB noch beim Sitz des alten Gerichts einzureichen. Dieses wird die Unterlagen an das Registergericht des neuen Sitzes weiterleiten. Bis zur Eintragung der Gesellschaft im Register des neuen Sitzes erteilt das alte Registergericht die Handelsregisterausdrucke, weil es noch formell zuständig ist. Mit der Eintragung der Gesellschaft beim Registergericht des neuen Sitzes wird die Eintragung beim früheren Registergericht von Amts wegen unter Hinweis auf die Sitzverlegung gelöscht (vgl. § 13h Abs. 2 S. 6 HGB). 36

c) Die Anmeldung

Hintergrund der Änderungen ist zwar regelmäßig eine Änderung des Gesellschaftsvertrags,[52] die Veränderungen sind nach § 108 Abs. 1 BGB aber durch **alle Gesellschafter** anzumelden. Aus diesem Grund kann eine nähere Prüfung der Wirksamkeit des materiellen Rechtsgeschäfts unterbleiben (vgl. Rn 31). Ob der jeweilige Gesellschafter vertretungsbefugt ist, spielt insoweit keine Rolle. Eine Vertretung bei der Anmeldung ist möglich; die Vollmacht muss die Form des § 12 Abs. 2 HGB erfüllen (näher § 2 Rn 42 ff.; zur elektronischen Form vgl. § 1 Rn 5 ff.). 37

---

50 BGH BB 1977, 1221 = Rpfleger 1977, 359; KG NJW 1965, 254.
51 A.A. zur alten Rechtslage: OLG Hamm DB 1983, 984.
52 Die Vertragsänderung kann bei einer entsprechenden vertraglichen Vereinbarung, die die erfassten Themenkreise ausreichend bestimmt bezeichnen muss (vgl. dazu aktuell BGH BB 2007, 1128 = NJW 2007, 1685), auch durch einen Mehrheitsbeschluss erfolgen. Für diesen gelten nicht die Vorschriften der §§ 241 ff. AktG entsprechend, so dass grundsätzlich alle Fehler zur Nichtigkeit führen. Allerdings kommt der Einwand der Verwirkung in Betracht, vgl. dazu etwa BGHZ 112, 339, 344 = NJW 1991, 691; OLG München BB 2001, 1492, 1495.

2. Die Änderung der Vertretungsbefugnis

38 Aus § 107 HGB ergibt sich, dass auch jede **Veränderung der Vertretungsbefugnis** zum Handelsregister anzumelden ist. Die Anmeldung hat durch alle Gesellschafter zu erfolgen, auch wenn der einzelne Gesellschafter keine Vertretungsbefugnis besitzt. Dies folgt aus § 108 HGB. Einer Mitwirkung eines Prokuristen bedarf es auch bei der Anmeldung einer sog. unechten Gesamtprokura als organschaftlicher Vertretung nicht.[53] Wegen der Einzelheiten zu den möglichen Vertretungsformen vgl. Rn 17 ff. Die Anmeldung der Vertretungsbefugnis hat auch hier aus Klarstellungsgründen konkret zu erfolgen.

39 Eine eintragungspflichtige Änderung der Vertretungsbefugnis liegt auch dann vor, wenn einem Gesellschafter eine Befreiung von den Beschränkungen des **§ 181 BGB** erteilt wird. Denn auch diese Befreiung ist in das Register einzutragen. Vgl. hierzu Rn 21.

40 Auch ein bisher nicht vertretungsbefugter Gesellschafter muss seine Unterschrift nicht mehr zur Aufbewahrung zeichnen. Die Pflicht zur Zeichnung ist mit dem EHUG vollständig entfallen, vgl. § 1 Rn 4.

3. Eintritt eines neuen Gesellschafters

41 Die Aufnahme eines weiteren Gesellschafters stellt eine Änderung des Gesellschaftsvertrages dar und erfordert damit die **Mitwirkung aller Gesellschafter**. Zulässig ist aber auch die Vereinbarung der Aufnahme durch einen Mehrheitsbeschluss, wenn dies ausreichend bestimmt im Gesellschaftsvertrag vereinbart ist. Eine eingehende Prüfung über die Wirksamkeit des Eintritts durch das Registergericht erfolgt wiederum nicht. Denn an der Anmeldung des Eintritts des neuen Gesellschafters sind ebenfalls nach § 108 HGB alle Gesellschafter einschließlich des neuen Gesellschafters zu beteiligen. Auch ein mittlerweile ausgeschiedener Gesellschafter ist anmeldepflichtig.[54] Die Vertretungsregelung ist anzumelden (vgl. Rn 22).

---

53 Noch zu § 125 HGB a.F.: *Ebenroth/Hillmann*, § 125 Rn 54.
54 BayObLG Rpfleger 1978, 254.

4. Ausscheiden von Gesellschaftern sowie Gesellschafterwechsel

a) Ausscheiden eines Gesellschafters[55]

Mit dem Handelsrechtsreformgesetz vom 22.6.1998[56] ist das Recht der OHG den praktischen Verhältnissen angepasst worden, indem der Fortbestand der Gesellschaft von dem Gesellschafterbestand abgekoppelt wurde. Der Austritt eines Gesellschafters führt mit anderen Worten in der Regel nicht mehr zur Auflösung der Gesellschaft, sondern zum **Ausscheiden des Gesellschafters unter Fortführung der Gesellschaft** (vgl. § 131 Abs. 3 Nr. 1 HGD). Art. 41 EGHGB a.F. enthielt für Altgesellschaften eine bis zum 31.12.2001 geltende Übergangsvorschrift.[57] Die materiell-rechtliche Wirksamkeit des Ausscheidens wird regelmäßig nicht durch das Registergericht geprüft, weil die Anmeldung unter Mitwirkung des Ausscheidenden zu erfolgen hat.   42

Beruht das Ausscheiden eines Gesellschafters auf der Eröffnung des Insolvenzverfahrens über sein Vermögen, erfolgt die **Anmeldung** unter Mitwirkung des Insolvenzverwalters.[58] Ist der Gesellschafter aufgrund seines Todes ausgeschieden, sind die Erben zur Anmeldung des Ausscheidens verpflichtet. Dies gilt selbst dann, wenn diese nicht als Gesellschafter eintreten, wie sich aus § 143 Abs. 3 HGB ergibt.[59] In allen diesen Fällen sind nach § 12 Abs. 2 HGB entsprechende **Nachweise** über die Rechtsnachfolge durch öffentliche Urkunden zu verlangen. So sind etwa der Bestellungsbeschluss für den Insolvenzverwalter und im Todesfall eine Sterbeurkunde, ein Erbschein oder ein öffentlich beurkundetes Testament mit Eröffnungsprotokoll[60] einzureichen. Da eine Einreichung in Papierform im elektronischen Handelsregister nicht in Betracht kommt, ist nunmehr die Einreichung in elektronischer Form mit einfachem elektronischen Zeugnis erforderlich, § 12 Abs. 2 S. 2 Alt. 2 HGB. Dies gilt auch für den Erbschein, der bisher wegen § 2361   43

---

55 Zu Überlegungen beim Ausscheiden eines Betreuten vgl. *Wüstenberg*, Rpfleger 2002, 295 ff.
56 BGBl I S. 1474.
57 Zu den Übergangsproblemen vgl. *Karsten Schmidt*, BB 2001, 1–6.
58 § 146 Abs. 3 HGB entsprechend: BGH NJW 1981, 822; Baumbach/*Hopt*, § 143 Rn 3; *Michalski*, § 143 Rn 4.
59 Baumbach/*Hopt*, § 143 Rn 3.
60 Dieser Nachweis reicht nicht, wenn die Erben nicht namentlich benannt werden oder mehrere Verfügungen vorliegen, vgl. Baumbach/*Hopt*, § 12 Rn 5. Weiter gehend: KG Rpfleger 2007, 91, die Urkunden reichen nur dann nicht aus, wenn bei der Auslegung der letztwilligen Verfügung Zweifel verbleiben und eine abschließende Würdigung nicht möglich ist, weil etwa Ermittlungen in tatsächlicher Hinsicht notwendig sind.

BGB immer in Ausfertigung vorzulegen war.[61] Insoweit kann eine Überprüfung nur dahin gehen, dass die Erstellung der elektronischen Urkunde zeitnah zur Vorlage erfolgt ist. Nicht genügend ist die Vorlage eines privatschriftlichen Testaments, selbst wenn ein Testamentsvollstreckerzeugnis erteilt worden ist.[62] Denn insoweit handelt es sich nicht um eine öffentliche Urkunde. Das Testamentsvollstreckerzeugnis reicht nicht aus, weil sich aus ihm nicht die Erben ergeben. Soweit sich die entsprechenden Unterlagen in Akten befinden, die bei dem Registergericht geführt werden, reicht eine Bezugnahme auf diese Akten aus.[63] Entsprechendes wird zu gelten haben, wenn die Unterlagen bereits als elektronische Dokumente vorhanden sind.

44 Eine Mitwirkung der **Erben** an der **Anmeldung** ist nach § 143 Abs. 3 HGB entbehrlich, wenn der Mitwirkung **besondere Hindernisse** entgegenstehen. Dies wird regelmäßig nur dann der Fall sein, wenn die Erben unbekannt sind. Dies ist dem Registergericht gegenüber nachzuweisen.

45 Die **Eintragung des Ausscheidens** ist **deklaratorisch**. Sie kann durch das Zwangsgeldverfahren erzwungen werden. Fehlt im Falle des Ausscheidens die Voreintragung des Gesellschafters, so ist diese mit der Eintragung des Ausscheidens vorzunehmen (vgl. Rn 16). Führt das Ausscheiden etwa nach § 19 Abs. 2 HGB zu Beanstandungen hinsichtlich der **Firma**, kann die Eintragung des Ausscheidens nicht von einer Firmenänderung abhängig gemacht werden.[64] Insoweit hat das Registergericht vielmehr ein Verfahren nach § 37 Abs. 1 HGB einzuleiten (vgl. dazu § 15 Rn 19). Zur Notwendigkeit der Einwilligung bei einer Firmenfortführung vgl. Rn 33 und 47.

46 Scheiden **alle Gesellschafter bis auf einen** aus, so geht das Gesellschaftsvermögen auf den Verbliebenen im Wege der Gesamtrechtsnachfolge über. Die Gesellschaft aber erlischt in diesem Moment, weil sie aus mindestens zwei Gesellschaftern bestehen muss.[65] Daher ist nicht nur das Ausscheiden anzumelden, sondern auch das Erlöschen der Firma. Unter Umständen wird

---

61 KGJ 26 A 92, 94; KG DNotZ 2001, 408 = DB 2000, 2011.
62 KG DNotZ 2001, 408 = DB 2000, 2011; OLG Köln Rpfleger 2005, 145; ebenfalls unzureichend Vollmacht über den Tod: KG FGPrax 2003, 42.
63 OLG Hamm Rpfleger 1986, 140; *Koller/Roth/Morck*, § 12 Rn 8; Baumbach/*Hopt*, § 12 Rn 5.
64 BGH BB 1977, 1221 = Rpfleger 1977, 359; KG NJW 1965, 254.
65 BGHZ 65, 79, 82 = NJW 1975, 1774; BGHZ 113, 132 = NJW 1991, 844; NJW 1993, 1918; BayObLG BB 2000, 1211, 1212 (zur KG); Rpfleger 2001, 599; Baumbach/*Hopt*, § 131 Rn 35.

das Handelsgeschäft durch den Verbliebenen fortgeführt, so dass auch dieses zum Register anzumelden ist.

b) Gesellschafterwechsel

Der Gesellschafterwechsel, also die **Übernahme einer bestehenden Mit-** 47 **gliedschaft durch eine andere Person**, ist im Gesetz nicht vorgesehen. Sie ist aber zulässig. Sie kann dabei durch eine Vereinbarung zwischen dem Aus- und dem Eintretenden erfolgen. Diese Vereinbarung wäre durch die anderen Gesellschafter zu genehmigen.[66] Auch hier kann der Gesellschaftsvertrag Abweichungen vorsehen. Ausscheiden und Eintritt können aber auch durch Vertragsänderungen erfolgen, die zeitlich nicht zusammenfallen müssen.[67] Die **registerrechtlichen Anforderungen** ändern sich durch einen Gesellschafterwechsel nicht: Unabhängig von der Art der Durchführung des Wechsels sind unter Berücksichtigung der §§ 108, 107 HGB der Eintritt eines Gesellschafters und unter Berücksichtigung des § 143 Abs. 2 HGB der Austritt eines Gesellschafters anzumelden.

Diese Grundsätze gelten auch dann, wenn es im Todesfall zu einem Eintritt 48 der Erben oder einiger Erben kommt. Aufgrund der Neuregelung des § 131 Abs. 3 Nr. 1 HGB hat das Registergericht keinen Grund, **nähere Prüfungen** vorzunehmen als im Fall des einfachen Gesellschafterwechsels. Anderes gilt aber dann, wenn dem Registergericht der Gesellschaftsvertrag vorliegt und sich hieraus der Anlass für eine genauere Prüfung ergibt, weil etwa erkennbar andere Personen nach dem Gesellschaftsvertrag aufgrund Sondererbfolge Gesellschafter geworden wären. Denn dann hat das Registergericht Anlass zu Zweifeln an der Richtigkeit der Angaben (vgl. § 2 Rn 36 ff.).

c) Firmenfortführung

Das Ausscheiden eines Gesellschafters kann auch Bedeutung für die bisher 49 verwandte Firma haben. Während der Eintritt eines Gesellschafters firmenrechtlich nach § 24 Abs. 1 HGB bedeutungslos ist, ist beim Ausscheiden eines namensgebenden Gesellschafters § 24 Abs. 2 HGB zu beachten. Die danach erforderliche Einwilligung in die Firmenfortführung stellt eigentlich eine einseitige formlose Gestattung dar.[68] Sie ist dem Registergericht aber

---

66 Palandt/*Sprau*, § 736 Rn 7.
67 Palandt/*Sprau*, § 736 Rn 8.
68 BayObLG NJW 1998, 1159.

nachzuweisen. Sie ist ausdrücklich zu erteilen. Dies bedeutet jedoch nicht, dass der Gesetzeswortlaut gewählt werden müsste. Die Einwilligung muss nur eindeutig erteilt werden.[69] Sie kann auch bereits im Gesellschaftsvertrag erteilt werden.[70] Liegt die Einwilligung zum Zeitpunkt der Anmeldung des Ausscheidens des Gesellschafters nicht vor, ist die Eintragung gleichwohl vorzunehmen (vgl. Rn 45). Das Registergericht kann gegen den dann unzulässigen Firmengebrauch nach § 37 Abs. 1 HGB, der Namensträger nach § 37 Abs. 2 HGB vorgehen.[71] Eine die Firmenfortführung ausschließende Änderung setzt eine Veränderung der Firma im Kern voraus (vgl. dazu § 10 Rn 39).

III. Checkliste: Anmeldung nach § 107 bzw. § 143 Abs. 2 HGB

50
- Ist die Firmenänderung zulässig oder der Sitz tatsächlich verlegt (vgl. Rn 32 und 36)?
- Liegt eine Anmeldung der Änderung aller Gesellschafter in der Form des § 12 Abs. 1 HGB vor (vgl. Rn 37)?
- Beim Eintritt eines neuen Gesellschafters: Enthält die Anmeldung die notwendigen Angaben (vgl. § 106 Abs. 2 Nr. 1 HGB), die Angaben zur Vertretungsbefugnis und meldet der Neue mit an?
- Beim Ausscheiden eines Gesellschafters: Hat der alte Gesellschafter oder haben seine Erben mitangemeldet, liegen etwaige Nachweise über den Erbfall vor und ist eine u.U. notwendige Einwilligung in die Firmenfortführung deutlich erteilt?

IV. Kosten

51
Für die **gerichtliche Tätigkeit** entstehen Gerichtsgebühren nach der HRegGebVO und, soweit eine Bekanntmachung erforderlich ist, die Kosten der Bekanntmachung als Auslagen. Im Falle der Sitzverlegung entstehen Gebühren nach Nr. 1301 bis 1303 GV zur HRegGebVO. Die Höhe der Gerichtsgebühren richtet sich dabei nach der Anzahl der Gesellschafter. Bei bis zu drei Gesellschaftern betragen die Gebühren 60 EUR (Nr. 1301 GV), für

---

69 BGH NJW 1994, 2026.
70 RGZ 158, 232.
71 KG KGJ 48 A 122; Ebenroth/*Zimmer*, § 24 Rn 32.

jeden weiteren bis zum 100. Gesellschafter je 20 EUR (Nr. 1302 GV) und für jeden weiteren Gesellschafter über den 100. hinaus 10 EUR (Nr. 1303 GV). Im Übrigen für jede weitere Eintragungstatsache bei Gesellschaften mit bis zu 50 Gesellschaftern zu einer Gebühr von 40 EUR (Nr. 1501 GV), bei mehr als 50 bis 100 Gesellschaftern von 50 EUR (Nr. 1502 GV) und bei mehr als 100 Gesellschaftern zu einer Gebühr von 60 EUR (Nr. 1503 GV). Ist die einzutragende Tatsache ohne wirtschaftliche Bedeutung, beträgt die Gebühr einheitlich 30 EUR (Nr. 1505 GV). Werden mehrere Tatsachen eingetragen, ist für jede weitere Tatsache eine Gebühr von 30 EUR zu erheben (Nr. 1506 GV).

Der Geschäftswert für die **Beglaubigungstätigkeit des Notars** richtet sich nach § 41a Abs. 4 Nr. 3 KostO. Der Geschäftswert beträgt danach 25.000 EUR. Geht es um den Eintritt oder das Ausscheiden von mehr als zwei Gesellschaftern, erhöht sich dieser Wert für jeden weiteren Gesellschafter um 12.500 EUR. Hat die Anmeldung keine wirtschaftliche Bedeutung, gilt der § 41a Abs. 6 KostO. Der Geschäftswert beträgt 3.000 EUR. Der Notar erhält aus diesem Geschäftswert eine halbe Gebühr (vgl. § 38 Abs. 2 Nr. 7 KostO). 52

D. Auflösung und Fortsetzung der Gesellschaft

I. Überblick

Die Auflösung führt dazu, dass sich der Zweck der ehemals werbenden Gesellschaft umwandelt. Zweck ist es nunmehr, die vorhandenen Vermögensgegenstände in Geld umzuwandeln, Forderungen einzuziehen, die Gläubiger zu befriedigen und das verbliebene Geld nach Abrechnung mit den Einlagen unter den Gesellschaftern zu verteilen. Dieser **Zweckwechsel** ist im Register zu vermerken. Der Anmeldetatbestand ergibt sich aus § 143 Abs. 1 HGB. 53

Die Auflösung wird durch die sog. **Liquidatoren** durchgeführt. Diese müssen nicht selbst Gesellschafter sein. In dieser Phase entfällt der Grundsatz der Selbstorganschaft. Die Liquidatoren und ihre Vertretungsbefugnis sind in das Register einzutragen, der Anmeldetatbestand findet sich in § 148 Abs. 1 HGB. Da die Auflösung nicht immer auf dem Willen der Gesellschafter 54 beruht und überhaupt zu Streitigkeiten zwischen den Gesellschaftern führen kann, ist auch die gerichtliche Bestellung von Liquidatoren vorgesehen.

55 Ist die Gesellschaft aufgelöst, bedeutet dies noch nicht ihr Ende, wie sich aus dem Vorstehenden ergibt. Ein Wechsel von der Auflösung zurück in eine werbende Gesellschaft ist möglich. Diesen Vorgang bezeichnet man als Fortsetzung. Diese ist ebenso wie die Auflösung in das Register einzutragen. Der Anmeldetatbestand findet sich in § 144 Abs. 2 HGB.

II. Einzelheiten

1. Auflösung

56 Die Auflösung der Gesellschaft ist nach § 143 Abs. 1 HGB grundsätzlich von allen Gesellschaftern zur Eintragung in das Register anzumelden. Entsprechend bedarf es grundsätzlich auch keiner Prüfung, ob ein Auflösungsgrund nach den §§ 131, 133 HGB vorliegt. Eine **Anmeldung** ist nur dann entbehrlich, wenn die Auflösung darauf beruht, dass über das Vermögen der Gesellschaft das Insolvenzverfahren eröffnet worden ist (§ 143 Abs. 1 S. 2 HGB). Ist keine natürliche Person an der Gesellschaft beteiligt, kommt auch die Ablehnung der Eröffnung des Insolvenzverfahrens in Betracht, die ebenfalls zur Auflösung der Gesellschaft führt.[72] In diesen Fällen erfolgt eine Eintragung in das Register von Amts wegen.

57 Umstritten ist, ob der Auflösungsbeschluss bei der Beteiligung eines **nicht Geschäftsfähigen** einer vormundschafts- oder familiengerichtlichen Genehmigung bedarf.[73] Formal gesehen handelt es sich weder um den Erwerb noch um die Veräußerung eines Erwerbsgeschäfts. Dennoch wird teilweise die Einholung einer Genehmigung empfohlen.[74]

2. Liquidatoren

58 Mit der Auflösung sind die bisherigen Gesellschafter die **Liquidatoren** (vgl. § 146 Abs. 1 S. 1 HGB). Dies gilt unabhängig davon, ob die jeweiligen Gesellschafter vor der Auflösung vertretungsberechtigt waren oder nicht.

---

72 Ist die Gesellschaft überhaupt vermögenslos, wird unter Umständen sogleich nach § 141a FGG die Löschung eingetragen.
73 Baumbach/*Hopt*, § 105 Rn 26; *Ebenroth/Lorz*, § 131 Rn 17.
74 *Ebenroth/Lorz*, § 131 Rn 17.

Sie vertreten die Gesellschaft nun aber gemeinschaftlich – was zum Register anzumelden und dort einzutragen ist, wenn die Vertretung der Gesellschaft vor ihrer Auflösung eine andere war (vgl. dazu Rn 17, 22). Das Gesetz lässt nun auch die Bestellung anderer Personen zur **Vertretung** zu, das Prinzip der Selbstorganschaft ist während der Auflösung aufgehoben.[75] Die Stellung eines Liquidators kann auch eine juristische Person übernehmen.[76]

Die jeweiligen Liquidatoren sind von allen Gesellschaftern nach § 148 Abs. 1 HGB **zum Register anzumelden**. Dabei ist auch ihre Vertretungsbefugnis anzugeben. Auch für die Liquidatoren ist die Pflicht zur Unterschriftszeichnung mit dem EHUG entfallen, vgl. § 1 Rn 4. 59

Nach einer Entscheidung des BayObLG kann die Eintragung des Erlöschens der Gesellschaft nicht von der vorherigen Anmeldung und Eintragung der Liquidation und der Liquidatoren abhängig gemacht werden, wenn Auflösung und Vollbeendigung zusammenfallen.[77] 60

Auch das Recht der OHG sieht eine **gerichtliche Bestellung von Liquidatoren** vor (vgl. zur GmbH § 6 Rn 220 ff.). Voraussetzung ist nach § 146 Abs. 2 HGB das Vorliegen **wichtiger Gründe**. Insoweit kann auf die Ausführungen in § 6 Rn 221 verwiesen werden. Die Bestellung kann nur durch die Gesellschafter oder einen Gläubiger, der nach § 135 HGB das Gesellschaftsverhältnis gekündigt hat, beantragt werden, § 146 Abs. 2 S. 2 HGB. Eine Abberufung kann ebenfalls durch das Gericht erfolgen (§ 147 HGB). Die Liquidatoren werden von Amts wegen in das Register eingetragen. Das Bestellungsverfahren ergibt sich aus den §§ 145, 146 FGG. 61

Nach der **Neufassung des § 106 Abs. 2 Nr. 4 HGB** (dazu Rn 22) hat der Gesetzgeber für die Gesellschaften, bei denen die Vertretungsbefugnis der Gesellschafter noch nicht im Register vermerkt ist, durch Art. 52 EGHGB eine Regelung eingeführt, nach der die fehlenden Angaben zur Vertretungsbefugnis mit der Anmeldung der Liquidatoren nachzuholen ist. 62

3. Fortsetzung der Gesellschaft

Bereits § 144 HGB weist darauf hin, dass auch die OHG nach der Auflösung fortgesetzt werden kann. Die **Anmeldung** der Fortsetzung hat gem. § 144 63

---

75 Baumbach/*Hopt*, § 146 Rn 4; *Michalski*, § 146 Rn 16.
76 Baumbach/*Hopt*, § 146 Rn 4.
77 BayObLG BB 2001, 1704.

Abs. 2 HGB durch alle Gesellschafter zu erfolgen. Sie ist nicht nur im Falle des § 144 HGB möglich, sondern immer dann, wenn der Auflösungsgrund beseitigt werden kann und beseitigt worden ist.[78]

64 Auch beim Fortsetzungsbeschluss stellt sich die Frage, ob ein **nicht Geschäftsfähiger** der vormundschafts- oder familiengerichtlichen Genehmigung nach § 1822 Nr. 3 BGB bedarf. Dies ist umstritten.[79] Die Fortsetzung der Gesellschaft steht aber einer Neugründung sehr nahe, so dass gute Gründe für eine Gleichstellung gegeben sind.[80]

65 Mit der Eintragung der **Löschung der Firma** scheidet eine Fortsetzung der Gesellschaft aus. Die Gesellschafter können in diesem Fall nur eine neue Gesellschaft gründen.[81]

III. Checkliste: Anmeldung der Auflösung

66
- Liegt ein anmeldepflichtiger Auflösungsgrund vor (vgl. Rn 56)?
- Ist bei der Beteiligung von Minderjährigen ein Vertretungsausschluss und die vorsorgliche Einholung einer vormundschaftsgerichtlichen Genehmigung bedacht worden?
- Liegt eine Anmeldung aller Gesellschafter in der Form des § 12 Abs. 1 HGB über die Auflösung mit der Benennung der Liquidatoren und ihrer Vertretungsbefugnis vor?
- Bei der Fortsetzung: Ist der Auflösungsgrund beseitigt? Liegt eine Anmeldung aller Gesellschafter unter Angabe ihrer Vertretungsbefugnis in der Form des § 12 HGB vor?

IV. Kosten

67 Die Eintragung der Auflösung und der Liquidatoren betreffenden Anmeldungen und Eintragungen sind ebenso wie die Eintragung der Fortsetzung ebenfalls Änderungen der bisherigen Eintragungen, so dass die Ausführung in Rn 51 f. zu den Gerichtsgebühren und den Notargebühren entsprechend gelten.

---

78 Im Einzelnen: Baumbach/*Hopt*, § 131 Rn 30 ff.
79 Baumbach/*Hopt*, § 105 Rn 22; *Ebenroth/Lorz*, § 131 Rn 17, 37.
80 *Ebenroth/Lorz*, § 131 Rn 37: Einholung empfohlen.
81 BGH NJW 1995, 196; Baumbach/*Hopt*, § 131 Rn 33; Ebenroth/*Lorz*, § 144 Rn 3.

E. Löschung der Gesellschaft, Nachtragsliquidation

I. Überblick

Ist die Liquidation beendet, ist nach § 157 HGB das Erlöschen der Firma zum Register anzumelden. Mit der **Anmeldung** sollte zugleich mitgeteilt werden, wer die Bücher und Papiere der aufgelösten Gesellschaft in Verwahrung genommen hat, um eine Bestimmung des Gerichts nach § 157 Abs. 2 S. 2 HGB zu vermeiden. Die Anmeldung hat durch sämtliche Liquidatoren zu erfolgen.[82] Anmelden können aber auch alle Gesellschafter, weil sie auch die Liquidatoren abberufen und sich selbst bestellen könnten.[83] Ist eine Anmeldung der Löschung nicht erreichbar, hat das Registergericht die Löschung der Firma im Verfahren nach § 141 FGG von Amts wegen zu bewirken. Wegen der Einzelheiten wird auf § 15 Rn 24 ff. verwiesen. 68

Stellt sich nach der Löschung die Notwendigkeit von **weiteren Abwicklungsmaßnahmen** heraus, sind die bisherigen Liquidatoren zur Abwicklung bestimmt. Einer gerichtlichen Bestellung bedarf es insoweit nicht.[84] Etwas anderes soll in der Publikumsgesellschaft gelten. Hier ist die Bestellung eines **Nachtragsliquidators** notwendig. Die Bestellung erfolgt entsprechend § 273 Abs. 4 AktG wie in einer Kapitalgesellschaft.[85] Eine Befugnis der Gesellschafter zur Bestellung eines Nachtragsliquidators entfällt mit der Eintragung der Löschung der Firma. Mit dem Antrag auf gerichtliche Bestellung ist eine zur Übernahme des Amtes bereite Person zu benennen (vgl. im Einzelnen § 6 Rn 242). Das Bestellungsverfahren richtet sich nach den §§ 145, 146 FGG. 69

II. Hinweise zur Anmeldung

- Liegt eine Anmeldung aller Liquidatoren oder aller Gesellschafter in der Form des § 12 Abs. 1 HGB vor? 70
- Ist eine Bestimmung nach § 157 Abs. 2 S. 2 HGB erfolgt?

---

82 Baumbach/*Hopt*, § 157 Rn 2.
83 Baumbach/*Hopt*, § 157 Rn 2; *Michalski*, § 157 Rn 4.
84 BGH NJW 1979, 1987; Baumbach/*Hopt*, § 157 Rn 3; *Koller/Roth/Morck*, § 157 Rn 1.
85 Zur KG: BGHZ 155, 121 = NJW 2003, 2676 = Rpfleger 2003, 508; ebenso OLG Hamm NJW-RR 1997, 32; BayObLG ZIP 1993, 1086, 1088.

III. Kosten

71 Für die Eintragung des **Erlöschens der Firma** entstehen keine Gerichtsgebühren (Vorbem. 1 Abs. 4 GV zur HRegGebVO). In Bezug auf den Notar gelten die Ausführungen zu den Kosten bei der Anmeldung von Änderungen entsprechend (vgl. dazu Rn 52).[86]

72 Für die Maßnahme nach **§ 157 Abs. 2 S. 2 HGB** ist eine doppelte Gebühr nach § 121 KostO anzusetzen. Der Geschäftswert ist über § 30 KostO zu ermitteln.

73 Für die Bestellung eines **Nachtragsliquidators** gilt ebenfalls § 121 KostO. Auch der Geschäftswert ist nach § 30 KostO zu bestimmen. Insoweit ist in der Regel von 3.000 EUR auszugehen.

---

[86] *Gustavus*, Handelsregister-Anmeldungen, A 54, S. 52.

§ 9 Die Kommanditgesellschaft und die Kapitalgesellschaft & Co. KG

Literatur

Binz/Sorg, Die GmbH & Co. KG, 10. Auflage 2005; **Heinz**, Die englische Limited, 2. Auflage 2006; **Müther**, Anmerkung zur der Entscheidung des BGH zum Az: II ZB 11/04, Rpfleger 2006, 128; **Raiser/Veil**, Recht der Kapitalgesellschaften, 4. Auflage 2006; **Sudhoff**, GmbH & Co. KG, 5. Auflage 2000; **Süß**, Muß die Limited sich vor Gründung einer Ltd. & Co. KG in das deutsche Handelsregister eintragen lassen?, GmbHR 2005, 673; **Wagner/Rux**, Die GmbH & Co. KG, 10. Auflage 2004; **Waldner**, Anmerkung zu OLG Zweibrücken, Beschluss vom 14.7.2000, Az.: 3 W 92/00, Rpfleger 2000, 156 f.; **Werner**, Die Ltd. & Co. KG – eine Alternative zur GmbH & Co. KG?, GmbHR 2005, 288–294.

A. Überblick

Die Kommanditgesellschaft (KG) unterscheidet sich allein dadurch von der OHG, dass Gesellschafter vorhanden sind, die gegenüber Dritten lediglich beschränkt haften. Soweit also die persönlich haftenden Gesellschafter und die **Grundstruktur** der Gesellschaft betroffen sind, besteht zwischen den Gesellschaften **kein Unterschied**. § 161 Abs. 2 HGB verweist daher auch auf die Vorschriften über die offene Handelsgesellschaft, soweit sich in den nachfolgenden Vorschriften keine Abweichungen finden. Diese Abweichungen betreffen dabei allein die Kommanditisten. 1

Die Ausführungen zu den Änderungen beim Sitz, bei der Firma, der Vertretungsbefugnisse, beim Ein- und Austritt des persönlich haftenden Gesellschafters sowie dem Wechsel des persönlich haftenden Gesellschafters gelten daher auch hier. Auf diese Darstellung in § 8 Rn 30 ff. wird verwiesen. 2

Auch bei der KG haben die Anmeldungen regelmäßig durch alle Beteiligten zu erfolgen. Eine eingehende **Prüfung der Richtigkeit** der angemeldeten Tatsachen kann daher hier ebenfalls in der Regel entfallen (vgl. § 2 Rn 30). 3

Neben den für die KG bedeutsamen **Anmeldetatbeständen** bei der OHG wegen der Vertragsänderungen und den Komplementären (siehe Rn 2) finden sich ergänzende Tatbestände in § 162 Abs. 1 und 3 HGB und in § 175 HGB. 4

B. Ersteintragung der Kommanditgesellschaft

I. Rechtliche Grundlagen

5 Für die **Anmeldung der Ersteintragung** werden die für die OHG geltenden §§ 106 und 108 HGB für die KG durch § 162 Abs. 1 HGB ergänzt. Diese Vorschrift beschäftigt sich mit den zu den Kommanditisten notwendigen Angaben.

6 Auch die KG kann **vor der Eintragung entstehen**, wenn sie ein Handelsgewerbe betreibt. Dritten gegenüber wirkt allein die Haftungsbeschränkung des Kommanditisten wegen der fehlenden Eintragung nicht, soweit die Haftungsbeschränkung nicht dem Gläubiger bekannt war (vgl. § 176 Abs. 1 S. 1 HGB). Die Eintragung der Gesellschaft ist in diesem Fall lediglich deklaratorischer Natur. Entsteht die Handelsgesellschaft erst mit der Eintragung der Gesellschaft, weil die Gesellschaft die Vermögensverwaltung bezweckt oder mit ihrem Gewerbebetrieb nicht die Anforderungen des § 1 Abs. 2 HGB erfüllt (vgl. Rn 12 ff.), wirkt die Eintragung ebenso wie bei der OHG konstitutiv.

II. Einzelheiten

1. Vertragsschluss

7 Die Anforderungen an den Abschluss des **Gesellschaftsvertrages** entsprechen denen bei der OHG (vgl. § 8 Rn 4). Auch für den Abschluss eines KG-Vertrages bedürfen **nicht Geschäftsfähige** der vormundschafts- oder familiengerichtlichen Genehmigung nach § 1822 Nr. 3 BGB,[1] die Anwendung der §§ 181, 1795 BGB ist bei den Gesellschaften gleichfalls identisch.

2. Gesellschafter der KG

8 Ebenso wie bei der OHG können bei der KG alle natürlichen und juristischen Personen **Gesellschafter** sein, und zwar als persönlich haftende Gesellschafter sowie als Kommanditisten. Ebenso können diese Rolle Personenhandelsgesellschaften übernehmen. Auch in Bezug auf ausländische Gesellschaften gelten die allgemeinen Regeln (vgl. § 6 Rn 9).

---

1 Auch wenn sie nur Kommanditist werden sollen: BGHZ 17, 160 = NJW 1955, 1067; BGHZ 38, 26 = NJW 1962, 2344.

Die Kommanditgesellschaft und die Kapitalgesellschaft & Co. KG § 9

Die frühere einhellige Auffassung, dass sowohl Erbengemeinschaften als auch BGB-Gesellschaften weder persönlich haftende Gesellschafter noch Kommanditisten sein können, ist mittlerweile jedenfalls teilweise überholt. Mit einem Beschluss vom 18.10.2000 hat zunächst das BayObLG die Auffassung vertreten, dass die **BGB-Gesellschaft** jedenfalls auch die Stellung eines Kommanditisten einnehmen könne.[2] Diese Auffassung hat der BGH dann im Anschluss an die Änderung seiner Rechtsprechung zur Parteifähigkeit der BGB-Gesellschaft im Zivilprozess[3] bestätigt.[4] Der Gesetzgeber ist dem, wie sich aus § 162 Abs. 1 S. 2 HGB ergibt, gefolgt. Die BGB-Gesellschaft kann daher nun Kommanditist sein. Die BGB-Gesellschafter sind entsprechend § 106 Abs. 2 HGB zu behandeln, Veränderungen im Gesellschafterbestand sind ebenfalls anzumelden und einzutragen (vgl. § 162 Abs. 1 S. 2 HGB). Als persönlich haftender Gesellschafter kommt die BGB-Gesellschaft nach der hier vertretenen Ansicht aber nach wie vor nicht in Betracht (vgl. § 8 Rn 6). Erbengemeinschaften können keine Gesellschafter einer Personengesellschaft sein. Entsprechendes gilt für eheliche Gütergemeinschaften.[5]

9

3. Sitz und Firma

Hinsichtlich des **Sitzes** gilt das zur OHG Gesagte entsprechend (vgl. § 8 Rn 9): Der Sitz liegt am Ort der tatsächlichen Geschäftsführung.

10

Auch das zur **Firma** bei der OHG Ausgeführte gilt für die KG in gleicher Weise (vgl. § 8 Rn 7). Bei der KG ergibt sich allerdings eine weiteres Problem für den Fall, dass der Komplementär ebenfalls im Handelsregister eingetragen ist und die KG den Namen des Komplementärs tragen soll, wie dies nach alter Rechtslage (bis zum In-Kraft-Treten des Handelsrechtsreformgesetzes) sogar vorgeschrieben war. Sind beide Beteiligte im gleichen Handelsregister eingetragen, ist nämlich für die Firmenbildung die Vorschrift des § 30 HGB zu beachten. Nicht möglich ist es daher entgegen weitläufiger Praxis, dass die Firma der KG aus dem Namen der Komplementärin mit einem Zusatz besteht, während sich die Firma der Komplementärin allein

11

---

2 BayObLG BB 2000, 2380 = Rpfleger 2001, 84.
3 BGH NJW 2001, 1056 = BB 2001, 374 = MDR 2001, 459 m. abl. Anm. *Müther*.
4 BGH BB 2001, 1966 = Rpfleger 2001, 598.
5 BayObLG NJW-RR 2003, 899 = DB 2003, 715.

durch den Zusatz zur Gesellschaftsform von der KG unterscheidet (vgl. § 6 Rn 31). Denn die Zusätze zur Gesellschaftsform sind nicht unterscheidungskräftig.[6] Besondere Probleme können sich auch daraus ergeben, dass der Name des Kommanditisten in die Firma aufgenommen werden soll. Dies ist grundsätzlich zulässig, setzt aber zur Vermeidung einer Irreführung auch die vollständige Wiedergabe voraus, was dann Schwierigkeiten bereiten kann, wenn es sich um eine Gesellschaft mit Rechtsformzusatz handelt.[7]

4. Anmeldung

12   Über § 162 Abs. 1 HGB i.V.m. § 161 Abs. 2 HGB erfolgt eine Verweisung auf die §§ 106, 108 HGB. Ergänzend zur Anmeldung bei der OHG sind in die Anmeldung Angaben zu den Kommanditisten aufzunehmen. Diese sind ebenfalls dem § 106 Abs. 2 Nr. 1 HGB zu entnehmen: Name, Vorname, Geburtsdatum und Wohnort. Zusätzlich sind Angaben zur **Hafteinlage** erforderlich. Mit der Hafteinlage ist der in den §§ 171, 172 HGB genannte Betrag gemeint, der nicht mit der zwischen den Gesellschaftern vereinbarten Einlage nach § 706 BGB übereinzustimmen braucht.

13   Angaben dazu, ob die **Einlage erbracht** ist oder nicht, bedarf es nicht. Dem Registergericht steht eine Prüfung nicht zu. Die KG ist nicht mit den Kapitalgesellschaften zu vergleichen, bei denen im Gegenzug zur gewährten Haftungsbeschränkung der Gesellschafter die Einhaltung der sog. **Normativbestimmungen** über die Kapitalaufbringung verlangt wird. Ein ausreichender Schutz Dritter ist im Grundsatz dadurch gewährleistet, dass zumindest eine Person unbeschränkt haftet.

14   Nach § 170 HGB ist der Kommanditist von der **Vertretung** ausgeschlossen. Nach allgemeiner Meinung ist die Vorschrift zwingend, so dass die Gesellschafter auch nichts anderes vereinbaren können.[8] Eine Angabe der Vertretungsverhältnisse für die Kommanditisten scheidet damit aus. Der Kommanditist kann daher lediglich als Prokurist auftreten und als solcher eingetragen werden.

---

6 BGHZ 46, 7, 12 = NJW 1966, 1813, 1816; BayObLG BB 1966, 1235 = BayObLGZ 1966, 337; Baumbach/*Hopt*, § 30 Rn 5; *Röhricht/Ammon*, § 30 Rn 16; *Ebenroth/Zimmer*, § 30 Rn 16.
7 OLG Stuttgart FGPrax 2001, 28 = DB 2001, 695: Firma einer AG in der Firma einer GmbH & Co KG.
8 *Koller/Roth/Morck*, § 170 Rn 1; Baumbach/*Hopt*, § 170 Rn 1; *Karsten Schmidt*, GesR, § 53 IV 2 a.

III. Checkliste: Anmeldung der Ersteintragung

- Soll die Gesellschaft ihre Geschäfte bereits vor der Eintragung beginnen, ist die Anmeldung wegen der unbeschränkten Haftung nach § 176 Abs. 1 HGB mit besonderer Beschleunigung zu behandeln.
- Erfüllt die Anmeldung die Anforderungen, die an die Anmeldung zur Ersteintragung einer OHG gestellt werden (vgl. dazu § 8 Rn 26)?
- Enthält die Anmeldung die Angaben zu den Kommanditisten (Name, Vorname, Geburtsdatum und Wohnort) und zum Betrag der Einlage (vgl. Rn 12)?
- Ist die Anmeldung durch alle Gesellschafter einschließlich der Kommanditisten in der Form des § 12 Abs. 1 HGB bewirkt?

15

IV. Kosten

Die **Gerichtskosten** bestehen aus den Gerichtsgebühren und den Bekanntmachungsauslagen. Insoweit entstehen die gleichen Gebühren, die bei der Ersteintragung einer OHG anfallen (vgl. dazu § 8 Rn 27 f.). Aus dem ermittelten Geschäftswert wird eine volle Gebühr erhoben (vgl. § 79 Abs. 1 KostO).

16

Der für die Berechnung der **Notargebühren** anzusetzende Geschäftswert folgt aus § 41a Abs. 1 Nr. 5 KostO. Maßgebend ist die Summe der Kommanditeinlagen zzgl. 25.000 EUR. Ist mehr als ein Komplementär vorhanden, sind für jeden weiteren Komplementär 12.500 EUR hinzuzurechnen. Der Notar erhält eine halbe Gebühr.

17

C. Ein- und Austritt von Kommanditisten; Kommanditistenwechsel

I. Rechtliche Grundlagen

Für den Ein- und Austritt eines Kommanditisten und für den Kommanditistenwechsel gilt das Gleiche wie bei den entsprechenden Fallgestaltungen unter Beteiligung eines persönlich haftenden Gesellschafters: Der Ein- und Austritt bedarf einer Vertragsänderung,[9] der Gesellschaftsvertrag kann inso-

18

---

9 Baumbach/*Hopt*, § 161 Rn 8; Röhricht/*von Gerkan*, § 173 Rn 2.

weit festlegen, dass diese **Vertragsänderung** durch (mehrheitlichen)[10] Gesellschafterbeschluss erfolgt. Dieser rechtsgeschäftliche **Kommanditistenwechsel**, also die **Übertragung der Kommanditistenstellung auf eine andere Person**, kann auch durch ein sog. gesellschaftsrechtliches Verfügungsgeschäft erfolgen: Veräußerer und Erwerber schließen eine Vereinbarung über den Übergang der Gesellschafterstellung (Abtretung) und die übrigen Gesellschafter stimmen diesem Geschäft zu, wobei auch hier durch den Gesellschaftsvertrag Erleichterungen geschaffen werden können. Liegt ein echter Kommanditistenwechsel vor, tritt der Erwerber vollständig in die Stellung des Veräußerers ein.

19 Verstirbt ein Kommanditist, geht seine Gesellschafterstellung gemäß § 177 HGB im Wege der **Sondererbfolge** auf die einzelnen Erben entsprechend ihrer Erbquote über,[11] weil die Erbengemeinschaft selbst nicht Gesellschafter werden kann (vgl. Rn 9, § 8 Rn 6). Eine Eintragung der Erben als Kommanditisten hat selbst dann zu erfolgen, wenn diese ihre Gesellschafterstellung in der Folge weiter übertragen.[12] Die Gesellschaft wird durch den Tod nicht aufgelöst, sie wird mit den Erben fortgesetzt.[13] Der Gesellschaftsvertrag kann Abweichungen festlegen.[14]

20 Umfassend diskutiert wird die Frage, inwieweit eine Beteiligung an einer Personenhandelsgesellschaft der **Testamentsvollstreckung** unterliegt. Während die Anordnung der (Dauer-)Testamentsvollstreckung bei einem persönlich haftenden Gesellschafter jedenfalls registerrechtlich ohne Folgen bleibt,[15] wird eine Anordnung bei den Kommanditanteilen für zulässig erachtet mit der Folge, dass der Testamentsvollstrecker auch die Anmeldungen zum Register vornehmen muss.[16] Voraussetzung ist aber, dass die Mitgesellschafter mit der Anordnung einer Testamentsvollstreckung einver-

---

10 Dabei ist allerdings der Bestimmtheitsgrundsatz zu beachten, nach dem sich entsprechende Befugnisse der Gesellschafterversammlung unzweideutig aus dem Vertrag ergeben müssen, wenn auch nur durch Auslegung: Baumbach/*Hopt*, § 119 Rn 37 f.; Palandt/*Sprau*, § 705 Rn 16; *Karsten Schmidt*, GesR, § 16 II; Ausnahme: Publikumsgesellschaften.
11 Baumbach/*Hopt*, § 177 Rn 3; *Ebenroth/Strohn*, § 177 Rn 8; *Röhricht/von Gerkan*, § 177 Rn 6.
12 KG DNotZ 2001, 408.
13 Baumbach/*Hopt*, § 177 Rn 2; *Koller/Roth/Morck*, § 177 Rn 2.
14 Baumbach/*Hopt*, § 177 Rn 2.
15 Nur die übertragbaren Vermögensrechte unterliegen der Testamentsvollstreckung, vgl. Baumbach/*Hopt*, § 131 Rn 21.
16 BGHZ 108, 187 = NJW 1989, 3152; LG Berlin ZEV 2004, 29; Baumbach/*Hopt*, § 139 Rn 28.

standen waren oder es jedenfalls jetzt sind.[17] Diese Zustimmung kann auch konkludent dadurch geschehen sein, dass der Gesellschaftsvertrag dem Gesellschafter bei der Nachfolgeregelung freie Hand gelassen hat.[18] Eine Eintragung des Testamentsvollstreckers oder eines Vollstreckungsvermerks in das Register erfolgt aber nicht.[19]

Die Eintragung des Ein- und Austritts von Kommanditisten wird nach der durch das Gesetz zur Namensaktie und zur Erleichterung der Stimmrechtsausübung (NaStraG) vom 18.1.2001 eingeführten Neufassung des § 162 Abs. 2 HGB.[20] nicht bekannt gemacht. In die **Bekanntmachung** werden Angaben zu den Kommanditisten überhaupt nicht mehr aufgenommen. Insoweit soll § 15 HGB (vgl. dazu § 2 Rn 12) ausdrücklich nicht mehr gelten.[21] 21

II. Einzelheiten

1. Anmeldung des Ein- und Austritts von Kommanditisten

Der Ein- und Austritt eines Kommanditisten ist in das Handelsregister einzutragen. Die Eintragung wirkt nur deklaratorisch.[22] Die **Anmeldung des Eintritts** richtet sich nach den §§ 162 Abs. 3, Abs. 1, 107, 108 Abs. 1 HGB. Die Anmeldung hat dementsprechend durch alle Gesellschafter einschließlich des neuen zu erfolgen. Sie muss die Angaben nach § 106 Abs. 2 Nr. 1 HGB zu dem neuen Kommanditisten und zum Haftbetrag enthalten. Eine Zeichnung des neuen Kommanditisten nach § 108 Abs. 2 HGB entfällt, weil Kommanditisten nach § 170 HGB zur Vertretung nicht befugt sind. Häufig wird der Eintritt wegen der Haftung nach § 176 HGB unter der aufschiebenden Bedingung der Eintragung in das Handelsregister vereinbart.[23] Diese Bedingung muss in der Anmeldung nicht angegeben werden, weil der Zeitpunkt der Wirksamkeit des Beitritts nicht im Register vermerkt wird. Ihre Angabe schadet aber auch nicht. 22

---

17 BGHZ 108, 187, 198 = NJW 1989, 3152; NJW 1985, 1953, 1954.
18 BGHZ 68, 225, 241 = NJW 1977, 1339.
19 KG WM 1995, 1890; a.A. LG Konstanz NJW-RR 1990, 716.
20 BGBl I S. 123.
21 Str., vgl. Baumbach/*Hopt*, § 162 Rn 5 m.N.
22 Schlegelberger/*Martens*, § 162 Rn 25; Ebenroth/Weipert, § 162 Rn 4; Röhricht/von Gerkan, § 162 Rn 21.
23 BGHZ 82, 209, 212 = NJW 1982, 883; NJW 1983, 229; Baumbach/*Hopt*, § 176 Rn 1; Schlegelberger/*Martens*, § 176 Rn 29.

23 Die **Anmeldung des Austritts** eines Kommanditisten richtet sich nach den §§ 162 Abs. 3 S. 1, 143 Abs. 2 HGB. Außer der Angabe zum Austritt bedarf es grundsätzlich keiner weiteren Hinweise. Die Anmeldung hat wiederum durch alle Gesellschafter zu erfolgen, den Ausscheidenden eingeschlossen.

24 Weil das Gesetz eine Anmeldung aller Beteiligten vorsieht, bedarf es in der Regel bei den Anmeldungen keiner weiteren **registergerichtlichen Prüfungen** als der Formeinhaltung. Dies kann in Ausnahmefällen aber auch anders sein. Ein derartiger Sachverhalt ist etwa dann gegeben, wenn abweichend von § 177 HGB das Ausscheiden eines verstorbenen Kommanditisten, ohne einen auch nur vorübergehenden Eintritt der Erben, angemeldet wird. Die Sperre des Eintritts erfordert jedoch eine dem § 131 Abs. 3 Nr. 1 HGB entsprechende Regelung im Gesellschaftsvertrag bereits zum Zeitpunkt des Todes des Gesellschafters. Diese ist durch eine entsprechende Erläuterung der Anmeldenden nachzuweisen. Auch die mit dem Tod des Kommanditisten verbundene Rechtsnachfolge ist gem. § 12 Abs. 2 S. 2 HGB durch öffentliche Urkunden nachzuweisen (vgl. § 8 Rn 43).

25 Soweit der Gesellschaftsvertrag Erleichterungen bei der Aufnahme oder beim Austritt von Gesellschaftern vorsieht, stellt sich die Frage, inwieweit diese Erleichterungen auch auf die Handelsregisteranmeldungen durchschlagen. Von besonderer Bedeutung ist dies vor allem bei den sog. Publikumsgesellschaften, bei denen eine Vielzahl von Gesellschaftern vorhanden ist. Die Möglichkeit, gesellschaftsvertraglich Erleichterungen durch Mehrheitsbeschlüsse oder Entscheidungsdelegation zu schaffen, ändert an der Verpflichtung zur Anmeldung aller Beteiligten nichts.[24] Die Anmeldung des Ein- und Austritts von Gesellschaftern ist aber nicht höchstpersönlicher Natur, so dass eine Vertretung möglich ist (zum Problem vgl. Rn 29). Insoweit ist lediglich die Form des § 12 Abs. 2 HGB zu beachten. Danach muss auch die Vollmacht zur Registeranmeldung notariell beglaubigt sein. Eine derartige Vollmachtserteilung kann auch im Gesellschaftsvertrag erfolgen.[25] So ist etwa auch eine Regelung in dem Gesellschaftsvertrag einer Publikums-KG wirksam, nach der die Gesellschafter nach ihrer Wahl Handelsregisteranmel-

---

24 Baumbach/*Hopt*, § 162 Rn 7; zur Zulässigkeit eines Mehrheitsbeschlusses über die Einführung einer Vollmachtsklausel bei einer in die Form einer KG wechselnden AG, OLG Schleswig BB 2003, 1811.
25 OLG Frankfurt BB 1973, 722.

dungen zu unterzeichnen oder der Komplementärin eine nur aus wichtigem Grund widerrufbare General-Anmeldevollmacht zu erteilen haben.[26]

2. Anmeldung des Kommanditistenwechsels

Besonderheiten ergeben sich bei der Anmeldung eines **Kommanditistenwechsels**. Gesetzestechnisch liegt nämlich wiederum ein **Ausscheiden bei gleichzeitigem Eintritt eines Kommanditisten** vor. Eine entsprechende Eintragung riefe aber den unzutreffenden Eindruck hervor, dass ein weiterer Kommanditist vorhanden wäre, der neben dem nachhaftenden austretenden Gesellschafter bis zur Hafteinlage herangezogen werden könnte. Tatsächlich aber tritt der neue Gesellschafter nur in die Gesellschafterstellung des alten Gesellschafters ein und übernimmt damit alle Rechte und Pflichten.[27] Er kann sich dementsprechend auch auf die Leistung der Hafteinlage durch den alten Kommanditisten berufen.[28] Die Eintragung ist aus diesem Grund mit einem **Rechtsnachfolgevermerk** bei dem neuen Gesellschafter zu versehen, der den Schluss zulässt, dass kein weiterer Kommanditist eingetreten ist, sondern lediglich ein Wechsel in der Mitgliedschaft vorliegt.[29] Diese geschieht durch den Hinweis auf einen Eintritt „im Wege der Sonderrechtsnachfolge" oder „im Wege der Rechtsnachfolge".[30] Um sicherzustellen, dass der Vermerk aufgenommen wird, hat auch die Anmeldung bereits den Hinweis auf eine Übertragung einer bestehenden Mitgliedschaft zu enthalten. Diese Grundsätze gelten auch nach der Neufassung des § 162 Abs. 2 HGB weiter.[31] Nach der Auffassung des OLG Köln muss auch klar sein, welcher der Gesellschafter unter Eintritt eines neuen Gesellschafters austritt.[32]

26

Ein Gesellschafterwechsel liegt dabei nicht nur im Fall der rechtsgeschäftlichen Übertragung der Mitgliedschaft vor, sondern **in allen Fällen der**

27

---

26 BGH NJW 2006, 2854.
27 BGHZ 45, 221 = NJW 1966, 1307; BGHZ 79, 376, 378 = NJW 1981, 1213; BGHZ 81, 82, 89 = NJW 1981, 2747 (zur KG).
28 Baumbach/*Hopt*, § 173 Rn 11; *Ebenroth/Strohn*, § 173 Rn 13.
29 Aus der Rspr.: OLG Köln ZIP 2004, 505, 507 m.w.N.; OLG Zweibrücken Rpfleger 2002, 156.
30 *Karsten Schmidt*, GesR, § 45 IV 3 b, hat den Vorschlag gemacht, den Nachfolgezusatz dadurch zu ersetzen, dass eine „Anteilsübertragung" eingetragen wird. Ob sich dies in der Registerpraxis durchsetzen wird, bleibt abzuwarten.
31 OLG Köln ZIP 2004, 505, 507; OLG Hamm FGPrax 2005, 39.
32 OLG Köln ZIP 2004, 505, 508, zweifelhaft.

Rechtsnachfolge,[33] die etwa auch durch die Vererbung der Kommanditistenstellung eintreten kann, wenn der Gesellschaftsvertrag keine von § 177 HGB abweichende Regelung enthält.

28 Möglich ist auch die **teilweise Übertragung der Gesellschafterstellung**. Der Eintretende erhält eine vollständige Gesellschafterstellung. Bezogen auf den ihm übertragenen Anteil erlangt er die Rechte und Pflichten des Altgesellschafters, die Kommanditeinlage des Altgesellschafters wird in dem übertragenen Umfang herabgesetzt. War der Übernehmende bereits Kommanditist, liegt eine Erhöhung seiner Kommanditeinlage vor (zur Erhöhung und Herabsetzung vgl. Rn 35 f.).

29 Seit einer Entscheidung des Großen Senats des Reichsgerichts[34] wird **in der Anmeldung** eines rechtsgeschäftlichen Kommanditistenwechsels zusätzlich noch die **Versicherung** verlangt, dass der ausscheidende Gesellschafter keinerlei Abfindung von der Gesellschaft erhalten hat und ihm auch keine versprochen worden ist. Diese von vielen Registergerichten[35] nach wie vor verlangte Versicherung ist entbehrlich.[36] Das Gesetz sieht sie nicht vor, das Registergericht hat Leistungen auf die Hafteinlage oder Rückzahlungen an die Gesellschafter nicht zu überprüfen. Für die materiell-rechtliche Wirksamkeit der Übertragung der Mitgliedschaft ist die Abfindungszahlung ebenfalls unerheblich. Das Gesetz schließt eine derartige Rückzahlung gerade nicht aus, sondern verbindet sie mit einem Wiederaufleben der Haftung. Die bisherige Praxis ist aber vom Bundesgerichtshof gebilligt worden, so dass eine Versicherung in jedem Fall abgegeben werden sollte.[37] Fraglich ist, wer die Versicherung abzugeben hat und ob bei der Abgabe eine Vertretung möglich ist.[38] Da die Auszahlung eine Maßnahme der Geschäftsführung ist, wird die Versicherung von allen vertretungsberechtigten Gesellschaftern und

---

33 Schlegelberger/*Martens*, § 162 Rn 20.
34 RG DNotZ 1944, 201 = WM 1964, 1130; bestätigt durch BGH NJW-RR 2006, 107 = Rpfleger 2006, 79 mit Anm. *Müther*, Rpfleger 2006, 128; entgegen dem Vorlagebeschluss KG BB 2004, 1521 = NZG 2004, 809.
35 OLG Zweibrücken Rpfleger 2002, 156; 1986, 482; BayObLG BB 1983, 334; OLG Oldenburg DNotZ 1992, 186, 187; OLG Köln DNotZ 1953, 435, 436; LG München I Rpfleger 1990, 516.
36 KG BB 2004, 1521 = NZG 2004, 809; AG Charlottenburg DNotZ 1988, 519; *Waldner*, Rpfleger 2002, 156.
37 BGH NJW-RR 2006, 107 = Rpfleger 2006, 79 mit Anm. *Müther*, Rpfleger 2006, 128; entgegen dem Vorlagebeschluss KG BB 2004, 1521 = NZG 2004, 809.
38 Vgl. dazu *Müther*, Rpfleger 2006, 128.

von dem ausscheidenden Gesellschafter verlangt.[39] Die Versicherung ist aber anders als etwa die Versicherung nach § 8 Abs. 2 GmbHG nicht strafbewehrt, so dass man eine Vertretung für zulässig erachten kann. Dafür spricht im Übrigen auch das Vorstehende. Da die Versicherung dem Nachweis des Übergangs der Mitgliedschaft dient, ist sie Teil der Anmeldung und unterliegt damit auch den Formerfordernissen des § 12 HGB.[40] Der Inhalt der Versicherung kann nicht in das Register eingetragen werden.[41]

3. Kommanditistenwechsel unter der Beteiligung vorhandener Gesellschafter

Wird ein Kommanditistenwechsel unter Beteiligung bereits **vorhandener Kommanditisten** vorgenommen, liegen darin eine Erhöhung der Kommanditeinlage und das Ausscheiden eines Kommanditisten. Wird nur ein Teil der Kommanditeinlage übertragen, liegt auf Seiten des übertragenden Kommanditisten eine Herabsetzung seiner Kommanditeinlage vor. Die Anmeldung des Ausscheidens ist in Rn 23 behandelt, die Erhöhung und Herabsetzung von Kommanditeinlagen ist in Rn 35 f. dargelegt.

30

Geht ein Kommanditanteil im Ganzen oder teilweise auf einen **persönlich haftenden Gesellschafter** über, wird allein das Ausscheiden des Kommanditisten bzw. die Herabsetzung seiner Kommanditeinlage eingetragen.[42] Der persönlich haftende Gesellschafter kann nämlich aufgrund der Einheitlichkeit seiner Gesellschafterstellung nicht zugleich auch Kommanditist sein. In der Anmeldung wird zwar der Übergang des Anteils auf den persönlich haftenden Gesellschafter zu erwähnen sein. Aber der Versicherung über eine fehlende Rückzahlung (vgl. dazu Rn 29) bedarf es hier auch nach der Auffassung des Reichsgerichts nicht. Ist der ausscheidende Gesellschafter der letzte Kommanditist gewesen, wandelt sich die Gesellschaft in eine offene Handelsgesellschaft um (vgl. dazu § 8 Rn 4). Dies ist entsprechend anzumelden. Handelte es sich um eine zweigliedrige Gesellschaft, endet diese mit dem Ausscheiden des Kommanditisten (vgl. dazu § 8 Rn 46).

31

---

39 Schlegelberger/*Martens*, § 162 Rn 18.
40 A.A. Schlegelberger/*Martens*, § 162 Rn 18.
41 BGHZ 81, 82, 87 = NJW 1981, 2747.
42 BayObLG Rpfleger 1983, 115 = BB 1983, 334.

III. Checkliste: Anmeldung des Ein- und Austritts von Kommanditisten und des Kommanditistenwechsels

32
- Ist die Anmeldung in der Form des § 12 Abs. 1 HGB durch alle Gesellschafter einschließlich des neuen und des alten Gesellschafters erfolgt (vgl. Rn 22 f.)?
- Soweit der Kommanditist verstorben ist: Sind die erforderlichen Nachweise nach § 12 Abs. 2 HGB in der gehörigen Form beigefügt (vgl. Rn 24)?
- Ist bei einem Ausscheiden durch Tod eine Dauertestamentsvollstreckung angeordnet: Hat der Testamentsvollstrecker angemeldet (vgl. Rn 20)?
- Ist in der Anmeldung klargestellt, dass es sich um eine Rechtsnachfolge handelt (vgl. Rn 26)?
- Ist bei der rechtsgeschäftlichen Übertragung des Geschäftsanteils eine Versicherung über eine fehlende Abfindung oder Abfindungsvereinbarung mit der Gesellschaft notwendig und ist sie gegebenenfalls abgegeben worden (vgl. Rn 29)?
- Hat der Kommanditistenwechsel unter Beteiligung vorhandener Gesellschafter stattgefunden (vgl. Rn 30 f.)?

IV. Kosten

33 Für die **Gerichtsgebühren** gelten nach dem Wegfall der Vorschriften über die Berechnung der Gebühren nach dem Geschäftswert die gleichen Grundsätze wie bei der Eintragung anderer Tatsachen bei der OHG, vgl. dazu § 8 Rn 51.

34 Der für die die Berechnung der **Notargebühren** maßgebende Geschäftswert ist beim Ein- und Austritt jeweils nach der Höhe der Kommanditeinlage zu berechnen (§ 41a Abs. 1 Nr. 6 KostO). Soweit ein Kommanditistenwechsel oder eine Beteiligungsumwandlung stattfindet, ist jeweils nur die einfache Kommanditeinlage als Höhe maßgebend. Der Notar erhält eine halbe Gebühr (§ 38 Abs. 2 Nr. 7 KostO).

D. Erhöhung und Herabsetzung der Kommanditeinlagen

I. Rechtliche Grundlagen

Aus den §§ 174, 175 HGB ergibt sich, dass die Kommanditeinlage sowohl erhöht als auch herabgesetzt werden kann. Auch insoweit liegt eine **Vertragsänderung** vor. Die Eintragung in das Handelsregister wirkt hier nach allgemeiner Meinung konstitutiv.[43] Die entsprechende Anmeldung kann daher nicht durch ein Zwangsgeldverfahren durchgesetzt werden. Dies ergibt sich jedenfalls aus dem ausdrücklichen Ausschluss in § 175 S. 2 HGB. Das ist auch unproblematisch, weil die für die Gläubiger bedeutsame Herabsetzung nach § 174 HGB ohnehin erst mit ihrer Eintragung wirkt. In der Praxis fallen Erhöhung und Herabsetzung häufig mit der teilweisen Anteilsübertragung zusammen. In diesem Fall sind die Ausführungen zur Anmeldung des Kommanditistenwechsels zu beachten (vgl. Rn 26 ff.). Wegen der Glättung krummer Eurobeträge siehe Rn 38.

35

II. Anmeldung

Nach § 175 S. 1 HGB sind Erhöhungen und Herabsetzungen durch **alle Gesellschafter** anzumelden. In der Anmeldung ist der neue Haftbetrag anzugeben. Im Falle der Herabsetzung wird häufig in die Anmeldung ein Hinweis des Notars aufgenommen, dass die Herabsetzung nach § 174 HGB erst mit der Eintragung in das Register Dritten gegenüber Wirkung entfaltet. Registerrechtlich ist dieser Hinweis entbehrlich. Eine Prüfung der Einlageleistungen durch das Registergericht erfolgt auch in diesem Fall nicht.

36

III. Kosten

Die Gerichtsgebühren berechnen sich wie bei der OHG, vgl. § 8 Rn 51. Für die Berechnung der **Notargebühren** ist nach § 41a Abs. 1 Nr. 7 HGB der Unterschiedsbetrag zwischen der eingetragenen und der angemeldeten Kommanditeinlage maßgebend. Für die Beglaubigung der Anmeldung wird eine halbe Gebühr erhoben.

37

---

43 Baumbach/*Hopt*, § 174 Rn 1; *Ebenroth/Strohn*, § 175 Rn 1. Systematisch spricht mehr dafür, dass es sich um eine deklaratorische Eintragung handelt, die nicht im Zwangsgeldverfahren durchgesetzt werden kann.

E. Euro-Umstellung

I. Rechtliche Grundlagen

38 Bei der KG wird im Register auch die Höhe der Hafteinlage vermerkt. Durch die Euro-Einführung besteht daher ein Bedarf, die bisherigen DM-Eintragungen entsprechend anzupassen. Nach Art. 45 Abs. 1 EGHGB müssen nur auf diese Anpassung gerichtete Anmeldungen nicht mit der Form des § 12 Abs. 1 S. 1 HGB versehen sein. Dies betrifft allerdings nur die Beglaubigung. An der Notwendigkeit zur Einreichung in elektronischer Form ändert sich nichts, § 12 Abs. 2 S. 1 HGB. Eine Bekanntmachung der Eintragung unterbleibt. Keine Ausnahme ist allerdings von § 108 HGB vorgesehen, so dass die Anmeldung durch alle Gesellschafter zu erfolgen hat. Sollen die krummen Eurobeträge geglättet werden, liegt entweder eine Herabsetzung oder eine Erhöhung der Kommanditeinlage vor. Für diese sieht Art. 45 EGHGB keine Abweichungen vor, so dass §§ 174 und 175 HGB anzuwenden sind.[44]

39 Es besteht keine Verpflichtung zur Umstellung. Die eingetragenen Hafteinlagen sind grundsätzlich nur für den Haftungsumfang und nicht für die Finanzverfassung der Gesellschaft von Bedeutung.

II. Checkliste: Anmeldung der Euro-Umstellung

40
- Liegt eine Anmeldung durch alle Gesellschafter unter Angabe der Änderungen vor?
- Soweit eine einfache Euro-Umstellung vorliegt: Ist die elektronische Form gewahrt?
- Soweit geglättete Eurobeträge erreicht werden sollen: Liegen die Voraussetzungen einer Anmeldung nach § 175 HGB vor (vgl. dazu Rn 38)?

III. Kosten

41 Für die einfache Euro-Umstellung wird wegen der Gerichtsgebühren eine Gebühr nach Nr. 1505 des GV zur HRegGebVO anfallen, weil es sich um eine Eintragung ohne wirtschaftliche Bedeutung handelt.[45] Da die Anmel-

---

44 Ebenso *Gustavus*, Handelsregister-Anmeldungen, A 59, S. 65.
45 Die frühere Fassung des Art. 45 Abs. 2 EGHGB hat insoweit auch auf § 26 Abs. 7 KostO a.F. verwiesen.

dung der einfachen Euro-Umstellung nicht der Form des § 12 Abs. 1 HGB bedarf, entstehen regelmäßig keine **Notargebühren**. Im Übrigen gelten die allgemeinen Regelungen (vgl. dazu § 8 Rn 51), wobei für den Notar Art. 45 Abs. 2 EGHGB zu beachten ist. Findet also eine Erhöhung oder Herabsetzung nur in dem genannten Umfang statt, ist ein reduzierter Geschäftswert anzuwenden.

F. Wechsel der Gesellschafterstellung

I. Rechtliche Grundlagen

1. Einfache Beteiligungsumwandlung

§ 139 HGB sieht für den Fall der Vereinbarung einer einfachen Nachfolgeklausel für den Todesfall im Vertrag einer OHG die Möglichkeit einer Beteiligungsumwandlung vor. Der Erbe, der eigentlich persönlich haftender Gesellschafter werden müsste, hat einen Anspruch auf Umwandlung seiner Gesellschafterstellung in die eines Kommanditisten. Über den Anwendungsbereich des § 139 HGB hinaus kann durch entsprechende vertragliche Vereinbarung jede Gesellschafterstellung umgewandelt werden. Gesetzestechnisch handelt es sich um einen Austritt aus der einen Gesellschafterstellung und um einen Eintritt in die andere Gesellschafterstellung. Die Beteiligungsumwandlung ist entsprechend anzumelden. Ein hiervon abweichender Wortlaut der Anmeldung soll aber nicht schädlich sein;[46] lediglich die Eintragung ist entsprechend vorzunehmen. Wird der persönlich haftende Gesellschafter in einer KG zum Kommanditisten, gelten die §§ 162 Abs. 3, Abs. 1, 108 Abs. 1, 107 HGB für den Eintritt als Kommanditist und § 143 Abs. 2 HGB für den Austritt als persönlich haftender Gesellschafter.

42

2. Beteiligungsumwandlung mit Rechtsformwechsel

Gibt der einzige Kommanditist seine Stellung auf und wird er persönlich haftender Gesellschafter, wandelt sich die Gesellschaft in eine **OHG** um. Dies ist neben dem Austritt als Kommanditist und dem Eintritt als persönlich haftender Gesellschafter durch alle Gesellschafter anzumelden. Der ehema-

43

---

46 BayObLG NJW 1970, 1796; WM 1988, 710; Baumbach/*Hopt*, § 162 Rn 10; *Ebenroth/Weipert*, § 162 Rn 42.

lige Kommanditist ist nun grundsätzlich vertretungsberechtigt (§ 125 Abs. 1 HGB) und muss nach § 108 Abs. 2 HGB seine Zeichnung beim Gericht in der Form des § 12 Abs. 2 HGB einreichen. Seine Vertretungsberechtigung ist ausdrücklich anzugeben (vgl. § 106 Abs. 2 Nr. 4 HGB).

44 Wählt ein bisheriger persönlich haftender Gesellschafter in einer OHG die Kommanditistenstellung, ist neben seinem Ausscheiden als persönlich haftender Gesellschafter und seinem Eintritt als Kommanditist auch der Wechsel der Rechtsform der Gesellschaft anzumelden.

II. Checkliste: Anmeldung der Beteiligungsumwandlung

45
- Liegt eine Anmeldung in der Form des § 12 Abs. 1 S. 1 HGB durch alle Gesellschafter vor?
- Einfache Beteiligungsumwandlung: Ist das Ausscheiden aus der einen Gesellschafterstellung und der Eintritt in die andere Gesellschafterstellung angemeldet worden?
- Soweit der Gesellschafter nunmehr Kommanditist ist: Sind die Anforderungen in Rn 22 eingehalten worden?
- Soweit der Gesellschafter nunmehr persönlich haftender Gesellschafter ist: Sind die Anforderungen nach § 8 Rn 50 wegen des Eintritts eines persönlich haftenden Gesellschafters eingehalten worden?
- Soweit eine Beteiligungsumwandlung mit Rechtsformwechsel vorliegt: Ist zusätzlich die neue Gesellschaftsform mit insoweit angepasster Firma (vgl. § 19 HGB) angemeldet worden?

III. Kosten

45a Für die Gerichtsgebühren gelten die allgemeinen Regeln, vgl. § 8 Rn 51. Der Geschäftswert für die Notargebühren richtet sich in allen Fällen nach dem einfachen Wert der Kommanditeinlage (§ 41a Abs. 1 Nr. 6 KostO), er ist aber auf höchstens 500.000 EUR begrenzt. Der Notar erhält für die Anmeldung eine halbe Gebühr nach § 38 Abs. 2 Nr. 7 KostO.

G. Auflösung und Löschung

I. Auflösung

Für die Auflösung gelten die Vorschriften zur OHG entsprechend. Die Auflösungsgründe ergeben sich auch hier aus den §§ 131 Abs. 1 und 2, 133 HGB. Bei der KG richtet sich die Anmeldung ebenfalls nach § 143 Abs. 1 HGB. Im Fall des § 143 Abs. 1 S. 2 HGB erfolgt die Eintragung von Amts wegen, einer Anmeldung bedarf es nicht. 46

Scheidet der einzige persönlich haftende Gesellschafter aus der Gesellschaft aus, so ist diese aufgelöst, wenn nicht ein anderer die Stellung des persönlich haftenden Gesellschafters übernimmt.[47] Führen die Kommanditisten die Gesellschaft werbend weiter, so wandelt sich diese in eine OHG um. 47

Ist die Gesellschaft aufgelöst, so wird die Gesellschaft durch alle Gesellschafter einschließlich der Kommanditisten als Liquidatoren vertreten.[48] Es kann aber Abweichendes vereinbart werden. Die jeweilige Vertretungsbefugnis muss zum Register angemeldet und eingetragen werden. Eine Verpflichtung zur Zeichnung ist entfallen. 48

II. Fortsetzung, Löschung und Nachtragsliquidation

Wegen der Frage der Fortsetzung, der Löschung und der Nachtragsliquidation kann auf die Ausführungen zur OHG verwiesen werden (vgl. § 8 Rn 63, 68, 69). Das Erlöschen ist auch von den Kommanditisten anzumelden.[49] 49

III. Kosten

Bei der KG gelten die gleichen Kostenvorschriften wie bei der OHG. Auf die dortigen Ausführungen wird daher verwiesen (vgl. § 8 Rn 67). 50

H. Die Kapitalgesellschaft & Co. KG

Gesellschafter einer Personenhandelsgesellschaft können nicht nur natürliche Personen, sondern auch juristische Personen sein. In der Praxis besonders 51

---

47 BGHZ 8, 35, 37 f. = NJW 1953, 102; BayObLG BB 2000, 1211; *Koller/Roth/Morck*, § 131 Rn 8; Baumbach/*Hopt*, § 131 Rn 5.
48 BGH WM 1982, 1170; Baumbach/*Hopt*, § 177 Rn 4.
49 BayObLG DB 2004, 647.

häufig kommt die GmbH & Co. KG vor.⁵⁰ Dabei übernimmt eine GmbH als Einzige die Stellung eines persönlich haftenden Gesellschafters, die weiteren Gesellschafter sind Kommanditisten.⁵¹ Diese Gesellschaftsform wird registerrechtlich mehr und mehr den Kapitalgesellschaften gleichgestellt (vgl. etwa § 141a Abs. 3 FGG), obwohl es sich um eine **Personenhandelsgesellschaft** handelt, die auch in das **Register A** eingetragen wird.⁵²

52 Ist eine GmbH persönlich haftender Gesellschafter, ist sie durch ihre Geschäftsführer vertretungsberechtigt.⁵³ Nach § 106 Abs. 2 Nr. 4 HGB ist in der Anmeldung anzugeben, wie die Komplementärin die Gesellschaft vertritt.

53 Ebenso wie ein Geschäftsführer einer GmbH bei deren Vertretung von den Beschränkungen des § 181 BGB befreit werden kann (vgl. § 6 Rn 79), kann die GmbH bei der Vertretung der KG von § 181 BGB befreit werden. Diese Vertretungsregelung ist zum Register anzumelden und einzutragen, soweit sie nicht nur eine Einzelfallbefreiung betrifft, die auch möglich ist, wenn der Gesellschaftsvertrag der KG insoweit keine Befreiung vorsieht.⁵⁴ Diese eingetragene Befreiung führt allerdings nicht dazu, dass die Geschäftsführer selbst nun auch von § 181 BGB befreit sind. Treten diese rechtsgeschäftlich mit der KG, vertreten durch die GmbH, in Kontakt, ist das Rechtsgeschäft schwebend unwirksam. Aus diesem Grund besteht auch die Möglichkeit, die Befreiung der Geschäftsführer der Komplementär-GmbH von den Beschränkungen des § 181 BGB für die KG in das Register der KG einzutragen.⁵⁵ Allerdings muss sich aus dem Registerblatt der KG selbst ergeben, wann die Geschäftsführer befreit sind. Die Formulierung „die Geschäftsführer der Komplementärin sind von den Beschränkungen des § 181 BGB befreit, falls diese bei der GmbH ebenfalls befreit sind" reicht nicht aus.⁵⁶ Eine nament-

---

50 Vgl. dazu näher *Binz/Sorg*; *Sudhoff*; *Wagner/Rux*.
51 Die Beteiligung einer weiteren natürlichen Person als pHG kommt praktisch nicht vor, vgl. *Binz/Sorg*, § 1 Rn 3.
52 Zur Einordnung als Kapitalgesellschaft vgl. *Raiser/Veil*, § 42 Rn 1.
53 OLG Celle Rpfleger 1979, 313 = BB 1980, 223; auch die Firma der GmbH: BayObLG GmbHR 1973, 32 = BB 1972, 1525; NJW 1988, 2051; OLG Saarbrücken OLGZ 1977, 294; OLG Hamm OLGZ 1983, 257.
54 OLG Düsseldorf GmbHR 2005, 105.
55 BayObLG Rpfleger 2000, 115 = BB 2000, 59 = DNotZ 2000, 527 = BayObLGZ 1999, 349, auch zum Streit, ob sich dies aus § 125 HGB a.F. ergäbe; OLG Hamm BB 1983, 858; OLG Hamburg ZIP 1986, 1186.
56 BayObLG Rpfleger 2000, 115 = BB 2000, 59 = DNotZ 2000, 527 = BayObLGZ 1999, 349; Rpfleger 2000, 394, 395.

liche Eintragung des jeweiligen Geschäftsführers kommt aber ebenfalls nicht in Betracht.[57] An diesen Grundsätzen dürfte das EHUG trotz der vereinfachten Einsichtsmöglichkeiten nichts geändert haben.

Ist ein Geschäftsführer der GmbH zugleich auch Kommanditist, muss sich aus der Anmeldung eindeutig ergeben, dass er seine Erklärungen nicht nur als Geschäftsführer, sondern auch als Kommanditist abgibt.[58]   54

Hinsichtlich der Anmeldung und der Eintragung sowie den Kosten ergeben sich bei der GmbH & Co. KG keine Besonderheiten. Insbesondere ist die KG nicht allein deshalb als Formkaufmann nach § 6 Abs. 2 HGB anzusehen, weil ihre persönlich haftende Gesellschafterin eine GmbH ist.[59] Die obigen Ausführungen gelten entsprechend.   55

Da hinsichtlich der Gesellschaftereigenschaft einer KG keine Beschränkungen bestehen, können auch ausländische Kapitalgesellschaften, deren Rechtsfähigkeit im deutschen Recht anzuerkennen ist (vgl. dazu näher § 6 Rn 9), pHG einer deutschen KG sein. Derartige Gesellschaftsformen erfreuen sich immer größerer Beliebtheit. Dies gilt insbesondere für die „Ltd. & Co. KG", in der statt einer deutschen GmbH eine englische Ltd. die Stellung des einzigen pHG übernimmt.[60]   56

Auch mit einer ausländischen Gesellschaft als persönlich haftender Gesellschafterin ist die gegründete KG als deutsche Gesellschaftsform anzusehen. Für sie gelten daher die allgemeinen Regeln. Danach sind insbesondere die §§ 19 Abs. 5, 125a, 129a, 130a und 130b HGB zu beachten.[61] Insoweit können sich etwa Schwierigkeiten bei der **Firmenbildung** ergeben, wenn sich aus der Einfügung der ausländischen Gesellschaftsform nicht mit hinreichender Deutlichkeit der Hinweis auf eine Kapitalgesellschaft mit beschränktem Haftungskapital ergibt. Derartige Bedenken dürften jedenfalls für die englische Ltd., die holländische BV und die französische SA nicht gegeben sein. Eine englische Ltd. kann als persönlich haftende Gesellschafterin auch von den **Beschränkungen des § 181 BGB** befreit sein, was in das   57

---

57 BayObLG Rpfleger 2000, 394, 395.
58 BayObLG Rpfleger 1978, 255.
59 BayObLG NJW 1985, 982 = DB 1985, 271.
60 Zur Zulässigkeit: BayObLG NJW 1986, 3029, 3030; a.A. AG Bad Oeynhausen GmbHR 2005, 692. Vgl. dazu auch *Heinz*, § 20; näher auch *Werner*, GmbHR 2005, 288, 292. Zur Zulässigkeit unter Beteiligung einer Schweizer AG: OLG Saarbrücken GmbHR 1990, 348.
61 Baumbach/*Hopt*, Anh. § 177a Rn 11.

Register einzutragen ist.[62] Für die Eintragung der KG muss die Auslandsgesellschaft auch nicht mit einer **Zweigniederlassung** in das Register eingetragen sein.[63] Denn die Frage der Verpflichtung zur Eintragung einer Zweigniederlassung[64] ist von der Frage zu unterscheiden, ob eine wirksam gegründete KG vorliegt.

---

62 OLG Frankfurt FGPrax 2006, 273 = RPfleger 2007, 31.
63 Ebenso *Heinz*, § 20 Rn 9; *Süß*, GmbHR 2005, 672, 673.
64 Zu den Anforderungen bei einer Ltd.: OLG Hamm FGPrax 2006, 276.

4. Kapitel: Weitere Eintragungsgegenstände

§ 10 Der Einzelkaufmann

Literatur

Canaris, Handelsrecht, 23. Auflage 2000; **Heymann**, Handelsgesetzbuch, Kommentar, 2. Auflage, ab 1995; **Müther**, Handelsrecht, 2005; **Schmidt, K.**, Handelsrecht, 5. Auflage 1999.

A. Überblick

Die Vorschriften über den Einzelkaufmann (§§ 1 ff. HGB) sind die grundlegenden Normen des Handelsrechts. Denn durch sie wird der Normadressatenkreis des HGB bestimmt. Dass diese Darstellung gleichwohl nicht mit den Vorschriften über die Eintragung des Einzelkaufmanns in das Handelsregister beginnt, beruht auf der geringeren praktischen Relevanz der Regelungen. Das Handelsregister hat mittlerweile größere Bedeutung für die Handelsgesellschaften. Hinzu kommt, dass für die Gesellschaften fast ausschließlich eigene Vorschriften über die Eintragung in das Handelsregister existieren, so dass es selten eines Rückgriffes auf die Vorschriften über den Einzelkaufmann bedarf. **1**

Mit der Anmeldung und Eintragung in das Handelsregister des Einzelkaufmannes befassen sich in erster Linie die §§ 29, 31 und 32 HGB. § 29 HGB regelt dabei die Anmeldung zur Ersteintragung. Die Eintragungen erfolgen in das **Register A**. Zuständig ist jeweils der Rechtspfleger (allgemein hierzu vgl. § 2 Rn 22). Für die Prüfung durch das Registergericht gelten die allgemeinen Grundsätze. Eine Prüfungsbeschränkung ergibt sich dabei etwa für die Firma aus § 18 Abs. 2 HGB. **2**

B. Die Ersteintragung

I. Rechtliche Grundlagen

3 Seit der Reform des Handelsrechtes zum 1.7.1998 durch das Handelsrechtsreformgesetz unterscheidet das HGB zwischen
- dem Ist-Kaufmann nach § 1 HGB,
- dem Kann-Kaufmann nach § 2 HGB und
- dem Kann-Kaufmann nach § 3 HGB.

4 Der **Ist-Kaufmann** nach § 1 HGB ist bereits mit dem Betrieb eines Handelsgewerbes Kaufmann, seine Eintragung in das Handelsregister hat damit lediglich deklaratorische Bedeutung. Die Eintragung kann mit Hilfe des Zwangsgeldverfahrens nach § 14 HGB durchgesetzt werden.

5 Für die **Kann-Kaufleute nach den §§ 2 und 3 HGB** hat die Eintragung demgegenüber konstitutive Bedeutung.[1] Die Kaufmannseigenschaft entsteht erst mit dem Zeitpunkt der Eintragung. Die Anmeldung kann durch das Registergericht nicht erzwungen werden. Die Unterscheidung der beiden Arten des Kaufmanns beruht darauf, dass der Kann-Kaufmann nach § 2 HGB, soweit sein Gewerbebetrieb zu diesem Zeitpunkt immer noch keinen kaufmännischen Umfang i.S.d. § 1 Abs. 2 HGB besitzt, seine Kaufmannseigenschaft durch Löschung der Firma nach § 2 S. 3 HGB wieder aufgeben kann („Kann-Kaufmann mit Rückfahrkarte"). Eine solche Möglichkeit ist für den einmal eingetragenen Kann-Kaufmann nach § 3 HGB nicht vorgesehen. Das gilt aber nur, soweit der Betrieb vollkaufmännischen Umfang besitzt, denn andernfalls beruht die Eintragung auf § 2 HGB, so dass die Registereintragung aufgegeben werden kann.[2]

II. Einzelheiten

1. Gewerbebetrieb

6 Ein einzelkaufmännisches Handelsgeschäft kann nur dann vorliegen, wenn überhaupt ein Gewerbebetrieb vorliegt. **Gewerbe** ist jede selbstständige, außengerichtete und planmäßige Tätigkeit in Gewinnerzielungsabsicht, wobei keine freiberufliche Tätigkeit vorliegen darf. Vgl. hierzu im Einzelnen die Ausführung zur OHG (§ 8 Rn 10).

---

1 Baumbach/*Hopt*, § 2 Rn 3, § 3 Rn 6; *Koller/Roth/Morck*, § 2 Rn 2.
2 Baumbach/*Hopt*, § 3 Rn 2.

Dem Registergericht wird die Prüfung über die gewerbliche Tätigkeit dadurch erleichtert, dass der Anmelder nach § 24 Abs. 2 HRV **Angaben zu seinem Geschäftszweig** zu machen hat. 7

Anders als bei den Kapitalgesellschaften muss der Einzelkaufmann nach § 7 HGB für seine Eintragung nicht nachweisen, dass er die **öffentlich-rechtlichen Vorbehalte** für die von ihm ausgeübte Tätigkeit erfüllt. Damit entfällt auch eine entsprechende Prüfung durch das Registergericht. 8

2. Handelsgewerbe

Der Umfang des Gewerbebetriebs ist dafür maßgeblich, ob eine **Anmelde- und Eintragungspflicht** nach § 29 Abs. 1 HGB besteht, die durch ein Zwangsgeldverfahren nach § 14 HGB durchgesetzt werden kann, oder ob eine Eintragung nur über § 2 HGB auf Antrag des Betroffenen möglich ist. 9

Nach § 1 Abs. 2 HGB besteht ein **Handelsgewerbe**, wenn der Geschäftsbetrieb **nach Art und Umfang eine kaufmännische Einrichtung** erfordert. Dies bedeutet nicht, dass die kaufmännischen Einrichtungen bereits vorhanden sein müssen.[3] Eine kaufmännische Organisation zeigt sich dabei in der Buchführung, Finanzierung, Inventarisierung, Aufbewahrung der Korrespondenz, Lohnbuchhaltung, Beschäftigung von kaufmännisch geschultem Personal u.ä. Ob eine solche Organisation erforderlich ist, ist dabei anhand von qualitativen und quantitativen Kriterien zu überprüfen. **Qualitative Merkmale** sind dabei die Größe der Geschäftslokale, Anzahl der Betriebsstätten, Zahl und Funktion der Beschäftigten, Produktpalette, Vielfalt und Internationalität der Geschäftsbeziehungen. **Quantitative Merkmale** sind beispielsweise der Umsatz, Kapitaleinsatz, Fremdkapitalisierung, Umfang von Werbung und Lagerhaltung. 10

Maßgeblicher **Zeitpunkt** für die Beurteilung der Erforderlichkeit der kaufmännischen Einrichtung ist der Zeitpunkt der Eintragung. Zukunftsprognosen sind nur insoweit zu berücksichtigen, wie klar absehbar ist, dass das Unternehmen nach seiner Anlage alsbald kaufmännische Einrichtungen erfordert.[4] 11

---

3 BGH BB 1960, 917.
4 BGHZ 32, 307, 311 = NJW 1960, 1664 = BB 1960, 681 zur OHG; BB 2004, 1357, 1358; BayObLG NJW 1985, 983; *Müther*, § 3 Rn 21.

3. Firma

12 Auch für den Einzelkaufmann gelten die **allgemeinen Firmenvorschriften** nach den §§ 18, 19 und 30 HGB. Danach ist auch der Einzelkaufmann in der Firmenbildung weitgehend frei. Die gewählte Bezeichnung muss lediglich Namensfunktion besitzen. Auch die Firma des Einzelkaufmanns muss sich von den anderen im Register eingetragenen Firmen nach § 30 HGB deutlich unterscheiden. Wegen der Einzelheiten vgl. § 6 Rn 28 ff.

13 Der Einzelkaufmann muss seiner Firma nach § 19 Abs. 1 Nr. 1 HGB die Bezeichnung „eingetragener Kaufmann", „eingetragene Kauffrau" oder eine allgemein verständliche Abkürzung dieser Bezeichnung beifügen (**Rechtsformzusatz**). Als allgemein verständliche Abkürzung nennt das Gesetz selbst die Abkürzungen „e.K., e.Kfm. oder e.Kfr". Für Altfirmen galt diese Regelung nach der Übergangsregelung des Art. 38 Abs. 1 EGHGB bis zum 31.3.2003 zunächst nicht. Soweit der Altfirma lediglich der Rechtsformzusatz beizufügen ist, bedarf es keiner Anmeldung; auf Anregung erfolgt eine Berichtigung durch das Registergericht.

14 Das **Irreführungsverbot** mit den Prüfungsbeschränkungen im Registerverfahren gilt auch für den Einzelkaufmann. Wegen der Einzelheiten wird auf § 6 Rn 29 f. verwiesen. Speziell für den Einzelkaufmann bedeutsam ist die Tatsache, dass die Firmierung nicht den Eindruck erwecken darf, dass hier eine Gesellschaft vorliegt. Eine Irreführung i.S.d. § 18 Abs. 2 HGB ist etwa bejaht worden für den Firmenbestandteil „Company".[5] Auch der Zusatz „Söhne" ist bei einer Neugründung trotz der Kennzeichnung nach § 19 Abs. 1 Nr. 1 HGB unzulässig, weil hierdurch auf eine Familientradition hingewiesen wird, der besondere Wertschätzung entgegengebracht wird.[6]

4. Ort der Handelsniederlassung

15 Wie bei den Personenhandelsgesellschaften ist auch beim Einzelkaufmann der Ort der Handelsniederlassung für die Zuständigkeit des Registergerichts bestimmend. Ebenso wie bei den Personenhandelsgesellschaften liegt der **Ort der Handelsniederlassung** dort, wo der **tatsächliche Schwerpunkt des Geschäftes** liegt, also der Mittelpunkt des Unternehmens, der auf Dauer

---

5 AG Augsburg Rpfleger 2001, 187.
6 OLG Düsseldorf MittRhNotK 2000, 298.

angelegte Ort der Geschäftsleitung.[7] Die entsprechende Prüfung wird dem Registergericht durch die notwendige Angabe der Lage der Geschäftsräume erleichtert (§ 24 Abs. 2 HRV). Diese Angabe wird auch mit der Eintragung bekannt gemacht.

5. Betreiber

Kaufmann ist nur der, der das Geschäft selbst betreibt. Als **Betreiber** eines einzelkaufmännischen Unternehmens kommen in erster Linie **natürliche Personen** in Betracht.[8] Soweit die betreffende Person noch minderjährig ist, schließt dies das Betreiben des Geschäftes nicht aus.[9] Sie wird allerdings, vom Ausnahmefall nach § 112 BGB abgesehen, von seinen gesetzlichen Vertretern vertreten. Diese haben die Beschränkungen nach den §§ 1643, 1821 f. BGB zu beachten. Für ein neues Erwerbsgeschäft bedürfte es der Genehmigung nach den §§ 1643, 1823 BGB, deren Vorliegen allerdings nicht vom Registergericht geprüft wird (vgl. § 7 HGB).[10] Der Minderjährige wird durch die Regelung des § 1629a BGB geschützt. 16

Betreiber des Unternehmens ist auch der **Pächter, der Franchisenehmer, der Nießbraucher oder der Treuhänder** und nicht die hinter ihnen stehende Partei. Denn nur bei diesen Personen ist das Kriterium der nach außen gerichteten Tätigkeit erfüllt (siehe Rn 6). Dass ein solches Rechtsverhältnis dem Betrieb zugrunde liegt, ist der Registereintragung nicht zu entnehmen, weil sie nicht eingetragen wird.[11] 17

Nicht unbedingt zum Zeitpunkt der Ersteintragung kann auch eine **Erbengemeinschaft** zum Betreiber eines einzelkaufmännischen Unternehmens werden. Allein die Tatsache, dass die Erbengemeinschaft aus mehreren Personen besteht, führt nicht dazu, dass sogleich eine OHG vorliegt (vgl. § 8 Rn 4). Eine zeitliche Beschränkung der Führung eines Unternehmens durch eine Erbengemeinschaft besteht grundsätzlich nicht.[12] Diese Grund- 18

---

7 Heymann/*Sonnenschein/Weitemeyer*, § 13 Rn 9.
8 Als juristische Personen kommen die Stiftung nach § 80 BGB, der Wirtschaftsverein und der Idealverein nach §§ 21 f. BGB in Betracht, vgl. *Koller/Roth/Morck*, § 1 Rn 27.
9 *Koller/Roth/Morck*, § 1 Rn 26; Baumbach/*Hopt*, § 1 Rn 32.
10 KG OLGZ 1, 288; a.A. *Röhricht*, § 1 Rn 87.
11 So LG Darmstadt Rpfleger 1982, 228; anders angeblich nach *Gustavus*, Handelsregister-Anmeldungen, A 7, S. 17 die überwiegende Praxis der Registergerichte.
12 BGHZ 92, 259 = NJW 1985, 136 (st. Rspr.).

sätze gelten dann nicht mehr, wenn die Miterben ihre Erbteile an andere Personen veräußern. Hier kommt eine Weiterführung des einzelkaufmännischen Unternehmens durch die ungeteilte Erbengemeinschaft nicht in Betracht.[13]

19 Fällt das Handelsgeschäft in einen Nachlass, für den die **Testamentsvollstreckung**[14] angeordnet ist, kann der Testamentsvollstrecker entweder selbst der Betreiber des Geschäfts sein. Er wird dann als Treuhänder für die Erben tätig (sog. **Treuhandlösung**). Möglich ist auch das Betreiben des Geschäfts aufgrund einer Vollmacht der Erben, so dass diese die Betreiber des Handelsgeschäftes sind (sog. **Vollmachtlösung**). Ein Testamentsvollstreckervermerk kann nicht in das Handelsregister eingetragen werden.[15] Aus diesem Grund kommt die sog. echte Testamentsvollstreckerlösung, nach der der Erbe als Kaufmann eingetragen wird, das Geschäft aber durch den Testamentsvollstrecker geführt wird, nicht in Betracht.[16] Ob der Testamentsvollstrecker das Einzelhandelsgeschäft freigeben kann (sog. Freigabelösung), ist fraglich, weil dann die testamentarische Anordnung missachtet würde.

20 Der jeweilige Betreiber bzw. sein gesetzlicher Vertreter ist zur **Anmeldung nach § 29 Abs. 1 HGB** berechtigt und verpflichtet. Der Betreiber ist auch Adressat der Zwangsgeldandrohung nach § 14 HGB.

6. Zeichnung

21 Der Betreiber bzw. sein gesetzlicher Vertreter hatten bisher nach § 29 HGB unter Angabe der Firma seine **Namensunterschrift zur Aufbewahrung** beim Registergericht in der Form des § 12 Abs. 2 HGB a.F. zu zeichnen. Diese Verpflichtung ist mit dem EHUG entfallen.

III. Checkliste: Anmeldung der Ersteintragung

22 ■ Liegt eine Anmeldung des Betreibers bzw. seines gesetzlichen Vertreters in elektronischer Form nach § 12 Abs. 1 HGB beim Registergericht des Ortes des tatsächlichen Schwerpunkts des Geschäfts vor?

---

13 KG KGR 1999, 70.
14 Vgl. zu den verschiedenen Lösungen: Baumbach/*Hopt*, § 1 Rn 40 ff.
15 RGZ 132, 138; BGHZ 12, 100, 102; KG WM 1995, 1890; a.A. LG Konstanz NJW-RR 1990, 716; vgl. zum Problem auch: *Karsten Schmidt*, Handelsrecht, § 5 I 1 d bb, S. 95 ff.
16 So aber mit Eintragung des Testamentsvollstreckervermerks: LG Konstanz NJW-RR 1990, 716.

- Ist eine Firma angegeben, die den allgemeinen Firmenbildungsvorschriften entspricht?
- Enthält die Anmeldung Angaben zur Lage des Geschäftslokals und zum Geschäftszweig?

IV. Kosten

Für die **gerichtliche Tätigkeit** im Zusammenhang mit der Ersteintragung entstehen Gerichtsgebühren und die Bekanntmachungskosten. Insoweit fällt die Gebühr nach Nr. 1101 bzw. 1103 der HRegGebVO an, die jeweils 50 EUR beträgt. 23

Der für die **Beglaubigungstätigkeit des Notars** notwendige Geschäftswert ergibt sich aus § 41a Abs. 3 Nr. 1 KostO und beträgt 25.000 EUR. Der Notar erhält aus diesem Geschäftswert eine halbe Gebühr (vgl. § 38 Abs. 2 Nr. 7 KostO). 24

Die Verpflichtung zur **Zeichnung** ist mit dem EHUG entfallen, so dass insoweit auch keine Beglaubigung mehr notwendig ist und Kosten nicht entstehen können. 25

C. Firmenänderung und Sitzverlegung

I. Rechtliche Grundlagen

Die Anmelde- und damit die Eintragungspflicht für die Firmenänderung und die Sitzverlegung ergibt sich aus **§ 31 Abs. 1 HGB**. Es handelt sich in allen Fällen um deklaratorische Eintragungen. Die entsprechende Anmeldepflicht des Betreibers kann durch ein Zwangsgeldverfahren nach § 14 HGB durchgesetzt werden.[17] 26

Für die geänderte Firma gelten die allgemeinen Vorschriften, auf die an dieser Stelle verwiesen wird (vgl. § 6 Rn 28 ff.). Eine Pflicht zur Firmenänderung besteht grundsätzlich nicht. Insbesondere zwingt eine Namensänderung des Betreibers nicht zu einer Änderung der den ursprünglichen Namen enthaltenden Firma (vgl. § 21 HGB). 27

Eine **Sitzverlegung** setzt die tatsächliche Verlegung des Hauptgeschäftssitzes voraus. Wird damit ein anderes Registergericht zuständig, ist die 28

---

17 Baumbach/*Hopt*, § 31 Rn 9.

Anmeldung beim derzeitigen Registergericht einzureichen, das die Unterlagen an das nunmehr zuständige Gericht mit den bisher eingereichten Urkunden und einer Mitteilung über die Eintragungen zu übersenden hat. Es gilt die Vorschrift des § 13h HGB.

II. Checkliste: Anmeldung der Firmenänderung oder Sitzverlegung

29
- Liegt eine Anmeldung des Betreibers des Handelsgeschäfts in der Form des § 12 Abs. 1 HGB vor?
- Ist der geänderte Umstand konkret angemeldet?

III. Kosten

30 Für die **gerichtliche Tätigkeit** fallen Gerichtsgebühren und Auslagen (Bekanntmachungskosten) an. Die Eintragungsgebühr beträgt nach Nr. 1500 GV HRegGebVO 40 EUR. Die Eintragung einer Tatsache ohne wirtschaftliche Bedeutung (vgl. dazu § 41a Abs. 6 KostO) löst eine Gebühr in Höhe von 30 EUR aus, Nr. 1505 GV HRegGebVO. Eine Sitzverlegung führt zu einer Gebühr von 60 EUR (Nr. 1300 GV HRegGebVO).

31 Der Geschäftswert für die **notarielle Tätigkeit** ergibt sich aus § 41a Abs. 4 Nr. 4 KostO und beträgt 25.000 EUR. Dem Notar steht dabei eine halbe Gebühr nach § 38 Abs. 2 Nr. 7 KostO zu.

D. Der Übergang des Handelsgeschäftes

I. Rechtliche Grundlagen

32 Der mit einem Inhaberwechsel verbundene Übergang des Handelsgeschäftes ist ebenfalls nach § 31 Abs. 1 HGB zur Eintragung anzumelden. Auch hier ist die Eintragung deklaratorischer Natur. Die Anmeldung des Übergangs kann daher mit dem Zwangsgeldverfahren nach § 14 HGB durchgesetzt werden.

33 Der **Übergang des Handelsgeschäftes** kann dabei beruhen auf:
- einer Veräußerung des Handelsgeschäfts,
- dem Tod des bisherigen Inhabers und Übergang auf die Erben oder etwa
- der Beendigung eines Pachtverhältnisses.

Der Grund des Übergangs wird nicht im Handelsregister vermerkt.[18]

Das Gesetz behandelt den Fall des Inhaberwechsels teilweise als **Erlöschen** 34
der Firma und Neueintragung eines anderen Handelsgeschäftes. Abgrenzungskriterium ist insoweit die Frage, inwieweit eine Haftung für die Altverbindlichkeiten in Betracht kommt oder ob die Fortführung in einem anderen Register zu vermerken ist.[19] So sind ein Übergang unter Firmenfortführung (§§ 22, 25 HGB) sowie die Fortführung durch den oder die Erben nach § 27 HGB – unabhängig von der Firmenfortführung – als Inhaberwechsel, die Veräußerung ohne dem Recht zur Firmenfortführung als Erlöschen anzusehen.

Anmeldepflichtig ist nicht nur der Erwerber, sondern auch – soweit überhaupt möglich – der Veräußerer.[20] Gegebenenfalls trifft die Anmeldepflicht die Erben[21] oder den Testamentsvollstrecker. 35

II. Einzelheiten

1. Tod des Inhabers

Ein Übergang des Handelsgeschäfts liegt dann vor, wenn der Altinhaber 36
verstirbt und die Erben das Handelsgeschäft fortführen. Wird das Handelsgeschäft nicht fortgeführt, sondern eingestellt, ist das Erlöschen der Firma anzumelden.[22] In Betracht kommt auch die Fortführung durch eine Erbengemeinschaft (vgl. dazu Rn 18). Ein Testamentsvollstrecker ist nur dann selbst Betreiber und damit anmeldepflichtig, wenn die sog. Treuhandlösung vorliegt (vgl. Rn 19).[23]

Zur **Anmeldung** sind die jeweiligen Erben verpflichtet. Der Tod des bishe- 37
rigen Inhabers und die Erbenstellung sind nach Maßgabe des § 12 Abs. 1 S. 3 HGB nachzuweisen. Als öffentliche Urkunde kommt insoweit in erster Linie der Erbschein in Betracht. Ausreichend sind aber entsprechend § 35 Abs. 1 S. 2 GBO auch öffentliche Testamente bzw. Erbverträge und das jeweilige Eröffnungsprotokoll. Dabei ist eine notwendige Auslegung der letztwilligen

---

18 *Krafka/Willer*, Rn 567.
19 Baumbach/*Hopt*, § 31 Rn 7; Heymann/*Sonnenschein/Weitemeyer*, § 31 Rn 6.
20 Baumbach/*Hopt*, § 31 Rn 5; Heymann/*Sonnenschein/Weitemeyer*, § 31 Rn 6.
21 Baumbach/*Hopt*, § 31 Rn 5.
22 Baumbach/*Hopt*, § 31 Rn 8.
23 *Krafka/Willer*, Rn 563.

Verfügung vom Registergericht vorzunehmen. Sind für die Auslegung weitere Sachverhaltsfeststellungen erforderlich, kann das Registergericht aber einen Erbschein verlangen.[24] Soweit das Kammergericht[25] die Auffassung vertreten hat, dass es einer Anmeldung des Übergangs des Handelsgeschäftes dann nicht bedarf, wenn dieses mit Firma in eine GmbH eingebracht wird, ist der Grund für diese Differenzierung nicht recht ersichtlich. Die Eintragung von Amts wegen ist eine Ausnahme, so dass es auch hier der Anmeldung zum Register A bedarf. Allerdings wird insoweit anzumelden sein, dass die Firma im Register A erloschen ist (vgl. dazu Rn 35).

2. Veräußerung des Handelsgeschäftes oder ähnliche Fälle

a) Firmenfortführung

38 Ein **Inhaberwechsel** i.S.d. § 31 Abs. 1 HGB liegt dann vor, wenn das Handelsgeschäft mit dem Recht zur Firmenfortführung veräußert wird (vgl. Rn 35). Ähnliches gilt, wenn ein Pacht- oder Franchisevertrag endet. Eine Veräußerung allein der Firma ist nach § 23 HGB nicht möglich.

39 Eine Firmenfortführung setzt die Weiterführung des **Kerns der alten Firma** voraus. Einer wort- und buchstabengetreuen Übereinstimmung der Firmen bedarf es daher nicht. Entscheidend ist, ob der Verkehr die neue Firma mit der alten Firma identifiziert.[26] Änderungen dieser Firma sind zulässig, soweit sie nachträglich im Interesse der Allgemeinheit notwendig oder wünschenswert werden. Fehlt ein solches Interesse, so sind Änderungen zulässig, die den Grundsätzen der Firmenbildung entsprechen, keinen Zweifel an der Identität der geänderten mit der bisherigen Firma aufkommen lassen und bei objektiver Beurteilung infolge nachträglicher Änderung der Verhältnisse gerechtfertigt sind.[27] Diese Grundsätze werden auch noch nach der Liberalisierung des Firmenrechts angewandt.[28]

---

24 KG Rpfleger 2007, 148, 149.
25 KG KGJ 44, 149; das Gericht geht insoweit unzutreffend davon aus, dass bei einem Inhaberwechsel nur der neue Inhaber anzumelden hätte. Das ist aber nicht der Fall.
26 OLG Hamm Rpfleger 2002, 572; LG Koblenz NJW-RR 2002, 35.
27 BGHZ 44, 116, 119 f. = NJW 1965, 1915 = BB 1965, 1047.
28 OLG Hamm Rpfleger 2002, 572.

b) Einwilligung

Soll die bisherige Firma fortgeführt werden, bedarf es der **Einwilligung** des bisherigen Inhabers. Die Einwilligung muss dabei, wie sich auch aus § 24 HGB ergibt, ausdrücklich erklärt werden.[29] Diese Einwilligung wird praktischerweise bereits in der Anmeldung erteilt. Einer Beglaubigung der Einwilligung bedarf es nicht. Wird das Handelsgeschäft von den Erben veräußert, haben diese in die Fortführung einzuwilligen.

40

c) Haftungsausschluss

Mit der Übernahme des Handelsgeschäftes unter einer Fortführung der bisherigen Firma jedenfalls in ihrem Kern ist nach § 25 Abs. 1 S. 1 HGB eine Haftung für die Altverbindlichkeiten verbunden.[30] Diese Haftung kann durch die Eintragung eines entsprechenden **Haftungsausschlusses nach § 25 Abs. 2 HGB** ausgeschlossen werden. Er ist eintragungsfähig, wenn die Möglichkeit einer Bejahung der Haftungsvoraussetzungen ernsthaft in Betracht kommt.[31] Seine Eintragung erfolgt grundsätzlich bei der übernommenen Firma, weil es um deren Verbindlichkeiten geht und nicht um die der übernehmenden Firma.[32] Dieser Haftungsausschluss wird aber nur dann wirksam, wenn er unverzüglich nach der Übernahme eingetragen und bekannt gemacht wird. Ist dies nicht der Fall, ist der Haftungsausschluss unwirksam, ohne dass es auf ein Verschulden des Übernehmers ankäme.[33] Dabei ist eine Eintragung nach mehr als sechs Wochen nicht mehr als unverzüglich anzusehen.[34] Das Registergericht hat zwar die Rechtzeitigkeit der Anmeldung des Haftungsausschlusses grundsätzlich nicht zu prüfen,[35] weil dies faktisch auf die bindende Entscheidung über das Bestehen einer wirksamen Ausschlussvereinbarung hinauslaufen würde; einen offensichtlich verspäteten Antrag hat es aber zurückzuweisen.[36] Ein Antrag nach einem Zeitraum von bis zu 5 Monaten wird noch nicht als ausreichend angesehen,

41

---

29 BGH ZIP 1994, 942.
30 Zur Haftung bei fehlender Beratung: OLG Schleswig OLGR 2003, 543.
31 OLG Frankfurt OLGR 2005, 836 = FGPrax 2005, 225; NJW-RR 2001, 1404 = FGPrax 2001, 211; OLG Hamm NJW-RR 1994, 1119; OLG Düsseldorf NZG 2003, 774 = FGPrax 2003, 233; BayObLGZ 2003, 482.
32 OLG Düsseldorf NJW-RR 2003, 1120.
33 OLG Hamm NJW-RR 1994, 1119, 1121; BayObLG DB 2003, 717 = NJW-RR 2003, 757.
34 RGZ 75, 140.
35 LG Berlin NJW-RR 1994, 609 = ZIP 1993, 1478; OLG Hamm NJW-RR 1994, 1119, 1120.
36 OLG Frankfurt BB 1977, 1571; BayObLG WM 1984, 1535; OLG Frankfurt Rpfleger 2001, 497.

um eine Eintragung zu verweigern.[37] Bei der Frage, ob überhaupt eine Firmenfortführung und eine Übereinstimmung im Kern vorliegt, hat das Registergericht ebenfalls großzügig vorzugehen, weil keine Bindung durch die Entscheidung des Registergerichts mit Wirkung für Dritte eintritt.

42 Keines Haftungsausschlusses und dementsprechend keiner Eintragung bedarf es nach allgemeiner Ansicht, wenn das Handelsgeschäft von einem **Insolvenzverwalter** veräußert wird.[38] Denn dann ersetzen die Bekanntmachung über die Insolvenzeröffnung und die Beteiligung der Gläubiger am Verfahren die Eintragung des Haftungsausschlusses. Dies gilt nicht für den Sequester, weil dieser nur Sicherungsmaßnahmen zu ergreifen hat.[39]

43 Teilweise wird angenommen, dass ein Haftungsausschluss auch dann eingetragen werden könnte, wenn überhaupt **keine (rechtsgeschäftliche) Übernahme des Handelsgeschäftes** vorliegt.[40] Denn dann, so wird argumentiert, bestünde dennoch eine Haftung, die dann ausgeschlossen werden müsste. Richtig ist, dass es für die Haftung nicht auf eine rechtsgeschäftlich wirksame Übernahme des Handelsgeschäftes ankommt. Dies bedeutet aber gerade nicht, dass es überhaupt an einer Übernahme eines Handelsgeschäftes fehlen könnte. Es muss schon deshalb an einer Vereinbarung über die Übernahme des Handelsgeschäftes vorliegen, weil nur dann eine abweichende Vereinbarung über die Haftung getroffen werden kann, wie es der Wortlaut des § 25 Abs. 2 HGB verlangt.[41] Im Übrigen scheidet eine rein faktische Firmenfortführung in der Regel an der Anwendung des § 30 HGB, der auch die Fälle des sog. **Firmentausches** verhindert (vgl. § 6 Rn 32). Letztlich kann ein Firmentausch auch nur unter den Voraussetzungen des § 25 HGB eingetragen werden.

3. Zeichnung

44 Die Notwendigkeit zur Zeichnung beim Inhaberwechsel ist mit dem EHUG entfallen.

---

[37] OLG Düsseldorf NJW-RR 2003, 1120 (5 Monate reichen nicht); BayObLG DB 2003, 717 = NJW-RR 2003, 757 (3 Monate reichen nicht).
[38] BGH NJW 1988, 1912.
[39] BGHZ 104, 151, 155 = NJW 1992, 911.
[40] OLG Frankfurt Rpfleger 2001, 497 = NJW-RR 2001, 1404 = FGPrax 2001, 211; a.A. wohl OLG Frankfurt FGPrax 2005, 225.
[41] Anders offenbar *Koller/Roth/Morck*, § 25 Rn 4 und 8.

III. Checkliste: Anmeldung des Übergangs des Handelsgeschäfts

- Liegt beim Inhaberwechsel eine Anmeldung des alten Inhabers oder seiner Rechtsnachfolger und des neuen Inhabers in elektronischer Form nach § 12 Abs. 1 HGB vor?
- Sind Rechtsnachfolgenachweise notwendig und liegen diese in der Form des § 12 Abs. 2 HGB vor?
- Ist die Änderung konkret angemeldet und liegt im Falle der Firmenfortführung die Einwilligung nach § 25 Abs. 1 HGB vor?

45

IV. Kosten

Für die Eintragung der Änderungen entstehen für die **gerichtliche Tätigkeit** die gleichen Kosten, die bei sonstigen Änderungen entstehen. Die Eintragung mehrerer Tatsachen löst allerdings auch weitere Gebühren aus. Nach Nr. 1506 GV HRegGebVO sind für jede weitere Tatsache je 30 EUR zu erheben.

46

Wegen der für die **notarielle Tätigkeit** entstehenden Gebühren kann auf Rn 31 verwiesen werden.

47

E. Insolvenz und Erlöschen der Firma

I. Überblick

1. Insolvenzverfahren

Bestimmte im Zusammenhang mit einem **Insolvenzverfahren** stehende Maßnahmen sind in das Handelsregister einzutragen. Dabei erfolgt die Eintragung nach § 32 Abs. 1 S. 1 HGB ausnahmsweise von Amts wegen. Die entsprechenden Eintragungen werden nicht bekannt gemacht.

48

2. Erlöschen der Firma

Das Erlöschen der Firma ist nach § 31 Abs. 2 S. 1 HGB in das Register einzutragen. Die Eintragung hat keine konstitutive Wirkung, sie ist deklaratorisch. Ein **Erlöschen** liegt vor, wenn das Geschäft nicht nur vorübergehend eingestellt wird,[42] wenn ein Kann-Kaufmann nach § 2 HGB das Register

49

---

42 BayObLG Rpfleger 1990, 56.

verlassen möchte, bei einer Veräußerung des Handelsgeschäftes ohne Firmenfortführung, aber auch, wenn das Handelsgeschäft mit dem Recht zur Firmenfortführung auf eine im Register B eingetragene Gesellschaft übertragen wird.[43] In den genannten Fällen erlöschen auch erteilte Prokuren (vgl. dazu auch § 11 Rn 41 ff.). Dies ist zum Register anzumelden.[44]

50 **Kein Erlöschen** i.S.d. § 31 Abs. 2 S. 1 HGB liegt vor, wenn die Firma lediglich nach § 37 HGB unzulässig ist. In diesem Fall bedarf es der Durchführung eines Verfahrens nach § 140 FGG.[45] Das Gleiche gilt, wenn die Firma überhaupt unzulässigerweise eingetragen worden ist. In diesem Fall ist das Verfahren nach § 142 FGG durchzuführen.[46]

51 **Anmeldepflichtig** ist der bisherige Inhaber. Dies gilt auch bei einer Veräußerung ohne Firmenfortführung oder einer Veräußerung mit Firmenfortführung an eine im Register B eingetragene GmbH. Insoweit wird aber lediglich vermerkt, dass die Firma an dieser Stelle gelöscht ist. Ist der Inhaber verstorben, trifft die Anmeldepflicht seine Erben. Streitig ist, ob eine Anmeldepflicht der Erben auch dann besteht, wenn das Handelsgeschäft schon vor dem Tod des Inhabers eingestellt worden ist.[47]

52 Die Anmeldepflicht kann im **Zwangsgeldverfahren** nach § 14 HGB durchgesetzt werden. Ist dieses Verfahren aller Voraussicht nach aussichtslos, kann die Eintragung auch von Amts wegen erfolgen (§ 31 Abs. 2 S. 2 HGB).

II. Checkliste: Anmeldung des Erlöschens der Firma

53 ■ Liegt eine Anmeldung des bisherigen Inhabers oder seiner Erben in elektronischer Form nach § 12 Abs. 1 HGB vor?
■ Ist der Wortlaut der Anmeldung auf das Erlöschen der Firma gerichtet?

---

43 A.A. Baumbach/*Hopt*, § 31 Rn 7; str. Technisch wird aber ohnehin vermerkt, dass die Firma im Register A gelöscht ist.
44 *Krafka/Willer*, Rn 578.
45 RGZ 169, 147, 151 f.
46 BayObLGZ 1978, 54, 57 ff.; Heymann/*Sonnenschein/Weitemeyer*, § 31 Rn 8.
47 Verneinend: KG JW 1926, 1675; Keidel/*Krafka/Willer*, Rn 578; Baumbach/*Hopt*, § 31 Rn 8.

Hinweis
Liegt eine Übernahme des Handelsgeschäftes ohne Firmenfortführung vor, erfolgt die Anmeldung des Erwerbers als neue Anmeldung nicht zur Akte des bisherigen Einzelkaufmanns, sondern als neue Sache. Dass der Text über das Erlöschen zugleich die Anmeldung der neuen Firma enthält, schadet allerdings nicht.

III. Kosten

Für die Eintragung des Erlöschens entstehen für die **gerichtliche Tätigkeit** keine Gerichtsgebühren, Vorbemerkung 1 Abs. 4 GV HRegGebVO. Etwas anderes gilt nur dann, wenn das Erlöschen aus einem Umwandlungsvorgang heraus erfolgt. 54

Der Geschäftswert für die **notarielle Tätigkeit** beträgt 25.000 EUR, § 41a Abs. 4 Nr. 4 KostO. Dem Notar steht dabei eine halbe Gebühr nach § 38 Abs. 2 Nr. 7 KostO zu. Soweit der Notar zugleich die Neuanmeldung vornimmt, ist § 44 KostO anwendbar. Im Übrigen gilt für die insoweit anfallenden Kosten das oben Gesagte entsprechend. 55

§ 11 Die Prokura

Literatur

Bärwaldt, Mitwirkung des Prokuristen bei der Handelsregisteranmeldung der ihm erteilten Prokura, NJW 1997, 1404–1406; **Heymann**, Handelsgesetzbuch, Kommentar, 2. Auflage, ab 1995; **Schmidt, K.**, Handelsrecht, 5. Auflage 1999.

A. Überblick

Die in den §§ 48 bis 53 HGB geregelte Prokura ist – anders als es der Anschein der Eintragung in das Handelsregister nahe legen könnte – keine Form der organschaftlichen Vertretung. Es handelt sich vielmehr um eine **rechtsgeschäftliche Vollmacht mit einem gesetzlich festgelegten Inhalt**.[1] Allerdings kann der Prokurist im Falle einer entsprechenden Vertretungsregelung auch mit einem organschaftlichen Vertreter gemeinsam als organschaftlicher Vertreter auftreten (sog. gemischte oder unechte Gesamtvertretung). Vorgesehen ist eine derartige Vertretung etwa in § 125 Abs. 3 S. 1 HGB und in § 78 Abs. 3 S. 1 AktG. Da allerdings im Falle der gemischten Gesamtprokura die Vertretung eines Prokuristen an die Beteiligung eines organschaftlichen Vertreters gebunden werden kann,[2] ist die Unterscheidung nicht immer einfach zu treffen. Bedeutung hat sie aber gleichwohl, wenn es um den Umfang der Vertretungsmacht geht. So ist ein Prokurist bei einer Vertretung gemeinsam mit einem organschaftlichen Vertreter an den beschränkten Umfang der Prokura nach § 49 HGB gebunden. Im Rahmen der organschaftlichen Vertretung besteht demgegenüber keine Beschränkung (vgl. § 37 Abs. 2 GmbHG, § 82 Abs. 1 AktG).[3]

1

Die Prokura ist eine **handelsrechtliche Vollmacht**. Die Erteilung einer Prokura ist daher ausgeschlossen, wenn die Erteilung nicht durch einen Kaufmann oder eine Handelsgesellschaft erfolgt. Verschlossen ist die Pro-

2

---

1 *Koller/Roth/Morck*, § 48 Rn 1; Heymann/*Sonnenschein/Weitemeyer*, HGB, vor § 48 Rn 11; *Karsten Schmidt*, Handelsrecht, § 16 III, S. 458 f.
2 BGHZ 99, 76 = NJW 1987, 841 = BB 1987, 216.
3 BGHZ 13, 61, 64 = NJW 1954, 1158; BGHZ 99, 76, 81 = NJW 1987, 841 = BB 1987, 216.

kura daher den Partnerschaftsgesellschaften (vgl. § 14 Rn 29). Einem Apotheker ist trotz einer etwaigen Kaufmannseigenschaft eine Prokuraerteilung nach § 7 S. 1 ApothG versagt.[4]

3 Von der **Handlungsvollmacht** nach § 54 HGB unterscheidet sich die Prokura dadurch, dass die Prokura ausdrücklich erteilt werden muss.[5] Anders als bei der Prokura, hat die Handlungsvollmacht auch keinen bindenden gesetzlichen Inhalt. Ein weiterer wichtiger Unterschied liegt in der Registereintragung. Eine Handlungsvollmacht ist mit Ausnahme des in § 13e Abs. 2 S. 4 Nr. 3 HGB geregelten Falles selbst dann nicht eintragungsfähig, wenn sie den weitestmöglichen Inhalt hat. Dies beruht darauf, dass lediglich für die Prokura eine Eintragung vorgesehen ist. Eintragungsfähig ist aber grundsätzlich nur das, was auch gesetzlich zur Eintragung vorgesehen ist (vgl. § 2 Rn 24 f.).

4 Da die Prokura Vollmacht ist und damit die Vertretungsmacht bestimmt, ist sie deutlich von dem zugrunde **liegenden Rechtsverhältnis** zu unterscheiden, in dessen Rahmen sie erteilt wird. Dabei wird es sich häufig um einen Dienstvertrag handeln. Notwendig ist das aber nicht.[6] Ein Gleichlauf zwischen der Vollmacht und dem Vertrag ergibt sich aber in der Regel über § 168 BGB (vgl. Rn 39).

B. Erteilung der Prokura

I. Rechtliche Grundlagen

5 Der **Anmeldetatbestand** für die Erteilung der Prokura ergibt sich aus § 53 Abs. 1 S. 1 HGB. Für eine nur die Prokura betreffende Anmeldung ist der Rechtspfleger wegen des fehlenden Richtervorbehalts zuständig (vgl. allgemein § 2 Rn 22). Das Registergericht ist bei der Prüfung der Anmeldung grundsätzlich nicht beschränkt. Die Eintragung der Prokura ist deklaratorischer Natur.[7] Es besteht eine Anmeldepflicht, die mit dem Zwangsgeld nach § 14 HGB durchgesetzt werden kann.

---

4 OLG Celle NJW-RR 1989, 483.
5 Vgl. dazu die Umdeutung einer unzulässigen Generalvollmacht eines Geschäftsführers einer GmbH in eine Handlungsvollmacht, BGH NZG 2002, 813.
6 Heymann/*Sonnenschein/Weitemeyer*, HGB, § 48 Rn 2.
7 RGZ 134, 303, 307.

II. Einzelheiten

1. Vorgang der Erteilung

a) Die Anmeldepflichtigen

Die Erteilung der Prokura muss ausdrücklich durch den **Inhaber des Handelsgeschäfts** oder – wie häufig bei den Kapitalgesellschaften – durch dessen gesetzliche Vertreter erfolgen und auch angemeldet werden. Dadurch bedarf es im Rahmen der Anmeldung keiner Prüfung, ob die Prokura überhaupt erteilt worden ist. Denn die Erteilung einer Prokura bedarf nicht der Annahme durch den Begünstigten und wird bereits mit der Bekanntgabe gegenüber Dritten wirksam (vgl. § 168 BGB).

Da es bei der Bestellung auf ein Auftreten der gesetzlichen Vertreter ankommt, ist auch bei den **Personenhandelsgesellschaften** das Auftreten der Gesellschafter in vertretungsberechtigter Anzahl erforderlich. Ein Zusammenwirken aller Gesellschafter, also auch derjenigen, die von der Vertretung ausgeschlossen sind, bedarf es nicht. Zu den internen Anforderungen in der Gesellschaft vgl. Rn 10.

Wie bereits dargestellt, ist auch eine organschaftliche Vertretung unter Beteiligung eines Prokuristen möglich (vgl. Rn 1). Deshalb stellt sich die Frage, ob der neu bestellte Prokurist bei seiner **eigenen Anmeldung** mitwirken kann. Dies ist zu verneinen, weil in diesem Fall durch die Anmelder nicht die angemeldete Tatsache glaubhaft gemacht wird, wie es der Fall wäre, wenn die Anmeldung durch diejenigen erfolgen würde, die die Prokura auch wirksam hätten erteilen können.[8] Unberührt bleibt die Möglichkeit, dem Prokuristen eine Vollmacht nach § 12 Abs. 2 HGB zur Anmeldung zu erteilen.

b) Erforderliche Genehmigungen und Zustimmungen

Geht es um die Prokuraerteilung bei einem Einzelkaufmann und ist dieser minderjährig, so bedarf der gesetzliche Vertreter bei der Prokuraerteilung der gerichtlichen **Genehmigung nach § 1822 Nr. 11 BGB**. Die Eintragung in das Register heilt die unwirksame Erteilung nicht.[9]

---

8 OLG Frankfurt OLGR 2005, 581, 582; BB 2005, 1244; BayObLG NJW 1973, 2068 = BB 1973, 912 = Rpfleger 1973, 308; Heymann/*Sonnenschein/Weitemeyer*, HGB, § 53 Rn 4; krit. *Bärwaldt*, NJW 1997, 1404.
9 RGZ 127, 153, 158.

10 Im Rahmen der Prokuraerteilung für eine GmbH stellt sich die Frage, ob für die Eintragung auch die **Zustimmung der Gesellschafterversammlung nach § 46 Nr. 7 GmbHG** vorliegen muss. Nach dem Wortlaut des § 48 HGB wird die Prokura aber durch die gesetzlichen Vertreter, also hier den Geschäftsführern, erteilt. Entsprechend wird die Zustimmung der Gesellschafterversammlung auch als reines Internum angesehen, das bei einer Anmeldung nicht überprüft wird.[10] Das gleiche Problem ergibt sich bei den Personengesellschaften aus § 116 Abs. 3 S. 1 HGB. Auch dort wird die Zustimmung der Mitgesellschafter im Außenverhältnis für unerheblich erachtet.[11]

c) Anforderungen an die Person des Prokuristen

11 Die Prokura kann lediglich an **natürliche Personen** erteilt werden.[12] Dies ergibt sich zwar nicht unmittelbar aus dem Wortlaut der Normen. Die Erteilung der Prokura ist aber, wie aus § 52 Abs. 2 HGB folgt, mit einer besonderen Vertrauensstellung verbunden, die nur durch natürliche Personen ausgeübt werden kann.

12 Da die Prokura nur eine besondere Vollmacht darstellt, kann sie auch einem nur **beschränkt Geschäftsfähigen** erteilt werden. Dies ergibt sich aus dem auch in diesem Zusammenhang geltenden § 168 BGB.[13]

13 Nicht zum Prokurist bestellt werden kann derjenige, der selbst Inhaber des Handelsgeschäftes ist, oder sein Organ.[14] Prokura kann daher wegen § 170 HGB zwar dem Kommanditisten,[15] in keinem Fall aber einem vertretungsberechtigten persönlich haftenden Gesellschafter oder dem Komplementär erteilt werden.[16] Stirbt der Inhaber des Handelsgeschäftes, erlischt die dem Erben oder Miterben erteilte Prokura.[17] Ob dem Geschäftsführer der Komplemtär-GmbH Prokura für die KG[18] oder dem nicht vertretungsberechtigten

---

10 BGHZ 62, 166, 169 = NJW 1974, 1194 = BB 1974, 810 = Rpfleger 1974, 257.
11 RGZ 134, 303, 307 zur Aktiengesellschaft nach altem Recht.
12 KG Rpfleger 2002, 84 = BB 2002, 478 m. abl. Anm. *Wasmann*; Baumbach/*Hopt*, § 48 Rn 2; Heymann/*Sonnenschein/Weitemeyer*, HGB, § 48 Rn 13.
13 Heymann/*Sonnenschein/Weitemeyer*, HGB, § 48 Rn 9.
14 Heymann/*Sonnenschein/Weitemeyer*, HGB, § 48 Rn 10.
15 BGHZ 17, 392 = NJW 1955, 1394 = BB 1955, 680.
16 Baumbach/*Hopt*, § 48 Rn 2; dazu auch *Karsten Schmidt*, Handelsrecht, § 16 III 2 c, S. 462.
17 BGHZ 30, 391, 397 = NJW 1959, 2114 = BB 1959, 1079; BGHZ 32, 60, 67 = NJW 1960, 959 = BB 1960, 383.
18 Bejahend BayObLGZ 80, 195, 197 = BB 1980, 1487; OLG Hamm Rpfleger 1973, 172.

persönlich haftenden Gesellschafter für die OHG bzw. KG erteilt werden kann,[19] ist umstritten. Ein Bedürfnis für eine solche Erteilungsmöglichkeit ist nicht ersichtlich. Insoweit sollte es bei dem Grundsatz verbleiben, dass Vertretungsorganen keine Prokura erteilt werden kann, auch wenn ihnen die Vertretungsmacht im Einzelfall entzogen ist.

2. Vertretungsbefugnis

Der **Umfang der Prokura** ergibt sich aus § 49 Abs. 1 HGB. Die Vollmacht erfasst damit Handlungen, die irgendein Handelsgewerbe mit sich bringt. Nicht erfasst wird die Befugnis zur Erteilung einer Prokura. Denn diese muss nach § 48 Abs. 1 HGB von dem Inhaber des Handelsgeschäftes oder seinem gesetzlichen Vertreter erteilt werden. Ebenso wenig reicht die Prokura als Vollmacht zur Durchführung von **Grundlagengeschäften**, weil die Prokura die Vertretungsmacht für die Verkehrsgeschäfte bestimmt und nicht für die Organisation des Unternehmens. Daher reicht sie etwa nicht zur Änderung des Unternehmensgegenstandes, der Einstellung, Veräußerung oder Verpachtung des Handelsgeschäftes sowie für die Aufnahme von Gesellschaftern. Auch für die hierzu notwendigen Anmeldungen bedarf es daher einer besonderen Bevollmächtigung.[20] Dies gilt etwa auch für Umwandlungsvorgänge, nicht aber für die Ausübung der Beteiligungsrechte in Tochterunternehmen. Ob die Prokura zur Verlegung des Unternehmenssitzes und der Errichtung und Schließung von Zweigniederlassungen berechtigt, ist streitig.[21] Dies wird zu verneinen sein, weil es sich in beiden Fällen um strukturelle Unternehmensentscheidungen handelt, die zu den Grundlagengeschäften zählen. 14

Nach § 49 Abs. 2 HGB kann dem Prokuristen auch das Recht zur Veräußerung und Belastung von Grundstücken erteilt werden. Diese sog. **Immobiliarklausel** bedarf der Eintragung in das Register.[22] Insoweit wird der Wortlaut des Gesetzes für die Anmeldung und die Eintragung maßgebend sein. 15

---

19 Bejahend Baumbach/*Hopt*, § 48 Rn 2; Heymann/*Sonnenschein/Weitemeyer*, HGB, § 48 Rn 10.
20 BGHZ 116, 190 = NJW 1992, 975.
21 Vgl. dazu *Karsten Schmidt*, Handelsrecht, § 16 III 3 a, S. 466; *Koller/Roth/Morck*, § 48 Rn 2.
22 BayObLG BB 1971, 844; DB 1980, 2232, 2233; a.A. *Karsten Schmidt*, Handelsrecht, § 16 III 2 f, S. 464.

16 Die Prokura ermächtigt nicht zum **Selbstkontrahieren**.[23] Eine Befreiung von den Beschränkungen des § 181 BGB kann aber wie etwa bei den Geschäftsführern einer GmbH oder (teilweise) dem Vorstand einer Aktiengesellschaft erteilt werden. Dieses ist dann ebenfalls anzumelden und im Register zu vermerken.[24]

3. Arten der Prokura

17 Soweit nichts anderes bestimmt ist, ist der Prokurist allein zur Vertretung befugt. Er hat mit anderen Worten Einzelvertretungsbefugnis. Die Prokura wird als **Einzelprokura** im Register vermerkt. Einer ausdrücklichen Anmeldung bedarf es insoweit nicht, wie sich aus einem Umkehrschluss aus § 53 Abs. 1 S. 2 HGB ergibt. Daran hat auch das Gesetz über elektronische Register und Justizkosten für Telekommunikation vom 10.12.2001[25] nichts geändert. Soweit dort für die organschaftlichen Vertreter angeordnet worden ist, dass die Vertretungsbefugnis der einzelnen Vertreter ausdrücklich anzumelden ist, ist die Regelung des § 53 HGB davon nicht erfasst worden. Insoweit war es aber auch schon seit jeher üblich, auch den gesetzlichen Regelfall ausdrücklich im Register zu vermerken.

18 Aus § 53 Abs. 1 S. 2 HGB ergibt sich weiter, dass die Prokura auch als **Gesamtprokura** erteilt werden kann. Danach sind alle eingetragenen Prokuristen nur gemeinschaftlich zur Vertretung befugt. Die Gesamtprokura kann auch dahin gefasst werden, dass zwei (oder eine andere Zahl von) Prokuristen gemeinsam vertreten (sog. **eingeschränkte Gesamtprokura** oder **Gruppenprokura**). Dies ist nach § 53 Abs. 1 S. 2 HGB ausdrücklich zum Register anzumelden. Unzulässig und nicht eintragungsfähig ist es, wenn das Handeln des Prokuristen an die Mitwirkung des Inhabers gebunden wird.[26] Denn dann liegt in Wirklichkeit kein Vertreterhandeln vor, weil der Vertretene immer selbst mitwirken muss. Auch eine Bindung des Prokuristen an eine Handlungsvollmacht kommt nicht in Betracht. Denn diese Beschränkung der Prokura wäre aus dem Register nicht ersichtlich. Anderes soll aber bei der Bindung eines Prokuristen an das Handeln eines Hauptbevollmäch-

---

23 BGHZ 77, 7 = NJW 1980, 1577 = BB 1980, 909.
24 BayObLGZ 1980, 195 = BB 1980, 1487.
25 BGBl I S. 3422.
26 BayObLG NJW 1998, 1162; a.A. OLG Hamm NJW 1971, 1370; zum Problem *Karsten Schmidt*, Handelsrecht, § 16 III 3, S. 470.

tigten einer ausländischen Versicherungsgesellschaft gelten,[27] was sich aber allenfalls durch die notwendige Eintragung des Hauptbevollmächtigten rechtfertigen lässt.

Nicht eintragungsfähig ist die Gesamtprokura dann, wenn **lediglich ein Prokurist** vorhanden ist. Anders liegt der Fall aber, wenn zugleich eine unechte Gesamtprokura möglich ist.[28] 19

Ebenfalls zulässig ist die sog. **unechte Gesamtprokura**. In diesem Fall wird die Vertretung nur in Gemeinschaft mit einem (oder mehreren) organschaftlichen Vertretern gestattet. Dass eine derartige Prokuraerteilung möglich ist, hat der BGH aus einem Umkehrschluss zu § 125 Abs. 3 S. 1 HGB, § 82 Abs. 1 AktG gefolgert. Nicht hierher gehört die zu verneinende Frage, ob das Handeln des einzigen Organs an die Mitwirkung eines Prokuristen gebunden werden kann. Dazu wird auf § 8 Rn 18 verwiesen. 20

Nicht eintragungsfähig ist bei einer **GmbH & Co. KG** eine unechte Gesamtprokura derart, dass der Prokurist der KG an die Mitwirkung eines gesamtvertretungsberechtigten Geschäftsführers der Komplementär-GmbH gebunden wird.[29] Denn dann liegt keine Bindung an organschaftliche Mitwirkung mehr vor, weil die Geschäftsführer der Komplementär-GmbH kein Organ der Kommanditgesellschaft sind. Zulässig ist daher nur die Bindung an die Mitwirkung der Komplementär-GmbH. 21

4. Zeichnung

Mit dem EHUG ist die Verpflichtung zur Zeichnung der Unterschrift zur Aufbewahrung beim Gericht gänzlich entfallen. Auch der Prokurist braucht daher keine Zeichnung mehr abzugeben.[30] 22

---

27 OLG Stuttgart OLGR 1999, 7.
28 BGH NJW 1974, 1194 = BB 1974, 810 = Rpfleger 1974, 257.
29 BayObLG NJW 1994, 2965; OLG Frankfurt Rpfleger 2001, 86 = NZG 2001, 222.
30 BGBl I S. 1474.

III. Checkliste: Anmeldung der Prokuraerteilung

23 ▪ Die Anmeldung hat durch den Inhaber selbst, seine gesetzlichen Vertreter in vertretungsberechtigter Anzahl oder durch einen gesondert Bevollmächtigten nach § 12 Abs. 2 HGB in elektronischer Form nach § 12 Abs. 1 HGB zu erfolgen.
▪ Der Name, der Wohnort und das Geburtsdatum des Prokuristen sind anzumelden.
▪ Eine besondere Vertretungsbefugnis (Befreiung von § 181 BGB; § 49 Abs. 2 HGB) bzw. Vertretungsart (etwa Gesamtprokura) ist ausformuliert anzumelden; wird nichts weiter angemeldet, ist von einer Einzelprokura auszugehen.

IV. Kosten

24 Für das **Gericht** entstehen Gebühren nach Nr. 4000 GV HRegGebVO. Die Gebühr beträgt 20 EUR. Mehrere Prokuraeintragungen lösen jeweils die Gebühr aus. Hinzu kommen die Auslagen für die öffentliche Bekanntmachung.

25 Der Geschäftswert für die Prokuraanmeldung ergibt sich für den **Notar** aus § 41a Abs. 4 KostO. Auch hier werden mehrere Anmeldungen zusammengerechnet (vgl. § 44 Abs. 2 lit. a KostO), allerdings nur bis zu einem Maximalwert von 500.000 EUR. Dem Notar steht insoweit eine 1/2-Gebühr zu (vgl. § 38 Abs. 2 Nr. 7 KostO).

26 Da die Verpflichtung zur Zeichnung entfallen ist, können insoweit auch keine Beglaubigungsgebühren mehr entstehen.

C. Eintragungspflichtige Änderungen

I. Rechtliche Grundlagen

27 Das Gesetz gibt keinen ausdrücklichen Hinweis darauf, dass auch Änderungen in Bezug auf die Prokura wie der Wechsel von der Einzelprokura zur Gesamtprokura zum Register anzumelden und einzutragen sind.[31] Dies ergibt sich aber bereits aus dem Zusammenhang des § 53 HGB, der die Eintragung

---

31 Lediglich das Kostenrecht geht ausdrücklich von einer Eintragung aus, vgl. Nr. 4000 GV HReg-GebVO.

bestimmter Umstände vorsieht. Aus der Sicht des Inhabers des Handelsgeschäfts folgt dies für den genannten Fall aber auch aus § 15 Abs. 1 HGB, weil er sich sonst immer so behandeln lassen müsste, als ob weiterhin eine Einzelprokura besteht.

Derartige Änderungen können die nachträgliche Befreiung von § 181 BGB, die Erweiterung der Prokura auf die Geschäfte nach § 49 Abs. 2 HGB (Immobiliargeschäfte) oder das genaue Gegenteil dieser Fälle sowie die genannten Wechsel in der Art der Prokura sein. 28

Für die **Anmeldepflicht** wird das zur Erstanmeldung Gesagte entsprechend gelten (vgl. Rn 6). Eine erneute Zeichnung des Prokuristen ist nicht erforderlich, weil diese sich nicht auf die Art der Prokura und den Umfang der Vollmacht bezieht. 29

Die geänderte Fassung der Eintragung wird mit der Neueintragung gerötet, weil sie nicht mehr den tatsächlichen Verhältnissen entspricht. 30

II. Checkliste: Anmeldung der Änderung der Prokura

- Die Anmeldung hat durch den Inhaber des Handelsgeschäftes bzw. durch die gesetzlichen Vertreter in vertretungsberechtigter Anzahl in der Form des § 12 Abs. 1 HGB zu erfolgen. 31
- Die entsprechende Änderung der Vertretungsbefugnis bzw. der Prokuraart sind ausformuliert anzumelden.

III. Kosten

Die Berechnung der Kosten erfolgt sowohl für das Gericht als auch für den Notar nach den gleichen Grundsätzen wie bei der Erstanmeldung und Ersteintragung (siehe Rn 24 f.). 32

D. Erneute Zeichnungspflichten

Die Verpflichtung zur Zeichnung ist mit dem EHUG entfallen. 33

E. Erlöschen der Prokura

I. Rechtliche Grundlagen

34 Die Pflicht zur **Anmeldung des Erlöschens der Prokura** folgt aus § 53 Abs. 3 HGB. Aus der Anmeldepflicht folgt auch hier die Pflicht zur Eintragung. Üblicherweise wird in der Eintragung entsprechend dem Gesetzeswortlaut das Erlöschen der Prokura angegeben, unabhängig davon, welcher Beendigungsgrund nun tatsächlich vorliegt.

35 Die Pflicht zur Anmeldung und Eintragung des Erlöschens der Prokura entfällt, ebenso wie in allen anderen Fällen der deklaratorischen Eintragung, nicht dadurch, dass es bereits an der Anmeldung und Eintragung der Erteilung der Prokura fehlt. Wegen der **fehlenden Voreintragung** ist vielmehr mit dem Erlöschen auch die Erteilung anzumelden und einzutragen.[32] Dies kann etwa dadurch geschehen, dass erklärt wird, Herr X sei Prokurist gewesen. Bedeutung hat diese Fragestellung insbesondere auch im Anwendungsbereich des § 15 Abs. 1 HGB. Denn dort ist anerkannt, dass die Vorschrift auch dann gilt, wenn es bereits an der Voreintragung fehlt (vgl. § 2 Rn 11).

II. Einzelheiten

1. Beendigung des Grundverhältnisses

36 Die Prokura ist lediglich eine Vollmacht mit gesetzlichem Inhalt, so dass die Vorschriften des bürgerlichen Rechts über die Vertretung Anwendung finden, soweit nicht die Vorschriften über die Prokura eine Abweichung vorsehen. Keine Abweichung findet sich in Bezug auf **§ 168 S. 1 BGB**. Danach endet die Vollmacht automatisch dann, wenn das ihrer Erteilung zugrunde liegende Rechtsverhältnis erlischt. Endet beispielsweise der Arbeitsvertrag, erlischt damit auch die Prokura. Etwaige **Befristungen des Dienstverhältnisses** führen damit zwar auch zu einer Befristung der Prokura, diese Befristung ist aber nicht eintragungsfähig. Denn das Gesetz sieht eine derartige Eintragung ebenso wenig vor wie die Eintragung des Zeitpunkts der Erteilung der Prokura.

---

32 Baumbach/*Hopt*, § 53 Rn 4; Heymann/*Sonnenschein/Weitemeyer*, HGB, § 53 Rn 14.

2. Beendigungsgründe aus dem Bereich des Prokuristen

Die Prokura erlischt mit dem **Tode des Prokuristen**. Dies ergibt sich aus 37
§ 52 Abs. 2 HGB. Ist die Prokura nicht übertragbar, ist sie auch nicht vererblich. Nicht zu einem Ende der Prokura führt demgegenüber der **Tod des Inhabers** (vgl. § 52 Abs. 3 HGB). Insoweit kommt ein Erlöschen nur dann in Betracht, wenn der Prokurist dadurch etwa als Miterbe zum (Mit-)Inhaber wird (siehe Rn 13) oder ein Fall des Inhaberwechsels vorliegt, der aber nicht allein in der Fortführung des Geschäfts durch die Erbengemeinschaft gesehen werden kann (vgl. Rn 47).

Ein weiterer Beendigungsgrund ergibt sich daraus, dass der Inhaber des 38
Handelsgeschäfts nicht Prokurist sein kann (vgl. Rn 13). Tritt diese oder eine vergleichbare Konstellation des **Wegfalls der Prokuristenfähigkeit** nach der Erteilung der Prokura ein, erlischt diese automatisch. Für den Fall, dass der Prokurist das Handelsgeschäft fortführt, hat das LG Düsseldorf eine Pflicht zur Anmeldung des Erlöschens der Prokura verneint.[33] Dies dürfte in dieser Allgemeinheit nicht richtig sein, weil das Registerrecht auf Klarheit angelegt ist. Allerdings sind auch die Handelsregisteranmeldungen auslegbar, so dass es bei hinreichenden Anhaltspunkten für einen entsprechenden Anmeldewillen nicht der ausdrücklichen Anmeldung des Erlöschens der Prokura bedarf.

Fraglich ist, ob sich der Prokurist auch einseitig von seiner Stellung lösen 39
kann. Insoweit wird tatsächlich teilweise ein **Recht zur Niederlegung** bzw. zum Verzicht behauptet.[34] Der Prokurist kann dann zwar das Erlöschen der Prokura nicht selbst anmelden, weil auch hier wieder der Inhaber bzw. seine gesetzlichen Vertreter in vertretungsberechtigter Anzahl zur Anmeldung verpflichtet sind. Der Fall hat aber Bedeutung für die Frage, ob auf einen Hinweis des niederlegenden Prokuristen hin durch das Registergericht ein Zwangsgeldverfahren eingeleitet werden kann. Denn dieses setzt ein wirksames Erlöschen der Prokura durch Niederlegung voraus. Zu beachten ist allerdings, dass die Prokura lediglich eine rechtsgeschäftliche Vollmacht darstellt, die – anders als etwa die Organstellung des Geschäftsführers – keine weiteren Pflichten mit sich bringt. Zudem endet mit dem Grund-

---

33 LG Düsseldorf MittRheinNotK 1979, 134.
34 So etwa Baumbach/*Hopt*, § 52 Rn 1; dazu auch Heymann/*Sonnenschein/Weitemeyer*, HGB, § 52 Rn 34.

verhältnis auch die Prokura, so dass eine Kündigung dieses Vertragsverhältnisses nach § 168 S. 1 BGB auch zum Ende der Prokura führt. Dann aber besteht keine Notwendigkeit, ein Recht des Prokuristen auf Niederlegung anzunehmen.

40 Das Registergericht ist zur **Prüfung des Vorliegens eines Erlöschensgrundes** im Falle einer Anmeldung verpflichtet. Liegt aber die Anmeldung vor, kommt es häufig schon deshalb nicht auf den konkreten Beendigungsgrund an, weil der Inhaber des Handelsgeschäftes die Prokura in der Regel nach § 52 Abs. 1 HGB auch jederzeit widerrufen kann. In der Anmeldung wird ein solcher Widerruf aber regelmäßig zu sehen sein, so dass es auf das Vorliegen eines anderen Beendigungsgrundes nicht ankommt. Eine Prüfung der Berechtigung zum Widerruf findet nicht statt.[35]

3. Beendigungsgründe aus dem Bereich des Vollmachtgebers

41 Wichtigster Beendigungsgrund aus dem Bereich des Vollmachtgebers ist der **Widerruf der Prokura nach § 52 Abs. 1 HGB**. Dieses Widerrufsrecht kann jederzeit ausgeübt werden und ist vertraglich nicht einschränkbar. Anderes gilt nur dann, wenn einem Gesellschafter ein **Sonderrecht auf die Prokura** eingeräumt worden ist, wie dies etwa der Fall ist, wenn einem Kommanditisten nach dem Gesellschaftsvertrag die Prokura zu erteilen ist.[36] Dann kommt ein Widerruf nur beim Vorliegen eines wichtigen Grundes in Betracht. Es gilt das Gleiche wie bei einem GmbH-Geschäftsführer mit dem Sonderrecht zur Geschäftsführung (vgl. § 6 Rn 93). Dies ist durch das Registergericht zu prüfen, wobei es allerdings häufig an der Kenntnis über das Sonderrecht fehlen wird. Einem Dritten kann ein solches Sonderrecht nicht eingeräumt werden.

42 Die Prokura erlischt ebenfalls dann, wenn das **Insolvenzverfahren** über das Vermögen des Inhabers eröffnet wird. Dies ergibt sich aus § 168 S. 1 BGB i.V.m. § 115 InsO bzw. § 117 InsO.

43 Als in das Handelsregister einzutragende Vollmacht setzt die Prokura die Kaufmannseigenschaft des Inhabers des Handelsgeschäftes voraus. Entfällt

---

35 OLG Düsseldorf OLGR 1998, 289.
36 BGHZ 17, 392 = NJW 1955, 1394 = BB 1955, 680.

diese Eigenschaft, erlischt auch die Prokura. Häufigster Fall ist insoweit die Einstellung des Unternehmens, die zum **Erlöschen der Firma** führt.

Da die Prokura ein besonderes Vertrauensverhältnis zwischen dem Inhaber und dem Prokuristen voraussetzt, erlischt die Vollmacht immer auch dann, wenn ein **Inhaberwechsel** vorliegt. Ein solcher Inhaberwechsel liegt dabei nicht schon dann vor, wenn der Inhaber stirbt und ein oder mehrere Erben nachfolgen.[37] Anders liegt der Fall aber, wenn jemand nach § 28 HGB als Gesellschafter in ein einzelkaufmännisches Geschäft eintritt[38] oder wenn die übernehmende Erbengemeinschaft zur Weiterführung eine OHG gründet.[39] Kein Inhaberwechsel liegt demgegenüber vor, wenn ein Gesellschafterwechsel in der Personenhandelsgesellschaft vorliegt[40] oder eine formwechselnde Umwandlung durchgeführt wird.[41]

44

Liegt ein Inhaberwechsel vor und soll die Prokura gleichwohl erhalten bleiben, kann statt des Erlöschens und der Neuerteilung das **Weiterbestehen der Prokura** angemeldet werden.[42] Dies wird dann in entsprechender Weise im Register vermerkt.

45

III. Checkliste: Anmeldung des Erlöschens der Prokura

- Die Anmeldung hat durch den Inhaber des Handelsgeschäfts bzw. durch seine gesetzlichen Vertreter in vertretungsberechtigter Anzahl in der Form des § 12 Abs. 1 HGB zu erfolgen.
- Das Erlöschen der Prokura ist anzugeben, einer konkreten Angabe des Grundes bedarf es nicht.

46

IV. Kosten

Für die Eintragung des Erlöschens einer Prokura gelten die gleichen Grundsätze wie bei der Anmeldung und Eintragung der Erteilung einer Prokura (siehe Rn 24 f.).

47

---

37 KG JW 1939, 565.
38 BayObLG BB 1971, 238 = Rpfleger 1971, 109.
39 BayObLG BB 1971, 238 = Rpfleger 1971, 109.
40 *Koller/Roth/Morck*, § 52 Rn 9.
41 OLG Köln Rpfleger 1997, 29 = GmbHR 1996, 773.
42 BayObLG BB 1971, 238 = Rpfleger 1971, 109.

§ 12 Unternehmensverträge

Literatur

Berninger, Errichtung einer stillen Gesellschaft an einer Tochter-AG bei bestehendem Beherrschungs- und Gewinnabführungsvertrag zwischen Mutter und Tochter-AG, DB 2004, 297–300; **Emmerich/Habersack**, Aktien- und GmbH-Konzernrecht, 4. Auflage 2005; **Emmerich/Sonnenschein/Habersack**, Konzernrecht, Das Recht der verbundenen Unternehmen bei Aktiengesellschaft, GmbH, Personengesellschaften, Genossenschaft, Verein und Stiftung, 7. Auflage 2001; **Reuter**, Beurkundungs- und Eintragungspflicht bei Unternehmensverträgen – Gebührenrechtliche Folgen, BB 1989, 714–716; **Schmidt**, Zustimmungsbeschlüsse zu Beherrschungs- und Gewinnabführungsverträgen aus kostenrechtlicher Sicht, BB 1989, 1290–1292.

A. Überblick

Die §§ 291 und 292 AktG enthalten eine Aufzählung verschiedener Unternehmensverträge. Zu unterscheiden sind danach unter anderem: 1

- **Beherrschungsverträge**, mit denen ein Unternehmen seine Leitung einem anderen Unternehmen unterstellt (§ 291 Abs. 1 S. 1 AktG),
- **Gewinnabführungsverträge**, mit denen sich ein Unternehmen zur Abführung seines ganzen Gewinns an ein anderes Unternehmen verpflichtet (§ 291 Abs. 1 S. 1 AktG), und
- die mitunter in der Registerpraxis ebenfalls auftretenden **Teilgewinnabführungsverträge**, nach denen sich ein Unternehmen verpflichtet, seinen Gewinn teilweise oder den ganzen oder Teilgewinn einzelner Betriebe abzugeben (§ 292 Abs. 2 Nr. 2 AktG).

Die weiteren Unternehmensverträge der Gewinngemeinschaft (§ 292 Abs. 1 Nr. 1 AktG) und des Betriebspacht- und Betriebsüberlassungsvertrages (§ 292 Abs. 1 Nr. 3 AktG) haben nur eine geringe praktische Bedeutung im Handelsregisterrecht. Sie werden deshalb im Folgenden nicht ausdrücklich behandelt. Die Ausführungen zu den Beherrschungs- und Gewinnabführungsverträgen gelten dabei auch dann, wenn der Vertrag nur die Beherrschung oder die Gewinnabführung vorsieht. 2

3 Praktischer Hintergrund des Abschlusses von Unternehmensverträgen sind zumeist **steuerliche Gesichtspunkte**. Dies trifft jedenfalls auf den Abschluss sog. **Organschaftsverträge**, also **kombinierter Beherrschungs- und Gewinnabführungsverträge**, zu.[1] Die steuerlichen Vorteile sind aber regelmäßig nur dann zu erzielen, wenn die zivilrechtlichen Anforderungen erfüllt sind. Als Teilgewinnabführungsverträge sind auch stille Beteiligungen anzusehen. Hier steht also der Gesichtspunkt der Anlagemöglichkeit im Vordergrund.

4 Die Bedeutung des Handelsregisters für die Unternehmensverträge ergibt sich aus § 294 Abs. 2 AktG: Ein Vertrag wird erst wirksam, wenn sein Bestehen in das Handelsregister seines Sitzes eingetragen ist. Diese **Eintragung** hat damit **konstitutive** Bedeutung und kann nicht nach § 14 HGB durchgesetzt werden.[2] Für die GmbH leitet der BGH die Anmelde- und Eintragungsfähigkeit des Vertrages aus § 54 Abs. 1 GmbHG her.[3]

5 Aber auch **Änderungen des Vertrages** bedürfen zu ihrer Wirksamkeit der Eintragung in das Register. Dies ergibt sich aus § 295 Abs. 1 AktG i.V.m. § 294 Abs. 2 AktG. Auch hier ist die Eintragung **konstitutiv**.[4]

6 Die Anmelde- und Eintragungspflicht hinsichtlich der **Beendigung eines Unternehmensvertrages** ergibt sich aus § 298 AktG. Sie ist eine Folge der Pflicht zur Eintragung des Bestehens des Vertrages. Hier hat die Eintragung aber nur **deklaratorische Bedeutung**, so dass § 14 HGB anwendbar ist.[5] Zum Schutz Dritter gilt dann auch § 15 Abs. 1 HGB.

7 Für die Bearbeitung der jeweiligen Anmeldungen ist örtlich und sachlich das Handelsregister zuständig, bei dem die jeweilige Gesellschaft ihren Sitz hat. Funktionell besteht eine grundsätzliche **Zuständigkeit** des Richters. Dies gilt nach § 17 Nr. 1d RPflG aber nur, soweit die Eintragung bei einer Aktiengesellschaft, einer KGaA, einer GmbH oder einem Versicherungsverein auf Gegenseitigkeit zu erfolgen hat. Für alle anderen Fälle ist der Rechtspfleger aufgrund der Vorbehaltszuweisung nach § 3 Nr. 2d RPflG zuständig.

---

1 Vgl. dazu etwa BGHZ 105, 324 = NJW 189, 295 = GmbHR 1989, 25; näher auch *Hüffer*, § 291 Rn 38 f.
2 Vgl. § 407 Abs. 2 S. 1 AktG; *Hüffer*, § 294 Rn 17; *Emmerich/Habersack*, § 294 Rn 7.
3 BGHZ 105, 324 = NJW 1989, 295 = GmbHR 1989, 25; ebenso Scholz/*Emmerich*, Anhang Konzernrecht, Rn 149 f.
4 *Emmerich/Habersack*, § 295 Rn 36.
5 BGHZ 116, 37, 43 f. = NJW 1992, 505; *Hüffer*, § 298 Rn 2; *Emmerich/Habersack*, § 298 Rn 1.

Die Anmeldungen und Eintragungen erfolgen jeweils nur bei dem beherrsch- 8
ten, gewinnabführenden oder aufgrund des Teilgewinnabführungsvertrag
leistenden Unternehmens. Dies ergibt sich aus der Gesetzesgeschichte und
dem systematischen Zusammenhang der Normen.[6] Die **Anmeldung beim
herrschenden oder gewinnempfangenden Unternehmen** ist daher wegen
der fehlenden Eintragungsnorm (vgl. dazu § 2 Rn 24 f.) zurückzuweisen.

B. Ersteintragung

I. Beherrschungs- und Gewinnabführungsvertrag

1. Vertragsparteien

Die Regelungen über die Unternehmensverträge im Aktiengesetz gelten 9
grundsätzlich nur dann, wenn **auf beiden Seiten** des Vertrages **Aktiengesellschaften** beteiligt sind. Für andere Unternehmensformen fehlt es an einer
Kodifizierung. Gleichwohl ist davon auszugehen, dass diese Vorschriften
auch für andere Unternehmensformen **Modellcharakter** haben. Dies gilt vor
allem für die **GmbH**. Für diese ist die Möglichkeit des Abschlusses von
Unternehmensverträgen anerkannt. Insoweit kann allerdings nicht von einer
uneingeschränkten Anwendung gesprochen werden. Es ist vielmehr jeweils
im Einzelfall zu prüfen, ob die jeweilige Vorschrift auch außerhalb des
Aktienrechtes Geltung erhalten muss. Uneingeschränkt anzuwenden sind
aber die sich auf die Anmeldungen und Eintragungen in das Handelsregister
beziehenden Vorschriften. Insoweit tritt auch der registerrechtliche Grundsatz zurück, dass nur das in das Register einzutragen ist, was ausdrücklich als
einzutragen vorgesehen ist (vgl. dazu § 2 Rn 24).

Ob auch von **anderen Unternehmensformen außer der GmbH und der** 10
AG Unternehmensverträge geschlossen werden können, ist in der Rechtsprechung noch nicht abschließend geklärt.[7] Namentlich bei den Personenhandelsgesellschaften bestehen etwa Bedenken wegen des Grundsatzes der
Selbstorganschaft, einen Beherrschungsvertrag zuzulassen, wenn die Personenhandelsgesellschaft beherrschtes Unternehmen ist und natürliche Per-

---

6 *Emmerich/Habersack*, § 294 Rn 5 m.w.N.
7 *Hüffer*, § 291 Rn 7; *Emmerich/Habersack*, vor § 291 Rn 6 ff. (GmbH), Rn 10 ff. (Personengesellschaften), Rn 13 (Genossenschaften), Rn 14 f. (Verein).

sonen als Gesellschafter hat. Grundsätzlich denkbar erscheinen aber Unternehmensverträge unter der Beteiligung öffentlicher Unternehmen.

11 Allgemein setzt der Abschluss eines Beherrschungs- und Gewinnabführungsvertrages voraus, dass die beteiligten Unternehmen jeweils **Unternehmenseigenschaft** besitzen.[8] Dabei handelt es sich aber nicht um ein durchgängiges System bei den Unternehmensverträgen (vgl. etwa zu den Teilgewinnabführungsverträgen Rn 26).

2. Vertragsabschluss

12 Der Unternehmensvertrag muss nach § 293 Abs. 2 AktG **schriftlich** abgeschlossen werden. Dies bedeutet, dass die entsprechenden Vorschriften aus dem BGB (§§ 126 ff. BGB) hier uneingeschränkt Anwendung finden. Die Einhaltung der Form ist, wie überhaupt alle Wirksamkeitsvoraussetzungen, vom Registergericht zu prüfen.[9] Im elektronischen Handelsregister besteht allerdings nur noch die Pflicht, den Vertrag in eingescannter oder in originär elektronischer Form einzureichen (vgl. dazu § 1 Rn 8 ff.).

13 Besteht bereits eine personelle Verknüpfung zwischen den Vertragsparteien, entsteht häufig ein Problem mit **§ 181 BGB**. Tritt nämlich ein Organmitglied für beide Vertragsparteien auf, bedarf es für jede vertretene Partei einer Befreiung von den Beschränkungen des § 181 BGB. Wird insoweit allerdings wie bei den Gewinnabführungs- und Beherrschungsverträgen ein Zustimmungsbeschluss aller Gesellschafterversammlungen der beteiligten Gesellschaften verlangt (vgl. Rn 19 ff.), liegt in der Zustimmung zu dem Vertrag durch die Gesellschafterversammlung regelmäßig die entsprechende Einzelbefreiung bzw. eine Genehmigung der bisherigen Tätigkeit.

14 Fraglich könnte sein, ob die **Vertretungsmacht eines Prokuristen** zum Abschluss eines Unternehmensvertrages ausreicht. Dies wird man verneinen müssen. Denn insoweit liegt ein Grundlagengeschäft vor (vgl. § 11 Rn 14), das von dem gesetzlichen Vollmachtsumfang des § 49 HGB nicht mehr erfasst wird. Soweit der Prokurist allerdings gemeinsam mit einem anderen Organmitglied als Organ handelt (vgl. dazu § 11 Rn 1), greift § 49 HGB nicht ein; eine solche Vertretung ist möglich.

---

8 *Hüffer*, § 292 Rn 3; *Emmerich/Habersack*, § 291 Rn 9 f.
9 *Hüffer*, § 294 Rn 11; *Emmerich/Habersack*, § 294 Rn 19.

3. Vertragsinhalt

Ob der abgeschlossene Vertrag ausdrücklich eine **Verlustausgleichspflicht** 15
vorsehen muss, dürfte angesichts des Wortlauts des § 302 AktG zu verneinen sein. Auch eine die Ausgleichspflicht verneinende Vertragsregelung dürfte wegen des § 302 Abs. 3 AktG unwirksam sein. Insoweit wird dann aber zu prüfen sein, ob der Vertrag dann überhaupt noch Bestand haben kann (vgl. § 139 BGB).

Umstritten ist im Übrigen, ob eine **Rückgewährsklausel** zulässig ist. Danach 16
wäre die abhängige Gesellschaft bei einem isolierten Beherrschungsvertrag verpflichtet, die von der Obergesellschaft übernommenen Verluste später aus den eigenen Gewinnen auszugleichen.[10] Rechtsprechung zu dieser Frage existiert noch nicht. Verneint man eine Wirksamkeit der Regelung, hängt die Wirksamkeit des Unternehmensvertrages wiederum von § 139 BGB ab.

Ein Gewinnabführungsvertrag oder auch Beherrschungsvertrag muss nach 17
§ 304 Abs. 1 AktG einen **angemessenen Ausgleich für außen stehende Gesellschafter** vorsehen. Fehlt eine derartige Bestimmung, ist der Vertrag nach § 304 Abs. 3 S. 1 AktG nichtig. Dabei reicht die Angabe irgendeines Ausgleichsbetrages aus.[11] Meint der außen stehende Gesellschafter, dass der angebotene Ausgleich nicht angemessen sei, so hat diese keinen Einfluss auf die Wirksamkeit des Vertrages. Der Gesellschafter ist vielmehr auf nach § 304 Abs. 3 S. 3 AktG vorgesehene Verfahren nach dem Gesetz über gesellschaftsrechtliche Spruchverfahren verwiesen.[12] Hat die (gewinnabführende bzw. beherrschte) Gesellschaft zum Zeitpunkt der Beschlussfassung über den Vertrag keine außen stehenden Gesellschafter, bedarf es der Bestimmung über einen angemessenen Ausgleich nicht (vgl. § 304 Abs. 1 S. 3 AktG).

Nach § 305 Abs. 1 AktG muss ein Gewinnabführungs- oder auch ein Beherrschungsvertrag 18
eine Regelung darüber enthalten, gegen welche **Abfindung der außen stehende Gesellschafter** seinen Anteil an die Gesellschaft veräußern kann. Das Fehlen dieser Regelung führt aber nicht zur Unwirk-

---

10 *Hüffer*, § 302 Rn 19 m.w.N.
11 Vgl. BGHZ 166, 195 = NJW 1006, 1663 = MDR 2006, 1177, zur Zulässigkeit der Festsetzung eines sog. „Null-Ausgleichs".
12 Dazu BGHZ 156, 57 = NJW 2003, 3272 = GmbHR 2003, 1362.

samkeit des Vertrages. Der Betroffene kann vielmehr das Verfahren nach dem Gesetz über gesellschaftsrechtliche Spruchverfahren zur Bestimmung des angemessenen Abfindungsbetrages beschreiten.

4. Zustimmungsbeschlüsse[13]

a) Zustimmungsbeschluss bei der abhängigen Gesellschaft

19 Die Hauptversammlung der **beherrschten und gewinnabführenden Gesellschaft** hat dem Vertrag mit qualifizierter Mehrheit nach § 293 Abs. 1 S. 1 AktG zuzustimmen. Durch die Anordnung der mindestens qualifizierten Mehrheit erfordert dieser **Zustimmungsbeschluss** auch bei einer sog. kleinen Aktiengesellschaft eine notarielle Beurkundung (vgl. § 130 Abs. 1 S. 3 AktG). Die Mehrheitserfordernisse sind Mindestanforderungen, sie können durch die Satzung lediglich verschärft werden.

20 Für die beherrschte **GmbH** wird das Erfordernis der notariellen Beurkundung wegen des Fehlens einer dem § 130 AktG entsprechenden Vorschrift aus § 53 Abs. 2 GmbHG hergeleitet. Der BGH begründet dies mit dem satzungsgleichen Eingriff in den Gesellschaftszweck, die Kompetenz der Gesellschafterversammlung und das Gewinnbezugsrecht der Gesellschafter.[14] Demnach steht dieser Auffassung auch § 293 Abs. 1 S. 2 AktG nicht entgegen, weil allein auf die spezifischen Gegebenheiten bei der GmbH abzustellen ist.

21 Ob für die Wirksamkeit des Zustimmungsbeschlusses bei der beherrschten GmbH alle Gesellschafter zustimmen müssen, ist bisher nicht abschließend geklärt.[15] Die praktische Bedeutung der Frage der **Mehrheitserfordernisse** ist gering, weil der Abschluss von Unternehmensverträgen in der Praxis regelmäßig mit 100%igen Tochtergesellschaften erfolgt. Für die Notwendigkeit der Zustimmung aller Gesellschafter spricht dabei, dass jedenfalls der Beherrschungsvertrag den Zweck der Gesellschaft ändert, Zweckänderungen aber nach § 33 Abs. 1 S. 2 BGB von allen Gesellschaftern getragen werden

---

13 Auch im mehrstufigen Konzern bedarf es nur der Zustimmung der Gesellschafterversammlungen der unmittelbar beteiligten Gesellschaften: LG Düsseldorf DB 2004, 428.
14 BGHZ 105, 324 = NJW 1989, 295 = GmbHR 1989, 25; vgl. auch Scholz/*Emmerich*, Anhang Konzernrecht, Rn 149 f.
15 Offen gelassen in BGHZ 105, 324 = NJW 1989, 295 = GmbHR 1989, 25.

müssen.[16] Für das Ausreichen einer qualifizierten Mehrheit spricht die aktienrechtliche Regelung in § 293 Abs. 1 S. 2 AktG.

Den jeweiligen Beschlüssen als **Anlage** beigefügt werden muss der jeweilige Entwurf des Unternehmensvertrages, weil das Register sonst nicht überprüfen kann, ob sich der Zustimmungsbeschluss tatsächlich auf den abgeschlossenen Vertrag bezieht. 22

b) Zustimmungsbeschluss bei der herrschenden Gesellschaft

Für die Aktiengesellschaft ergibt sich die **Zustimmungspflicht der Hauptversammlung der Obergesellschaft** aus § 293 Abs. 2 S. 1 AktG. Auch dieser Beschluss bedarf der qualifizierten Mehrheit nach § 293 Abs. 2 S. 2 i.V.m. Abs. 1 S. 2 AktG. Aus dem Erfordernis der qualifizierten Mehrheit folgt die Notwendigkeit der notariellen Beurkundung (siehe Rn 19). 23

Auch bei der **beherrschenden GmbH** wird ein Zustimmungsbeschluss für erforderlich gehalten, der der qualifizierten Mehrheit bedarf. Anders als bei der Aktiengesellschaft reicht hier allerdings eine schriftliche Beschlussfassung aus. Eine dem Aktienrecht entsprechende Vorschrift, nach der ab einem bestimmten Mehrheitserfordernis bestimmte Formen einzuhalten sind, fehlt im GmbH-Recht. 24

c) Das Freigabeverfahren nach § 246a AktG

Das vom Gesetzgeber mit Gesetz zur Unternehmensintegrität und Modernisierung des Anfechtungsrechts vom 22.9.2005 eingeführte Freigabeverfahren nach § 246a AktG gilt nicht nur über Beschlüsse zu Kapitalbeschaffungsmaßnahmen, sondern auch bei Klagen gegen Beschlüsse einer Hauptversammlung über die Zustimmung zu einem Unternehmensvertrag. Auch hier kann also die Aussetzung des Verfahrens durch das Registergericht nach § 127 FGG durch einen Beschluss des Prozessgerichts überwunden werden. Wegen der weiteren Einzelheiten vgl. § 7 Rn 74. Die Vorschrift wird auch im GmbH-Recht anzuwenden sein, vgl. § 6 Rn 153. 25

5. Berichts- und Prüfungspflicht

Soweit für den Abschluss eines Unternehmensvertrages die Zustimmung der Hauptversammlung nach § 293 AktG erforderlich ist, hat der jeweilige 26

---

16 Scholz/*Emmerich*, Anhang Konzernrecht, Rn 155 f.; *Roth/Altmeppen*, Anh. § 13 Rn 36.

Vorstand auch einen Bericht über den beabsichtigten Unternehmensvertrag zu erstellen und den Aktionären bekannt zu geben (vgl. § 293a AktG). Diese Pflicht entfällt nur dann, wenn alle Anteilsinhaber aller beteiligten Unternehmen auf seine Erstellung notariell beglaubigt verzichten (vgl. § 293a Abs. 3 AktG). Darüber hinaus ist der Vertrag durch vom Gericht zu bestellende Prüfer (Vertragsprüfer) zu prüfen, vgl. §§ 293b, 293c AktG. Auch auf die Prüfung kann nach Maßgabe des § 293a Abs. 3 AktG verzichtet werden.

II. Teilgewinnabführungsverträge

27 Ein Teilgewinnabführungsvertrag i.S.d. § 292 Abs. 1 Nr. 2 AktG liegt vor, wenn der andere Vertragsteil aufgrund des Vertrages verpflichtet ist, einen Teil seines Gewinns oder den Gewinn einzelner Betriebsteile seines Unternehmens an einen anderen abzuführen. Während der abführende Teil demnach **Unternehmen** sein muss, bedarf es dieser Eigenschaft auf der anderen Seite nicht.[17]

28 Kein Teilgewinnabführungsvertrag liegt vor, wenn für die Überlassung von Geldmitteln die Rückgewähr nebst einer **Festverzinsung** geschuldet ist.[18] Im Übrigen ist es aber unerheblich, ob der abzuführende Gewinn anhand des Bilanzgewinns, des Jahresüberschusses, der Umsatzerlöse oder des Rohertrages berechnet wird. Ebenso wenig ist erforderlich, dass der Gewinn aus **periodischen Abrechnungen** ermittelt wird.[19]

29 Da die Vereinbarung einer **stillen Gesellschaft** immer auf die Abführung eines Teils des Gewinns an den stillen Gesellschafter gerichtet ist, liegt hier regelmäßig ein Teilgewinnabführungsvertrag vor.[20]

30 Der Teilgewinnabführungsvertrag unterscheidet sich von dem Gewinnabführungsvertrag allein dadurch, dass Ersterer **nicht auf den ganzen Gewinn gerichtet** ist. Der abführenden Gesellschaft muss dabei kein bestimmter Mindestgewinn verbleiben.[21]

31 Das Gesetz sieht nicht die **Vereinbarung einer Gegenleistung** vor. Ist der Vertragspartner allerdings Gesellschafter der abführenden Gesellschaft, läge

---

17 *Hüffer*, § 292 Rn 3 und 12.
18 BayObLG NZG 2001, 408.
19 Streitig, vgl. *Emmerich/Habersack*, § 292 Rn 25 f.
20 BGHZ 156, 38 = NJW 2003, 3412; vgl. auch *Berninger*, DB 2004, 297.
21 KG NZG 2000, 183; *Emmerich/Habersack*, § 292 Rn 24.

ein Verstoß gegen das Verbot der verdeckten Gewinnausschüttung vor, so dass der Vertrag beim Fehlen einer angemessenen Gegenleistung nach § 134 BGB nichtig wäre.[22] Der gleichfalls gefasste Zustimmungsbeschluss verstieße gegen § 241 Nr. 3 AktG. Aus diesem Grund (vgl. dazu auch § 6 Rn 121) hat das Registergericht in einer solchen Konstellation auch die Vereinbarung einer angemessenen Gegenleistung zu prüfen.

III. Checkliste: Anmeldung des Abschlusses eines Unternehmensvertrages

- Liegt eine Anmeldung in der Form des § 12 Abs. 1 HGB durch das Organ des beherrschten bzw. des zur Gewinnabführung verpflichteten Unternehmens zu dessen Register vor?
- Ist ein materiell wirksam abgeschlossener Unternehmensvertrag in der Anmeldung korrekt angegeben?
- Liegt der Unternehmensvertrag in der notwendigen elektronischen Form vor?
- Hat das anmeldende Unternehmen und ggf. der andere Vertragsteil dem Vertragsabschluss in gehöriger Form und wirksam zugestimmt?
- Lag der Hauptversammlung der notwendige Bericht vor, und ist der Unternehmensvertrag geprüft worden bzw. ist auf Bericht und Prüfung verzichtet worden?

32

IV. Kosten

Beim **Gericht** entstehen Gebühren wegen der Eintragung einer sonstigen Tatsache. Dies führt bei den Kapitalgesellschaften zur Anwendung der Nr. 2500 ff. GV HRegGebVO. Danach entsteht grundsätzlich eine Gebühr in Höhe von 40 EUR, Nr. 2500 GV HRegGebVO.

33

Der **Notar** erhält für die Beurkundung der Anmeldung eine halbe Gebühr (vgl. § 38 Abs. 2 Nr. 7 KostO). Der Geschäftswert beträgt bei Kapitalgesellschaften nach § 41a Abs. 4 Nr. 1 KostO 1% des Grund- bzw. Stammkapitals, wobei mindestens 25.000 EUR und höchstens 500.000 EUR anzusetzen sind. Für die Beurkundung des Zustimmungsbeschlusses bei der abhängigen bzw. gewinnabführenden Gesellschaft erhält der Notar eine doppelte Gebühr nach

34

---

22 *Emmerich/Habersack*, § 292 Rn 27a.

§ 47 S. 1 KostO, wobei die Gebühr 5.000 EUR nicht übersteigen darf. In Bezug auf die Berechnung des Geschäftswertes ist streitig, ob der Beschluss sich auf einen bestimmten Geldwert bezieht.[23] Wäre dies der Fall, wäre dieser Geldbetrag als Geschäftswert zugrunde zu legen.[24] Überwiegend wird allerdings angenommen, dass sich der Zustimmungsbeschluss nicht auf einen Geldwert bezieht, so dass über § 41c Abs. 1 KostO der Wert nach § 41a Abs. 4 KostO zugrunde zu legen ist.[25] Insoweit steht dem Notar eine Gebühr zu.

C. Vertragsänderungen

I. Überblick

35 Die Änderung eines Unternehmensvertrages muss nach § 295 AktG in das Handelsregister eingetragen werden. Die **Eintragung** hat **konstitutive** Wirkung (vgl. § 295 Abs. 1 S. 2 AktG i.V.m. § 294 Abs. 2 AktG). Zur funktionellen Zuständigkeit vgl. Rn 7.

36 Als Änderung des Vertrages ist die Abänderung oder Ergänzung der einzelnen vertraglichen Regelungen anzusehen. Auf die Bedeutung der Änderung kommt es nicht an. Eine Abänderung liegt aber auch immer dann vor, wenn ein **Vertragspartnerwechsel**[26] oder ein **Vertragsbeitritt** gegeben ist.[27]

37 Keine Änderung, sondern die Beendigung des einen und der Neuabschluss eines anderen Unternehmensvertrages liegt dann vor, wenn ein **Wechsel in der Vertragsart** vorgenommen wird.[28] Ebenso wird die Verlängerung eines befristeten Vertrages als Neuabschluss angesehen.[29] Bedeutung hat diese Frage jedenfalls bei Beherrschungs- und Gewinnabführungsverträgen dafür, ob die Pflicht zur Sicherheitsleistung nach § 303 AktG eingreift oder nicht. Im Übrigen ist sie nur für die Fassung der Eintragung von Bedeutung.

---

23 So Korintenberg/Lappe/Bengel/*Reimann*, § 27 Rn 25; *Reuter*, BB 1989, 716; *Schmidt*, BB 1989, 1292.
24 BayObLGZ 1981, 126; *Hartmann*, Kostengesetze, § 27 Rn 1.
25 OLG Hamm DNotZ 1994, 126; *Reuter*, BB 1989, 414; i.d.R. auch BayObLGZ 1990, 133 = DNotZ 1991, 401.
26 BGHZ 119, 1 = NJW 1992, 2760; zu Mietverträgen vgl. BGHZ 72, 394, 398 f. = NJW 1979, 369; BGHZ 65, 49, 53 = NJW 1976, 1653.
27 BGHZ 119, 1 = NJW 1992, 2760; LG Mannheim AG 1991, 26.
28 *Hüffer*, § 295 Rn 7.
29 *Hüffer*, § 295 Rn 7; a.A. *Emmerich/Sonnenschein/Habersack*, § 14 I 2.

Problematisch ist die Frage, ob die Voraussetzungen des § 295 AktG auch dann vorliegen, wenn keine neue Partei in den Vertrag eintritt, sondern vielmehr ein Fall der **Gesamtrechtsnachfolge** durch einen Formwechsel, eine Verschmelzung oder eine andere Umwandlung vorliegt. Denn hier bleibt die Identität des Vertrages ebenso wie im Falle der Firmenänderung eines der Beteiligten gewahrt. Unter diesem Gesichtspunkt kommt auch allenfalls eine Berichtigung des Registers in Betracht (vgl. dazu § 2 Rn 50); die Voraussetzungen des § 295 AktG liegen nicht vor.[30] 38

Liegt eine Vertragsänderung i.S.d. § 295 AktG vor, sind im Übrigen auch die für den Abschluss vorhandenen Vorschriften der **§§ 293 bis 294 AktG** zu beachten. Insoweit gilt das bereits in Rn 12 ff. Ausgeführte. 39

II. Checkliste: Anmeldung der Vertragsänderung

- Ist der eingetragene Unternehmensvertrag wirksam geändert worden? 40
- Haben die Haupt- bzw. Gesellschafterversammlungen in der gehörigen Form zugestimmt?
- Liegt eine Anmeldung der Änderung unter Vorlage der Änderungsabrede und der Zustimmungsbeschlüsse vor?
- Ist die Anmeldung durch die Organe in vertretungsberechtigter Anzahl in elektronischer Form nach § 12 Abs. 1 HGB erfolgt?

III. Kosten

Hinsichtlich der Kosten gilt bei der Eintragung einer Vertragsänderung das Gleiche wie bei der Ersteintragung. Es wird insoweit verwiesen auf Rn 32 f. 41

D. Vertragsbeendigung

I. Überblick

Das Gesetz sieht in § 296 AktG die Beendigung durch eine **Aufhebungsvereinbarung** und in § 297 AktG durch **Kündigung** vor. Daneben kommt auch eine Beendigung durch einfachen Fristablauf, durch Untergang eines der Vertragsbeteiligten oder aus weiteren Gründen in Betracht.[31] 42

---

30 Im Ergebnis ebenso *Hüffer*, § 295 Rn 6; *Emmerich/Sonnenschein/Habersack*, § 14 I 2.
31 Vgl. dazu etwa *Hüffer*, § 297 Rn 22.

§ 12   4. Kapitel: Weitere Eintragungsgegenstände

43   Die Beendigung ist nach § 298 AktG zum Handelsregister **anzumelden und** dort auch **einzutragen**. Dabei ist nicht nur der Grund der Beendigung zu vermerken, sondern auch der Beendigungszeitpunkt anzugeben (vgl. § 43 Nr. 6 lit. g HRV). Die Eintragung ist deklaratorischer Natur, die Wirksamkeit der Beendigung ist damit nicht von der Eintragung abhängig.[32] Allerdings ist die Bekanntmachung der Eintragung bei der Beendigung von Beherrschungs- und Gewinnabführungsverträgen mit dem Hinweis nach § 303 AktG zu versehen. Die dort genannte Frist von sechs Monaten beginnt dabei erst mit der Bekanntmachung der Eintragung zu laufen. Entsprechendes gilt für die Frist nach § 302 Abs. 3 AktG.

44   Für die Eintragung der Beendigung ist der **Richter** zuständig, wenn die Eintragung bei einer Kapitalgesellschaft erfolgen muss (vgl. § 17 Nr. 1d RPflG).

II. Einzelheiten

1. Beendigung durch Kündigung

45   § 297 AktG behandelt in Abs. 1 zunächst nur den Fall der außerordentlichen **Kündigung** aus wichtigem Grund. Aus Abs. 2 ergibt sich dabei aber, dass auch eine ordentliche Kündigung grundsätzlich möglich sein muss. Für alle Arten der Kündigung gilt § 297 Abs. 3 AktG, nach dem die Kündigung der **Schriftform** bedarf.[33] Die elektronische Form genügt (vgl. § 126 Abs. 3 BGB).

Die Kündigung hat dabei durch die **gesetzlichen Vertreter** der einen Vertragspartei unter Beachtung des § 126 BGB zu erfolgen und ist an die gesetzlichen Vertreter der anderen Vertragspartei zu richten.

46   Als **wichtiger Grund** i.S.d § 297 Abs. 1 AktG kommt neben der voraussichtlichen Leistungsunfähigkeit eines Beteiligten jedes vertragswidrige Verhalten in Betracht, das ein weiteres Festhalten an dem Vertrag für die kündigende Partei unzumutbar macht.[34]

47   Keinen wichtigen Grund wird aber die **Veräußerung der Anteile** an einem beherrschten Unternehmen darstellen. Denn sonst könnte sich der Vertrags-

---

32   *Hüffer*, § 298 Rn 5; Scholz/*Emmerich*, Anhang Konzernrecht, Rn 199 zur Vertragsaufhebung.
33   *Hüffer*, § 297 Rn 20; *Emmerich/Habersack*, § 297 Rn 10, 25.
34   *Hüffer*, § 297 Rn 6; *Emmerich/Habersack*, § 297 Rn 19.

partner durch ein entsprechendes Vorgehen jederzeit von den Vertragsbindungen befreien. Soweit steuerrechtlich in Richtlinien anderes vorgesehen ist, bindet dies bei der Auslegung der aktienrechtlichen Vorschriften nicht. Als Alternative kann dabei aber immer auch eine Vertragsaufhebung vorgenommen werden, wobei diese nicht rückwirkend möglich ist (vgl. dazu Rn 50 ff.).

Zu beachten ist aber, dass die Parteien **im Vertrag festlegen** können, wann ein wichtiger Grund vorliegt.[35] Hier kann dann auch die Veräußerung der Anteile als Kündigungsgrund aufgenommen werden. **48**

Unstreitig ist auch, dass der Vertrag die **Möglichkeit der ordentlichen Kündigung** vorsehen kann. Bei einer derartigen Kündigung ist allerdings § 297 Abs. 2 AktG zu berücksichtigen. Soweit eine ordentliche Kündigung vertraglich nicht vereinbart ist, ist streitig, ob diese möglich ist.[36] Jedenfalls für die Beherrschungs- und Gewinnabführungsverträge wird in diesem Fall eine Kündigungsmöglichkeit überwiegend verneint.[37] **49**

Bereits der Wortlaut des § 298 AktG legt auch eine **Prüfungsbefugnis des Registergerichts** hinsichtlich der Voraussetzungen einer Kündigung nahe. Allerdings können sich Schwierigkeiten ergeben, wenn die Kündigung aus wichtigem Grund erfolgt. Da etwa bei einem Beherrschungsvertrag die Anmeldung und Eintragung beim abhängigen Unternehmen vorgenommen werden müssen, kann das Registergericht jedenfalls in dem Fall einer Kündigung durch das herrschende Unternehmen von der Richtigkeit der vorgetragenen Tatsachen ausgehen. Dann hat es die Erklärungen lediglich auf Plausibilität hin zu überprüfen. **50**

2. Vertragsaufhebung

Die Parteien können die Aufhebung des Unternehmensvertrages vereinbaren (vgl. § 296 AktG). Die Vereinbarung ist nach § 296 Abs. 1 S. 3 AktG **schriftlich** zu treffen. Die Voraussetzungen des § 126 BGB sind damit einzuhalten. Die Einhaltung der elektronischen Form genügt (vgl. § 126 Abs. 3 BGB). Der Abschluss muss durch entsprechend vertretungsbefugte Personen erfolgen. **51**

---

35 BGHZ 122, 211 = NJW 1993, 1976; *Hüffer*, § 297 Rn 8.
36 Vgl. dazu *Hüffer*, § 297 Rn 12 f.; Scholz/*Emmerich*, Anhang Konzernrecht, Rn 197.
37 So jedenfalls *Hüffer*, § 297 Rn 13; *Emmerich/Habersack*, § 297 Rn 5 ff.

52 Ist der Vertrag wegen der Nichteinhaltung der Form oder dem Abschluss durch nicht vertretungsberechtigte Personen zunächst nicht wirksam, kann dies **erhebliche Auswirkungen** haben. Denn die **Aufhebung darf nicht rückwirkend** erfolgen, so dass eine Aufhebung unter Umständen erst sehr viel später erfolgen kann.

53 Sind **außen stehende Gesellschafter** vorhanden, ist § 296 Abs. 2 AktG zu beachten. Weitere Erfordernisse stellt das Gesetz nicht auf. Dies wird teilweise für ungenügend angesehen, weil die Aufhebung eines Unternehmensvertrages erhebliche Auswirkungen auf die Vertragsparteien haben kann, so dass man auch hier an die **Einhaltung der Abschlusserfordernisse**, insbesondere an Zustimmungsbeschlüsse zu denken hat. Die Rechtsprechung hat sich dem auch für die GmbH bisher nicht angeschlossen. Soweit eine Meinung jedenfalls einen internen Beschluss über die Aufhebung verlangt, ist dies für das Eintragungsverfahren unerheblich. Zu anderen internen Zustimmungserfordernissen vgl. § 11 Rn 10.

3. Weitere Beendigungsgründe

54 Neben den im Gesetz angesprochenen Beendigungsgründen bestehen noch eine Anzahl weiterer. So sieht **§ 307 AktG** etwa eine zwingende Beendigung vor, wenn ein Unternehmensvertrag ohne außen stehende Gesellschafter abgeschlossen worden ist, in der Folge solche aber vorhanden sind.

55 Jedenfalls die **Insolvenzeröffnung** führt ebenfalls zu einer Beendigung des Unternehmensvertrages.[38] Das Gleiche gilt im Falle der **Verschmelzung**, und zwar dann, wenn die Vertragsparteien aufeinander verschmolzen werden, weil es dann an dem Vertragspartner fehlt.[39]

---

[38] BGH NJW 1988, 1326; für jeden Fall der Auflösung: *Emmerich/Sonnenschein/Habersack*, § 15 IV.
[39] *Emmerich/Sonnenschein/Habersack*, § 15 IV und auch zu weiteren Umwandlungsfällen, die zu einer Beendigung führen sollen.

III. Checkliste: Anmeldung der Vertragsbeendigung

- Liegt der Beendigungsgrund tatsächlich vor und sind die zu seiner Herbeiführung notwendigen Formerfordernisse eingehalten worden?
- Ist die Beendigung in der Form des § 12 Abs. 1 HGB unter Angabe des Beendigungsgrundes und des Beendigungszeitpunktes durch das ordnungsgemäß besetzte Vertretungsorgan angemeldet worden?
- Liegen die Nachweise (Kündigungsschreiben mit Zugangsnachweis; Aufhebungsvertrag) in elektronischer Form vor?

56

IV. Kosten

Bei der Eintragung der Beendigung eines Unternehmensvertrages entstehen die gleichen Kosten wie bei der Eintragung oder Änderung. Es wird verwiesen auf die Ausführungen in Rn 33 f.

57

§ 13 Die Zweigniederlassung

Literatur

Ebert/Levedag, Die zugezogene private company limited by shares (Ltd.) nach dem Recht von England und Wales, GmbHR 2003, 1337–1346; **Günther/Miskolzi**, Die GmbH in Ungarn, GmbHR 2003, 885–892; **Heinz**, Die englische Limited, 2. Auflage 2006; **Just**, Die englische Limited in der Praxis, 2005; **Kallmeyer**, Vor- und Nachteile der englischen Limited im Vergleich zur GmbH oder GmbH & Co. KG, DB 2004, 636–639; **Münchener Kommentar zum Aktiengesetz**, 2. Auflage, ab 2000; **Müther**, Die Rechtsprechung des EuGH und der Einfluss auf das deutsche Handelsregisterwesen, Rpfleger 2000, 316–318; **Schmidt, K.**,Handelsrecht, 5. Auflage 1999; **Triebel/von Hase/Melerski**, Die Limited in Deutschland, 2006; **Wachter**, Errichtung, Publizität, Haftung und Insolvenz von Zweigniederlassungen ausländischer Kapitalgesellschaften nach Inspire Art, GmbHR 2003, 1254–1257.

A. Überblick

Die Zweigniederlassung eines Unternehmens ist von einer unselbstständigen Abteilung und von einem selbstständigen Unternehmen zu unterscheiden. Von der bloßen Abteilung unterscheidet sich die Zweigniederlassung dadurch, dass sie nicht nur räumlich, sondern auch organisatorisch eine gewisse auf Dauer angelegte Selbstständigkeit besitzt. So besitzt sie zwar nicht notwendig,[1] aber häufig eine gewisse Vermögenssonderung. Sie muss aber im Übrigen so ausgestaltet sein, dass sie ggf. als selbständiges Unternehmen am Markt weitergeführt werden könnte.[2] Von einem selbstständigen Unternehmen unterscheidet sich die Zweigniederlassung dadurch, dass sie keinen eigenen anderen Unternehmensträger besitzt.[3] Zu den Besonderheiten des Begriffs der Zweigniederlassung bei den §§ 13d bis 13g HGB vgl. Rn 20 f.

Die Zweigniederlassung kann eine von der Firma der Hauptniederlassung abweichende Firma führen, wenn der Bezug zum eigentlichen Unternehmen noch deutlich zum Ausdruck kommt, vgl. näher Rn 11. Besteht eine solche besondere Firma, kann nach § 50 Abs. 3 HGB auch eine nur auf einzelne Niederlassungen beschränkte Prokura (Filialprokura) erteilt werden. Unter den gleichen Voraussetzungen kann auch die Vertretungsbefugnis eines

---

1 Str., vgl. dazu MüKo/*Pentz*, AktG, Anh. § 42, § 13 Rn 20.
2 BayObLG BB 1980, 335; *Koller/Roth/Morck*, § 13 Rn 6; zur Anwendung des § 25 HGB: Baumbach/*Hopt*, § 25 Rn 6.
3 Baumbach/*Hopt*, § 13 Rn 6; *Koller/Roth/Morck*, § 13 Rn 10.

Gesellschafters bei einer Personengesellschaft auf einzelne Niederlassungen beschränkt werden (vgl. § 126 Abs. 3 HGB). Die Beschränkungen müssen sich jeweils aus der Eintragung ergeben.

3 Die Regelungen zu den Zweigniederlassungen finden sich nunmehr in den §§ 13 bis 13g HGB. Die vormals vorhandenen Sonderregelungen in § 12 GmbHG und §§ 42 bis 44 AktG sind entfallen. Das Zweigniederlassungsrecht ist durch das **EHUG** (vgl. § 1 Rn 1 ff.) stark verändert worden. Es ist dadurch vereinfacht worden, dass auch die Eintragungen zu der Zweigniederlassung durch das **Gericht der Hauptniederlassung** auf dessen Registerblatt erfolgen und auch nur insoweit eine Prüfung der Eintragungsvoraussetzungen stattfindet (Abs. 2). Die Eintragung beim Gericht der Zweigniederlassung ist damit vollständig entfallen. Die noch im Entwurf des EHUG vorgesehene reduzierte Eintragung beim Registergericht der Zweigniederlassung ist im Hinblick auf die umfassende Einsichtsmöglichkeit über das Internet nicht Gesetz geworden. Durch die Neufassung sind die zusätzlichen von der Eintragung abweichenden Bekanntmachungen nach altem Recht entfallen, die die Kapitalgesellschaften betrafen und die Angaben nach § 39 AktG und § 10 Abs. 1 und 2 GmbHG erfassten. Dies rechtfertigt sich dadurch, dass durch den Online-Zugriff auf die entsprechenden Dokumente zugegriffen werden kann und eine weitere Bekanntmachung nicht mehr erforderlich ist.

4 Das Gesetz unterscheidet zwischen
- Zweigniederlassungen von Unternehmen im Inland (§ 13 HGB) und
- Zweigniederlassungen von Unternehmen mit Sitz oder Hauptniederlassungen im Ausland (§§ 13d bis 13g HGB).

Die Eintragungen sind jeweils deklaratorisch,[4] die Anmeldung kann durch die Verhängung eines Zwangsgeldes durchgesetzt werden (vgl. § 14 HGB).[5] Zuständig ist bei inländischen Unternehmen das Gericht der Hauptniederlassung,[6] bei dem auch die Anmeldung einzureichen ist (vgl. dazu Rn 9). Bei Zweigniederlassungen ausländischer Unternehmen ist das Gericht der Zweigniederlassung zuständig.

---

4 KG NZG 2004, 49 = Rpfleger 2004, 221; OLG München, NZG 2006, 513; BayObLG DB 1979, 1936; *Koller/Roth/Morck*, § 13 Rn 7.
5 KG ZIP 2003, 2298; *Krafka/Willer*, Rn 290.
6 *Koller/Roth/Morck*, § 13 Rn 11; Baumbach/*Hopt*, § 13 Rn 10.

Für die Bearbeitung der Anmeldung ist in der Regel der Rechtspfleger 5
zuständig. Dies gilt nach § 17 Nr. 1 RPflG dann nicht, wenn es sich um die
Ersteintragung, eine Satzungsänderung oder um andere in § 17 Nr. 1 RPflG
aufgeführte Umstände in Bezug auf eine Gesellschaft mit Sitz im Ausland
handelt. Im Übrigen kommt eine Vorlage durch den Rechtspfleger nach § 5
Abs. 2 RPflG in Betracht.

B. Einzelheiten

I. Zweigniederlassung inländischer Unternehmen (§ 13 HGB)

1. Ersteintragung

Unternehmen mit einem Sitz oder einer Hauptniederlassung im Inland sind 6
nach bisher allgemeinem Verständnis **Unternehmen nach deutschem
Recht**. Zu dem Problem der ausländischen Briefgesellschaft mit tatsächlichem Sitz in Deutschland vgl. Rn 22. Unter die Vorschriften fallen neben
den Kapitalgesellschaften die Personenhandelsgesellschaften und der Einzelkaufmann. Die Partnerschaft kann ebenfalls Zweigniederlassungen betreiben:
§ 5 Abs. 2 PartGG verweist auf § 13 HGB.

§ 13 HGB i.d.F. des EHUG gilt für alle Unternehmen übereinstimmend. Die 7
Sonderregelungen für die Aktiengesellschaft in § 13a HGB a.F. und für die
GmbH in § 13b HGB a.F. sind ebenso wie § 13c HGB a.F., der die Anmeldungen für bestehende Zweigniederlassungen betraf, entfallen.

Der **Anmeldetatbestand** für die **Ersteintragung** der Zweigniederlassung ist 8
in § 13 Abs. 1 S. 1 HGB geregelt. Die Anmeldung hat dabei durch den
Einzelkaufmann bzw. das Vertretungsorgan der Gesellschaft zu erfolgen.
Dabei ist es nicht notwendig, dass alle Vertreter handeln; es reicht aus,
wenn eine Anmeldung durch Vertreter in vertretungsberechtigter Anzahl
vorliegt.[7] Eine Anmeldung durch Prokuristen scheidet nach dem Wortlaut
des § 13 Abs. 1 S. 1 HGB aus.[8] Der Prokurist bedarf zur Anmeldung daher
einer Vollmacht nach § 12 Abs. 1 HGB.

---

7 *Krafka/Willer*, Rn 296.
8 *Krafka/Willer*, Rn 296.

9 Die Anmeldung ist beim **Gericht der Hauptniederlassung** einzureichen. Dieses hat die Anmeldung selbst zu prüfen. Eine Weiterleitung der Anmeldung an das Gericht der Zweigniederlassung (vgl. § 13 Abs. 1 S. 2 HGB a.f.) erfolgt nicht mehr.

10 Die **Prüfungsbefugnis des Gerichts** ist eingeschränkt. Nach § 13 Abs. 2 HGB hat dieses lediglich zu prüfen, ob eine Zweigniederlassung offensichtlich nicht errichtet ist. Ob die Firma des Unternehmens in Bezug auf die beim Zweigniederlassungsgericht eingetragenen Unternehmen gegen § 30 HGB verstößt (vgl. dazu § 6 Rn 31), ist nach der Neuregelung nicht mehr zu prüfen. Denn eine Eintragung im Register der Zweigniederlassung erfolgt nicht mehr. Ob eine Unterscheidbarkeit der Firma gegenüber den im Register der Hauptniederlassung eingetragenen Firmen gegeben ist, ist unerheblich, wenn die Zweigniederlassung an einem anderen Ort belegen ist, vgl. § 30 Abs. 1 HGB.

11 Grundsätzlich ist es einem Rechtsträger verboten, unter verschiedenen Firmen im Rechtsverkehr aufzutreten. Allein der Einzelkaufmann kann mehrere Handelsgeschäfte betreiben, die dann auch **verschiedene Firmen** haben müssen. Bei diesen mehreren Handelsgeschäften muss es sich aber jeweils um Hauptniederlassungen handeln. Eine gewisse Auflockerung ergibt sich für eine Zweigniederlassung. Diese kann mit der Firma der Hauptniederlassung vollständig identisch sein. Sie kann aber auch Zusätze enthalten. Dies hat etwa Bedeutung für eine auf die Zweigniederlassung beschränkte Prokura (vgl. § 50 Abs. 3 HGB) oder Vertretungsbefugnis eines persönlich haftenden Gesellschafters (vgl. § 126 Abs. 3 HGB). Soweit die Firmen abweichen, muss die Firma der Zweigniederlassung einen **Hinweis auf die Firma der Hauptniederlassung** enthalten. Eine andere Auffassung verstieße gegen den Grundsatz der Firmeneinheit. Bei einer Kapitalgesellschaft bedarf die von der eigentlichen Firma abweichende Firmenführung der Zweigniederlassung einer Aufnahme in die Satzung.[9, 10]

12 Die früher vorgesehene Pflicht zur Einreichung der **Zeichnungen** des Einzelkaufmannes und/oder der vertretungsberechtigten Personen in beglaubigter Form ist mit dem EHUG entfallen.

---

9 BayObLGZ 1990, 151, 158; 1992, 59, 63; a.A. Scholz/*Priester*, § 53 Rn 122.
10 *Koller/Roth/Morck*, § 13 Rn 11.

2. Änderungen und die Aufhebung der Zweigniederlassung

Auch bei einer bestehenden Zweigniederlassung ist nach der neuen gesetzlichen Konzeption allein das Gericht der Hauptniederlassung zuständig, § 13 Abs. 1 S. 2 HGB. Es reicht die Einreichung einer Anmeldung. Eine Weiterleitung an die Zweigniederlassungsgerichte kommt nicht in Betracht. Die am 1.1.2007 bestehenden Eintragungen zu Zweigniederlassungen bei den Gerichten der Zweigniederlassungen werden geschlossen, Art. 61 Abs. 6 S. 1 EGHGB. Auf dem Registerblatt wird vermerkt, dass die Eintragungen nun auf dem Registerblatt der Hauptniederlassung zu finden sind. Das Gericht der Hauptniederlassung trägt die Zweigniederlassung von Amts wegen ein.

Für die **Aufhebung** der Zweigniederlassung gelten die gleichen Vorschriften wie für ihre Errichtung, § 13 Abs. 2 HGB. Die Verlegung einer Zweigniederlassung von einem Sitz an den nächsten ist gesetzlich nicht geregelt. Eine derartige **Sitzverlegung** wird registerrechtlich wie eine Aufhebung und Neugründung behandelt. Es bestehen aber keine Bedenken, die Anmeldung und Eintragung entsprechend der Eintragung der Verlegung einer Hauptniederlassung zu fassen.

3. Die Besonderheiten bei der Aktiengesellschaft

Besondere Vorschriften über die Zweigniederlassung bei der Aktiengesellschaft sind mit dem EHUG entfallen. Insbesondere erfolgt eine Bekanntmachung der über die Eintragung selbst hinausgehenden Punkte (vgl. etwa § 40 AktG a.F.) nicht mehr.

Das Bestehen einer Zweigniederlassung ist danach durch den Vorstand in vertretungsberechtigter Anzahl anzumelden. Die Anmeldung muss den Anforderungen des § 12 Abs. 1 HGB genügen und die Angaben zur Zweigniederlassung enthalten. Der Einreichung weiterer Unterlagen bedarf es grundsätzlich nicht.

4. Die Besonderheiten bei der GmbH

Auch in Bezug auf die GmbH gelten mit der Neufassung des § 13 HGB keine Besonderheiten mehr. Auch hier gilt, dass die Anmeldung durch Geschäftsführer in vertretungsberechtigter Anzahl erfolgen, den Anforderungen des § 12 Abs. 1 HGB genügen und die Angaben zur Zweigniederlassung enthalten muss.

II. Zweigniederlassungen ausländischer Unternehmen (§§ 13d bis 13g HGB)

18 Regelungen über die Anmeldung und Eintragung von Unternehmen mit Sitz im Ausland finden sich in den §§ 13d bis 13g HGB. **Grundnorm** ist insoweit § 13d HGB, der für Einzelkaufleute, Personengesellschaften und – außer seinem Absatz 3 – für Kapitalgesellschaften gleichermaßen gilt. Für die Aktiengesellschaften und die Gesellschaften mit beschränkter Haftung finden daneben § 13e HGB und jeweils weiter ergänzend § 13f HGB für die Aktiengesellschaft und § 13g HGB für die Gesellschaft mit beschränkter Haftung Anwendung.

19 Die Regelungen sind damit äußerst unübersichtlich. Für die Prüfung einer ausländischen GmbH sind damit beispielsweise §§ 13d, 13e und 13g HGB zu beachten. Dies führt in der Praxis häufig dazu, dass unvollständige Anmeldungen in der Erwartung beim Handelsregister eingereicht werden, eine Zwischenverfügung zu erhalten, die konkrete Auflagen enthält. Insoweit muss man aber damit rechnen, dass das Registergericht allein auf § 13d HGB und die ihm folgenden Vorschriften hinweist.

20 Grundvoraussetzung der Anwendung der Vorschriften ist, dass ein **Sitz oder eine Hauptniederlassung im Ausland** besteht. Dies ist unproblematisch dann gegeben, wenn tatsächlich nicht nur ein statutarischer Sitz im Ausland besteht, sondern die eigentliche Geschäftstätigkeit auch dort entfaltet wird. Dies entspricht den Anforderungen an den Sitz, die bisher aufgrund der sog. Sitztheorie allgemein für die Anerkennung einer ausländischen Gesellschaft nach dem deutschen IPR gestellt wurden.

21 Diese Grundsätze gelten allerdings aufgrund der Rechtsprechung des EuGH nicht mehr uneingeschränkt. Nach der **Rechtsprechung des EuGH**[11] ist davon auszugehen, dass einer ausländischen Gesellschaft aus dem Bereich der Europäischen Union die Anerkennung ihrer Rechtsfähigkeit nicht versagt werden kann, wenn ihre Rechtsfähigkeit nach ihrem Heimatrecht nach der Gründungstheorie zu beurteilen ist. Einer solchen Gesellschaft kann die Begründung der (einzigen) Niederlassung in einem anderen Land nicht versagt werden, falls nicht – was nur im Einzelfall in Betracht kommt – ein

---

11 GmbHR 1999, 474 = NZG 1999, 298 (Centros); BB 2002, 2402 = NJW 2002, 3614 (Überseering B.V.); BB 2003, 2195 = NZG 2003, 1064 (Inspire Art); vgl. auch EuGH NJW 1989, 2186 (Daily Mail) und ZIP 2004, 662 (Lasteyrie du Saillant).

Rechtsmissbrauch festgestellt wird.[12] Sie kann damit nach mittlerweile überwiegender Meinung auch in Deutschland eine Zweigniederlassung gründen und zur Eintragung bringen, auch wenn es sich hierbei eigentlich um ihre Hauptniederlassung handelt.[13] Diese Rechtsprechung hat dazu geführt, dass insbesondere eine Vielzahl von englischen Limiteds mit ihren Zweigniederlassungen in Deutschland eingetragen sind und auch eingetragen werden müssen, obwohl diese Niederlassung nach bisherigem deutschen Verständnis als Hauptniederlassung anzusehen ist.[14] Diese Grundsätze werden auch dann anzuwenden sein, wenn – etwa aufgrund völkerrechtlicher Verträge – die Rechtsfähigkeit einer ausländischen Gesellschaft unabhängig von dem Sitz ihrer Hauptniederlassung anzuerkennen ist (vgl. dazu auch § 6 Rn 9).

Greift die Rechtsprechung des EuGH nicht ein, gelten nach wie vor die in Rn 23 genannten Anforderungen. Bestehen demnach Zweifel daran, dass der Anmelder seinen **tatsächlichen Sitz im Ausland** hat, hat das Registergericht diese Fragen zu überprüfen. Es wird Nachweise etwa durch Vorlage von Mietverträgen, Telefonrechnungen oder Ähnlichem verlangen. Zu dem ähnlich gelagerten Problem, wenn eine ausländische Gesellschaft Gründer einer GmbH ist, vgl. § 6 Rn 9. 22

Welchen Anmeldevorschriften eine Gesellschaft tatsächlich unterliegt, ist danach zu beurteilen, welcher deutschen Gesellschaftsform sie vergleichbar ist.[15] Die Frage der **Vergleichbarkeit der Rechtsformen** ist nicht immer ganz einfach zu beantworten. Handelt es sich um eine Kapitalgesellschaft mit eigener Rechtspersönlichkeit, lässt sich aber nicht feststellen, ob die Gesellschaft eher einer deutschen AG oder einer GmbH ähnelt, so ist im Zweifel eine Aktiengesellschaft anzunehmen.[16] Keine Aktiengesellschaft, sondern eine GmbH soll dabei aber etwa die close corporation nach US-amerikani- 23

---

12 Ein Rechtsmissbrauch könnte aber vorliegen, wenn das vertretungsberechtigte Organ einem Gewerbeverbot unterliegt, das ihn von der Vertretung einer deutschen Gesellschaft ausschließen würde. Siehe den Vorlagebeschluss an den BGH: OLG Jena FGPRax 2006, 127, 128 m.w.N. Dazu auch *Krafka/Willer*, Rn 328. Nunmehr auch BGH BB 2007, 1640.
13 OLG Zweibrücken FGPRax 2003, 135; OLG Celle OLGR 2003, 127; KG NJW-RR 2004, 331. Kritisch noch: Vorauflage, § 12 Rn 23; vgl. auch *Müther*, Rpfleger 1999, 316.
14 Zur Limited: *Heinz*, Die englische Limited; *Just*, Die englische Limited in der Praxis; *Triebel/von Hase/Melerski*, Die Limited in Deutschland; *Kallmeyer*, DB 2004, 639; *Wachter*, GmbHR 2003, 1254; *Ebert/Levedag*, GmbHR 2003, 1337; zur ungarischen GmbH: *Günther/Mescolczi*, GmbHR 2003, 885.
15 BayObLGZ 1986, 351, 361.
16 *Hüffer*, Anh. § 45, § 13e Rn 2 m.w.N.

schem Recht sein.[17] Die private company nach britischem und irischem Recht soll der deutschen GmbH gleichstehen, während diese in anderen Staaten des englischen Rechtskreises (Australien, Neuseeland, Südafrika) eher als Aktiengesellschaft einzuordnen ist.[18] Soweit es um Gesellschaften aus EU-Staaten geht, kann auf die Auflistungen in den Koordinierungsrichtlinien zurückgegriffen werden.[19]

24 Die Anmeldungen sind – anders als bei inländischen Unternehmen – **beim jeweiligen Gericht der Zweigniederlassung** einzureichen. Dies ergibt sich daraus, dass es eine deutsche Hauptniederlassung nicht geben kann. Hat das ausländische Unternehmen mehrere Zweigniederlassungen in Deutschland, ist eines der zuständigen Gerichte als dasjenige anzumelden (**Hauptzweigniederlassung**), bei dem in Zukunft jeweils alle Anmeldungen einzureichen sind (vgl. § 13e Abs. 5 HGB). Hier erfolgen nach wie vor die Eintragungen bei allen Zweigniederlassungen.

25 Die Anmeldung hat in **deutscher Sprache** zu erfolgen (§ 8 FGG i.V.m. § 184 S. 1 GVG).[20] Die Regelung des § 12 HGB gilt als verfahrensrechtliche Vorschrift auch hier. Da die Eintragungen in das Register in lateinischer Schrift vorgenommen werden, sind bei der Firma etwaige ausländische Schriftzeichen in **lateinischen Buchstaben** wiederzugeben. Dabei ist die Originalfirma zu verwenden und nicht eine deutsche Übersetzung. Bei dieser kann es sich allerdings um die neben der eigentlichen Firma bestehende Firma der Zweigniederlassung handeln, was entsprechend im Register zu vermerken ist. Die Firma der ausländischen Gesellschaft ist nach ausländischem Recht gebildet und unterliegt damit im Grundsatz nicht den **Firmenbildungsvorschriften** nach deutschem Recht.[21] Allerdings sind auch europarechtlich die Einschränkungen der §§ 18 Abs. 2, 30 HGB zu beachten.[22]

---

17 BayObLGZ 1985, 272, 276 ff.; a.A. Scholz/*Winter*, 9. Aufl., § 12 Rn 41: jedenfalls keine GmbH m.w.N.
18 Scholz/*Winter*, 9. Aufl., § 12 Rn 41; vgl. auch die umfassende Auflistung ausländischer Gesellschaften, die der deutschen GmbH gleichstehen, bei *Lutter/Bayer*, § 12 Rn 11; zur Aktiengesellschaft: MüKo/*Pentz*, AktG, § 45 Anh. § 13e Rn 1 ff.
19 *Hüffer*, Anh. § 45, § 13e Rn 2; Baumbach/*Hopt*, § 13e Rn 1.
20 *Krafka/Willer*, Rn 312.
21 Baumbach/*Hopt*, § 17 Rn 49; *Koller/Roth/Morck*, § 17 Rn 26.
22 Baumbach/*Hopt*, § 17 Rn 49; *Koller/Roth/Morck*, § 17 Rn 26.

Ein häufiges Problem ergibt sich daraus, dass Gesellschaften, die der deutschen Aktiengesellschaft oder einer GmbH gleichstehen, auch etwaige **für den Unternehmensgegenstand notwendige Genehmigungen** gegenüber dem Registergericht vorzulegen haben. Ist der Unternehmensgegenstand sehr weit gefasst, kommt eine Genehmigungsfähigkeit gerade für ausländische Unternehmen aus dem anglo-amerikanischen Rechtskreis nach deutschem Recht meistens nicht in Betracht. Soweit es sich um ein Unternehmen handelt, das nach dem Recht eines EU-Mitgliedstaates gegründet wird, wird § 13e Abs. 2 S. 2 HGB dahin eingeschränkt ausgelegt werden müssen, dass nur für die Gegenstände Genehmigungen vorzulegen sind, die auch tatsächlich in der Zweigniederlassung ausgeübt werden sollen.[23] Eine andere Auslegung würde zu einer unzulässigen Einschränkung der Niederlassungsfreiheit führen.[24] Nach Auffassung des OLG Frankfurt sind auch nur die von der Zweigniederlassung ausgeübten Gegenstände im Register einzutragen.[25] Dass insoweit auch in der Anmeldung nur dieser Gegenstand anzugeben ist, kann sich dabei allenfalls aus der Anwendung der Zweigniederlassungsrichtlinie ergeben.[26]

26

Die Anmeldung hat dabei durch das Vertretungsorgan zu erfolgen, wobei Vertreter in vertretungsberechtigter Anzahl zu handeln haben. Die Bestellung der Vertretungsorgane ist nachzuweisen, was häufig zu Schwierigkeiten führt, wenn – wie bei der englischen Limited – die Registereintragungen von der Registerbehörde nicht überprüft werden.[27] Insoweit kommen zum Nachweis sog. expert opinions (Bestätigungen Rechtskundiger am Gründungsort) oder bei Gesellschaften aus dem anglo-amerikanischen Rechtskreis Erklärungen des company-secretary[28] in Betracht. § 21 BNotO ist insoweit

27

---

23 OLG Celle OLGR 2007, 57 = DB 2007, 681.
24 Vgl. LG Ravensburg Rpfleger 2005, 367; a.A. LG Bielefeld GmbHR 2005, 98; die Entscheidungen betreffen allerdings die Frage, ob überhaupt zulässiger Weise Zweigniederlassungen vorliegen.
25 OLG Frankfurt Rpfleger 2006, 265 = FGPRax 2006, 126 = GmbHR 2006, 259; ebenso *Krafka/Willer*, Rn 314; anders bisher die Berliner Praxis, vgl. dazu EuGH NJW 2006, 3195 = Rpfleger 2006, 607 – innoventif Limited.
26 Vgl. OLG Hamm NJW-RR 2005, 1626 = GmbHR 2005, 1130.
27 Das LG Berlin NZG 2004, 1014 hat einen solchen Nachweis gleichwohl zu Unrecht zugelassen, wobei noch nicht einmal eine Echtheitsbestätigung verlangt wurde. *Krafka/Willer*, Rn 321 halten dies allerdings auch für ausreichend.
28 Vgl. zu diesem näher: *Triebel/v. Hase/Melersker*, Rn 184 ff.; *Just*, Rn 187 ff.

nicht einschlägig.[29] Die Vertretungsbefugnis ist anzumelden.[30] Soweit **ständige rechtsgeschäftliche Vertreter** vorhanden sind, die auch die Zweigniederlassung betreffen, sind auch diese zum Register anzumelden (vgl. § 13e Abs. 2 S. 4 Nr. 3 HGB). Derartige Vertreter sind nicht nur Prokuristen, sondern auch Handlungsbevollmächtigte (vgl. dazu auch § 11 Rn 3). Fraglich ist dabei, ob das gesetzliche Vertretungsorgan zugleich der besondere Vertreter der Zweigniederlassung sein kann. Dies wird im Ergebnis mittlerweile überwiegend bejaht.[31] In der Anmeldung sind zu diesen Personen ebenso wie zu den Organvertretern Namen, Vornamen, Geburtsdatum und Wohnort mitzuteilen. Daneben ist der Umfang der Vertretungsbefugnis anzugeben. Änderungen hinsichtlich dieser Personen können von entsprechenden Personen angemeldet werden (vgl. § 13e Abs. 3 HGB). Diese Vertreter sind neben den Vertretungsorganen nach § 13e Abs. 4 HGB zur Anmeldung der Eröffnung eines Insolvenzverfahrens oder ähnlicher Verfahren verpflichtet.[32]

28 Die einzureichenden öffentlichen Urkunden müssen zum Beweis ihrer Echtheit legalisiert sein (§ 438 Abs. 2 ZPO), wenn insoweit nicht aufgrund völkerrechtlicher Verträge Abweichungen gelten.[33] Dies ist etwa aufgrund des Haager Übereinkommens vom 5.10.1961 über die Befreiung ausländischer Urkunden von der Legalisation gegenüber Großbritannien der Fall; insoweit reicht es aus, dass die betreffende Urkunde mit einer die Echtheit bestätigenden Apostille versehen ist, die durch eine im Ausstellungsland ansässige Behörde erteilt wird.[34] Die Einreichung hat in elektronischer Form mit einfachem elektronischen Zeugnis zu erfolgen (§ 12 Abs. 2 S. 2 HGB). Wegen der weiteren Einzelheiten einer Anmeldung der Errichtung bei einer GmbH siehe Rn 34. Die **Anmeldung der Errichtung bei einer Aktienge-**

---

29 Vgl. aber auch *Krafka/Willer*, Rn 314, die eine Bestätigung für bestimmte Fälle zulassen wollen. Denkbar soll aber auch eine gutachterliche Bestätigung durch den deutschen Notar sein, die einen entsprechenden Hinweis auf die Kenntnis des ausländischen Rechts enthalten müsse.
30 Zum Problem der Eintragung der Befreiung des Directors einer englischen Ltd. von den Beschränkungen des § 181 BGB: OLG München Rpfleger 2006, 546 = FGPrax 2006, 174.
31 OLG Hamm BB 2006, 2263 = FGPrax 2006, 276; *Krafka/Willer*, Rn 316; *Triebel/v. Hase/Melerski*, Rn 404; vgl. auch OLG München Rpfleger 2006, 546 = FGPrax 2006, 174: Bei Personenidentität kann keine Befreiung von § 181 BGB erteilt werden.
32 Zur Eröffnung eines Insolvenzverfahrens bei einer Limited im Inland: AG Duisburg NZI 2003, 658; AG Saarbrücken ZInsO 2005, 727; zum Sekundärinsolvenzverfahren nach der EuInsVO: AG Köln NZI 2006, 57.
33 Vgl. insoweit die Kommentarliteratur zu § 438 ZPO.
34 In Großbritannien ist dies das Außenministerium.

sellschaft unterscheidet sich – abgesehen von den im deutschen Recht vorhandenen spezifischen Unterschieden – vor allem dadurch, dass bei der Aktiengesellschaft auch die gerichtliche Bekanntmachung des Registergerichtes des Sitzes, soweit es eine solche gibt, dem deutschen Zweigniederlassungsgericht vorzulegen ist (vgl. § 13f Abs. 2 S. 4 HGB).

Die Vorschriften über die Errichtung der Zweigniederlassung gelten für ihre Aufhebung entsprechend (§§ 13f Abs. 6, 13g Abs. 7 HGB). Satzungsänderungen, Änderungen in der Person der Vertretungsorgane und die Auflösung der Gesellschaft sind entsprechend den Vorschriften des Aktien- bzw. GmbH-Rechtes anzumelden (vgl. §§ 13f Abs. 4 und 5, 13g Abs. 4 und 5 HGB). 29

C. Checkliste: Anmeldung (Beispiele)

I. Checkliste: Errichtung einer Zweigniederlassung einer deutschen GmbH

- Ist eine Zweigniederlassung tatsächlich errichtet (vgl. Rn 10)? 30
- Ist eine von der Firma der Gesellschaft abweichende Firma der Zweigniederlassung angemeldet und ist diese ordnungsgemäß gebildet (vgl. Rn 11)?
- Liegt eine Anmeldung in elektronischer Form des § 12 Abs. 1 HGB durch die Geschäftsführer in vertretungsberechtigter Anzahl vor (vgl. Rn 8)?
- Ist die Anmeldung beim Gericht der Hauptniederlassung eingereicht (vgl. Rn 9)?

II. Checkliste: Errichtung einer Zweigniederlassung einer ausländischen GmbH[35]

- Besteht ein tatsächlicher Verwaltungssitz im Ausland (vgl. Rn 22), oder betrifft die Anmeldung eine Gesellschaft, deren Rechtsfähigkeit keinen tatsächlichen Verwaltungssitz im Ausland voraussetzt (vgl. Rn 21)? 31
- Liegt eine Anmeldung der Errichtung der Zweigniederlassung durch organschaftliche Vertreter in vertretungsberechtigter Anzahl in elektronischer Form des § 12 Abs. 1 HGB vor (vgl. Rn 27)?

---

35 Vgl. im Einzelnen zur Limited auch *Triebel/v. Hase/Melerski*, Rn 373 ff.; *Heinz*, § 18 Rn 20 ff.

§ 13 4. Kapitel: Weitere Eintragungsgegenstände

- Liegen der Anmeldung zeitnahe[36] Nachweise über das Bestehen der Gesellschaft (Registerauszüge o.Ä.) bei?
- Liegt der Anmeldung eine beglaubigte Abschrift des Gesellschaftsvertrages in aktueller Fassung und eine beglaubigte Übersetzung in deutscher Sprache bei (vgl. § 13g Abs. 2 S. 1 HGB)?
- Sind die für den Unternehmensgegenstand erforderlichen Genehmigungen beigefügt (§ 13e Abs. 2 S. 2 HGB)?
- Ist in der Anmeldung die Anschrift und der Gegenstand der Zweigniederlassung, das Register des Hauptsitzes mit identifizierenden Merkmalen (Eintragungs-Nr.), die ausländische Rechtsform und, soweit es sich um Nicht-EU-Unternehmen handelt, das Gründungsrecht angegeben?
- Sind Namen, Vornamen, Geburtsdaten und Wohnorte der organschaftlichen Vertreter (Geschäftsführer) sowie deren Vertretungsbefugnis konkret und abstrakt angegeben, und liegt ein Nachweis ihrer Bestellung und ihrer Vertretungsbefugnis bei?
- Soweit die Gesellschaft noch keine zwei Jahre in das Register der Hauptniederlassung eingetragen ist und eine Sachgründung vorliegt: Sind die Angaben nach § 5 Abs. 4 GmbHG in der Anmeldung enthalten?
- Soweit Vertreter nach § 13e Abs. 2 S. 4 Nr. 3 HGB vorhanden sind: Sind deren Namen, Vornamen, Geburtsdaten und Wohnorte und Angabe ihrer Vertretungsbefugnis genannt (vgl. dazu Rn 27)?

D. Kosten

32 Für die Eintragung ist an das **Gericht** bei der Errichtung einer Zweigniederlassung für einen Einzelkaufmann eine Gebühr von 50 EUR (vgl. Nr. 1200 GV nach der HRegGebVO), bei Gesellschaften mit bis zu drei Gesellschaftern von 80 EUR (Nr. 1201 GV) und für jeden weiteren Gesellschafter von 20 EUR, ab dem 101. Gesellschafter von 10 EUR zu zahlen. Bei Kapitalgesellschaften wird für die Errichtung der Zweigniederlassung ein Betrag von 90 EUR erhoben (Nr. 2200 GV). Daneben sind die Auslagen für die Bekanntmachungen zu tragen. Die Zweigniederlassungen ausländischer Unternehmen werden wie die Hauptniederlassung inländischer Unternehmen behandelt.

---

36 Nicht wesentlich älter als einen Monat, str.

Für die Berechnung der **Gebühren des Notars** ist von einem Geschäftswert auszugehen, der sich aus § 41a Abs. 5 KostO ergibt und die Hälfte des Geschäftswertes der Anmeldungen zur Hauptniederlassung beträgt. Der Geschäftswert beträgt mindestens 12.500 EUR. Aus diesem Geschäftswert erhält der Notar eine halbe Gebühr nach § 38 Abs. 2 Nr. 7 KostO. Neben die Kosten für den Notar treten bei den Niederlassungen ausländischer Unternehmen die Kosten für die Beibringung der ausländischen Urkunden, deren Legalisation und für die Anfertigung der beglaubigten Übersetzungen.

§ 14 Die Partnerschaftsgesellschaft

Literatur

Meilicke/Graf von Westphalen/Hoffmann/Lenz, Partnerschaftsgesellschaftsgesetz, Kommentar, 1995; **Michalski**, OHG-Recht – Die offene Handelsgesellschaft, §§ 105–160 HGB, 2000; **Michalski/Römermann**, PartGG – Kommentar zum Partnerschaftsgesellschaftsgesetz, 2. Auflage 1999; **Seibert**, Partnerschaft, 1994.

A. Überblick

Die Partnerschaftsgesellschaft ist eine **Gesellschaftsform für die Angehörigen der Freien Berufe**. Ihre Grundlagen finden sich im Partnerschaftsgesellschaftsgesetz vom 25.7.1994,[1] das am 1.7.1995 in Kraft getreten ist. Die Partnerschaftsgesellschaft ist im deutschen Recht ohne Vorbild. Hintergrund ihrer Einführung war die Vorstellung, dass die den Angehörigen der Freien Berufe bisher zur Verfügung stehenden Gesellschaftsformen ungeeignet sind. Die BGB-Gesellschaft etwa ist für größere Kooperationen auch wegen ihrer fehlenden Registerfähigkeit nicht optimal geeignet,[2] die Kapitalgesellschaften kommen, wenn sie nicht ohnehin für diese verboten sind, für Freie Berufe häufig nach ihrem Grundverständnis nicht in Betracht. Die Handelsgesellschaften verlangen ein Handelsgewerbe oder eine Vermögensverwaltung und sind dadurch den Freien Berufen verschlossen (vgl. dazu auch § 8 Rn 10). 1

Die Partnerschaftsgesellschaft stellt allerdings keine völlige Neuentwicklung dar. Sie bezieht sich in wesentlichen Teilen auf die **offene Handelsgesellschaft**.[3] Dies gilt nicht nur für die Beziehungen der Gesellschafter untereinander (§ 6 Abs. 2 PartGG) und gegenüber Dritten (§ 7 Abs. 2 und 3 PartGG und § 8 PartGG), sondern auch hinsichtlich der Vorschriften über ihre Registrierung und die entsprechenden Verfahrensvorschriften (§ 160b FGG). Auch wenn dieses Rechtsgebiet der Freiwilligen Gerichtsbarkeit unterfällt, handelt es sich nicht um eine **FGG-Handelssache**.[4] 2

---

1 BGBl I S. 1744.
2 *Michalski*, OHG-Recht, S. 876.
3 Kritisch zu den Einzelverweisungen angesichts der Generalverweisung auf die Vorschriften für die BGB-Gesellschaft *Karsten Schmidt*, GesR, § 64 I 2 d, S. 1880.
4 So dass für Beschwerden auch nicht die Kammer für Handelssachen zuständig ist, vgl. dazu OLG Frankfurt OLGR 2001, 55.

3 Für die Partnerschaftsgesellschaften existiert ein **eigenes Register**. Die Einzelheiten zu dem Register regelt die **Verordnung über die Einrichtung und Führung des Partnerschaftsregisters (Partnerschaftsregisterverordnung – PRV).**[5] Wegen der näheren Einzelheiten und der Zuständigkeiten vgl. auch § 3 Rn 4 ff.

B. Ersteintragung

I. Rechtliche Grundlagen

4 Die Regelungen über die Ersteintragung und die ihr zugrunde liegende Anmeldung finden sich in **§ 4 PartGG**. Die Vorschrift erfährt Ergänzungen über die Partnerschaftsregisterverordnung. § 4 Abs. 1 S. 1 PartGG verweist auf die Regelungen über die Erstanmeldung der OHG in den §§ 106 Abs. 1, 108 HGB (Zuständigkeit des Gerichts des Sitzes, Anmeldung durch alle Gesellschafter und Zeichnung durch die vertretungsberechtigten Gesellschafter). Der genaue Inhalt der Anmeldung ergibt sich dabei aus § 4 Abs. 2 S. 1 i.V.m. § 5 PartGG. Auch das Partnerschaftsregister wird nunmehr elektronisch geführt, die einzureichenden Unterlagen müssen in **elektronischer Form** eingereicht werden.

5 Die **Anmeldung** muss demnach die Angaben nach § 3 Abs. 2 PartGG enthalten einschließlich der Geburtsdaten der Gesellschafter. Nach der Änderung durch das Gesetz über elektronische Register und Justizkosten für Telekommunikation vom 10.12.2001 bedarf es, wie bei den Personenhandelsgesellschaften (vgl. § 8 Rn 22), nunmehr auch der Anmeldung der Vertretungsmacht eines jeden Partners. Die Anmeldung hat durch alle Partner in der Form des § 12 Abs. 1 HGB zu erfolgen (vgl. § 4 Abs. 1 S. 1 PartGG, § 108 HGB i.V.m. § 5 Abs. 2 PartGG). Mit der Änderung des § 12 HGB durch das EHUG ist die Verpflichtung de vertretungsberechtigten Partner zur Zeichnung ihrer Unterschrift zur Aufbewahrung entfallen.

6 Die Eintragung der Partnerschaftsgesellschaft ist nach § 7 Abs. 1 PartGG **konstitutiver** Natur.[6] Damit scheidet die Möglichkeit der Durchführung eines Zwangsgeldverfahrens nach § 14 HGB zur Durchsetzung der Erst-

---

5 BGBl I 1995 S. 808–813 i.d.F. des EHUG vom 10.11.2006, BGBl I 2006 S. 2553.
6 Ebenroth/*Seibert*, § 7 PartGG Rn 1; *Karsten Schmidt*, GesR, § 64 II 2 b, S. 1881 f.; Jansen/*Ries*, § 160b Rn 18.

anmeldung aus.[7] Dass § 5 Abs. 2 PartGG auf § 14 HGB verweist, steht dem nicht entgegen. Die Erstanmeldung wird dort nicht erwähnt. Dann aber fehlt es nach allgemeinen Regeln an einer Pflicht zur Anmeldung, wie sie § 14 HGB voraussetzt.

Einigkeit besteht darüber, dass die **registerrechtliche Prüfung** eingeschränkt ist.[8] So ist zwar der Gesellschaftsvertrag schriftlich abzuschließen, dem Registergericht vorzulegen ist er aber nicht.[9] Auch § 4 Abs. 2 S. 1 PartGG enthält eine Prüfungseinschränkung dahin, dass das Registergericht die Angaben der Anmelder über die Zugehörigkeit zu einem Freien Beruf, der in der Gesellschaft ausgeübt werden soll, hinzunehmen hat, wenn nicht bekannt ist, dass die Angabe unrichtig ist. Teilweise wird insoweit unter Hinweis auf § 3 Abs. 1 S. 2 und Abs. 2 PRV gleichwohl der generelle Nachweis der staatlichen Zulassung zu dem Freien Beruf oder der Ablegung einer staatlichen Prüfung sowie eine Erklärung über die berufsrechtliche Unbedenklichkeit verlangt, wenn dies möglich ist.[10] Andere meinen demgegenüber, dass eine Beanstandung nur erfolgen dürfe, wenn die Unrichtigkeit der Angaben tatsächlich feststeht.[11] Zu Recht hat das LG München insoweit die Auffassung vertreten, dass Nachweise nur bei konkreten Zweifeln verlangt werden können, weil die PRV über ihre Ermächtigung hinausgehe.[12] Dass eine Beanstandung nur dann erfolgen dürfe, wenn die Unrichtigkeit der Angaben feststehe, schließt dann allenfalls die Zurückweisung der Anmeldung aus, wenn sich nicht aufklären ließe, ob die Angaben richtig sind. Ein solcher Fall dürfte aber wohl eher theoretischer Natur sein. An der Berechtigung, bei Zweifeln einen Nachweis verlangen zu dürfen, ändert dies aber nichts. Ebenfalls eingeschränkt ist die Prüfungsbefugnis hinsichtlich der Irreführungsmöglichkeiten des Namens der Partnerschaft. Denn § 2 Abs. 2 S. 1 PartGG verweist auf § 18 Abs. 2 HGB (vgl. dazu § 6 Rn 29 f.).

Im Übrigen verbleibt es bei den **allgemeinen Regeln**, nach denen das Registergericht zur vollen Überprüfung der materiellen Grundlagen und formellen Richtigkeit der Anmeldung berechtigt und verpflichtet ist. Eine

---

7 Anders offenbar *Lenz*, in: Meilicke/Graf von Westphalen u.a., PartGG, § 4 Rn 15, § 5 Rn 47.
8 Ebenroth/*Seibert*, § 4 PartGG Rn 4.
9 Jansen/*Ries*, § 160b Rn 23.
10 Ebenroth/*Seibert*, § 4 PartGG Rn 4.
11 *Lenz*, in: Meilicke/Graf von Westphalen u.a., PartGG, § 4 Rn 33; Jansen/*Ries*, § 160b Rn 15.
12 LG München DNotZ 2001, 814.

genauere Prüfung entfällt aber in der Regel deshalb, weil auch hier alle Beteiligten zur Anmeldung verpflichtet sind (vgl. dazu auch § 2 Rn 30).

II. Einzelheiten

1. Vertragsschluss und die Gesellschafter

a) Schriftform

9 Ob mit dem Vertragsschluss die Schriftform nach § 3 Abs. 1 PartGG eingehalten ist, ist zunächst nur dann von Interesse, wenn die Schriftform nicht nur Beweisfunktion, sondern konstitutive Bedeutung im Sinne des § 125 S. 1 BGB hat. Dies ist aufgrund der Gesetzesbegründung nicht einwandfrei festzustellen. Überwiegend wird aber eine konstitutive Bedeutung des Schriftformerfordernisses angenommen,[13] so dass auch eine Prüfung im Registerverfahren erfolgen müsste, weil der Vertrag bei einer Nichteinhaltung der Form nichtig wäre. Der Gesetzgeber hat aber auf eine Vorlagepflicht mit der Anmeldung bewusst verzichtet, so dass hier im Regelfall eine Prüfung entfällt.[14] Bei konkreten Zweifeln kann dann aber nach der hier vertretenen Auffassung (vgl. dazu § 2 Rn 38 f.) gleichwohl der Nachweis der Einhaltung der Schriftform verlangt werden.

b) Gesellschaftereigenschaften

10 Nach § 1 Abs. 1 S. 3 PartGG können Gesellschafter einer Partnerschaftsgesellschaft **nur natürliche Personen** sein. Damit scheiden alle juristischen Personen als Gesellschafter aus. Ausgeschlossen sein sollen damit aber auch Partnerschaften als Gesellschafter[15] und daraus folgend auch die BGB-Gesellschaft, die aufgrund der Rechtsprechung des BGH nunmehr auch selbst Ausübender eines Freien Berufes sein können müsste.

11 Der jeweilige Gesellschafter muss einen **Freien Beruf ausüben**. Damit scheiden Minderjährige und offen Geschäftsunfähige als Gesellschafter von vornherein aus (zu diesen bei der OHG vgl. § 8 Rn 5). Ebenfalls ausscheiden

---

13 *Meilicke*, in: Meilicke/Graf von Westphalen u.a., PartGG, § 3 Rn 10; Michalski/*Römermann*, § 3 Rn 12;
Ebenroth/*Seibert*, § 3 PartGG Rn 2; zweifelnd *Karsten Schmidt*, GesR, § 64 II 2 b, S. 1881.
14 Ebenroth/*Seibert*, § 4 PartGG Rn 4.
15 *Lenz*, in: Meilicke/Graf von Westphalen u.a., PartGG, § 1 Rn 101; Ebenroth/*Seibert*, § 1 PartGG Rn 8.

werden die Personenhandelsgesellschaften, die nicht Träger eines Freien Berufes sein können. Fraglich ist aber, ob auch eine rein kapitalistische Beteiligung an einer Partnerschaft ausreicht. Dagegen könnte der Wortlaut des Gesetzes sprechen. Denn die Kooperation soll ja gerade der Ausübung des Freien Berufes dienen. Der Gesetzgeber wollte auch gerade eine rein kapitalistische Beteiligung ausschließen.[16] Dann aber wäre diese Voraussetzung auch im Registerverfahren zu prüfen. Dies kann aus § 4 Abs. 2 S. 2 PartGG hergeleitet werden, jedenfalls aber daraus, dass die Zulassung zur Ausübung eines Freien Berufes mangels anderer Anhaltspunkte den Schluss auf die tatsächliche Ausübung zulässt. Dies entspricht auch der Regelung in § 9 PartGG, wo erst der Verlust einer notwendigen Zulassung das Ausscheiden aus der Partnergesellschaft zur Folge hat.[17] Allerdings wird eine nähere Prüfung ohnehin regelmäßig entfallen, weil die tatsächliche Ausübung des Berufs – zumal vor der ersten Eintragung – nicht überprüfbar ist. Der Vertrag muss ohnehin nicht eingereicht werden, siehe Rn 7.

2. Name

Mit der Anmeldung ist der Name der Partnerschaft anzugeben. Nach § 2 Abs. 1 PartGG muss der Name der Partnerschaft den **Namen mindestens eines der Gesellschafter** enthalten, den Rechtsformzusatz „und Partner" oder „Partnerschaft" und die Berufsbezeichnungen aller in der Partnerschaft vertretenen Berufe. Das Namensführungsrecht der Partnerschaft ändert dabei nichts an etwaigen berufsrechtlichen Pflichten zur Angabe aller Gesellschafter auf den Briefbögen.[18]

Der Name eines der Partner umfasst lediglich seinen Nachnamen, die Nennung eines Vornamens ist nicht erforderlich,[19] aber auch nicht schädlich. Durch die Regelung wird die Verwendung von Phantasiebezeichnungen in Alleinstellung ausgeschlossen.[20] Die Hinzufügung einer Phantasiebezeichnung zu dem Namen eines Partners ist, wie sich aus der Gesetzesbegründung

---

16 *Seibert*, S. 101.
17 Dazu Ebenroth/*Seibert*, § 1 PartGG Rn 5.
18 Zu § 10 Abs. 1 S. 1 BORA: BGH NJW 2002, 1419.
19 Ebenroth/*Seibert*, § 2 PartGG Rn 2.
20 Ebenroth/*Seibert*, § 2 PartGG Rn 2, hält die Verwendung eines Künstlernamens für zulässig, wenn dieser auch in den amtlichen Ausweispapieren und im Register eingetragen ist.

ergibt, aber zulässig.[21] Die Verwendung der Bezeichnung Gemeinschaftspraxis im Namen ist bei einer Ärztepartnerschaft möglich.[22] Handelt es sich bei der weiteren Bezeichnung allerdings um den Namen eines weiteren Gesellschafters, muss dieser vollständig angegeben werden. Eine Reduzierung auf einen Bestandteil eines Doppelnamens ist nicht zulässig.[23]

14 Die Verwendung eines Nachnamens einer Person, die nicht Gesellschafter ist, ist daher nach dieser Rechtsprechung wohl vollständig ausgeschlossen.[24] Ihre Zulässigkeit kann sich nur daraus ergeben, dass dieser Name zulässigerweise fortgeführt wird. Dies kommt nach § 21 HGB i.V.m. § 2 Abs. 2 PartGG in Betracht, wenn ein Partner seinen Namen nach der Namensgebung ändert oder ein namensgebender Gesellschafter nach § 24 Abs. 2 HGB ausscheidet. Dabei ist allerdings seine Einwilligung in die Fortführung des Namens erforderlich. Erfasst werden durch diese Verweisung aber nur die nach der Ersteintragung auftretenden Fälle. Für die Ersteintragung von Bedeutung ist demgegenüber die Regelung in § 2 Abs. 2 S. 2 PartGG. Danach kann eine sich in eine Partnerschaft umwandelnde GbR den Namen eines bereits ausgeschiedenen GbR-Gesellschafters in dem Namen der Partnerschaft weiterführen, wenn dieser in diese Namensfortführung eingewilligt hat. Diese Einwilligung muss durch das Registergericht geprüft werden. Nach einer Entscheidung des BGH muss zum Zeitpunkt der Einwilligung nicht die Umwandlung in eine Partnerschaft in Frage stehen; selbst wenn zum Zeitpunkt der Abgabe der Einwilligung eine Umwandlung noch gar nicht möglich war, ist durch Auslegung zu ermitteln, ob die Einwilligung auch diesen Fall erfasst.[25]

15 Die Angabe der Berufsbezeichnungen bezieht sich auf die in der Partnerschaft ausgeübten Berufe. Der Name korrespondiert insoweit mit dem Gegenstand nach § 3 Abs. 2 Nr. 3 PartGG. Nicht Bestandteil des Namens kann daher die Bezeichnung „Notar" sein, weil diese Tätigkeit keine Ausübung eines freien

---

21 BGH NJW 2004, 1651 = BB 2004, 1021; OLG Karlsruhe OLGR 2001, 183 = NJW 2001, 1584; ebenso Ebenroth/*Seibert*, § 2 PartGG Rn 6.
22 OLG Schleswig OLGR 2003, 69: Ob die ärztliche Berufsordnung dem entgegensteht könne offen bleiben, weil die Regelung dann unwirksam wäre.
23 OLG Karlsruhe OLGR 1999, 263 = NJW 1999, 2284.
24 Ebenroth/*Seibert*, § 2 PartGG Rn 2.
25 BGH NJW 2002, 2093 = MDR 2002, 970 (Vossius); ebenso schon BayObLG OLGR 1998, 55.

Berufs darstellt.[26] Ob diese Beschränkung auch für die Angabe der Fachanwaltsbezeichnungen gilt, weil diese Bezeichnungen Qualifikationsmerkmale zum Beruf des Rechtsanwalts sind,[27] kann wegen der Auswirkungen des Handelsrechtsreformgesetzes äußerst fraglich sein. Das PartGG hat jedenfalls durch das Handelsrechtsreformgesetz keine Änderungen erfahren, so dass die Fachanwaltsbezeichnung in Alleinstellung nicht ausreichen wird.

Der Wortlaut des § 2 Abs. 1 PartGG schließt die Verwendung des Rechtsformzusatzes in abgekürzter Form aus. Insoweit hat sich – anders als bei der GmbH – auch noch keine andere Verkehrsübung eingestellt, so dass es hier bei den ausgeschriebenen Alternativen verbleiben muss. Dies bedeutet allerdings nicht, dass das Wort „und" nicht durch entsprechende Merkmale ersetzt werden kann. **16**

Die Beanstandung des Namens einer Partnerschaft kommt nach § 2 Abs. 2 PartGG i.V.m. § 30 HGB[28] und § 18 Abs. 2 HGB in Betracht.[29] Nach letzterer Vorschrift muss für eine Beanstandung des Namens eine Irreführung über wesentliche Geschäftsverhältnisse vorliegen, wobei die Irreführung ersichtlich und nicht nur vermutlich eintreten muss. Denkbar ist insoweit die Verwendung des Namens einer nicht an der Gesellschaft beteiligten Person oder die Verwendung einer Berufsbezeichnung, die nicht in der Partnerschaft ausgeübt wird oder nicht ausgeübt werden darf. Auch gegen die Verwendung des Begriffs „Institut" im Namen einer Ärztepartnerschaft werden Bedenken geltend gemacht.[30] Vgl. auch § 6 Rn 29 f. **17**

3. Sitz

Für die Sitzbestimmung gilt das Gleiche wie bei den Personenhandelsgesellschaften. Für den Sitz kommt es daher auf den tatsächlichen **Ort der Geschäftsführung** an.[31] Der Sitz ist auch hier für die örtliche Zuständigkeit des Registergerichts maßgebend (§ 4 PartGG i.V.m. § 106 HGB). Mit der **18**

---

26 OLG Bremen OLGR 1997, 322.
27 OLG Bremen OLGR 1997, 322.
28 Jansen/*Ries*, § 160b Rn 24; Keidel/*Krafka/Willer*, Rn 2017.
29 OLG Rostock OLGR 2006, 462 zu „Rechtsanwälte und Steuerberater".
30 OLG Frankfurt OLGR 2001, 208.
31 Ebenroth/*Seibert*, § 3 PartGG Rn 3.

Anmeldung muss nach § 1 PRV i.V.m. § 24 HRV die Lage der Geschäftsräume angegeben werden, weil diese in der Bekanntmachung anzugeben ist (§ 34 HRV).

19 Probleme können sich ergeben, wenn die Gesellschaft **mehrere Büros** betreibt, wie dies etwa bei überörtlichen Sozietäten von Rechtsanwälten vorkommt. Insoweit wird die Auffassung vertreten, dass insoweit im Gesellschaftsvertrag ein Sitz bestimmt werden könnte.[32] Dies kann mit Bindung für das Registergericht aber nur dann erfolgen, wenn einer der Schwerpunkte der Geschäftsführung auch an diesem Ort liegt. Ein besonderes Bedürfnis zur Zulassung eines Doppelsitzes besteht aus diesem Grund nicht. Im Übrigen kann die Partnerschaft aber nach § 5 Abs. 2 PartGG i.V.m. § 13 HGB Zweigniederlassungen errichten.[33] Dies gilt auch für ausländische Gesellschaftsformen die einer deutschen Partnerschaft gleichstehen, § 5 Abs. 2 PartGG i.V.m. § 13d HGB.

4. Gegenstand

20 Ebenfalls im Gesellschaftsvertrag festzulegen ist der **Gegenstand der Partnerschaft**. Dieser wird auch im Register vermerkt. Insoweit unterscheidet sich die Partnerschaft deutlich von den Personenhandelsgesellschaften (vgl. § 8 Rn 10). Wegen der Bestimmtheit der Umschreibung wird dasselbe zu gelten haben wie bei der GmbH (vgl. § 6 Rn 41).

21 Gegenstand der Partnerschaft kann im Grundsatz nur die Ausübung bestimmter **Freier Berufe** sein. An dieser Stelle setzt dementsprechend auch die Prüfung des Registergerichts darüber ein, ob überhaupt ein Freier Beruf ausgeübt werden soll. Ob dies der Fall ist, kann zunächst anhand des Katalogs in § 1 Abs. 2 PartGG geprüft werden. Dass dort auch Berufe genannt werden, die nach bisheriger Auffassung für die Eintragung in das Handelsregister in Betracht kamen, steht dem nicht entgegen. Die Vorschrift enthält bereits wegen der vorangestellten Definition und der damit nicht übereinstimmenden Aufzählung keine abschließende Regelung über die Einteilung der Freien Berufe. Soweit eine Tätigkeit in § 1 Abs. 2 PartGG nicht aufgeführt wird, lässt dies nicht den Schluss zu, dass keine freiberufliche

---

32 *Meilicke*, in: Meilicke/Graf von Westphalen u.a., PartGG, § 3 Rn 20; ähnlich Michalski/*Römermann*, § 3 Rn 15.
33 Keidel/*Krafka/Willer*, Rn 2048 ff.

Tätigkeit vorliegt, wenn diese Tätigkeit den genannten vergleichbar ist. Ein Verweis auf § 7 HGB enthält das PartGG nicht. Etwa erforderliche öffentlich-rechtliche Genehmigungen für die Ausübung der Tätigkeit müssen daher bereits erteilt sein.

Ist die Einordnung als **freiberufliche Tätigkeit zweifelhaft**, so sollen die Anmelder nach § 3 Abs. 1 PRV diese Voraussetzungen gegenüber dem Registergericht darlegen, wobei die einfache Behauptung einer freiberuflichen Tätigkeit zunächst nicht ausreichen wird. Soweit Nachweise nicht in Betracht kommen, soll nach der genannten Vorschrift auch eine schlichte Erklärung ausreichen, die wegen § 4 Abs. 2 S. 2 PartGG für das Registergericht bei einem Fehlen konkreter Zweifel bindend ist. 22

Die Partnerschaft steht auch **verschiedenen Freien Berufen** zur gemeinsamen Berufsausübung zur Verfügung. Allerdings kann diese Berufsausübung in der Partnerschaft nach § 1 Abs. 3 PartGG anderweitig gesetzlich ausgeschlossen oder von weiteren Voraussetzungen abhängig gemacht sein.[34] Nach § 3 Abs. 2 PRV haben die Anmelder mit der Anmeldung eine Erklärung darüber abzugeben, dass entsprechende Beschränkungen nicht vorliegen. Auch insoweit sollen bei Zweifeln Nachweise erbracht werden bzw. Erklärungen der Anmelder ausreichend sein (vgl. Rn 22). Eine Partnerschaft zwischen Rechtsanwälten und Anwaltsnotaren auch zur Ausübung des Notarberufs kommt nach § 59a BRAO, § 9 BNotO nicht in Betracht.[35] 23

Fraglich ist, ob die Partnerschaft auch (nicht in § 1 Abs. 2 PartGG genannten) gewerblichen Tätigkeiten nachgehen kann und ob diese **Mischtätigkeit** bejahendenfalls im Gegenstand anzugeben ist. Dabei wird nicht allein eine gewerbliche Nebentätigkeit schon dazu führen, dass überhaupt gewerbliche Tätigkeit anzunehmen ist. Die sog. Abfärbetheorie des Steuerrechts gilt nicht.[36] Nimmt die Partnerschaft allerdings ein Handelsgewerbe auf, ist sie automatisch OHG. Daran ändert auch die Eintragung nichts.[37] Dagegen kann eine untergeordnete gewerbliche Tätigkeit nicht schaden, die Gesellschaft bleibt Partnerschaft (zum gleichen Problem bei den Handelsgesellschaften vgl. § 8 Rn 11). Einer Aufnahme in den Gegenstand bedarf es für die Wirk- 24

---

34 Vgl. dazu Michalski/*Römermann*, § 1 Rn 96 ff.
35 OLG Stuttgart OLGR 2006, 322 = Rpfleger 2006, 264.
36 *Lenz*, in: Meilicke/Graf von Westphalen u.a., PartGG, § 1 Rn 81.
37 Ebenroth/*Seibert*, § 7 Rn 1.

samkeit der entsprechenden Geschäfte nicht.[38] Die Gegenstandsbeschreibung schränkt die Vertretungsmacht der Partner nicht ein.[39] Bei gegenstandsfremden Geschäften kann lediglich intern eine Pflichtverletzung des Partners vorliegen. Auch der Aufnahme der Tätigkeit in den Gegenstand steht grundsätzlich nichts entgegen, wenn deutlich bleibt, dass diese Tätigkeit gegenüber den freiberuflichen Tätigkeiten lediglich untergeordnete Bedeutung hat.

5. Vertretung

25 Für die Vertretung der Partnerschaft gelten über § 7 Abs. 3 PartGG die Vorschriften des § 125 Abs. 1 und 2 HGB, §§ 126 und 127 HGB entsprechend. Daraus folgt, dass die Partner ohne abweichende Vereinbarung Einzelvertretungsbefugnis haben.[40] Jede andere Vereinbarung bedürfte einer vertraglichen Regelung im Gesellschaftsvertrag. Insoweit kommt eine Gesamtvertretung in Betracht, die auch auf konkrete Partner oder eine bestimmte Anzahl der Partner beschränkt sein kann. Auch der Ausschluss von der Vertretung ist im Rahmen des § 6 Abs. 2 PartGG möglich.

26 Die vertretungsberechtigten Partner können auch von den Beschränkungen des § 181 BGB befreit werden. Entsprechend der üblichen Handhabung ist dies ebenfalls in das Register einzutragen.[41] Berufsrechtliche Besonderheiten, wie sie sich etwa in § 57 BOStB finden, sind zu berücksichtigen. Zur Vertretung vgl. auch die OHG (§ 8 Rn 17 ff.).

27 Die genaue Art und Weise der Vertretung ist nunmehr nach § 4 Abs. 2 S. 2 PartGG – unabhängig davon, ob der gesetzliche Regelfall gewählt wurde oder nicht – ausdrücklich zum Register anzumelden. Diese Abweichung zum früheren Rechtszustand ist durch das Gesetz über elektronische Register und Justizkosten für Telekommunikation vom 10.12.2001[42] eingeführt worden. Wegen der Einzelheiten und zur Bedeutung der Übergangsregelung in § 11 Abs. 2 PartGG vgl. § 8 Rn 25.

---

38 Die ultra-vires-Doktrin gilt in Deutschland nicht, vgl. dazu *Karsten Schmidt*, GesR, § 8 V 2, S. 214 ff.
39 Vgl. § 7 Abs. 3 i.V.m. § 126 Abs. 2 HGB.
40 Ebenroth/*Seibert*, § 7 PartGG Rn 5.
41 Keidel/*Krafka/Willer*, Rn 2036.
42 BGBl I S. 3422.

Bisher hatten die vertretungsberechtigen Partner ihre Unterschrift unter Angabe des Namens der Partnerschaft zur Aufbewahrung zu zeichnen. Diese Verpflichtung ist mit dem EHUG entfallen. 28

Die Bestellung eines Prokuristen ist bei der Partnerschaft ausgeschlossen.[43] Denn diese betreibt kein Handelsgewerbe und ist daher auch kein Kaufmann. Entsprechende Kombinationsmöglichkeiten mit den Vertretungsmöglichkeiten eines Prokuristen scheiden daher aus.[44] Soweit in der Partnerschaft besondere Vollmachten erteilt werden, sind diese nicht eintragungsfähig (vgl. § 11 Rn 3). 29

Eine eingehende Prüfung des Registergerichts hinsichtlich der Vertretungsverhältnisse scheidet wegen der fehlenden Pflicht zur Vorlage des Gesellschaftsvertrages aus. Beanstandungen sind daher nur bei konkreten Zweifeln gerechtfertigt. 30

III. Checkliste: Anmeldung der Ersteintragung

- Liegt eine elektronische Anmeldung durch alle Partner in der Form des § 12 Abs. 1 HGB vor? 31
- Enthält die Anmeldung die Angaben nach § 3 Abs. 2 PartGG über den Namen der Partnerschaft, den Sitz der Gesellschaft, über die einzelnen Partner den vollständigen bürgerlichen Namen, ihren Wohnort, ihr Geburtsdatum einschließlich der von ihnen in der Partnerschaft ausgeübten Berufe und den Gegenstand der Partnerschaft?
- Ist die Vertretung der einzelnen Partner konkret angemeldet?
- Soweit Zweifel über das Vorliegen der Voraussetzungen eines Freien Berufes bestehen: Liegen Nachweise bzw. erläuternde Erklärungen in einfach elektronischer Form vor?
- Soweit der Gegenstand verschiedene Freie Berufe erfasst: Sind Nachweise bzw. erläuternde Erklärungen über die Zulässigkeit der Ausübung in einer Partnerschaft in einfacher elektronischer Form eingereicht?

---

43 OLG München OLGR 2006, 23 = Rpfleger 2005, 671.
44 Ebenroth/*Seibert*, § 7 PartGG Rn 5.

IV. Kosten

32 Für die **Gerichtskosten** gelten über § 26a KostO die Regelungen zur OHG in § 26 KostO entsprechend. Nach § 26 Abs. 3 Nr. 2 KostO ist bei zwei Gesellschaftern für die Ersteintragung von einem Geschäftswert von 37.500 EUR auszugehen. Dieser Wert erhöht sich um jeweils 12.500 EUR für jeden weiteren Gesellschafter. Nach diesem Wert wird eine volle Gebühr erhoben (vgl. § 79 Abs. 1 KostO). Hinzu kommen die Auslagen für die Bekanntmachung.

33 Für den **Notar** gilt der Wert für die Gerichtsgebühren entsprechend. Dem Notar steht für die Beglaubigung der Anmeldung und der zugleich abgegebenen Zeichnung eine halbe Gebühr zu (§ 38 Abs. 2 Nr. 7 KostO). Eine höhere Geschäftsgebühr als 500.000 EUR kommt nicht in Betracht (§ 39 Abs. 4 KostO). Für die getrennte Zeichnung wird § 45 Abs. 1 KostO gelten.

C. Änderung des Namens des Sitzes, der Vertretungsbefugnis sowie Änderungen in der Gesellschafterstruktur

I. Rechtliche Grundlagen

34 Als **eintragungspflichtige Änderungen** in den Verhältnissen der Gesellschaft kommen die Sitzverlegung, die Namensänderung, die Gegenstandsänderung, die Änderung der Vertretungsverhältnisse und der Ein- und Austritt von Gesellschaftern in Betracht.

35 Die Wirksamkeit der entsprechenden Änderungen treten ohne eine Eintragung in das Register ein. Es handelt sich mit anderen Worten um **deklaratorische Eintragungen**. Im Gegenzug besteht eine über § 14 HGB durchsetzbare Pflicht zur Anmeldung (vgl. näher § 2 Rn 26).

36 Besondere Bedeutung kommt der Eintragung dieser Änderungen wegen der **entsprechenden Anwendung des § 15 HGB**, insbesondere des § 15 Abs. 1 HGB, nach § 5 Abs. 2 PartGG zu. Denn auch die Partnerschaft muss sich gegenüber eintragungspflichtigen Umständen, die nicht eingetragen worden sind, so behandeln lassen, als ob diese nicht vorliegen (vgl. im Einzelnen § 2 Rn 11).

37 Alle genannten Änderungen setzen wiederum eine **Änderung des Gesellschaftsvertrages** voraus, die auch dem **Schriftformerfordernis** nach § 3

Abs. 1 PartGG unterfällt. Aber auch insoweit fehlt die Pflicht zur Vorlage des Vertrages, so dass dessen Vorlage vom Registergericht nur in besonderen Ausnahmefällen, nämlich bei konkreten Zweifeln an der Richtigkeit der Angaben verlangt werden kann. Dies gilt auch für eine Veränderung der Vertretungsverhältnisse, weil vom Gesetz abweichende Vereinbarungen ihre Grundlage im Vertrag haben müssen. Soweit der Gesellschaftsvertrag abweichende Vertretungsregelungen durch Beschluss der Partner zulässt, liegt zwar keine Vertragsänderung vor. Der Nachweis über eine Beschlussfassung kann gleichwohl mangels Vorlagepflicht grundsätzlich nicht verlangt werden. Die Richtigkeitsgewähr ergibt sich auch in diesen Fällen aus dem Umstand, dass die Anmeldungen nach § 4 Abs. 1 S. 3 PartGG, § 108 Abs. 1 HGB[45] durch alle Gesellschafter zu erfolgen haben.

II. Einzelheiten

1. Sitzverlegung

Eine Sitzverlegung liegt dann vor, wenn die Partnerschaft den Ort ihrer tatsächlichen (Haupt-)Geschäftsführung verlegt hat. Die Anmeldung ist beim Gericht des alten Sitzes einzureichen (vgl. § 5 Abs. 2 PartGG, § 13h Abs. 1 HGB). Ist für den neuen Sitz ein anderes Registergericht zuständig, hat das bisherige Sitzgericht die Anmeldung unverzüglich dem neuen Registergericht mit einer entsprechenden Mitteilung über die bisherigen Eintragungen sowie den bisher eingereichten Urkunden zu übermitteln. Das neue Registergericht prüft dabei lediglich die Richtigkeit der Sitzverlegung und die Übereinstimmung des Namens der Partnerschaft mit den in ihrem Register eingetragenen Namen (§ 30 HGB). Enthält die Anmeldung der Sitzverlegung weitere eintragungspflichtige Umstände, können diese einheitlich beim neuen Sitzgericht vollzogen werden (vgl. § 2 Rn 21). Mit der Eintragung der Gesellschaft im Register des neuen Sitzes wird die Eintragung nach dem Eingang einer entsprechenden Benachrichtigung durch das neue Gericht beim früheren Registergericht von Amts wegen unter Hinweis auf die Sitzverlegung gelöscht (vgl. § 13h Abs. 2 S. 6 HGB).

38

---

45 Dass die Regelung des § 4 Abs. 1 S. 3 PartGG dabei anders als § 107 HGB nach dem Verweis auf § 108 HGB steht, ist bisher nicht zum Anlass einer abweichenden Auslegung gemacht worden.

2. Namensänderungen

39 Der geänderte Name muss den gleichen Anforderungen genügen, die an den ersten gewählten Namen der Partnerschaft gestellt worden sind. Darauf wird an dieser Stelle verwiesen (vgl. Rn 12 ff.). Wie bei der Ersteintragung ist die Prüfung des Registergerichts auch hier entsprechend § 18 Abs. 2 HGB eingeschränkt.[46]

40 Nicht notwendig ist die Namensänderung allein deshalb, weil der namensgebende Partner seinen Namen geändert hätte. Nach § 21 HGB, der über § 2 Abs. 2 PartGG auch bei der Partnerschaft gilt, kann die alte Bezeichnung weitergeführt werden. Dass der Name auch bei Neueintritt anderer Gesellschafter bzw. bei dem Austritt nicht namensgebender Gesellschafter weitergeführt werden kann, ist nicht nur selbstverständlich, sondern ergibt sich auch aus § 24 Abs. 1 HGB. Wegen des Ausscheidens eines namensgebenden Gesellschafters gilt § 24 Abs. 2 HGB. Insoweit wird auf die Ausführungen in § 8 Rn 49 verwiesen. Zu beachten ist, dass die teilweise Änderung eines nach § 24 HGB fortgeführten Namens bei der Partnerschaftsgesellschaft aufgrund der Regelung in § 2 Abs. 1 S. 3 PartGG weiter gehenden Beschränkungen als etwa bei der OHG (vgl. dort § 8 Rn 34) unterliegt. Eine Fortführung, die die Beibehaltung der Namen von bereits ausgeschiedenen Partnern ermöglicht, liegt nur dann vor, wenn der geänderte Name keinen Zweifel an der Identität mit dem bisherigen Namen zulässt, wobei die Änderung im Interesse der Allgemeinheit notwendig und wünschenswert ist. Dies kann etwa dann der Fall sein, wenn nach einer Sitzverlegung eine Täuschungsgefahr beseitigt werden soll.[47] Diese Voraussetzungen sind in der Regel nicht gegeben, wenn der Name eines neuen Partners aufgenommen werden soll.[48]

41 Selbst wenn der neu eintretende Gesellschafter zur Vertretung der Partnerschaft befugt sein soll, bedarf es einer Zeichnung der Unterschrift zur Aufbewahrung beim Gericht nicht. Denn die entsprechende Verpflichtung ist mit dem EHUG entfallen.

---

46 OLG Rostock OLGR 2006, 462 zu „Rechtsanwälte und Steuerberater".
47 OLG Frankfurt OLGR 2006, 179, 180 = Rpfleger 2005, 671 = FGPrax 2005, 270; zur Firma nach altem Recht: BGHZ 44, 116 = NJW 1965, 1915.
48 OLG Frankfurt OLGR 2006, 179, 180.

3. Gegenstandsänderung

Erfolgt eine Gegenstandsänderung, hat das Registergericht wiederum zu prüfen, ob weiterhin im Schwerpunkt eine freiberufliche Tätigkeit vorliegt. Im Übrigen gilt das zur Ersteintragung Ausgeführte entsprechend (vgl. Rn 20 ff.). 42

4. Vertretungsverhältnisse

Mit der Änderung des § 4 Abs. 1 S. 2 PartGG durch das Gesetz über elektronische Register und Justizkosten für Telekommunikation vom 10.12.2001 ist nunmehr auch jede Veränderung in den Vertretungsverhältnissen anmelde- und eintragungspflichtig. Diese Veränderung bezieht sich dabei auch auf die Vorschrift des § 181 BGB. Einer erneuten Zeichnung bedarf es in keinem Fall, weil eine Verpflichtung zur Zeichnung mit dem EHUG entfallen ist. 43

5. Eintreten eines Gesellschafters

Die Aufnahme eines weiteren Gesellschafters bedarf auch bei der Partnerschaftsgesellschaft einer Vertragsänderung, soweit nicht der Gesellschaftsvertrag wirksam einen Mehrheitsbeschluss für ausreichend erachtet. Eine eingehende Prüfung der Wirksamkeit des Eintrittes durch das Registergericht kann in der Regel allein deshalb unterbleiben, weil alle Gesellschafter zur Anmeldung verpflichtet sind. Mit dem Eintritt des Gesellschafters ist seine Vertretungsbefugnis konkret anzumelden. Die frühere Verpflichtung zur Zeichnung der Unterschrift des vertretungsbefugten Gesellschafters ist mit dem EHUG entfallen. 44

6. Ausscheiden eines Gesellschafters und Gesellschafterwechsel

a) Ausscheiden eines Gesellschafters

Das PartGG verweist in § 9 Abs. 1 auf die für das Ausscheiden eines Gesellschafters geltenden Regelungen der OHG. Ergänzend legt § 9 Abs. 2 PartGG fest, dass ein Partner aus der Gesellschaft ausscheidet, sobald er seine Zulassung zu dem Freien Beruf, den er in der Partnerschaft ausübt, verliert. § 9 Abs. 3 PartGG regelt dann, dass die Gesellschafterstellung grundsätzlich nicht vererblich ist. Auch insoweit gelten die Ausführungen zur OHG ent- 45 sprechend (vgl. § 8 Rn 42). Die Anmeldepflicht ergibt sich aus § 9 Abs. 1 PartGG i.V.m. § 143 Abs. 3 HGB. Eine Prüfung des Ausscheidens im Einzelnen unterbleibt auch hier, weil die Anmeldung unter Mitwirkung des Ausscheidenden bzw. seiner Erben zu erfolgen hat. Wegen der weiteren Einzelheiten vgl. § 8 Rn 43.

b) Gesellschafterwechsel

46 Auch bei der Partnerschaft ist die Übernahme einer bestehenden Mitgliedschaft durch eine andere Person möglich. Ebenso wie bei den Personenhandelsgesellschaften fehlt es aber auch hier an einer entsprechenden Regelung. Registerrechtlich wird daher der Gesellschafterwechsel als Ausscheiden nach § 143 Abs. 3 HGB in Verbindung mit einem Eintritt nach § 108 HGB i.V.m. § 4 Abs. 1 S. 3 PartGG behandelt. Vgl. näher § 8 Rn 47.

c) Namensfortführung

47 Das Ausscheiden eines Partners kann für den Namen der Gesellschaft dann von Bedeutung sein, wenn der Gesellschafter namensgebender Gesellschafter war. Denn dann bedarf es für die Fortführung seiner Einwilligung, die ausdrücklich erteilt werden muss (vgl. § 2 Abs. 2 PartGG, § 24 Abs. 2 HGB). Die Eintragung des Ausscheidens kann beim Fehlen der Einwilligung nicht von der Namensänderung abhängig gemacht werden.[49] Wegen der weiteren Einzelheiten vgl. § 8 Rn 49.

III. Checkliste: Anmeldung der Veränderungen

48
- Ist die Namensänderung oder Gegenstandsänderung zulässig oder der Sitz tatsächlich verlegt?
- Liegt eine Anmeldung der Änderung aller Gesellschafter in elektronischer Form nach § 12 Abs. 1 HGB vor?
- Beim Eintritt eines neuen Gesellschafters: Kann dieser Gesellschafter sein und enthält die Anmeldung alle notwendigen Angaben zur Person sowie zur Vertretungsbefugnis und meldet der Neue mit an?
- Beim Ausscheiden eines Gesellschafters: Hat der alte Gesellschafter bzw. haben seine Erben formgerecht mitangemeldet, liegen etwaige Nachweise über den Erbfall vor und ist eine u.U. notwendige Einwilligung in die Namensfortführung deutlich erteilt?

---

49 BGH Rpfleger 1977, 359; BayObLG NJW-RR 1988, 715 zu den Personenhandelsgesellschaften.

IV. Kosten

Wegen der Kosten gelten nach § 26a KostO die für die OHG geltenden Vorschriften entsprechend. Es wird auf die Ausführungen in § 8 Rn 51 f. verwiesen.

49

D. Auflösung und Fortsetzung der Gesellschaft

Die Partnerschaft kennt ebenso wie die Personenhandelsgesellschaften die Auflösung, durch die der in einer werbenden Tätigkeit bestehende Zweck der Gesellschaft beendet wird. An seine Stelle tritt die Aufgabe, die Vermögensgegenstände der Gesellschaft in Geld umzuwandeln, die Gläubiger zu befriedigen und nach entsprechender Abrechnung die Erlöse an die Gesellschafter auszukehren. Dieser **Zweckwechsel** ist **im Register zu vermerken**. Der Anmeldetatbestand folgt aus § 9 Abs. 1 PartGG i.V.m. § 143 Abs. 1 HGB. Die Vertretung erfolgt bei der Partnerschaftsgesellschaft ebenfalls durch die Liquidatoren. § 10 Abs. 1 PartGG verweist auf die Vorschriften über die Liquidation bei der OHG. Die Verweisung in § 9 Abs. 1 PartGG schließt auch die Vorschrift des § 144 Abs. 2 HGB ein. Auch die aufgelöste Partnerschaftsgesellschaft kann demnach wieder in eine werbende Gesellschaft umgewandelt werden, sie kann mit anderen Worten ebenfalls fortgesetzt werden. Insoweit ergeben sich wegen der Einzelheiten und auch wegen der Kosten gegenüber der OHG keine Unterschiede. Auf die dortigen Ausführungen wird daher verwiesen (vgl. § 8 Rn 56 ff.).

50

E. Löschung der Gesellschaft, Nachtragsliquidation

Die Vorschrift des § 10 Abs. 1 PartGG verweist insgesamt auf die für die **OHG** geltenden Vorschriften über die Liquidation. Dort ist dabei in § 157 Abs. 1 HGB die Beendigung der Liquidation mit der Anmeldung des Erlöschens der Firma geregelt. Auf die dortigen Ausführungen wird insoweit verwiesen (vgl. § 8 Rn 68 ff.).

51

5. Kapitel: Besondere Verfahren, Rechtsbehelfe und Rechtsmittel

§ 15 Das Zwangs- und Ordnungsgeldverfahren sowie die Verfahren auf Eintragungen von Amts wegen

Literatur

Bart, Antragsrecht für „Jedermann" beim Registergericht, Rpfleger 2001, 69–68; **Müther**, Die Löschung juristischer Personen wegen Vermögenslosigkeit – Ein Problemkind der Praxis?, Rpfleger 1999, 10–13.

A. Das Zwangs- und Ordnungsgeldverfahren nach den §§ 132 ff., 140 und 140a FGG

I. Das Zwangsgeldverfahren nach den §§ 132–139 FGG

1. Anwendungsbereich

Nach § 132 Abs. 1 FGG hat das Registergericht durch die Androhung eines Zwangsgeldes die Einhaltung der in der Norm aufgeführten Verpflichtungen durchzusetzen. Bei diesen Verpflichtungen handelt es sich um:

- die Anmeldepflichten im Sinne des § 14 HGB (Beispiel: Anmeldung einer OHG, Eintritt und Ausscheiden eines Gesellschafters, Geschäftsführerwechsel bei der GmbH; aber nicht: die in § 175 HGB, in § 316 Abs. 2 UmwG, in § 79 Abs. 2 GmbHG oder in § 407 Abs. 2 AktG aufgeführten Anmeldungen);
- die Pflicht zur Einreichung von Schriftstücken zum Handelsregister (Beispiel: Gesellschafterliste nach § 40 Abs. 1 S. 1 GmbHG; Liste über die Zusammensetzung des Aufsichtsrats, § 106 AktG);
- die Verpflichtung zur Einhaltung der Anforderungen an das Geschäftspapier in den §§ 37a Abs. 4, 125a Abs. 2, 177a HGB, §§ 35a, 71 Abs. 5 GmbHG und §§ 80, 268 Abs. 4 AktG;

1

- die Verpflichtungen im Zusammenhang mit der Aufstellung eines Jahresabschlusses nach den §§ 335, 340o und 341o HGB a.f., wobei die Regelungen nur noch für Abschlüsse gelten, die Geschäftsjahre betreffen, die vor dem 1.1.2006 begonnen haben (Art. 61 Abs. 5 S. 2 EGHGB);
- die weiteren Pflichten nach § 407 Abs. 1 AktG (Beispiel: Pflicht zur Auslage von Unterlagen zur Einsicht für die Aktionäre u.Ä.);[1]
- die Verpflichtungen zur Sicherung der Rechnungslegungspflicht nach § 21 des Gesetzes über die Rechnungslegung von bestimmten Unternehmen und Konzernen v. 15.8.1969;[2]
- die Pflichten, die in § 316 Abs. 1 des UmwG genannt sind, und
- die Pflichten nach § 12 des Gesetzes zur Ausführung der EWG-Verordnung über die EWIV.

2 Eine erweiternde Auslegung dieses Katalogs kommt nicht in Betracht.[3] Zu beachten ist, dass die verschiedenen Verweisungsnormen unterschiedliche Höhen von Zwangsgeldern zulassen.[4]

3 Das Verfahren richtet sich gegen den **Verpflichteten**. Dabei handelt es sich bei den Kapitalgesellschaften um die gesetzlichen Vertreter[5] – soweit Aufsichtsratsmitglieder zu handeln haben, auch um diese;[6] bei den Personenhandelsgesellschaften zusätzlich um die nicht vertretungsberechtigten Gesellschafter, wenn diese an der vorzunehmenden Handlung mitzuwirken haben. Dies ist etwa der Fall bei den Anmeldungen nach §§ 106, 107 HGB (vgl. § 108 HGB). Nicht Beteiligte sind der Vorstand, der Aufsichtsrat oder die Geschäftsführung als Ganzes oder die Gesellschaften.[7] Das Zwangsgeldverfahren richtet sich nur gegen die Personen, die ihrer Verpflichtung nicht nachkommen.

---

1 § 28 Abs. 4 des EGAktG betraf die Bergrechtliche Gewerkschaft. Die Vorschrift ist aufgehoben.
2 BGBl I S. 1189.
3 BayObLG NJW 1986, 140 = Rpfleger 1985, 404; *Krafka/Willer*, Rn 2354; *Bumiller/Winkler*, § 132 Rn 2; *Keidel/Kuntze/Winkler*, § 132 Rn 1.
4 Soweit keine Bestimmung vorliegt, gilt Art. 6 Abs. 1 EGStGB: Mindestmaß 5 EUR und Höchstmaß 1.000 EUR.
5 Also auch dann nicht um einen Prokuristen, wenn der Gesellschaftsvertrag eine organschaftliche Vertretung durch einen Geschäftsführer und einen Prokuristen zulässt, vgl. BayObLG BB 2000, 640; *Krafka/Willer*, Rn 2363.
6 BayObLGZ 1968, 118, 122; *Krafka/Willer*, Rn 2363.
7 *Krafka/Willer*, Rn 2363; Jansen/*Steder*, § 132 Rn 90.

Sind von mehreren Anmeldepflichtigen lediglich einige säumig, darf das Registergericht keine Zwischenverfügung erlassen. Es muss vielmehr gegen die Säumigen mit dem Zwangsgeld vorgehen.[8] Das Fehlen einzelner Anmeldungen rechtfertigt auch keine Zurückweisung der gesamten Anmeldung.[9] **4**

2. Verfahren und Einspruch

a) Zuständigkeit

Für die Durchführung des Zwangsgeldverfahrens ist das Amtsgericht – Registergericht – des Sitzes der Gesellschaft **sachlich** und **örtlich** zuständig. Das Gericht der Zweigniederlassung ist wegen der grundsätzlichen Zuständigkeit der Hauptniederlassung allein für die Zweigniederlassungen ausländischer Gesellschaften zuständig.[10] **Funktionell** zuständig ist der Rechtspfleger. Dementsprechend kann sich eine Zuständigkeit des Registerrichters nur über § 5 RPflG oder § 11 Abs. 2 RPflG ergeben. Das Letztere aber nur, wenn die Beschwerdesumme nicht erreicht wird. **5**

b) Pflicht zur Verfahrenseinleitung

Das Gericht ist **zum Einschreiten verpflichtet**, wenn es glaubhaft von einem Sachverhalt erfährt, der die Einleitung des Verfahrens rechtfertigt.[11] Es bedarf keiner sicheren Erkenntnis des Gerichts; der genaue Sachverhalt kann vielmehr innerhalb des Verfahrens geklärt werden.[12] Nur auf Antrag wird das Registergericht lediglich in den Fällen der §§ 335, 340o, 341o HGB a.F. tätig, welche die Aufstellung bzw. Einreichung der Jahresabschlüsse betreffen (vgl. § 132 Abs. 1 S. 2 FGG a.F.; zur Anwendung vgl. Rn 1).[13] Insoweit gelten auch noch weitere Verfahrensbesonderheiten, die sich aus § 140a Abs. 1 FGG a.F. ergeben. **6**

c) Zwangsgeldandrohung

Das Verfahren beginnt mit der **Bekanntmachung** einer Verfügung an den Verpflichteten in der Form des § 16 Abs. 2 FGG. In die Verfügung des Gerichts sind die vorzunehmende Verpflichtung, eine Vornahme- bzw. Ein- **7**

---

8 BayObLG Rpfleger 1978, 255.
9 BayObLG Rpfleger 1978, 451.
10 *Krafka/Willer*, Rn 2359.
11 BayObLG BB 2000, 640; Rpfleger 2002, 31.
12 *Bumiller/Winkler*, § 132 Rn 4; *Keidel/Kuntze/Winkler*, § 132 Rn 14; *Jansen/Steder*, § 132 Rn 70.
13 *Bumiller/Winkler*, § 132 Rn 22.

spruchsfrist aufzunehmen und ein zahlenmäßig bestimmtes Zwangsgeld anzudrohen. Dabei ist eine folgende Zwangsgeldfestsetzung nur zulässig, wenn sowohl die vorzunehmende Verpflichtung als auch das angedrohte Zwangsgeld bestimmt bezeichnet sind.[14] Der Lauf der gesetzten Frist beginnt nur bei **ordnungsgemäßer Zustellung** nach den Vorschriften der Zivilprozessordnung, und auch nur dann ist das Gericht zur Festsetzung des Zwangsgeldes berechtigt.

8 Mit der **Vornahme der geforderten Handlung** durch den Verpflichteten erledigt sich das Zwangsgeldverfahren, ohne dass es einer Aufhebung oder Rücknahme der Aufforderungsverfügung bedarf.[15] Die gesetzte Erfüllungs- und Einspruchsfrist kann auf Antrag verlängert werden. Voraussetzung dafür ist der Eingang des Verlängerungsantrags innerhalb der noch laufenden Frist, weil andernfalls die Regelung des § 133 FGG eingreift. Auch wenn die Erfüllung erst nach dem Ablauf der Frist vorgenommen wird, entfällt das Zwangsgeld, weil dieses, anders als das Ordnungsgeld, nur der Erzwingung einer Handlung dient.[16]

3. Fehlender oder verfristeter Einspruch

9 Wird die geforderte Verpflichtung nicht erfüllt und innerhalb der gesetzten Frist kein Einspruch eingelegt, ist das angedrohte Zwangsgeld festzusetzen und ein weiteres Zwangsgeld anzudrohen (vgl. § 133 FGG). Mit der **Festsetzung des Zwangsgeldes** ist nach § 138 FGG eine Kostentragungspflicht des Beteiligten auszusprechen. Wird die Verpflichtung nach dem Erlass des Festsetzungsbeschlusses vorgenommen, ist sie auf einen Einspruch nach § 136 FGG hin wegen veränderter Umstände aufzuheben.[17]

10 Wird der **Einspruch verspätet** eingelegt, ist über diesen grundsätzlich nicht mehr zu entscheiden; er ist so zu behandeln, als ob er nicht eingelegt worden wäre. Anderes gilt nur dann, wenn eine Wiedereinsetzung in den vorigen Stand nach § 137 FGG zu gewähren ist. Dafür ist aber ein entsprechender Antrag zu stellen.[18] Zudem hat der Verpflichtete bei der Entscheidung der

---

14 *Bumiller/Winkler*, § 132 Rn 25; *Jansen/Steder*, § 132 Rn 100/105.
15 *Bumiller/Winkler*, § 133 Rn 2; *Krafka/Willer*, Rn 2368; *Jansen*, § 133 Rn 2.
16 *Keidel/Kuntze/Winkler*, § 133 Rn 3; *Jansen*, § 133 Rn 4.
17 LG Waldshut BB 1962, 386; *Bumiller/Winkler*, § 133 Rn 2; *Keidel/Kuntze/Winkler*, § 133 Rn 4; *Jansen*, § 133 Rn 6.
18 Anders § 236 Abs. 2 S. 1 ZPO.

Frage, ob die Fristversäumung verschuldet war, entsprechend den allgemeinen Grundsätzen auch für das Verschulden seiner Vertreter, also auch seines Verfahrensbevollmächtigten einzustehen.[19]

Wird die **Wiedereinsetzung** gewährt, ist nach den §§ 134, 135 FGG zu verfahren. Gegen die Entscheidung über die Wiedereinsetzung ist das Rechtsmittel der sofortigen Beschwerde möglich. Besondere Bedeutung hat die Zulässigkeit des Einspruchs wegen der Regelung in § 139 Abs. 2 FGG: War der Einspruch verfristet, kann die sofortige Beschwerde gegen die Zwangsgeldfestsetzung nicht darauf gestützt werden, dass die Androhungsverfügung nicht gerechtfertigt war.

Auf die Rechtzeitigkeit des Einspruchs kommt es aber dann nicht an, wenn das Registergericht eine Verpflichtung durchzusetzen beabsichtigt, die überhaupt nicht mit dem Zwangsgeld durchgesetzt werden kann. Denn dann reicht gegen den entsprechenden Beschluss die **einfache fristlose Beschwerde** aus.[20] Liegt dieser Sonderfall nicht vor, kommt eine Beschwerde nicht in Betracht. Eine als Beschwerde bezeichnete Eingabe ist als Einspruch anzusehen.[21]

4. Rechtzeitiger Einspruch

Legt der Verpflichtete oder die betroffene Gesellschaft, der ebenfalls das Recht zum Einspruch zuerkannt wird,[22] gegen die Androhungsverfügung **fristgerecht Einspruch** ein, so hat das Gericht nach den §§ 134, 135 FGG zu verfahren. Der Einspruch muss nicht als solcher bezeichnet sein (vgl. auch Rn 12). Es reicht, dass sich aus der eingereichten Erklärung ergibt, dass der Adressat die Aufforderung nicht für gerechtfertigt hält und deshalb eine gerichtliche Prüfung und Entscheidung herbeiführen möchte.[23] Die Regelung des § 12 HGB gilt insoweit nicht, so dass der Einspruch auch schriftlich eingereicht werden kann.

---

19 *Bumiller/Winkler*, § 137 Rn 1.
20 OLG Hamm Rpfleger 1985, 302, 303; *Bumiller/Winkler*, § 139 Rn 3.
21 OLG Hamm Rpfleger 1986, 390; BayObLG Rpfleger 2005, 143 = FGPrax 2005, 36.
22 BayObLGZ 1955, 197, 198; 1962, 107, 111; Rpfleger 1984, 105; *Keidel/Kuntze/Winkler*, § 132 Rn 18.
23 *Keidel/Kuntze/Winkler*, § 132 Rn 33.

14 Das Gericht hat einen **Termin zur mündlichen Erörterung** anzuberaumen und abzuhalten. Eine Zwangsgeldfestsetzung kommt nicht in Betracht. Auf eine Anwesenheit des Verpflichteten im Erörterungstermin kommt es nicht an, das FGG sieht kein Versäumnisverfahren vor. Nach der Durchführung des Termins ist nach Maßgabe des § 135 FGG eine Entscheidung über den Einspruch zu treffen, die auch zu begründen ist. Ist der Einspruch erfolglos, hat zugleich eine erneute Aufforderung und Androhung im Sinne des § 132 FGG zu erfolgen.

15 Gem. § 136 FGG kann der Einspruch auch noch gegen **spätere Androhungsverfügungen** nach § 133 FGG erfolgen. Voraussetzung ist insoweit, dass das Verfahren nach §§ 134, 135 FGG noch nicht stattgefunden hat, dass also die Androhung nicht auf § 135 Abs. 3 FGG, sondern auf § 133 FGG beruht.[24] Ist dies der Fall, kann das Registergericht entgegen § 18 Abs. 2 FGG auch vorhergehende Zwangsgeldfestsetzungen aufheben oder ein geringeres Zwangsgeld festsetzen. Ist das Ausgangsgericht nicht so verfahren, steht die Befugnis dem Beschwerdegericht zu.[25]

5. Rechtsmittel

16 Nach § 139 Abs. 1 FGG ist gegen die Festsetzung eines Zwangsgeldes, aber auch gegen die Verwerfung eines Einspruchs nach § 135 Abs. 2 S. 1 FGG das Rechtsmittel der sofortigen Beschwerde gegeben. Die Androhungsverfügung ist nach § 132 Abs. 2 FGG nicht angreifbar. Über den verspätet eingelegten Einspruch ist nicht zu entscheiden, auf ihn folgt vielmehr eine Zwangsgeldfestsetzung, die nach § 139 Abs. 1 FGG anzugreifen ist. Die Beschwerde gegen die Festsetzung des Zwangsgeldes kann allerdings nur auf einen Fehler des Verfahrens gestützt werden, so dass wegen Bedenken in der Sache in erster Linie das Einspruchsverfahren betrieben werden muss.[26] Gegen die Entscheidung über den Antrag auf Wiedereinsetzung in den vorigen Stand ist ebenfalls das Rechtsmittel der sofortigen Beschwerde gegeben (vgl. § 22 Abs. 2 FGG).

---

24 *Keidel/Kuntze/Winkler*, § 136 Rn 2; Jansen/*Steder*, § 136 Rn 3 f.
25 LG Berlin, Beschl. v. 30.11.1999 – 98 T 72/99, n.v.; *Bumiller/Winkler*, § 133 Rn 2.
26 *Keidel/Kuntze/Winkler*, § 139 Rn 10; Jansen/*Steder*, § 139 Rn 6 f.

6. Kosten

Nach § 119 Abs. 1 KostO wird im Zwangs- bzw. Ordnungsgeldverfahren das Dreifache der vollen Gebühr für die Festsetzung eines Zwangsgeldes und auch für die Verwerfung des Einspruchs erhoben. Die Androhung des Zwangsgeldes ist gebührenfrei. Der Gebührenwert ergibt sich dabei aus der Höhe des Zwangsgeldes. Die Gebühr darf die Höhe des Zwangsgeldes nicht übersteigen. Nach § 119 Abs. 3 KostO gilt jede Wiederholung der Festsetzung als eigenes Verfahren.

17

II. Die Ordnungsgeldverfahren nach den §§ 140 und 140a Abs. 2 FGG a.F.

1. Anwendungsbereich

Nach § 140 FGG findet unter den Voraussetzungen des § 37 Abs. 1 HGB ein Ordnungsgeldverfahren bei einem unbefugten Firmengebrauch statt. Aufgrund des durch das Gesetz zur Durchführung der Richtlinie des Rates der Europäischen Union zur Änderung der Bilanz- und der Konzernbilanzrichtlinie hinsichtlich ihres Anwendungsbereichs (90/605/EWG), zur Verbesserung der Offenlegung von Jahresabschlüssen und zur Änderung anderer handelsrechtlicher Bestimmungen (KapCoRiLiG) vom 24.2.2000[27] eingefügten § 140a FGG fand das Ordnungsgeldverfahren auch dann statt, wenn Verpflichtungen nach den §§ 335a, 340o und 341o HGB, auch i.V.m. § 335b HGB, nicht erfüllt worden sind. Dabei handelte es sich um Verpflichtungen im Zusammenhang mit der Offenlegung von Jahresabschlüssen.[28] Die Verpflichtungen zur Aufstellung des Abschlusses waren mit Zwangsgeld bedroht (siehe Rn 1). Die entsprechenden Vorschriften sind nunmehr durch das EHUG aufgehoben worden. Die Verpflichtung zur Offenlegung der Jahresabschlüsse kann zwar weiterhin mit einem Ordnungsgeld durchgesetzt werden, § 335 HGB. Für die entsprechenden Verfahren ist aber nicht mehr das Registergericht zuständig, sondern das neu geschaffene Bundesamt für Justiz. Die Offenlegung hat auch nicht mehr gegenüber den Registergerichten zu erfolgen, sondern gegenüber dem Betreiber des elektronischen Bundesanzei-

18

---

27 BGBl I S. 154.
28 Der Verpflichtete kann sofort zur Einreichung beim Registergericht aufgefordert werden. Die Aufstellung des Abschlusses muss nicht zuvor zwangsweise durchgesetzt werden, vgl. § 335a S. 2 HGB und OLG Köln Rpfleger 2000, 552; 2001, 306.

gers. Die bisherigen Regelungen gelten nur noch für Jahresabschlüsse, die Geschäftsjahre betreffen, die vor dem 1.1.2006 begonnen haben. Vgl. dazu auch § 1 Rn 15.

2. Einzelheiten

a) Das Verfahren nach § 140 FGG

19 Im Verfahren nach § 140 FGG geht es – anders als im Verfahren nach § 132 FGG – nicht um die Durchsetzung einer aktiv zu erfüllenden Verpflichtung. Verfahrensgegenstand ist vielmehr die Durchsetzung einer Unterlassungspflicht. Dementsprechend legt § 140 Nr. 1 FGG fest, dass die entsprechende Verfügung die Aufforderung zu enthalten hat, dass sich der Beteiligte des weiteren Gebrauchs der Firma zu enthalten hat. Weil es um die Durchsetzung einer Unterlassungspflicht geht, kommt eine Festsetzung des Ordnungsgeldes auch nur dann in Betracht, wenn der Beteiligte der ihm bekannt gegebenen Unterlassungsverfügung zuwider gehandelt hat. Im Übrigen gelten die Vorschriften der §§ 132 bis 139 FGG entsprechend. Der nach § 140 FGG notwendige Verstoß gegen § 37 Abs. 1 HGB liegt vor, wenn ein Nichtkaufmann eine Firma verwendet oder ein Kaufmann eine unzulässige Firma gebraucht.[29]

20 Auch im Verfahren nach § 140 FGG bedarf es keines Antrags. Das Gericht wird von Amts wegen tätig. Gestellte Anträge sind in Anregungen zur Verfahrenseinleitung umzudeuten. Nach allgemeiner Meinung ist das Registergericht nicht zum Einschreiten verpflichtet, es kann auch eine unzulässige Firma aufgrund einer Interessenabwägung unbeanstandet lassen. Insoweit ist aber das öffentliche Interesse an der Einhaltung des Firmenrechts im Geschäftsverkehr gegenüber dem privaten Interesse an der Weiternutzung abzuwägen. Insoweit wird nur in Ausnahmefällen ein Überwiegen der privaten Interessen angenommen werden können.[30] Diese Ermessensentscheidung kann im Rechtsmittelzug nur in den Tatsacheninstanzen voll und im Übrigen nur auf Ermessensfehler hin untersucht werden. Zivilrechtlich steht dem durch den Firmengebrauch Verletzten die Klage aus § 37 Abs. 2 HGB offen.[31]

---

29 Einzelheiten bei *Müther*, Handelsrecht, § 8 Rn 41 ff.
30 Vgl. dazu KG NJW 1965, 254.
31 Vgl. dazu *Müther*, Handelsrecht, § 8 Rn 45 f.

b) Das Verfahren nach § 140a Abs. 2 FGG

Die dem § 140a Abs. 2 FGG zugrunde liegenden Tatbestände, die die Pflicht zur Offenlegung des Jahresabschlusses anordnen, sehen – insoweit systemwidrig – ein Ordnungsgeld als Rechtsfolge vor, obwohl es nicht wie in § 140 FGG um die Durchsetzung eines Unterlassens geht. In den einzelnen mit Ordnungsgeld bedrohten Tatbeständen geht es demgegenüber um ein pflichtwidriges Unterlassen und damit um eine Vornahmepflicht, die mit dem Ordnungsgeld durchgesetzt werden soll. Allerdings sehen auch einige Verfahrensvorschriften das Ordnungsgeld als Ungehorsamsfolge für die Nichtbeachtung bestimmter Mitwirkungspflichten oder Anordnungen vor. Derartige Vorschriften finden sich etwa in § 380 ZPO, § 51 StPO und § 178 GVG.[32] Bei der Verhängung des Ordnungsgeldes sind zusätzlich die Art. 6 bis 9 EGStGB zu beachten. Das Ordnungsgeld hat anders als das Zwangsgeld nicht nur beugenden Charakter, sondern enthält auch repressive Bestandteile.[33] Dementsprechend ist eine Vollstreckung nicht allein wegen der Vornahme der verlangten Handlung abzubrechen.

21

Die Einleitung des Verfahrens setzt einen Antrag voraus (vgl. § 335a S. 3 HGB a.F.; anders § 335 HGB n.F.). Dieser Antrag kann von jedermann gestellt werden. Das Ordnungsgeldverfahren erledigt sich allerdings nicht schon deshalb, weil der Antrag nach § 335a S. 3 HGB a.F. zurückgenommen worden ist.[34] Aus der Rechtsprechung zu § 9 HGB (siehe § 2 Rn 7) wird gefolgert, dass eine systematische Antragstellung und Einsicht durch Auskunfteien unzulässig seien.[35] Das Verfahren richtet sich gegen die gesetzlichen Vertreter. Eine besondere interne Geschäftsverteilung entlastet insoweit nicht.[36] Ebenso stehen fehlende finanzielle Mittel der Verpflichtung zur Offenlegung nicht entgegen. Mit Eröffnung des Insolvenzverfahrens trifft die Verpflichtung den Insolvenzverwalter.[37] Zur Erledigung der Offenlegung ist zwingend eine Frist von sechs Wochen zu setzen, die nicht verlängerbar ist.

22

---

32 Ein dort für die Anordnung des Ordnungsgeldes mitschwingender Gesichtspunkt, die Verletzung der Würde des Gerichts, fehlt bei den Tatbeständen in § 140a FGG allerdings.
33 *Göhler*, OWiG, 14. Auflage 2006, Vor § 1 Rn 40.
34 AG Siegburg Rpfleger 2001, 502.
35 *Bart*, Rpfleger 2001, 68, 69.
36 LG Trier NJW-RR 2004, 976 = Rpfleger 2004, 167.
37 KG NJW-RR 1998, 472; OLG München ZIP 2001, 2291.

3. Kosten

23 Nach § 119 Abs. 5 KostO gelten die Regelungen in § 119 Abs. 1 bis 4 KostO auch für andere Fälle der Festsetzung von Zwangs- und Ordnungsgeldern entsprechend. Auf die Ausführungen in Rn 17 kann daher verwiesen werden.

B. Die Löschungsverfahren nach den §§ 141 ff. FGG

I. Das Löschungsverfahren nach § 141 FGG

1. Voraussetzungen des Erlöschens einer Firma

24 Die Eintragung des Erlöschens einer Firma von Amts wegen nach § 31 Abs. 2 HGB kommt bei den Personenhandelsgesellschaften etwa dann in Betracht, wenn die Liquidation vollständig durchgeführt worden ist. Selbst **Restmaßnahmen dürfen nicht mehr erforderlich sein.**[38] Ein gegen die Gesellschaft geführter Prozess verhindert die Löschung ebenso wie noch zu verteilendes Vermögen oder die Notwendigkeit der Mitwirkung im Besteuerungsverfahren.

25 Früher führte auch das **Herabsinken des Gewerbebetriebes** zu einem Gewerbebetrieb mit einem kleingewerblichen Umfang dazu, dass die Firma erlosch. Nunmehr kann aber auch ein derartiger Gewerbebetrieb nach § 2 HGB in das Handelsregister aufgenommen werden. In der Literatur wird zwar die Auffassung vertreten, § 2 HGB komme nur insoweit zur Anwendung, als ein positiver Willensakt des Eingetragenen vorliege.[39] Dieser Willensakt wird aber bereits in der Aufrechterhaltung der Eintragung zu sehen sein. Dann aber kann eine Veränderung des Betriebes nur dann zum Erlöschen der Firma führen, wenn durch die Veränderung die Gewerbevoraussetzungen entfallen sind und keine reine Vermögensverwaltung im Sinne des § 105 Abs. 2 HGB vorliegt. Überhaupt führt die Einstellung des Gewerbes, wenn sie nicht nur vorübergehender Natur ist, zu einem Erlöschen der Firma.[40] Dem steht die Veräußerung des Geschäftsbetriebs ohne die Firma oder die Übernahme des Geschäftsbetriebes durch einen Gesellschafter ohne Firmenfortführung gleich.

---

38 Deshalb führt auch ein Insolvenzverfahren über das Vermögen der Gesellschaft nicht zum Erlöschen der Firma, vgl. BayObLG Rpfleger 1979, 214 = DB 1979, 831.
39 Baumbach/*Hopt*, § 5 Rn 2; *Koller/Roth/Morck*, § 5 Rn 1.
40 BayObLG BB 1984, 22 = Rpfleger 1984, 67.

Die Verpflichtung nach § 31 Abs. 2 S. 1 HGB, das Erlöschen der Firma zur Eintragung ins Handelsregister anzumelden, betrifft im hier interessierenden Zusammenhang nur den **Einzelkaufmann** und die **Personenhandelsgesellschaften**. Bei den Kapitalgesellschaften ist dagegen der Schluss der Abwicklung zur Eintragung in das Handelsregister anzumelden und die Gesellschaft dann zu löschen (vgl. § 273 Abs. 1 AktG; § 74 Abs. 1 GmbHG). 26

Die Löschung der Firma eines Einzelkaufmanns oder einer Personenhandelsgesellschaft von Amts wegen nach § 31 Abs. 2 S. 2 HGB kommt nur in Betracht, wenn die entsprechende **Anmeldung nach § 31 Abs. 2 S. 1 HGB** nicht zu erlangen ist. Dies ist der Fall, wenn die Durchführung eines Zwangsgeldverfahrens deshalb unmöglich ist, weil einer der Anmeldepflichtigen unbekannten Aufenthalts ist oder das Zwangsgeld wegen einer Vermögenslosigkeit des Verpflichteten nicht durchführbar erscheint. Bei vermögenslosen Kapitalgesellschaften und solchen Personengesellschaften, die keine natürliche Person als persönlich haftenden Gesellschafter besitzen, gilt dagegen die Vorschrift des § 141a FGG. 27

Anmeldepflichtig für das Erlöschen der Firma sind nach § 157 HGB nicht alle Gesellschafter, sondern die Liquidatoren. Allerdings kann die Anmeldung statt durch die Liquidatoren auch durch alle Gesellschafter erfolgen.[41] 28

2. Das Verfahren

Nach § 141 Abs. 1 FGG sind die Inhaber der Firma oder ihre Rechtsnachfolger von der beabsichtigten Löschung der Firma zu benachrichtigen. Zugleich ist ihnen mit der **Löschungsankündigung** eine Frist von nicht weniger als drei Monaten für die Geltendmachung des Widerspruchs zu gewähren. Allein wegen dieser Fristsetzung ist das gerichtliche Schreiben nach § 16 Abs. 2 FGG zuzustellen. 29

Sind die anzuhörenden Personen oder ihr Aufenthalt unbekannt, so ist die **Löschungsabsicht in den Registerblättern bekannt zu machen**. Das Gericht kann für die Veröffentlichung weitere Blätter bestimmen. Nach § 141a Abs. 2 FGG reicht für die Befugnis der Veröffentlichung der Bekanntmachung ein unbekannter inländischer Aufenthalt aus. Diese Regelung ist im Rahmen des § 141 Abs. 2 FGG jedenfalls insofern entsprechend 30

---

41 Baumbach/*Hopt*, § 157 Rn 2; *Koller/Roth/Morck*, § 157 Rn 1.

anzuwenden, als eine Zustellung im Ausland undurchführbar ist oder unzumutbaren Aufwand erfordert. Bei den Personenhandelsgesellschaften kommen als Anhörungsadressaten immer mehrere Personen in Betracht. Dabei wird in der Regel die Anhörung eines vertretungsberechtigten Gesellschafters ausreichen, weil insoweit die Regelung des § 170 Abs. 3 ZPO gilt.[42]

31 Wird **Widerspruch** nicht erhoben, ist die Löschung nach § 141 Abs. 4 FGG von Amts wegen vorzunehmen. Wird hingegen Widerspruch eingelegt, so ist über ihn zunächst nach § 141 Abs. 3 FGG zu entscheiden. Gibt das Gericht dem Widerspruch statt, kommt eine Löschung nicht in Betracht. Weist es ihn durch Beschluss zurück, wird die Löschung nach dem Eintritt der Rechtskraft vorgenommen. Gegen diesen Beschluss ist die sofortige Beschwerde nach § 141 Abs. 3 S. 2 FGG gegeben. Die in dem Verfahren anfallenden **Gerichtskosten** ergeben sich aus § 88 Abs. 2 KostO.

II. Die Löschung wegen Vermögenslosigkeit nach § 141a FGG

1. Voraussetzungen für die Löschung nach § 141a FGG

32 § 141a FGG ist durch das Einführungsgesetz zur Insolvenzordnung (EGInsO) vom 5.10.1994[43] in das Gesetz eingefügt worden und mit der Insolvenzordnung am 1.1.1999 in Kraft getreten. Die Vorschrift hat die früher in § 2 des Gesetzes über die Auflösung und Löschung von Gesellschaften und Genossenschaften vom 9.10.1934[44] enthaltenen Regelungen nahezu wortgleich übernommen. Allerdings findet das Verfahren nunmehr auch auf Personenhandelsgesellschaften Anwendung, die keine natürliche Person als persönlich haftenden Gesellschafter besitzen (vgl. § 141a Abs. 3 FGG).

33 Voraussetzung für eine Löschung ist die **Vermögenslosigkeit** der Gesellschaft. Diese ist wegen der mit der Eintragung verbundenen Auswirkungen besonders gewissenhaft zu prüfen.[45] Vermögenslosigkeit ist noch nicht notwendig dann gegeben, wenn ein Antrag auf Eröffnung des Insolvenzverfahrens mangels Masse nach § 26 Abs. 1 InsO abgewiesen worden ist. Denn Vermögenslosigkeit liegt nur dann vor, wenn die Gesellschaft über kein

---

42 Bumiller/Winkler, § 16 Rn 19.
43 BGBl I S. 2911.
44 RGBl I S. 914.
45 OLG Düsseldorf NZG 2006, 542, 543; Jansen/Steder, § 141a Rn 35.

nennenswertes Aktivvermögen mehr verfügt.⁴⁶ Dies ist für die Frage der Eröffnung eines Insolvenzverfahrens aber unerheblich, weil dort nur geprüft wird, ob nach Abzug der Schulden wenigstens so viel Geld verbleibt, dass die Kosten des Verfahrens gedeckt sind. Auf die Schulden kommt es aber bei der Frage der Vermögenslosigkeit nicht an. Vermögenslosigkeit ist auch dann nicht gegeben, wenn die Gesellschaft eine konkrete Forderung behauptet und diese ernsthaft verfolgt.⁴⁷ Im Übrigen kommt es auf alle Aktivwerte an, die ein ordentlicher Kaufmann noch als Aktiva in die Bilanz einstellt.⁴⁸

In der obergerichtlichen Rechtsprechung wird insoweit eine positive Feststellung dahin verlangt, dass die Gesellschaft nicht mehr über Vermögen verfügt.⁴⁹ Die Praxis der Registergerichte muss sich demgegenüber wegen der Unmöglichkeit einer derartigen positiven Erkenntnis mit der Feststellung begnügen, dass Hinweise auf vorhandenes Vermögen nicht vorliegen.⁵⁰ Besondere Bedeutung kommt dabei der **Anhörung nach § 141a Abs. 2 FGG** zu. Denn vor allem die Vertreter der Gesellschafter sind in der Lage, der Absicht einer Löschung unter entsprechender Angabe von Gegengesichtspunkten zu widersprechen. Diese Anhörung kann nicht im Beschwerdeverfahren nachgeholt werden.⁵¹ Im Übrigen wird das Registergericht, das zur Amtsermittlung verpflichtet ist, Auskünfte aus dem Schuldnerverzeichnis verlangen und Erkundigungen über etwaige Insolvenzverfahren anstellen, um möglicherweise aus den Akten der entsprechenden Verfahren Hinweise zu erlangen. 34

Liegt Vermögenslosigkeit vor, ist **von einer Löschung gleichwohl dann abzusehen**, wenn noch Maßnahmen durch die Vertreter der Gesellschaft zu ergreifen sind.⁵² Derartige Maßnahmen sind etwa die Abgabe oder Entgegennahme rechtsgeschäftlicher Erklärungen, aber auch solcher Handlungen, die im Interesse des Gläubigerschutzes eine Vertretung erfordern.⁵³ Dies ist etwa 35

---

46 BayObLG GmbHR 1999, 414; BB 1984, 315 f.; OLG Frankfurt Rpfleger 1993, 249; OLG Düsseldorf Rpfleger 1997, 171; *Müther*, Rpfleger 1999, 10, 13/14; *Lutter/Kleindiek*, § 60 Rn 16; Baumbach/Hueck/*Schulze-Osterloh*, Anh. § 60 Rn 2.
47 KG NZG 2007, 474.
48 KG NZG 2007, 474; OLG Köln Rpfleger 1994, 360, 361; BayObLG Rpfleger 1995, 419.
49 Beispielsweise OLG Düsseldorf Rpfleger 1997, 171.
50 *Müther*, Rpfleger 1999, 10, 13, 14.
51 KG KGR 2007, 368 = NZG 2007, 430.
52 Die Löschung liegt im pflichtgemäßen Ermessen des Registergerichts, vgl. OLG Frankfurt Rpfleger 1978, 22. Bsp.: Abwicklungsmaßnahmen einer Komplementär-GmbH, vgl. OLG Frankfurt FGPrax 2005, 269.
53 OLG Hamm BB 2001, 1701; NJW-RR 19987, 348; OLG Stuttgart NJW 1995, 805.

der Fall, wenn die Gesellschaft noch Erklärungen im Steuerfestsetzungsverfahren abzugeben und Zustellungen entgegenzunehmen hat. Denn andernfalls müsste alsbald nach der Löschung ein Nachtragsliquidator bestellt werden (vgl. dazu § 6 Rn 240 ff.). Dann aber ist es gerechtfertigt, die Gesellschaft vorerst nicht zu löschen. Nach der Auffassung des OLG Hamm stellt die Vollstreckung eines Auskunftsanspruches nach §§ 51a, 51b GmbHG keine Maßnahme dar, die eine Nachtragsliquidatorbestellung rechtfertigt, so dass sie auch einer Löschung nicht entgegensteht. Denn die Vollstreckung ist insoweit gegen denjenigen möglich, der die Bücher nach § 74 Abs. 3 GmbHG verwahrt.[54]

2. Das Verfahren

36 Das Löschungsverfahren hat das Registergericht **von Amts wegen** zu betreiben. Allein den Steuerbehörden steht ein Antragsrecht zu. Im Übrigen sind Anträge als Anregung zur Einleitung eines Löschungsverfahrens aufzufassen. Ebenso wie in einem Verfahren nach § 141 FGG hat das Registergericht die Absicht der Löschung wegen Vermögenslosigkeit bekannt zu geben. Es hat dabei ebenfalls eine Frist zum Widerspruch zu setzen, deren Länge allerdings gesetzlich nicht festgelegt ist. Die **Löschungsankündigung** ist an die gesetzlichen Vertreter der Gesellschaft zu richten. Sie muss gem. § 16 Abs. 2 FGG zugestellt werden. Weil primärer Adressat der Anhörung nicht die Gesellschaft, sondern der gesetzliche Vertreter ist, ist das Registergericht nicht verpflichtet, zunächst Ermittlungen hinsichtlich eines Geschäftslokals anzustellen. Der dies erfordernde § 184 ZPO a.F. ist im Löschungsverfahren entgegen der Auffassung des BayObLG nicht anzuwenden.[55] Neben den gesetzlichen Vertretern sind zwingend die Organe des Handelsstandes, des Handwerksstandes oder des land- und forstwirtschaftlichen Berufsstandes zu hören (vgl. § 141a Abs. 1 S. 3 FGG).[56] Im Löschungsverfahren wird auch regelmäßig eine Stellungnahme der zuständigen Finanzbehörden eingeholt.

---

54 OLG Hamm BB 2001, 1701, 1702.
55 Im Einzelnen: *Müther*, Rpfleger 1999, 10, 12 gegen BayObLG DB 1997, 2015.
56 Ein Verstoß führt aber nur dann zu einer Löschung nach § 142 FGG, wenn die Gesellschaft geltend machen kann, dass sich aus der Anhörung Erkenntnisse ergeben hätten, die gegen eine Löschung gesprochen hätten. Vgl. KG FGPrax 2006, 225 = Rpfleger 2006, 474.

Ist eine Anhörung der gesetzlichen Vertreter unmöglich, weil deren Aufenthalt unbekannt ist, oder halten sich diese im Ausland auf, kann das Gericht nach seiner Wahl auf eine Anhörung ganz verzichten oder – was die Regel darstellt[57] – die **Löschungsabsicht in dem jeweiligen elektronischen Informations- und Kommunikationssystem nach § 10 HGB veröffentlichen**. In diesem Fall kann sogar jeder der Löschung widersprechen, der ein berechtigtes Interesse an der Nichtlöschung geltend machen kann. 37

Wird **Widerspruch** erhoben, ist das Verfahren entweder einzustellen oder der Widerspruch durch Beschluss zurückzuweisen. In diesem Fall ist das Rechtsmittel der sofortigen Beschwerde gegeben (vgl. §§ 141a Abs. 2 S. 3, 141 Abs. 3 FGG). Fehlt es an einem Widerspruch oder ist der Widerspruch rechtskräftig zurückgewiesen, ist die Löschung in das Register von Amts wegen einzutragen. Wird das Verfahren auf den Widerspruch hin eingestellt, ist dies den Beteiligten in einfacher Form mitzuteilen. Besondere Formvorschriften für die Mitteilung gibt es nicht. Die Einstellung kann mit der einfachen Beschwerde angegriffen werden. Wegen der Gerichtskosten gilt § 88 Abs. 2 KostO. 38

3. Die verfrühte Löschung

Nach der Auffassung des OLG Zweibrücken ist eine Löschung, die trotz eines Widerspruchs erfolgt ist, ohne dass der Widerspruch zurückgewiesen worden wäre, ihrerseits zwingend nach § 142 FGG zu löschen.[58] Nach der Löschung sind dann die Voraussetzungen der Löschung nachzuholen. Diese Auffassung widerspricht dabei allerdings dem Grundsatz der materiellen Richtigkeit des Registers, der dem § 142 FGG zugrunde liegt (siehe Rn 40). Die fehlende Entscheidung über den Widerspruch kann in dem Verfahren über die Prüfung, ob ein Löschungsverfahren eingeleitet werden muss, nachgeholt werden. 39

---

57 BayObLG GmbHR 1995, 531.
58 OLG Zweibrücken NZG 2002, 426 = Rpfleger 2002, 523; gegen KG JFG 9, 142.

III. Die Löschung unzulässiger Eintragungen nach § 142 FGG

1. Anwendungsbereich

40 Die erfolgte Eintragung kann nicht mehr mit der Beschwerde angegriffen werden. Es gilt der **Grundsatz der Erhaltung der Eintragung**. Eine unzulässige Eintragung ist aber nach Maßgabe des § 142 FGG im Register zu löschen. Unzulässig ist eine erfolgte Eintragung dann, wenn sie sachlich unrichtig ist oder aber auf einen Verstoß gegen Verfahrensvorschriften zurückzuführen ist.[59] Auch eine eingetragene Löschung kann nach § 142 FGG beseitigt werden.[60] Entscheidend für die Beurteilung der Unzulässigkeit ist nicht der Zeitpunkt der Eintragung. Es kommt vielmehr auf den **Zeitpunkt der Entscheidung** nach § 142 FGG an. War die Eintragung daher unzulässig, entspricht sie aber nunmehr der Rechtslage, kommt eine Löschung nicht in Betracht: Es gilt der **Grundsatz der materiellen Richtigkeit** des Registers.[61]

41 Unzulässig ist beispielsweise die Eintragung eines Geschäftsführers, obwohl dieser wegen § 6 Abs. 2 S. 3 GmbHG von vornherein amtsunfähig war.[62] Eine rechtsbegründende Eintragung wie eine Satzungsänderung ist dann als unzulässig zu löschen, wenn die Eintragung unter Verletzung wesentlicher Verfahrensvorschriften erfolgt ist.[63] Dies ist etwa der Fall, wenn es an einer Anmeldung gefehlt hat.

42 Im Rahmen der Löschung nach § 141a FGG stellt sich mitunter heraus, dass noch Vermögen vorhanden ist. Dies allein rechtfertigt eine Löschung der Löschung nach § 142 FGG noch nicht.[64] Denn die noch notwendige Abwicklung kann durch einen Nachtragsliquidator erfolgen. Entsprechendes wird für die Löschung nach § 74 GmbHG zu gelten haben, wenn es dem Beteiligten in

---

59 *Bumiller/Winkler*, § 142 Rn 10.
60 BGH NJW 1979,1987; OLG Frankfurt GmbHR 1997, 1004; 1998, 893; SchlHOLG GmbHR 2000, 776; OLG Hamm BB 2001, 1701, 1702; *Bumiller/Winkler*, § 142 Rn 10, 14; *Keidel/Kuntze/Winkler*, § 142 Rn 13.
61 BayObLG Rpfleger 1995, 465; *Bumiller/Winkler*, § 142 Rn 12; *Keidel/Kuntze/Winkler*, § 142 Rn 11.
62 Fraglich ist insoweit, ob in diesem Fall neben dem Verfahren nach § 142 FGG auch ein Zwangsgeldverfahren gegen weitere Geschäftsführer eingeleitet werden kann. Verneinend: KG GmbHR 1999, 861; a.A. Scholz/*Winter*, § 39 Rn 2; nach einer weiteren Auffassung ist ein Verfahren nach § 144 Abs. 2 FGG durchzuführen.
63 OLG Düsseldorf GmbHR 1999, 237; *Keidel/Kuntze/Winkler*, § 142 Rn 13; *Bumiller/Winkler*, § 142 Rn 16.
64 OLG Hamm BB 2001, 1701, 1702.

erster Linie auch um die Wiedereintragung des alten Liquidators geht. Denn die Anmeldung der Beendigung der Liquidation nach § 74 GmbHG beinhaltet regelmäßig auch ohne ausdrückliche Erklärung die Amtsniederlegung des Liquidators.

Im Anwendungsbereich des § 144 FGG ist eine Löschung nach § 142 FGG ausgeschlossen.[65] Lediglich für die sehr seltenen Schein- und Nichtbeschlüsse wird insoweit über den Anwendungsbereich des § 144 FGG hinaus eine Möglichkeit der Löschung nach § 142 FGG erwogen.[66] 43

Die Eintragung der Verschmelzung ist nach § 20 Abs. 2 UmwG bei der übernehmenden Gesellschaft dem § 142 FGG gegenüber resistent, weil die Eintragung etwaige Fehler der Verschmelzung heilt.[67] 44

2. Das Verfahren vor dem Amtsgericht

Das Verfahren wird durch das Registergericht **von Amts wegen** eingeleitet. Etwaige Löschungsanträge sind als Anregungen zur Einleitung eines entsprechenden Verfahrens anzusehen. Das Gericht ist aber zu einer Löschung nicht verpflichtet. Es hat vielmehr ein Ermessen. Eine Amtslöschung kommt dabei nur in Betracht, wenn sie im öffentlichen Interesse an der Richtigkeit und Vollständigkeit der Eintragung, im Interesse eines Beteiligten liegt oder die unzulässige Schädigung Dritter zur Folge hätte.[68] Insoweit sind die Schäden gegeneinander abzuwägen, die durch ein Bestehenbleiben bzw. durch eine Löschung der Eintragung eintreten. 45

Die **Löschungsabsicht** ist den Beteiligten anzukündigen. Die Ankündigung ist damit nicht nur an die eingetragene Gesellschaft zu richten, sondern muss auch denjenigen mitgeteilt werden, die noch von der Löschung betroffen werden können. Betroffen in diesem Sinn ist etwa der eingetragene Geschäftsführer einer GmbH oder der eingetragene Gesellschafter einer OHG, deren Eintragung im Register gelöscht werden soll. 46

---

[65] OLG Frankfurt BB 2002, 374 = Rpfleger 2002, 211; BB 2002, 372, 373 = Rpfleger 2002, 208; OLG Köln Rpfleger 2002, 209; OLG Karlsruhe Rpfleger 2001, 498; *Bumiller/Winkler*, § 144 Rn 1.
[66] OLG Köln Rpfleger 2002, 209; a.A. OLG Hamm Rpfleger 1979, 308.
[67] BayObLG BB 2000, 477 = Rpfleger 2000, 73 = DNotZ 2000, 232.
[68] BayObLG Rpfleger 2001, 599.

47 Die Löschungsankündigung ist mit einer Frist zum **Widerspruch** zu versehen, so dass sie nach § 16 Abs. 2 FGG zugestellt werden muss. Im Übrigen gelten die Regelungen in § 141 Abs. 3 und 4 FGG entsprechend (vgl. Rn 36 ff.).

3. Das Verfahren vor dem Landgericht nach § 143 FGG

48 Gem. § 143 FGG kann das Löschungsverfahren nach § 142 FGG auch durch das dem Amtsgericht übergeordnete Landgericht durchgeführt werden. Dabei ist, soweit eine solche vorhanden ist, die Kammer für Handelssachen zuständig. Die Zuständigkeiten der Gerichte konkurrieren, allerdings hat das Verfahren des Amtsgerichts Vorrang, wenn es eingeleitet wird.[69] Durch die erstinstanzliche Zuständigkeit des Landgerichts ist der Instanzenzug verändert. Für die sofortige Beschwerde nach § 141 Abs. 3 S. 2 FGG ist gem. § 143 Abs. 2 FGG das Oberlandesgericht zuständig; die sofortige weitere Beschwerde ist ausgeschlossen. Eine Entscheidung des Landgerichts liegt regelmäßig nahe, wenn die Sache im Rahmen einer unzulässigen – etwa gegen die Eintragung gerichteten – Beschwerde vorgelegt wird.[70]

IV. Die Löschung nichtiger Gesellschaften oder Beschlüsse nach § 144 FGG

1. Anwendungsbereich

49 Nach § 275 AktG kann jeder Aktionär, jedes Vorstands- oder Aufsichtsratsmitglied einer Aktiengesellschaft **Klage auf die Nichtigerklärung der Gesellschaft** erheben. Erfolg kann die Klage dabei nur haben, wenn die Satzung keine Bestimmung über die Höhe des Grundkapitals oder über den Gegenstand enthält oder wenn die Regelung über den Gegenstand nichtig ist. Dies ist dann der Fall, wenn die in der Satzung als Gegenstand aufgeführte Unternehmenstätigkeit überhaupt nicht ausgeübt wird.[71] Folge einer erfolgreichen Nichtigkeitsklage ist allerdings nicht, dass die Gesellschaft im Register gelöscht würde. Der Begriff der Nichtigkeit entspricht in den

---

69 BayObLG NJW-RR 1994, 870; *Bumiller/Winkler*, § 143 Rn 2.
70 KG OLGZ 1967, 97, 101; BayObLG NJW-RR 1994, 870.
71 Zur Gegenstandsänderung durch Veräußerung von Unternehmensteilen: OLG Stuttgart BB 2001, 794, 795.

Das Zwangs- und Ordnungsgeldverfahren § 15

Rechtsfolgen nicht dem des Zivilrechts. Es wird vielmehr die Nichtigkeit im Register vermerkt, und die Gesellschaft ist nach § 277 Abs. 1 AktG nach den Vorschriften über die Abwicklung aufzulösen (vgl. dazu § 7 Rn 132 ff.). Entsprechende Vorschriften sieht das GmbHG in § 75 für die GmbH vor. Neben der Klage nach § 275 AktG, § 75 GmbHG besteht die Möglichkeit, dass das Registergericht nach § 144 FGG gegen die Gesellschaft vorgeht. Das Gericht kann dabei selbst dann nach § 144 Abs. 1 FGG vorgehen, wenn die Frist für die Klage nach § 275 Abs. 3 AktG abgelaufen ist.

Hintergrund dieser einschränkenden Regelungen über die Nichtigkeit der Gesellschaft ist die **besondere Bestandskraft**, die der Gesetzgeber den Eintragungen der juristischen Personen beigegeben hat. Die Gründe sind in den Schwierigkeiten der Rückabwicklung einer zu Unrecht erfolgten Eintragung und in der besonderen Rücksichtnahme auf das Vertrauen der Öffentlichkeit in den Bestand der eingetragenen Gesellschaften zu sehen.[72] Die Vorschrift gewährt daher nur ein stark eingeschränktes Prüfungsrecht in einem selbständig ausgestalteten Verfahren, das die Löschung von besonderen Voraussetzungen abhängig macht.[73] Dies erklärt auch, warum im Bereich des § 144 FGG eine Anwendung des § 142 FGG ausscheidet (vgl. Rn 43). 50

So rechtfertigt etwa die Tatsache der Gründung einer GmbH durch einen Geschäftsunfähigen die Löschung ihrer Eintragung nicht.[74] Das Gleiche gilt dann, wenn die eingetragene GmbH (angeblich) durch eine ausländische Scheingesellschaft gegründet worden ist.[75] 51

Nach § 144 Abs. 2 FGG kann auch ein in das Register **eingetragener Beschluss** als nichtig gelöscht werden, wenn er durch seinen Inhalt zwingende Vorschriften des Gesetzes verletzt und seine Beseitigung im öffentlichen Interesse erforderlich erscheint. Die Vorschrift soll dabei nicht nur auf Beschlüsse über Änderungen der Satzung oder des Gesellschaftsvertrages beschränkt sein. Sie erfasst vielmehr jeden Beschluss, der wie die Geschäftsführerbestellung oder Abberufung einer Eintragung bedarf.[76] Auch hier steht die Heilungsmöglichkeit nach § 242 AktG der Durchführung des Verfahrens 52

---

72 Nach *Bumiller/Winkler*, § 144 Rn 2, ist die Vorschrift deshalb abschließend und keiner Ausdehnung fähig; ebenso OLG Frankfurt BB 2002, 372.
73 OLG Frankfurt BB 2002, 372, 373.
74 KG BB 2001, 110 = Rpfleger 2001, 135 = FGPrax 2001, 31.
75 OLG Frankfurt BB 2002, 372.
76 BayObLG GmbHR 1992, 304; 1996, 441; *Bumiller/Winkler*, § 144 Rn 10.

nicht entgegen.[77] Die Gesellschafter haben die Möglichkeit gegen Beschlüsse eine Anfechtungs- oder Nichtigkeitsklage zu erheben, so dass für sie kein Interesse an einem Verfahren nach § 144 Abs. 2 FGG besteht.[78] Dies gilt auch, wenn die Anfechtungsfrist nach § 246 Abs. 1 AktG versäumt ist. Die Vorschrift findet auch dann Anwendung, wenn es um die Eintragung der Durchführung einer Kapitalerhöhung aus genehmigtem Kapital geht (vgl. dazu § 7 Rn 87 ff.).[79]

2. Das Verfahren

53 Die Vorschrift des § 144 FGG verweist sowohl in Abs. 1 als auch in Abs. 2 auf die §§ 142 und 143 FGG. Eine Ergänzung erfolgt lediglich insoweit, als die **Widerspruchsfrist** ausdrücklich mit mindestens **drei Monaten** angegeben wird. Diese lange Frist ergibt sich daraus, dass die Gesellschaft den Nichtigkeitsgrund nach § 276 AktG, § 76 GmbHG unter Umständen durch entsprechende Beschlüsse der Haupt- oder Gesellschafterversammlung beseitigen kann. Setzt das Registergericht, und zwar der zuständige Richter (vgl. § 17 Nr. 1e RPflG), die Frist zu kurz fest, ändert dies an der Zulässigkeit der späteren Eintragung nichts, wenn der Mangel nicht gerügt wird.

54 Das Vorliegen der Voraussetzungen zum Einschreiten bedeutet noch **keine Pflicht**. Die Einleitung und die Durchführung des Verfahrens unterliegen vielmehr dem pflichtgemäßen Ermessen des Gerichts. Dabei kann unter Umständen der Bestandsschutz an der Eintragung überwiegen.

55 Die Vorschrift des § 144 FGG verweist auch auf § 143 FGG. Das Verfahren nach § 144 FGG kann demnach ebenso wie das Verfahren nach § 142 FGG auch vor dem Landgericht durchgeführt werden. Wegen des Verhältnisses dieser Zuständigkeiten vgl. Rn 48.

---

77 *Bumiller/Winkler*, § 144 Rn 13.
78 OLG Köln Rpfleger 2002, 209.
79 OLG Frankfurt BB 2002, 374 = Rpfleger 2002, 211.

C. Die Mangelfeststellungsverfahren nach §§ 144a und 144b FGG

I. Eintragung der Auflösung wegen eines Satzungsmangels nach § 144a FGG

1. Anwendungsbereich

Während § 144 FGG nur bestimmte Satzungsmängel erfasst, gilt § 144a FGG für weitere Mängel der notwendigen Satzungsbestandteile. Auch diese Vorschrift betrifft die Aktiengesellschaft (vgl. § 144a Abs. 1 FGG) und auch die GmbH (vgl. § 144a Abs. 4 FGG). Die Vorschrift greift bei der Aktiengesellschaft ein, wenn die Satzung keine Bestimmung zur Firma oder zum Sitz (§ 23 Abs. 3 Nr. 1 AktG) enthält oder die Angaben zur Zerlegung des Grundkapitals (§ 23 Abs. 3 Nr. 4 AktG) fehlen. Der Anwendungsbereich der Norm ist auch eröffnet, wenn die Satzung keine Bestimmung über Inhaber- oder Namensaktien (§ 23 Abs. 3 Nr. 5 AktG) enthält oder die Regelung über die Zahl der Vorstandsmitglieder oder die Regeln, nach denen die Zahl festgelegt wird, fehlen. § 144a FGG greift auch ein, wenn eine der genannten Bestimmungen zwar getroffen wurde, diese aber oder auch die Bestimmung über das Grundkapital (§ 23 Abs. 3 Nr. 3 AktG) nichtig sind. Bei der Anwendung auf die GmbH kommt es ebenfalls auf das Fehlen einer Bestimmung zur Firma oder zum Sitz (§ 3 Abs. 1 Nr. 1 GmbHG), das Fehlen der Regelung über den Betrag der von jedem Gesellschafter zu übernehmenden Einlage (§ 3 Abs. 1 Nr. 4 GmbHG) oder auf die Nichtigkeit dieser Bestimmungen oder der Bestimmung über den Betrag des Stammkapitals an (§ 3 Abs. 1 Nr. 3 GmbHG).

56

Äußerst umstritten ist die Anwendung der Vorschrift, wenn die GmbH entgegen § 4a GmbHG nachträglich ihren tatsächlichen Sitz verlegt. Zur Verlegung ins Ausland vgl. § 6 Rn 140. Das LG Memmingen hat die Auffassung vertreten, dass § 144a FGG auch auf Satzungsbestimmungen anzuwenden ist, die erst nach der Eintragung unrichtig geworden sind.[80] § 4a GmbHG verlange eine Übereinstimmung von tatsächlichem und dem durch die Satzung bestimmten Sitz. Bestehe insoweit keine Übereinstimmung, sei die Bestimmung nichtig. Demgegenüber hat das BayObLG eine

57

---

80 Rpfleger 2002, 157; ebenso *Lutter/Bayer*, § 4a Rn 25; *Scholz/Emmerich*, § 4a Rn 20 f.

Anwendung des § 144a FGG in einem derartigen Fall abgelehnt.[81] Es hat insoweit darauf abgestellt, dass § 144a FGG eine rechtsgeschäftliche Nichtigkeit verlange. Für eine solche reiche aber eine Veränderung der tatsächlichen Umstände nicht aus. Auch der Verstoß gegen ein gesetzliches Verbot führe nur dann zur Nichtigkeit, wenn das gesetzliche Verbot bereits zum Zeitpunkt des rechtsgeschäftlichen Handelns vorlag.

2. Das Verfahren

58 Anders als bei § 144 FGG liegt im Falle des § 144a FGG das Einschreiten des Registergerichts nicht in seinem Ermessen. Nach dem Gesetzeswortlaut ist das Gericht vielmehr **zum Einschreiten verpflichtet**. Lehnt das Gericht ein Einschreiten ab, steht gegen diese Entscheidung die einfache Beschwerde zur Verfügung. Wird das Verfahren eingeleitet, hat das Gericht die Gesellschaft aufzufordern, den Mangel durch eine Satzungsänderung zu beseitigen oder die Unterlassung durch einen Widerspruch zu rechtfertigen. Kommt die Gesellschaft der **Aufforderung** nicht nach, wird die Gesellschaft mit der Rechtskraft der Feststellung des Satzungsmangels durch das Gericht nach § 144a Abs. 2 FGG aufgelöst (vgl. § 262 Abs. 1 Nr. 5 AktG, § 60 Abs. 1 Nr. 6 GmbHG). Auf diese Rechtsfolge ist die Gesellschaft in der Ausgangsverfügung hinzuweisen.

59 Wird **Widerspruch** erhoben, so hat das Gericht über diesen Widerspruch auch dann zu entscheiden, wenn dieser nicht innerhalb der gesetzten Frist eingeht, ein gerichtlicher Feststellungsbeschluss aber noch nicht getroffen worden ist. Vertritt es nunmehr die Auffassung, dass ein Satzungsmangel nicht (mehr) vorliegt, stellt es das Verfahren ein. Einer förmlichen Entscheidung bedarf es insoweit nicht.[82] Ist es der Auffassung, dass der Mangel nach wie vor besteht, weist es den Widerspruch zurück und stellt zugleich die Mangelhaftigkeit der Satzung fest (vgl. § 144a Abs. 2 S. 2 FGG). Gegen diese Entscheidung steht der Gesellschaft nach § 144a Abs. 3 FGG die sofortige Beschwerde zu. Mit der Rechtskraft der Feststellungsverfügung wird diese von Amts wegen in das Register eingetragen (vgl. § 263 S. 2 AktG, § 65 Abs. 1 S. 2 GmbHG). Dies hindert die Gesellschafter aber nicht,

---

81 BB 2002, 907; ebenso LG Mannheim GmbHR 2000, 874.
82 *Bumiller/Winkler*, § 144a Rn 14.

den Satzungsmangel zu einem späteren Zeitpunkt zu beseitigen und die Fortsetzung zu beschließen (vgl. zur Fortsetzung § 6 Rn 229 ff.).

II. Die Eintragung der Auflösung wegen der fehlenden Volleinzahlung bei der Einpersonen-GmbH nach § 144b FGG

1. Anwendungsbereich

Vereinigen sich innerhalb von drei Jahren[83] nach der Eintragung der Gesellschaft in das Handelsregister alle Geschäftsanteile in der Hand eines Gesellschafters oder daneben in der Hand der Gesellschaft, so hat der Gesellschafter innerhalb von drei Monaten seit der Vereinigung der Geschäftsanteile alle Geldeinlagen voll einzuzahlen oder der Gesellschaft für die Zahlung der noch ausstehenden Beträge eine Sicherung zu bestellen (vgl. § 19 Abs. 4 GmbHG). Die Rechtslage entspricht insoweit derjenigen bei Gründung einer Einpersonen-GmbH (vgl. § 7 Abs. 2 S. 3 GmbHG). Der Gesellschafter kann das Entstehen einer Einpersonen-GmbH auch durch Abtretung von Geschäftsanteilen an eine andere Person wieder rückgängig machen. Die Frist von drei Monaten hat dabei keine materiell-rechtliche Bedeutung. Vor Ablauf der Frist kann das Registergericht aber nicht gegen den Gesellschafter nach § 144b GmbHG einschreiten. Erfährt nämlich das Registergericht von dem Entstehen einer Einpersonen-GmbH, was häufig im Rahmen der Anmeldung von Satzungsänderungen oder der Vorlage von Gesellschafterlisten geschieht, so hat es ein Verfahren nach § 144b GmbHG einzuleiten.

60

2. Das Verfahren

Stellt sich das Entstehen einer Einmann-GmbH heraus, wird das Registergericht zum Zwecke der Sachaufklärung den Alleingesellschafter auffordern, den **Nachweis über die Volleinzahlung** der Einlagen oder der Sicherheitenbestellung zugunsten der Gesellschaft zu erbringen. Dies gilt allerdings dann nicht, wenn sich schon aus der Akte eine Volleinzahlung hinreichend plausibel ergibt. Ansonsten gelten die allgemeinen Regeln, so dass eine Volleinzahlung auch voraussetzt, dass die Leistung zur endgültigen freien Verfügung der Geschäftsführer erfolgt ist. Weist der Gesellschafter die

61

---

83 LG Mainz Rpfleger 2005, 147.

Voraussetzungen des § 19 Abs. 4 GmbHG oder die Aufnahme eines weiteren Gesellschafters nicht nach, wird das Registergericht ihn mit Fristsetzung auffordern, die entsprechenden Maßnahmen nachzuholen oder die Unterlassung durch einen Widerspruch zu rechtfertigen. Auch diese **Aufforderungsverfügung** ist mit einem Hinweis auf die Rechtsfolgen zu versehen. Diese entsprechen der Feststellung des Satzungsmangels nach § 144a FGG: Mit der Rechtskraft des Beschlusses, der die Nichteinhaltung der Verpflichtungen nach § 19 Abs. 4 GmbHG feststellt, ist die Gesellschaft aufgelöst (vgl. § 262 Abs. 1 Nr. 5 AktG, § 60 Abs. 1 Nr. 6 GmbHG).

62 Nun entspricht das Verfahren dem des § 144a FGG: Holt der Gesellschafter seine Verpflichtung nach, wird das Verfahren einfach eingestellt. Erhebt er keinen Widerspruch, wird die Nichteinhaltung der Verpflichtungen nach § 19 Abs. 4 GmbHG festgestellt. Wird **Widerspruch** eingelegt und das Verfahren nicht eingestellt, wird die Feststellung gemeinsam mit der Zurückweisung des Widerspruchs getroffen. Gegen den feststellenden Beschluss ist die sofortige Beschwerde vorgesehen. Dabei kann der Gesellschafter seine Verpflichtungen noch bis zur letzten Tatsacheninstanz nachholen (§ 23 FGG).[84] Allein die Nachholung ändert allerdings nichts an der Auflösung, wenn der Feststellungsbeschluss erlassen ist. Denn das Registergericht ist zu einer Abänderung des Beschlusses mit seinem Erlass nicht mehr befugt (vgl. § 18 Abs. 1 FGG). Der Gesellschafter muss vielmehr sofortige Beschwerde einlegen. Der Auflösungsgrund wird von Amts wegen in das Register eingetragen (vgl. § 65 Abs. 1 S. 2 GmbHG).[85] Ist die Feststellung rechtskräftig, kommt nach Erfüllung der Verpflichtungen die Fortsetzung der Gesellschaft in Betracht (vgl. dazu § 6 Rn 229 ff.).

63 Das gesamte Verfahren richtet sich zwar gegen den Alleingesellschafter, die **Gesellschaft** ist aber von Anfang an förmlich zu beteiligen.[86] Entsprechende Abschriften der Schreiben an den Gesellschafter müssen daher auch an die Gesellschaft über ihre Organe gerichtet werden. Auch ihr ist der Feststellungsbeschluss zuzustellen und die Gesellschaft kann die sofortige Beschwerde einlegen.

---

84 OLG Zweibrücken Rpfleger 2000, 459; BayObLG BB 2001, 1917, 1918; GmbHR 1998, 736, 737.
85 Die Gesellschaft kann einer Eintragung nicht durch einen Auflösungsbeschluss nach § 60 Abs. 1 Nr. 2 GmbHG entgehen, weil für die Verkehrskreise von Bedeutung ist, dass keine Volleinzahlung stattgefunden hat, vgl. LG Berlin, Beschl. v. 8.12.1998 – 98 T 91/98 0150, n.v.
86 KG Rpfleger 2000, 71–73.

§ 16 Die Rechtsbehelfe und Rechtsmittel

A. Die einfache Beschwerde

I. Übersicht

Das Registerverfahren ist Teil der Handelssachen im Sinne des Gesetzes über die Angelegenheiten der freiwilligen Gerichtsbarkeit (FGG). Im Registerverfahren gelten damit die allgemeinen Vorschriften des FGG, die sich in den §§ 19 bis 27 FGG mit dem einzigen Rechtsmittel des FGG befassen: der **Beschwerde**. Soweit eine Zuständigkeit des Rechtspflegers begründet ist, ist gegen seine Entscheidung das Rechtsmittel gegeben, das sich aus den allgemeinen Vorschriften ergibt (vgl. § 11 Abs. 1 RPflG). Die frühere Rechtspflegererinnerung ist durch das Dritte Gesetz zur Änderung des Rechtspflegergesetzes und anderer Gesetze vom 6.8.1998[1] abgeschafft worden. Sie findet sich nach § 11 Abs. 2 RPflG nur noch dann, wenn ein Rechtsmittel nach den allgemeinen Vorschriften nicht gegeben ist (im Einzelnen Rn 19 f.).

In bestimmten Verfahren sieht das FGG zunächst **andere Rechtsbehelfe** als die Beschwerde vor. So sehen etwa das Zwangsgeldverfahren (§ 132 FGG) oder das Firmenmissbrauchverfahren nach § 140 FGG als ersten Schritt den sog. **Einspruch** vor (vgl. § 132 Abs. 1 S. 1, Abs. 2 FGG). Die Verfahren bei Eintragungen von Amts wegen, wie z.B. das Firmenlöschungsverfahren nach § 141 FGG, das Verfahren auf Löschung wegen Vermögenslosigkeit nach § 141a FGG, das Verfahren zur Löschung unzulässiger Eintragungen oder nichtiger Gesellschaften nach §§ 142, 144 FGG und die Verfahren zur Eintragung der Auflösung von Kapitalgesellschaften nach §§ 144a, 144b FGG, verlangen vor der Einlegung der Beschwerde übereinstimmend ein Widerspruchsverfahren. Diese besonderen Rechtsbehelfe sind bei den jeweiligen Verfahren beschrieben (vgl. § 15 in diesem Buch).

Die Beschwerde kommt im FGG-Verfahren als sog. **einfache**, d.h. **unbefristete Beschwerde** vor. Soweit dies ausdrücklich festgelegt ist, ist die Beschwerde aber auch fristgebunden. In diesen selteneren Fällen muss die Beschwerde binnen zwei Wochen eingelegt werden. Die Besonderheiten dieser **sofortigen Beschwerde** werden in Rn 36 ff. behandelt.

---

1 BGBl I S. 2030.

II. Statthaftigkeit der Beschwerde

1. Überblick

4 Die Beschwerde ist gegen alle sachlichen Entscheidungen des Gerichts der ersten Instanz statthaft, gleichgültig, ob diese Entscheidungen auf formellrechtlichen oder materiell-rechtlichen Gründen beruhen.[2] Damit werden zunächst alle Entscheidungen erfasst, die das Verfahren abschließen.

2. Das Verfahren abschließende Entscheidungen

5 Die Beschwerde ist daher namentlich statthaft bei einem **Zurückweisungsbeschluss**, mit dem die Eintragung auf eine Anmeldung abgelehnt wird. Dieser Zurückweisungsbeschluss ist durch das Gericht nach § 26 S. 1 HRV zu erlassen und mit Gründen zu versehen.

6 Nicht anfechtbar ist die **Eintragung**.[3] Insoweit gilt der Grundsatz der Erhaltung der Eintragung, der sich aus der Publizität des Registers und einem damit einhergehenden erhöhten Bestandsschutz ergibt. Die Beseitigung einer Eintragung kann daher nur nach Maßgabe der §§ 142, 144 FGG erfolgen. Die (unzulässige) Beschwerde gegen eine Eintragung ist aus diesem Grund in eine Anregung zur Einleitung eines entsprechenden Amtslöschungsverfahrens umzudeuten.[4] In einer derartigen Beschwerde kann unter Umständen auch eine Neuanmeldung zu sehen sein, wenn sich die Einwendungen dagegen wenden, dass eine bestimmte Fassung der Anmeldung nicht übernommen worden ist.[5] Da die Eintragungsverfügung den Beteiligten – anders als die Eintragung – nicht bekannt gemacht wird, kommen Beschwerden gegen diese vor Vollzug i.d.R. nicht vor. Ist dies ausnahmsweise anders, wird also Beschwerde gegen die Eintragungsverfügung schon vor Durchführung der Eintragung eingelegt, soll auch eine solche Beschwerde zulässig sein.[6]

7 Unter den Voraussetzungen des § 17 Abs. 1 HRV können Eintragungen **berichtigt** werden (vgl. § 2 Rn 50). Der entsprechende Anspruch auf Be-

---

2 *Bumiller/Winkler*, § 19 Rn 2.
3 BGHZ 104, 61, 63 = NJW 1988, 1840; *Koller/Roth/Morck*, § 8 Rn 25; *Baumbach/Hopt*, § 8 Rn 10; *Jansen/Briesemeister*, § 19 Rn 14.
4 BayObLG Rpfleger 1978, 181; 1990, 200; DB 1986, 1796 = DNotZ 1986, 48; BB 2000, 477; *Keidel/Kuntze/Winkler*, § 142 Rn 4; *Bumiller/Winkler*, § 142 Rn 3; *Krafka/Willer*, Rn 2240.
5 BayObLG DB 1986, 1796 = DNotZ 1986, 48; *Krafka/Willer*, Rn 2240.
6 *Keidel/Kuntze/Winkler*, § 19 Rn 16; a.A. Jansen/*Briesemeister*, § 19 Rn 13.

richtigung von Tatsachenangaben kann auch im Rechtsmittelverfahren verfolgt werden.[7] Für zulässig wird auch eine sog. **Fassungsbeschwerde** erachtet. Dies kann – wegen der Unangreifbarkeit der Eintragung mit der Beschwerde – aber nur insoweit gelten, als die Beschwerde eine Klarstellung einer unklar oder unzureichend gefassten Eintragung begehrt.[8]

3. Zwischenverfügungen

Neben den das Verfahren abschließenden Verfügungen enthalten aber auch die sog. **Zwischenverfügungen** nach § 26 S. 2 HRV sachliche Entscheidungen, weil den Beteiligten mit der Verfügung die behebbaren Eintragungshindernisse mitgeteilt werden, die zur Zeit nach Auffassung des Gerichts einer Eintragung entgegenstehen.[9] Darunter fallen aber nicht einfache Meinungsäußerungen,[10] etwa dass eine Satzungsregelung unwirksam sei, aber wegen § 9c Abs. 2 GmbHG nicht beanstandet werde. Ebenso sind Stellungnahmen zu vorgelegten Entwürfen oder die Aufforderung, die Anmeldung zurückzunehmen, nicht beschwerdefähig.[11] Auch ein Hinweis auf nicht behebbare Eintragungshindernisse reicht nicht aus. Ob eine anfechtbare Zwischenverfügung nur dann vorliegt, wenn diese eine Fristsetzung enthält und die Zurückweisung der Anmeldung androht,[12] dürfte zweifelhaft sein. Grundsätzlich wird es ausreichen, wenn erkennbar ist, dass das Registergericht die Eintragung von der Behebung des benannten Hindernisses abhängig machen will.[13]

8

4. Verfahrensleitende Anordnungen

Zu einer Verzögerung können auch **verfahrensleitende Anordungen** führen. Eine solche Anordnung kann etwa in der Versendung der Akten zur IHK zur Gutachteneinholung nach § 23 HRV zu sehen sein.[14] Solange derartige

9

---

7 BayObLG NJW-RR 1986, 1161; *Krafka/Willer*, Rn 2243.
8 *Krafka/Willer*, Rn 2444.
9 *Krafka/Willer*, Rn 2438; *Keidel/Kuntze/Winkler*, § 19 Rn 9 ff.; *Bumiller/Winkler*, § 19 Rn 6.
10 OLG Köln Rpfleger 1978, 21; OLG Hamm Rpfleger 1973, 172; *Krafka/Willer*, Rn 2439. Allgemein rechtfertigen Rechtsausführungen ein Rechtsmittel nicht, vgl. OLG Köln FGPRax 2007, 94.
11 BayObLG NJW-RR 1988, 869.
12 So aber OLG Frankfurt OLGR 1998, 192.
13 Vgl. nur: LG Berlin, Beschl. v. 17.11.1998–98 T 68/99, n.v.; Beschl. v. 30.11.1999–98 T 62/99, n.v.
14 In eiligen Fällen ist ohnehin eine vorherige Absprache der Beteiligten direkt mit der IHK zu empfehlen, so dass eine Stellungnahme schon mit der Anmeldung eingereicht werden kann.

Anordnungen aber im inneren Dienst erfolgen und nur für diesen bestimmt sind, sich also nicht an einen Beteiligten richten, sind diese nicht mit der Beschwerde anfechtbar.

10 In Betracht kommt lediglich die Erhebung der sog. **Dienstaufsichtsbeschwerde**. Sie richtet sich gegen ein vom Gericht im Verfahren geübtes Verhalten, das der äußeren Ordnung und dem dienstlichen Betrieb widerspricht und in den Bereich der Justizverwaltung fällt. Hierzu gehört auch die Beanstandung der Untätigkeit oder unzulässig verzögerten Bearbeitung durch den zuständigen Sachbearbeiter. Selbständig anfechtbar ist allerdings die Aussetzung nach § 127 FGG.[15]

5. Verzicht, Verwirkung, Ausschluss der Beschwerde

11 Unstatthaft ist die Beschwerde nach allgemeinen Regeln, wenn auf sie **verzichtet** worden ist oder wenn das Beschwerderecht verwirkt ist. Dabei setzt die Annahme der **Verwirkung** nicht nur einen erheblichen Zeitablauf, sondern auch das Entstehen eines Vertrauenstatbestands voraus. An diesem wird es zumeist fehlen, weil das Gericht kein schützenswertes Vertrauen entwickeln kann und andere Beteiligte fehlen. Ebenfalls unzulässig ist eine Beschwerde in Fällen, in denen sie gesetzlich **ausgeschlossen** worden ist. Dies ist etwa im Zwangsgeldverfahren der Fall. Dort wird die Beschwerde gegen die Androhung der Festsetzung eines Zwangsgeldes durch den Einspruch ersetzt (vgl. § 132 Abs. 2 FGG; vgl. dazu auch Rn 2).

III. Einlegung der Beschwerde

1. Zuständigkeit

12 Die Einlegung der Beschwerde kann sowohl bei dem Gericht erfolgen, dessen Entscheidung angegriffen wird, als auch bei dem Beschwerdegericht (vgl. § 21 Abs. 1 FGG). Zuständiges Beschwerdegericht ist das Landgericht (vgl. § 19 Abs. 2 FGG). Soweit dort eine Kammer für Handelssachen gebildet ist, ist diese für Beschwerden in Handelssachen nach dem FGG und damit auch für die Handelsregistersachen zuständig (vgl. § 30 Abs. 1 S. 2 FGG).

---

15 *Bumiller/Winkler*, § 127 Rn 14; *Jansen/Steder*, § 127 Rn 31.

2. Beschwerdeschrift

Die Beschwerde wird eingelegt durch die Einreichung einer **Beschwerdeschrift**. Sie kann auch zu Protokoll einer Geschäftsstelle erhoben werden (vgl. § 21 Abs. 2 FGG). Soweit der Wortlaut des § 21 Abs. 2 FGG die Beschwerdeeinlegung bei einer anderen Geschäftsstelle als der des Ausgangsgerichts oder des Beschwerdegerichts ausschließt, bedeutet dies lediglich, dass bei fristgebundenen Beschwerden die Frist erst mit dem Eingang des Protokolls bei diesen Gerichten gewahrt ist.[16] Die Beschwerdeschrift oder das Protokoll müssen unterschrieben sein, für das Protokoll reicht die Unterschrift des Urkundsbeamten.[17] Die Einlegung der Beschwerde unterliegt keinem Anwaltszwang.[18]

13

Auch wenn das Gesetz keinen genauen **Inhalt** der Beschwerde vorschreibt, so muss sich aus ihr gleichwohl ergeben, gegen welche Entscheidung sie sich richtet und dass eine Überprüfung durch die übergeordnete Instanz erwartet wird. Eine eigentlich nicht notwendige Begründung empfiehlt sich jedenfalls dann, wenn die Fehlerhaftigkeit der Entscheidung nicht sogleich ins Auge sticht. Eines bestimmten Antrags bedarf es nicht.[19]

14

Die Beschwerde kann auch durch einen Vertreter eingelegt werden. Eine **Vollmacht** ist nach § 13 S. 3 FGG nur auf Verlangen des Gerichts vorzulegen. Die Vollmacht muss dann aber öffentlich beglaubigt sein. Dies gilt grundsätzlich auch für Rechtsanwälte. Das Gericht wird aber in der Regel mit Rücksicht auf die Stellung der Rechtsanwälte von diesem Nachweis absehen.[20] Ein Notar kann in den Fällen des § 129 FGG auch ohne Vollmachtnachweis Beschwerde einlegen. Im Falle der Vertretung ist deutlich zu machen, in wessen Namen die Beschwerde eingelegt wird, weil nur dann geprüft werden kann, ob eine Beschwerdeberechtigung besteht. Die Beschwerde eines Notars ist im Zweifel als im Namen der Gesellschaft eingelegt anzusehen.[21]

15

---

16 *Keidel/Kuntze/Winkler*, § 21 Rn 15; *Krafka/Willer*, Rn 2448.
17 So jedenfalls *Krafka/Willer*, Rn 2447; *Keidel/Kuntze/Winkler*, § 21 Rn 17; weitergehend *Jansen/Briesemeister*, § 21 Rn 6: Erkennbarkeit des Willens und der Person reicht aus.
18 *Krafka/Willer*, Rn 2447; *Keidel/Kuntze/Winkler*, § 21 Rn 10.
19 *Keidel/Kuntze/Winkler*, § 21 Rn 6; *Jansen/Briesemeister*, § 21 Rn 12.
20 *Keidel/Kuntze/Winkler*, § 13 Rn 15; *Bumiller/Winkler*, § 13 Rn 13.
21 OLG Frankfurt RPfleger 1978, 411; KG NZG 2004, 809 = BB 2004, 1521 = DB 2004, 1821.

3. Rücknahme der Beschwerde

16 Die Beschwerde kann bis zur Entscheidung des Beschwerdegerichts zurückgenommen werden. Die **Rücknahme** durch den Notar kann unter den Voraussetzungen des § 24 Abs. 3 BNotO erfolgen. Dabei hat er den Schriftsatz zu unterschreiben und sein Dienstsiegel beizufügen.

IV. Beschwerdeberechtigung, § 20 FGG

1. Grundsatz

17 Nach § 20 Abs. 1 FGG steht das Recht zur Beschwerde nur dem zu, der durch die Entscheidung in seinen Rechten verletzt ist. Soweit eine Entscheidung nur auf Antrag ergeht, steht sie sogar nur dem **Antragsteller** zu, § 20 Abs. 2 FGG. Dies ist im **Registerverfahren bei den Anmeldungen** stets der Fall. Die zur Beschwerdebefugnis ergangene Rechtsprechung ist sehr unübersichtlich.

2. Anmeldungen bei den Kapitalgesellschaften

18 Die auf eine **konstitutive Eintragung** gerichtete Anmeldung hat bei den Kapitalgesellschaften im Namen der Gesellschaft zu erfolgen. Dementsprechend ist die Beschwerde auch im Namen der Gesellschaft einzulegen, diese ist beschwerdeberechtigt.[22] Eine dies nicht berücksichtigende Beschwerde ist nach Möglichkeit in diesem Sinne auszulegen. Die Beeinträchtigung der Gesellschaft selbst betrifft nicht nur die Anmeldung einer Satzungsänderung, sondern bereits die Ersteintragung. Insoweit wird die Ansicht vertreten, dass die Beschwerde unabhängig von § 78 GmbHG immer durch die Vertreter in vertretungsberechtigter Anzahl erfolgen kann.[23] Tatsächlich handelt es sich bei dem Beschwerdeverfahren aber um die Fortsetzung des Anmeldeverfahrens, so dass es richtigerweise einer Beschwerde durch alle der zur Anmeldung Verpflichteten bedarf.[24] Den Gesellschaftern und den Vertretern steht

---

22 BGHZ 105, 324 = NJW 1989, 295; BGHZ 107, 1 = NJW 1989, 1610; BGHZ 117, 323 = NJW 1992, 1824; BayObLG BB 2004, 797; *Hüffer*, § 38 Rn 14; eine dem entgegenstehende st. Rspr. des BayObLG und anderer OLG ist damit hinfällig.
23 *Krafka/Willer*, Rn 2454.
24 *Hüffer*, § 38 Rn 14; *Scholz/Winter*, § 9c Rn 41.

kein eigenes Beschwerderecht zu.²⁵ Kein Beschwerderecht hat auch der Insolvenzverwalter, weil die Insolvenzmasse nicht betroffen ist.²⁶

Bei den nur **deklaratorisch wirkenden Eintragungen,** wie z.b. der Eintragung eines Geschäftsführers, wird ebenfalls ein alleiniges Beschwerderecht der Gesellschaft befürwortet, so dass die Beschwerde im Namen der Gesellschaft durch die Vertreter in vertretungsberechtigter Anzahl zu erfolgen hat.²⁷ Für ein Beschwerderecht des einzelnen Vertretungsorgans soll es an dessen persönlicher Beeinträchtigung fehlen. Andere wiederum erkennen die Anmeldepflicht wegen der Zwangsgeldandrohung als persönliche Pflicht des Vertreters an, so dass er auch durch eine Zurückweisung oder Auflage selbst beeinträchtigt wird.²⁸ Bei genauerer Betrachtung verneint das Registergericht in diesem Fall aber gerade eine Pflicht des Vertreters. Er ist insoweit seinen Pflichten nachgekommen, als er an der Anmeldung mitgewirkt hat. Dass diese nicht zu einer Eintragung führt, trifft seine Person nicht. **19**

3. Anmeldungen bei den Personenhandelsgesellschaften

Bei Anmeldungen, die durch alle Gesellschafter einer Personenhandelsgesellschaft vorgenommen werden müssen, sind nur alle diese Gesellschafter gemeinsam beschwerdeberechtigt. Nur sie gemeinsam sind die **Antragsteller** im Sinne des § 20 Abs. 2 FGG.²⁹ Ob die Beschwerde insoweit eigentlich der Gesellschaft zusteht, kann dahinstehen, weil sich jedenfalls durch Auslegung ergeben würde, dass die Beschwerde im Namen der Gesellschaft eingelegt sein soll. **20**

Soweit die Anmeldung durch **Vertreter in vertretungsberechtigter Anzahl** erfolgen kann, wie dies bei der Anmeldung einer Zweigniederlassung oder einer Prokura der Fall ist, reicht auch die Beschwerde im Namen der **21**

---

25 BGHZ 105, 324 = NJW 1989, 295; OLG Hamm BB 1997, 753; Scholz/*Winter*, § 9c Rn 41; a.A. *Keidel/Kuntze/Winkler*, § 20 Rn 94.
26 BayObLG BB 2004, 797.
27 Hachenburg/*Ulmer*, § 78 Rn 12; weiter: *Krafka/Willer*, Rn 2454.
28 BayObLG BB 2000, 10; OLG Köln BB 2001, 2180, 2181 = Rpfleger 2001, 552; KG NJW-RR 2004, 331 = GmbHR 2004, 116; *Lutter/Kleindiek*, § 78 Rn 8; Baumbach/*Hopt*, § 14 Rn 2.
29 *Krafka/Willer*, Rn 2455.

Gesellschaft durch Vertreter in vertretungsberechtigter Anzahl aus.[30] Soweit danach eine Beteiligung durch Prokuristen möglich ist, reicht diese für die Beschwerde ebenfalls aus.[31]

4. Das Zwangsgeldverfahren nach den §§ 132 ff. FGG

22 Dass grundsätzlich die Gesellschaft selbst betroffen und damit allein beschwerdebefugt ist, gilt aber dann nicht, wenn das Registergericht durch eine entsprechende Zwangsgeldandrohung eine Anmeldepflicht durchzusetzen beabsichtigt. Denn das Zwangsgeld betrifft den einzelnen Vertreter persönlich, so dass ihm ein Beschwerderecht zusteht.[32] Dieses Verfahren richtet sich demnach zwar nicht gegen die Gesellschaft, ihr wird dennoch ein eigenes Recht zum Einspruch (vgl. § 15 Rn 13) und ein eigenes Beschwerderecht eingeräumt.[33] Dies gilt jedenfalls dann, wenn es um die Vorlagepflicht nach § 21 PublG geht und die Gesellschaft eine derartige Vorlagepflicht bestreitet.[34]

5. Sonstige Verfahren

23 Soweit das Registergericht auf Antrag tätig zu werden hat, wie dies bei der Notgeschäftsführerbestellung nach § 29 BGB, der Notvorstandsbestellung nach § 85 AktG oder der Liquidatorenbestellung nach § 66 Abs. 2 GmbHG der Fall ist, gilt die Regelung des § 20 Abs. 2 FGG. Die jeweilige Antragsberechtigung ist dabei glaubhaft zu machen; fehlt die Glaubhaftmachung, fehlt auch die Beschwerdebefugnis.[35] Wird dem Antrag stattgegeben, sind jedenfalls die Gesellschafter beschwerdeberechtigt, weil ihnen ihr Bestellungsrecht durch Gesellschafterbeschluss durch die gerichtliche Bestellung oder Abberufung genommen wird.[36] Dabei wird nicht nur den Gesellschaf-

---

30 *Krafka/Willer*, Rn 2456.
31 *Krafka/Willer*, Rn 2456.
32 *KrafkaWiller*, Rn 2460; *Koller/Roth/Morck*, § 14 Rn 3.
33 *Bumiller/Winkler*, § 139 Rn 4; *Keidel/Kuntze/Winkler*, § 132 Rn 18, § 139 Rn 6 a; Jansen/*Steder*, § 139 Rn 16.
34 BayObLG RPfleger 2002, 31 = BB 2001, 2607 (LS).
35 Vgl. dazu KG, Beschl. v. 20.2.2007– 1 W 323/06.
36 Ein Beschwerderecht des GmbH-Gesellschafters im Falle der Nachtragsliquidatorbestellung verneint LG Berlin, Beschl. v. 30.5.1997 – 98 T 22/97; dafür spricht in der Tat, dass die Gesellschafter nach der Löschung der Gesellschaft kein Bestellungsrecht mehr besitzen.

tern mit Beschlussmehrheit, sondern jedem einzelnen Gesellschafter ein Beschwerderecht eingeräumt.[37] Ebenfalls beschwerdebefugt sollen der abberufene Vertreter und die Gesellschaft sein.[38] Keine Beschwerdebefugnis wird einem Schuldner der Gesellschaft zukommen, weil seine Rechtsstellung unbeeinträchtigt bleibt.[39] Wird eine Person durch das Gericht gegen ihren Willen zum Vertreter bestellt, so soll ihr wegen des Eingriffs in ihre Rechtssphäre ein Beschwerderecht zustehen.[40] Dem kann man entgegenhalten, dass die Pflicht zur Amtsausübung erst mit der Annahme des Amtes entsteht. Allein die Mitteilung des Bestellungsbeschlusses nach § 16 FGG reicht für die Erlangung der Organstellung grundsätzlich nicht aus.[41]

Widerspruchsberechtigt[42] und damit auch beschwerdebefugt sind beim Verfahren nach § 141 FGG die Gesellschafter und die Gesellschaft selbst. Im Verfahren nach § 141a FGG wird das Widerspruchs- und damit Beschwerderecht der Gesellschaft, aber auch – jedenfalls im Fall der öffentlichen Bekanntmachung der Löschungsabsicht – den Gesellschaftern und Gesellschaftsgläubigern eingeräumt (vgl. § 141a Abs. 2 S. 2 FGG). Im Falle des § 142 FGG hat jeder ein Beschwerderecht, dessen Rechte durch die Löschung oder durch die Ablehnung der Löschung beeinträchtigt sein können. Bei Gesellschaften ist dies der einzelne Gesellschafter aber nur, wenn ihn die entsprechende Eintragung auch betrifft.[43] Das wird etwa dann der Fall sein, wenn es um die Eintragung der Löschung der Gesellschaft geht, weil diese Eintragung unmittelbaren Einfluss auf das Fortbestehen der Rechte der Gesellschaft hat.[44] Entsprechendes gilt in den Verfahren nach §§ 144, 144a FGG, so dass in erster Linie die Gesellschaft betroffen ist.[45] Dem Gesell-

24

---

37 BayObLG GmbHR 1996, 860; *Lutter/Kleindiek*, § 66 Rn 6; *Baumbach/Hueck*, § 66 Rn 22.
38 Zu § 66 GmbHG: *Lutter/Kleindiek*, § 66 Rn 6; zu § 29 BGB: *Keidel/Kuntze/Winkler*, § 20 Rn 94.
39 OLG Köln DB 1983, 100; LG Berlin, Beschl. v. 1.2.2000 – 98 T 75/99, n.v. zur Bestellung eines Nachtragsliquidators.
40 KG OLGR 2000, 280 = BB 2000, 998; a.A. LG Berlin, Beschl. v. 30.11.1999 – 98 T 63/99, n.v.
41 Vgl. Erman/*Westermann*, § 29 Rn 3; Palandt/*Heinrichs*, § 29 Rn 6.
42 *Keidel/Kuntze/Winkler*, § 141 Rn 14; *Jansen*, § 141 Rn 14.
43 *Keidel/Kuntze/*Winkler, § 142 Rn 21; Jansen/*Steder*, § 142 Rn 62; nicht ein Dritter: OLG Hamm FGPrax 2005, 226; Jansen/*Steder*, § 142 Rn 59.
44 OLG Hamm BB 2001, 1701, 1702; weitergehend OLG Hamm OLGZ 1971, 226, 227 auch bei der Eintragung der Auflösung, zweifelhaft.
45 *Keidel/Kuntze/Winkler*, 144 Rn 34; im Fall des § 144 Abs. 2 FGG aber auch das von der Löschung bedrohte Vertretungsorgan (Beispiel: Löschung eines GmbH-Geschäftsführers wegen angeblichen Verlustes der Amtsfähigkeit).

schafter, der eine Löschung erreichen will, wird das Beschwerderecht dagegen häufig fehlen, weil er Anfechtungs- und Nichtigkeitsklage erheben kann.[46] Im Verfahren nach § 144b FGG, das sich gegen den Alleingesellschafter richtet, ist die materielle Beteiligung der Gesellschaft zu berücksichtigen, die ihr nicht nur ein zwingendes Anhörungsrecht, sondern auch ein Beschwerderecht sichert.[47]

6. Das Beschwerderecht nach § 126 FGG

25 Ein von den Voraussetzungen des § 20 Abs. 1 FGG unabhängiges Beschwerderecht steht nach § 126 FGG den an dem Registerverfahren zu beteiligenden Organen des Handelsstandes, des Handwerksstandes und des land- und forstwirtschaftlichen Berufsstandes zu. Dieses Beschwerderecht wird teilweise auch auf andere Vertretungsorgane von Berufsständen ausgeweitet. So soll auch den Rechtsanwaltskammern bei Eintragungen ein Beschwerderecht entsprechend § 126 FGG zustehen, wenn es um eine Rechtsanwalts-GmbH geht.[48] Allerdings gilt § 20 Abs. 2 FGG auch im Rahmen des § 126 FGG: Die Berufsstände können keine Beschwerde einlegen, soweit ein Antrag erforderlich ist, den sie selbst nicht stellen können. Nach einer Entscheidung des OLG Celle kann sich die IHK auch mit der Beschwerde gegen die Bestimmung der Bekanntmachungsblätter wenden.[49] Gegen die Ablehnung der Löschung einer Eintragung nach § 142 FGG kann sich die IHK jedenfalls dann wenden, wenn sie der Eintragung widersprochen hat.[50]

V. Abhilfeentscheidung

26 Das Ausgangsgericht hat bei der einfachen Beschwerde in Anwendung des § 18 Abs. 1 FGG zu prüfen, ob es der Beschwerde nicht abhilft. Das kommt vor allem dann in Betracht, wenn mit der Beschwerde neue Tatsachen und Beweise vorgebracht werden (vgl. § 23 FGG), insbesondere etwaige Auflagen

---

46 OLG Köln Rpfleger 2002, 209.
47 BayObLGZ 1986, 270 = Rpfleger 1986, 483; GmbHR 1992, 110; *Keidel/Kuntze/Winkler*, § 144b Rn 5.
48 BayObLGZ 1996, 188 = NJW 1996, 3217.
49 OLG Celle OLGR 1997, 165 = BB 1997, 2293; OLG Düsseldorf BB 2004, 1829; zur Anzahl der Blätter: LG Berlin, BB 1997, 955 m. Anm. *Müther*.
50 OLG Hamm OLGR 1998, 179.

nunmehr erledigt werden. Die ablehnende Abhilfeentscheidung, mit der die Sache dem Landgericht zur Entscheidung über die Beschwerde vorgelegt wird (vgl. § 572 ZPO entsprechend), ist dann, wenn die Beschwerde neuen Vortrag enthält, zu begründen. Diese Entscheidung ist den Beteiligten bekannt zu machen (§ 16 Abs. 1 FGG). Davon wird in der Praxis häufig abgesehen und die Sache mit dem Vermerk, dass der Beschwerde nicht abgeholfen wird, dem Landgericht vorgelegt. Dies entspricht zwar nicht den gesetzlichen Anforderungen, ist aber unschädlich, solange dies von dem Beschwerdegericht geduldet wird. Denn die ordnungsgemäße Durchführung eines Nichtabhilfeverfahrens ist keine Zulässigkeitsvoraussetzung des Beschwerdeverfahrens.

Eine Abhilfe ist in den Fällen der sofortigen, also fristgebundenen Beschwerde nach § 18 Abs. 2 FGG ausgeschlossen. Die Sache ist auch bei neuem Vortrag im Sinne des § 23 FGG unmittelbar an das Beschwerdegericht abzugeben. Eine Ausnahme gilt im Fall des § 136 FGG (vgl. dazu § 15 Rn 15). 27

VI. Entscheidung des Beschwerdegerichts

Ist die Beschwerde unzulässig, so ist sie als unzulässig zu verwerfen. Ist die Beschwerde unbegründet, ist sie zurückzuweisen. Eine teilweise Begründetheit bei einer einheitlichen Anmeldung kommt nur insoweit in Betracht, wie die Anmeldung teilbar ist. So kann eine zurückgewiesene einheitliche Satzungsänderung bei einer GmbH nicht in Teilen eintragungsfähig und in anderen nicht eintragungsfähig sein. Anderes gilt aber, wenn beispielsweise mit der Satzungsänderung auch Änderungen nach § 39 GmbHG angemeldet worden sind. Diese sind selbständig vollziehbar, so dass auch eine Beschwerdeentscheidung entsprechend teilbar wäre (vgl. schon zu den Anmeldungen § 2 Rn 33 f.). Im Übrigen enthält die Beschwerdeentscheidung im Falle der Begründetheit in erster Linie die Aufhebung der Entscheidung der Vorinstanz, weil das Landgericht die Eintragung nicht selbst verfügen kann.[51] Unter Umständen enthält die Entscheidung auch die notwendigen Weisungen an das Amtsgericht zum Vollzug. Dies kann etwa die Anweisung zum Vollzug durch eine besonders gefasste Eintragung sein. Bei schwerwiegenden Mängeln des Verfahrens oder unzureichender Aufklärung des Sachverhalts kann das Beschwerdegericht die Sache unter Aufhebung der Entschei- 28

---

51 *Bumiller/Winkler*, § 25 Rn 7.

dung der Vorinstanz zur anderweitigen Entscheidung zurückverweisen. Das Ausgangsgericht ist in diesem Fall an die Rechtsauffassung des Beschwerdegerichts gebunden.[52]

29 Soweit das Amtsgericht den Weisungen des Landgerichts folgt, ist hiergegen keine Beschwerde möglich. Dies gilt aber nur soweit, wie sich die Sachlage nicht geändert hat oder dies zumindest in der Beschwerde nicht behauptet wird.

B. Die weitere Beschwerde

I. Beschränkte Überprüfung

30 Nach § 27 FGG kann die Entscheidung des Beschwerdegerichts mit der weiteren Beschwerde angegriffen werden.[53] Dabei kann die weitere Beschwerde **nur auf Rechtsverletzungen** gestützt werden, wobei die Regelung des § 547 ZPO über die absoluten Rechtsverletzungen nach § 27 Abs. 1 S. 2 FGG entsprechend gilt. Mit der Beschränkung auf Rechtsverletzungen geht eine Beschränkung im Tatsachenstoff einher. Das Gericht der weiteren Beschwerde ist grundsätzlich an die Tatsachenfeststellungen des Beschwerdegerichts gebunden (vgl. § 27 Abs. 1 S. 2 FGG i.V.m. § 559 ZPO). Keine Beschränkung besteht insoweit wegen der Verfahrenshandlungen[54] und der Auslegung von Gesellschaftsverträgen von Kapitalgesellschaften oder Publikumsgesellschaften.[55] Im Rahmen der weiteren Beschwerde wird allerdings auch die Zulässigkeit der Erstbeschwerde überprüft. Fehlt diese, kann auch die weitere Beschwerde keinen Erfolg haben.[56]

II. Zuständigkeit

31 Über die weitere Beschwerde entscheidet das **zuständige Oberlandesgericht** (vgl. § 28 Abs. 1 FGG).[57] Die weitere Beschwerde kann bei allen beteiligten Gerichten eingelegt werden. Die Beschwerde muss aber von

---

52 *Bumiller/Winkler*, § 25 Rn 8.
53 In einigen Fällen ist die weitere Beschwerde ausgeschlossen, vgl. etwa § 35 Abs. 3 S. 4 AktG.
54 BayObLG DB 2004, 647.
55 KG Rpfleger 2006, 197 = DNotZ 2006, 304.
56 OLG Köln BB 2000, 2180, 2181; NJW-RR 2004, 1106; BayObLGZ 1994, 40, 46; BB 2000, 10 = FGPrax 2000, 40.
57 In Bayern und Rheinland-Pfalz gibt es zentrale Obergerichte, vgl. auch § 199 FGG. Es handelt sich dabei um das OLG München und das OLG Zweibrücken. In Berlin ist das Kammergericht zuständig.

einem Rechtsanwalt unterzeichnet sein (vgl. § 29 Abs. 1 FGG). Dies ist jedoch entbehrlich, wenn die weitere Beschwerde durch einen Notar eingelegt wird, der in der ersten Instanz einen Antrag, nicht notwendigerweise den verfahrenseinleitenden Antrag, gestellt hat. An der Beurkundung oder Beglaubigung der zugrunde liegenden Anträge muss der Notar nicht beteiligt gewesen sein.

Nach § 28 Abs. 3 i.V.m. Abs. 2 FGG entscheidet der **Bundesgerichtshof** 32 über die weitere Beschwerde auf zulässigen Vorlagebeschluss der Sache durch das Oberlandesgericht, wenn dieses von der auf weitere Beschwerde ergangenen Entscheidung eines anderen Oberlandesgerichts oder von einer Entscheidung des Bundesgerichtshofs, die nicht im FGG-Verfahren ergangen sein muss, über die entscheidungserhebliche Rechtsfrage abweichen will.[58] Entscheidungen des Bundesgerichtshofs sind dabei für eine Vorlage nicht nur dann erheblich, wenn sie FGG-Verfahren betreffen; es ist vielmehr jede Entscheidung zu berücksichtigen.

III. Zulässigkeitsvoraussetzungen

Hinsichtlich der **Form** und der weiteren Zulässigkeitsvoraussetzungen, ins- 33 besondere hinsichtlich der Beschwerdeberechtigung gelten die Vorschriften über die Beschwerde auch für die weitere Beschwerde (vgl. § 29 Abs. 4 FGG).

Die Beschwerdeberechtigung für die weitere Beschwerde liegt immer dann 34 vor, wenn die Erstbeschwerde keinen Erfolg hatte.[59] Allein die Rechtsausführungen ergeben aber keine Rechtsbeeinträchtigung.[60]

IV. Kein Abhilfeverfahren

Die Ausgangsgerichte dürfen der weiteren Beschwerde nach § 29 Abs. 3 35 FGG nicht abhelfen. Dem Gericht der weiteren Beschwerde stehen die **gleichen Entscheidungsbefugnisse** zu wie dem Beschwerdegericht. Allerdings kann eine **Ermessensentscheidung** nur daraufhin überprüft werden, ob das Ermessen überhaupt ausgeübt worden ist und ob es missbraucht

---

58 BGH NJW-RR 2003, 1585.
59 BayObLG BB 2000, 477; OLG Köln BB 2001, 2180, 2181; OLG Hamm NJW-RR 1994, 548, 549.
60 OLG Köln FGPrax 2007, 94.

wurde. Liegt zwar eine Gesetzesverletzung vor, ist die Entscheidung des Beschwerdegerichts aber aus anderen Gründen richtig, ist die weitere Beschwerde nach § 27 Abs. 1 S. 2 FGG i.V.m. § 563 ZPO zurückzuweisen.

C. Die sofortige Beschwerde

I. Fälle der fristgebundenen Beschwerde

36 In einigen Fällen ist in Handelssachen nicht die einfache, sondern die fristgebundene sofortige Beschwerde vorgesehen. Es handelt sich dabei um folgende Fälle:
- Zwangsgeldfestsetzung bzw. Verwerfung des Einspruchs (§ 139 FGG)
- Firmenmissbrauchsverfahren nach § 140 FGG
- Firmenlöschungsverfahren (§ 141 Abs. 3 FGG)
- Löschung wegen Vermögenslosigkeit (§ 141a Abs. 2 S. 3 FGG)
- Löschung unzulässiger Eintragungen (§ 142 Abs. 3 FGG)
- Löschung unzulässiger Eintragung durch das Landgericht (§ 143 Abs. 2 FGG)
- Löschung nichtiger Gesellschaften oder Beschlüsse (§ 144 Abs. 1 und 2 FGG)
- Auflösung wegen Satzungsmangels (§ 144a Abs. 3 FGG)
- Auflösung wegen fehlender Volleinzahlung bei der GmbH (§ 144b S. 3 FGG)
- Fälle des § 145 FGG (u.a. gerichtliche Bestellung oder Abberufung von Vertretern, Bestellung von Prüfern nach § 33 Abs. 3 AktG etc.), § 146 Abs. 2 S. 1 FGG
- Bestellung oder Abberufung der GmbH-Liquidatoren nach § 66 Abs. 2 und 3 GmbHG (§ 148 FGG).

37 In den Fällen der §§ 148 Abs. 1, 145 FGG i.V.m. § 146 Abs. 2 FGG ist auch die **Ablehnung der beantragten Vornahme** mit der sofortigen Beschwerde angreifbar.[61] Wird im Übrigen eine Vornahme abgelehnt, ist die einfache Beschwerde das richtige Rechtsmittel. Dies gilt etwa für die Ablehnung der

---

61 *Bumiller/Winkler*, § 146 Rn 6; Jansen/*Steder*, § 146 Rn 17.

Einleitung eines Verfahrens auf Löschung einer Eintragung nach § 142 FGG[62] oder die Ablehnung der Einleitung eines Verfahrens auf Firmenlöschung nach § 141 FGG.[63]

Unklar ist die Rechtslage bezüglich der Bestellung eines **Notgeschäftsführers** für eine GmbH nach § 29 BGB und der Bestellung eines **Nachtragsliquidators** nach § 66 Abs. 5 GmbHG. Die entsprechenden aktienrechtlichen Regelungen sehen in diesen Fällen ebenfalls die sofortige Beschwerde als Rechtsmittel vor.[64] Aus diesem Grund wird auch in den entsprechenden Fällen bei der GmbH eine Befristung angenommen.[65] Für diese wünschenswerte Gleichstellung fehlt es aber an einer gesetzlichen Regelung, so dass gute Gründe gegen die Annahme sprechen, die Entscheidungen über die entsprechenden Anträge seien nur befristet anfechtbar.[66] Wegen der unklaren Rechtslage ist jedenfalls im Falle der Annahme einer Befristung eine Wiedereinsetzung in den vorigen Stand zu gewähren.[67]

38

II. Frist

Die sofortige Beschwerde ist binnen einer **Frist von zwei Wochen** einzulegen (vgl. § 22 Abs. 1 FGG). Die diese Frist auslösende Verfügung ist nach § 16 Abs. 2 FGG unter Anwendung der Vorschriften der ZPO zuzustellen. Erst die **ordnungsgemäße Zustellung** lässt den Lauf der Frist beginnen. Nach Maßgabe des § 22 Abs. 2 FGG kann bei einer Fristversäumung Wiedereinsetzung in den vorigen Stand beantragt werden. Eine Wiedereinsetzung kann dabei nicht auf eine fehlende Rechtsbehelfsbelehrung gestützt werden. Denn diese ist nicht vorgesehen. Eine ungeschriebene Verpflichtung zur Belehrung, wie sie der BGH in WEG-Sachen annimmt,[68] lässt sich in den

39

---

62 *Keidel/Kuntze/Winkler*, § 142 Rn 22; Jansen/*Steder*, § 142 Rn 57.
63 *Keidel/Kuntze/Winkler*, § 141 Rn 7; Jansen/*Steder*, § 141 Rn 50.
64 §§ 85, 273 AktG i.V.m. §§ 145, 146 Abs. 2 FGG.
65 OLG Schleswig NJW-RR 2000, 769; LG Berlin, Beschl. v. 30.11.1999– 98 T 63/99, n.v. zur Bestellung eines Nachtragsliquidators nach § 273 Abs. 4 AktG entsprechend; LG Berlin, Beschl. v. 1.2.2000– 98 T 75/99 – n.v. zur Bestellung nach § 66 Abs. 5 GmbHG; *Keidel/Kuntze/Winkler*, § 141a Rn 16.
66 So auch *Fichtner*, Voraussetzungen der Bestellung eines Notgeschäftsführers bei der GmbH, BB 1964, 868, 869; OLG Hamm Rpfleger 1987, 251.
67 BayObLG DB 2004, 179; das OLG München hat diese Frage nunmehr nach § 28 FGG dem BGH vorgelegt.
68 BGHZ 150, 390 = NJW 2002, 2171.

hier vorliegenden Verfahren wegen der übersichtlichen Regelungen nicht rechtfertigen.[69] In der Regel treten in diesen Verfahren auch berufserfahrene Personen auf, von denen ein höheres Maß an Aufmerksamkeit verlangt werden kann.

III. Neuer Tatsachenvortrag

40 Das Ausgangsgericht ist zu einer **Abhilfe** bei der sofortigen Beschwerde nicht befugt. Diese kann dennoch auf **neue Tatsachen und Beweise** gestützt werden. § 23 FGG gilt auch hier. Auch im Übrigen gelten die Formvorschriften und Zulässigkeitsvoraussetzungen der einfachen Beschwerde entsprechend. Gegen die Entscheidung des Beschwerdegerichts ist außer im Fall des § 143 FGG die **sofortige weitere Beschwerde** möglich (vgl. § 29 Abs. 2 FGG).

D. Rechtsmittel und Rechtsbehelfe gegen Rechtspflegerentscheidungen

41 In Handelssachen werden die Entscheidungen häufig durch den **Rechtspfleger** getroffen, weil die entsprechenden Aufgaben dem Rechtspfleger als Vorbehaltsaufgaben übertragen worden sind (vgl. § 3 Nr. 2d RPflG; § 1 Rn 22). Die früher gegen die Entscheidung des Rechtspflegers vorgesehene Rechtspflegererinnerung nach § 11 Abs. 1 RPflG ist durch das Dritte Gesetz zur Änderung des Rechtspflegergesetzes und anderer Gesetze vom 6.8.1998[70] abgeschafft worden. Die alte Fassung des § 11 RPflG gilt nur noch nach Maßgabe des § 39 RPflG für vor dem 1.10.1998 getroffene Entscheidungen.

42 Nach der neuen Regelung finden die **allgemeinen Rechtsmittelvorschriften** nun auch auf die Entscheidungen des Rechtspflegers (vgl. § 11 Abs. 1 RPflG) Anwendung. Die Ausführungen in Rn 4–27 sind daher hier entsprechend heranzuziehen. Anderes gilt nur dann, wenn ein Rechtsmittel gegen die Entscheidung nach den allgemeinen Vorschriften nicht gegeben ist. Das kommt insbesondere dann in Betracht, wenn der Beschwerdewert nicht erreicht wird.[71]

---

69 OLG Frankfurt NZG 2004, 95; a.A. OLG Hamm OLGR 2003, 302 zum Zwangsgeldverfahren.
70 BGBl I S. 2030.
71 Wobei allerdings in Handelssachen nur über § 20a FGG Beschwerdewerte gelten.

E. Die Kosten des Beschwerdeverfahrens und die Rechtsbehelfe in Kostensachen

Die Gerichtsgebühren eines **Beschwerdeverfahrens** richten sich nach § 131 Abs. 1 der Kostenordnung. Der Gebührenwert ist nach § 30 KostO zu bestimmen, wobei häufig von dem Schätzwert von 3.000 EUR nach § 30 Abs. 2 S. 1 KostO auszugehen sein wird. Im Übrigen werden keine Gebühren erhoben. Für das Zwangs- und Ordnungsgeldverfahren gilt § 119 KostO. Die Gebühr wird hier nach dem festgesetzten Zwangs- oder Ordnungsgeld berechnet, vgl. § 119 Abs. 2, Abs. 5 S. 1 KostO.[72] Im Beschwerdeverfahren kann der Rechtsanwalt die Gebühren nach Nr. 3500 VV RVG (früher § 118 BRAGO) ansetzen.[73] Eine Kostenerstattung kommt im FGG-Verfahren nach § 13a FGG nur bei der Beteiligung von mehreren Personen in Betracht. Denn das FGG-Verfahren geht davon aus, dass im Grundsatz jeder seine eigenen Kosten zu tragen hat.[74]

43

Die **Kostenerinnerung** nach § 14 KostO ist der Rechtsbehelf gegen die Kostenrechnungen des Gerichts. Gegen eine (überhöhte) Vorschussanforderung ist die Beschwerde nach § 8 Abs. 3 KostO zulässig.[75] Gegen die Rechnung des Notars, aus der dieser nach Erteilung einer Vollstreckungsklausel vollstrecken kann, sind die in § 156 KostO genannten Rechtsbehelfe möglich.

44

---

72 BayObLG Rpfleger 1969, 254.
73 Zu § 118 BRAGO: BGH Rpfleger 1969, 163; Jansen/*von König*, vor § 13a Rn 11.
74 *Keidel/Kuntze/Winkler*, § 13a Rn 21; Jansen/*von König*, § 13a Rn 9.
75 Vgl. OLG Zweibrücken Rpfleger 2004, 105: Kein Kostenvorschuss vom Aktionär bei einem Antrag nach § 327f Abs. 3 AktG.

Stichwortverzeichnis

Fette Zahlen = §§, magere Zahlen = Randnummern

Abberufung
- Geschäftsführer **6** 91 ff.
- Vorstand **7** 42

Abfärbetheorie 14 24
Abfindung 12 18
Abfindungsklauseln
- Satzungsänderung, GmbH **6** 133 f.

Abfindungsversicherung 9 29
**Abteilungen des Handelsregisters
2** 13
AG 7 1 ff.
- Anmeldung *siehe* Anmeldung, AG
- Auflösung **7** 132
- Beendigung **7** 132
- Eintragungen **7** 1 ff.
- Ersteintragung **7** 4 ff., *siehe auch* Ersteintragung, AG
- Fortsetzung **7** 132
- Handelsregister **7** 2
- Nachgründung **7** 30 ff., 35
- Nachtragsliquidation **7** 132
- Satzung **7** 17 f.
- Satzungsänderung **7** 59 ff., *siehe auch* Satzungsänderung, AG

Aktien 7 8
Aktiengesellschaft *siehe* AG
Aktienumstellung
- Satzungsänderung **7** 61

Alleinvertretungsbefugnis
- Geschäftsführer **6** 79

Amtsgericht
- Handelsregister, Zuständigkeit
2 17 f.
- Partnerschaftsregister, Zuständigkeit
3 7

Amtsniederlegung
- Geschäftsführer **6** 98 f., 112
- missbräuchliche **6** 101

Androhung von Zwangsgeld 15 7, 15
Anfechtungsfrist
- Gesellschafterbeschluss **6** 54

Anfechtungsgrund
- Gesellschafterbeschluss **6** 87
- Hauptversammlungsbeschluss
7 64 ff.

Anhörung
- nach § 141a FGG **15** 34
- von Industrie- und Handelskammer
2 41
- von Standesorganisationen **2** 41
- Amtsniederlegung **6** 102

Anmeldebefugnis zur Handelsregistereintragung
- Amtsniederlegung **6** 102
- Anmeldebefugnis **2** 32
- Blockade durch gerichtliche Entscheidung **2** 48
- einheitliche **2** 33 f.
- Eintragungsgrundlage **2** 30
- Ersetzung durch gerichtliche Entscheidung **2** 46
- Form **1** 5, **2** 31
- Geschäftsführerabberufung **6** 97
- Geschäftsunfähige **2** 44
- getrennte **2** 33 f.
- Inhalt **2** 30
- Insolvenzverwalter, Beteiligung des
2 51
- Notar **2** 43
- Prokurist als Anmelder **2** 45
- Prüfungspflicht des Registergerichts
2 36 ff.
- Rücknahme **2** 35
- Verfahrenshandlung **2** 29
- Vertretung **2** 42 ff.

Anmeldung, AG
- Aktienausgabe bei bedingter Kapitalerhöhung **7** 85 f.
- Beschluss über bedingte Kapitalerhöhung, Checkliste **7** 84
- Beschluss über Erhöhung des Grundkapitals, Checkliste **7** 79

383

Stichwortverzeichnis

- Bestellung oder Abberufung des Vorstands, Checkliste **7** 45 f.
- Durchführung der Kapitalerhöhung **7** 80
- Eingliederung **7** 121
- Ersteintragung einer AG, Checkliste **7** 25
- Nachgründung, Checkliste **7** 35
- Satzungsänderung, AG **7** 70
- Squeeze out **7** 129

Anmeldung, Einzelkaufmann
- Erlöschen einer Firma, Checkliste **10** 53
- Ersteintragung eines Einzelkaufmanns, Checkliste **10** 22
- Übergang eines Handelsgeschäftes, Checkliste **9** 45
- Veränderung beim Einzelkaufmann, Checkliste **10** 29

Anmeldung, elektronische 1 5 ff.

Anmeldung, GmbH
- antizipierte, Checkliste **6** 77
- Auflösung der GmbH, Checkliste **6** 224
- Ausscheiden eines Geschäftsführers, Checkliste **6** 112
- Barkapitalerhöhung, Checkliste **6** 168
- Bestellung eines Geschäftsführers, Checkliste **6** 111
- Ersteintragung einer GmbH **6** 4 ff.
- Ersteintragung einer GmbH, Checkliste **6** 59 f.
- Fortsetzung der GmbH, Checkliste **6** 232
- Geschäftsführer **6** 67 ff.
- Kapitalerhöhung aus Gesellschaftsmitteln, Checkliste **6** 189
- ordentliche Kapitalherabsetzung der GmbH, Checkliste **6** 198
- Sachkapitalerhöhung, Checkliste **6** 179
- Satzungsänderung der GmbH **6** 143 ff.
- Satzungsänderung der GmbH, Checkliste **6** 147
- vereinfachte Kapitalherabsetzung der GmbH, Checkliste **6** 199
- Vertretungsbefugnis des Geschäftsführers **6** 79

Anmeldung, KG
- Ersteintragung einer KG, Checkliste **9** 15
- Euro-Umstellung bei der KG, Checkliste **9** 40
- Kommanditistenveränderungen, Checkliste **9** 32
- Rechtsformwechsel bei OHG und KG, Checkliste **9** 45

Anmeldung, OHG
- Änderungen bei der OHG, Checkliste **8** 50
- Auflösung bei der OHG, Checkliste **8** 66
- Erstanmeldung einer OHG, Checkliste **8** 26
- Veränderungen von Firma und Sitz **8** 37
- Vollbeendigung bei der OHG, Checkliste **8** 70

Anmeldung, Partnerschaftsgesellschaft
- Ersteintragung einer Partnerschaft, Checkliste **14** 31
- Veränderungen bei der Partnerschaft, Checkliste **14** 48

Anmeldung, Prokura
- Erlöschen der Prokura, Checkliste **11** 46
- Erteilung einer Prokura, Checkliste **11** 23
- Veränderungen bei der Prokura, Checkliste **11** 31

Anmeldung, Unternehmensvertrag
- Abschluss eines Unternehmensvertrages, Checkliste **12** 32
- Änderung eines Unternehmensvertrages, Checkliste **12** 40
- Beendigung eines Unternehmensvertrages, Checkliste **12** 56

Anmeldung, Zweigniederlassung
- Zweigniederlassung einer ausländischen GmbH, Checkliste **13** 31

Stichwortverzeichnis

– Zweigniederlassung einer deutschen GmbH, Checkliste **13** 30
Antragsverfahren 2 28
Anzeige nach § 16 GmbHG 6 85
Apotheker 11 2
Aufgeld
– Barkapitalerhöhung, GmbH **6** 154
Auflösung
– AG **7** 132
– GmbH **7** 206 ff.
– KG **9** 46 ff.
– OHG **8** 53 ff.
– Partnerschaftsgesellschaft **13** 50
Auflösungsklage
– GmbH **6** 53
Aufsichtsrat
– Abberufung von Vorstandsmitgliedern **7** 42
– Bestellung **7** 54 ff.
– Bestellung von Vorstandsmitgliedern **7** 41
– Ersteintragung einer GmbH **7** 14 ff.
– Liste über den Aufsichtsrat **1** 12, **7** 54
– Obligatorischer AR **7** 15 f.
Aufsichtsratsvorsitzender
– Grundkapitalerhöhung **7** 78
Aufstellungsfrist für den Jahresabschluss
– Ersteintragung einer GmbH **6** 49
Aufstockung
– Barkapitalerhöhung, GmbH **6** 155
Auseinandersetzungsguthaben
– Ersteintragung einer GmbH **6** 50
Ausgleich
– Unternehmensvertrag **12** 17
Auslagen 5 1
Ausländer
– Ersteintragung einer GmbH **6** 8 ff.
– Geschäftsführer **6** 76
– GmbH-Gesellschafter **6** 8 ff.
Ausländische Gesellschaften 6 8 ff., **8** 6, **9** 8, 56, **13** 18 ff.
Auslandsbeurkundung 4 9 ff.
Ausscheiden eines Gesellschafters
– aus OHG **8** 42 ff.
– aus Partnerschaftsgesellschaft **14** 45

Ausscheiden eines Kommanditisten 9 18 ff., 23
Ausschluss der Beschwerde 16 11

Bankbestätigung
– Nachweis der Einlageleistung bei AG-Gründung **7** 10 ff., 75
Barkapitalerhöhung, GmbH
– Anmeldung **6** 166 f., 170
– Anmeldung, Checkliste **6** 168
– Aufgeld **6** 154
– Aufstockung **6** 155
– debitorisches Konto **6** 160
– Einlagenerbringung **6** 158 f.
– Gesellschafterbeschluss **6** 153 ff., 172
– Kosten **6** 169 ff.
– Satzungsänderung **6** 152 ff., 169
– Schütt-aus-Hol-zurück **6** 163
– Übernahmeerklärung **6** 156 f., 171
– Voreinzahlung **6** 161 f.
Bedingtes Kapital 7 81 ff.
Beendigung
– AG **7** 132
– Geschäftsführerstellung **6** 89 ff.
– GmbH **6** 235 f.
Beherrschungsvertrag 12 1, 3, 9 ff.
Bekanntmachung der Löschungsabsicht 15 30, 37
Bekanntmachungswirkung
– Handelsregister **2** 9 ff.
Berechtigtes Interesse
– Handelsregister **2** 7
Berichtigung des Handelsregisters 2 50, **16** 7
Berichts- und Prüfungspflicht
– Unternehmensvertrag **12** 26
Beschlussfähigkeit
– Satzungsänderung, GmbH **6** 127
Beschlussmehrheit
– Satzungsänderung, GmbH **6** 126
Beschwerde
– Abhilfeentscheidung **16** 26 f.
– Arten **16** 3
– Ausschluss **16** 11
– Beschwerdeberechtigung **16** 17 ff.

385

Stichwortverzeichnis

- Beschwerdeeinlegung **16** 12
- Beschwerdegericht **16** 28 f.
- Beschwerdeschrift **16** 13 ff.
- einfache **16** 3, 4 ff.
- Einlegung **16** 12
- Rücknahme **16** 16
- sofortige **16** 3, 36 ff., *siehe auch* Sofortige Beschwerde
- Verwirkung **16** 11
- Verzicht **16** 11
- weitere **16** 30 ff., *siehe auch* Weitere Beschwerde
- Zurückweisungsbeschluss **16** 5

Beschwerde, einfache
- Zwangsgeldverfahren **15** 12

Beschwerde, sofortige
- Zwangsgeldverfahren **15** 16

Beschwerderecht nach § 126 FGG 16 25

Bestandskraft der Eintragung 15 50

Bestellung, erneute
- Geschäftsführer **5** 70

Bestellungshindernis
- Geschäftsführer **6** 90

Beteiligungsumwandlung 9 43 f.

Betreiber 10 16 ff.

Betriebspachtvertrag 12 2

Betriebsüberlassungsvertrag 12 2

Beurkundung 4 1 ff.
- Ausland **4** 9 ff.
- Tatsachen **4** 4 f.
- Unterschriften **4** 6 f.
- Willenserklärungen **4** 2 f.
- Zeichnung **4** 8

Beweismittelwahl
- Prüfungspflicht des Registergerichts **2** 40

Bezugsaktien 7 81, 85

Bezugsrecht/-ausschluss 7 74, 88

BGB-Gesellschaft 8 6, **9** 9, **14** 10

Bildzeichen 6 35

Bundesgerichtshof
- Handelsregister, Zuständigkeit **2** 18
- Partnerschaftsregister, Zuständigkeit **3** 8

Centros-Entscheidung 6 9, 140, **13** 21

Debitorisches Konto
- Barkapitalerhöhung, GmbH **6** 160

Deklaratorische Wirkung der Eintragung 2 26

Dienstaufsichtsbeschwerde 16 10

Doppelsitz 6 37

EHUG 1 1 ff.

Einfache Beschwerde
- Statthaftigkeit **16** 4, 5 ff.

Eingliederung 7 118 ff.

Einlageleistung
- Barkapitalerhöhung, GmbH **6** 158 f.
- bei AG-Gründung **7** 10 ff.

Einlagenachweis
- Ersteintragung einer GmbH **6** 20 ff.

Einlageversicherung
- Ersteintragung einer GmbH **6** 17 ff.

Einpersonen-GmbH
- Volleinzahlung bei **15** 60 ff.

Einreichungspflichten des Vorstands 7 52 f.

Einsichtsrecht
- Handelsregister **2** 7

Einspruch 15 9 ff., 13 ff., **16** 2

Eintragung
- AG **7** 1 ff.
- deklaratorische Wirkung **2** 26
- GmbH **6** 2
- konstitutive Wirkung **2** 27
- nicht anfechtbar **16** 6

Eintragung in das Handelsregister
- aufgrund einer Entscheidung des Prozessgerichts **2** 46 f.
- Berichtigung **2** 50
- von Amts wegen **2** 49

Eintragung in das Partnerschaftsregister 3 11

Eintragungsfähigkeit
- Handelsregister **2** 24

Eintragungswirkung
- Handelsregister **2** 9 ff.

386

Stichwortverzeichnis

Eintritt eines Gesellschafters
– in OHG **8** 41
– in Partnerschaftsgesellschaft **13** 44
Eintritt eines Kommanditisten
– in KG **9** 18 ff., 22
Einwilligung in die Firmenfortführung
– Einzelkaufmann **10** 40
Einzelpassivvertretung, Grundsatz der 6 99
Einzelprokura 11 17, 27
Einzelvertretungsbefugnis
– Geschäftsführer **6** 79
Elektronische Anmeldung 1 5 ff., **2** 16
Elektronische Aufzeichnung 1 9
Elektronisches Dokument 1 8 ff.
Elektronisches Zeugnis 1 6
Erbengemeinschaft
– Einzelkaufmann **10** 18
Erbschein 10 37
Erhöhungsbericht
– Sachkapitalerhöhung, GmbH **6** 177
Erlöschen der Firma
– Einzelkaufmann **10** 49 ff.
– Erlöschen der Prokura **10** 43
Erlöschen der Prokura 10 37 ff.
Ersteintragung, AG 7 4 ff.
– Einlageleistung **7** 10 ff.
– Gründer beim Gründungsvorgang **7** 5
– Gründungsablauf **7** 6
– Gründungsbericht **7** 19
– Gründungsprüfer **7** 21 ff.
– Gründungsprüfung **7** 20 ff.
– Kapitalaufbringung **7** 7 ff., 10 ff., 13 ff.
– Prüfungsumfang des Registergerichts **7** 16
– Sachgründung **7** 13 ff.
– Sachübernahme **7** 14
– Übernahmeerklärung **7** 7 ff.
– Vertretungsnachweise **7** 5
Ersteintragung, GmbH 6 4 ff.
– Aufsichtsrat **6** 14 ff.
– ausländischer Gründer **6** 8 ff.
– Checkliste **6** 59 f.
– Einlagenachweis **6** 20 ff.
– Einlageversicherung **6** 17 ff.
– Gesellschafter **6** 6 ff.
– Gesellschaftsvertrag **6** 27 ff., *siehe auch* Gesellschaftsvertrag, GmbH
– Gründer beim Gründungsvorgang **6** 6 ff.
– Kapitalaufbringung **6** 17 ff., 20 ff., 23 ff., 60
– Kosten **6** 61 ff.
– Mehrfachvertretung **6** 13
– nicht voll geschäftsfähiger Gründer **6** 7
– Sacheinlagen **6** 23 ff.
– Sachgründung **6** 23 ff.
– Vertretungsnachweise **6** 11
Ersteintragung, KG
– Firma **9** 11
– Gesellschafter **9** 8 f.
– Hafteinlage **9** 12
– Sitz **9** 10
– Vertragsschluss **9** 7
– Vertretung **9** 14
Ersteintragung, OHG
– Geschäftsunfähiger **8** 5
– Gesellschaftsvertrag **8** 4
– Minderjähriger **8** 5
Euro-Umstellung
– AG **7** 112 ff.
– GmbH **6** 201 ff.
– KG **9** 38 ff.
– Expert opinions **13** 27

Fassungsänderung
– Satzungsänderung, AG **7** 71 f., 85
Fassungsbeschwerde 16 7
FGG-Handelssachen 2 1
Filialprokura 13 2
Firma
– Einzelkaufmann **10** 12 ff.
– Erlöschen **15** 24 ff.
– Firmenfortführung **8** 8
– Firmentausch **6** 32
– GmbH **6** 28 ff.
– Haftungsausschluss **6** 36
– Irreführung der Firmenbezeichnung **6** 29 f.
– KG **9** 11

387

Stichwortverzeichnis

- Namensfunktion **6** 28
- OHG **8** 7
- Sonderzeichen **6** 35
- Unterscheidbarkeit der im Register eingetragenen Firmen **6** 31
- Zweigniederlassung **13** 2

Firmenänderung
- Einzelkaufmann **10** 26 f.
- OHG **8** 30 ff.

Firmenfortführung
- Einzelkaufmann **10** 38 f.
- OHG **9** 8, 33 f., 49

Firmengebrauch, unbefugter 15 18 ff.

Form
- Vollmacht **2** 42

Fortsetzung
- AG **7** 132
- GmbH **6** 229 ff.
- KG **9** 49
- OHG **8** 63 ff.
- Partnerschaftsgesellschaft **14** 50

Franchisenehmer
- Einzelkaufmann **10** 17

Freie Berufe 3 1, **14** 1
Freigabeverfahren 6 153, **7** 74, **12** 25
Funktionelle Zuständigkeit
- Handelsregister **2** 22 f.
- Partnerschaftsregister **3** 10

Gebühren 5 1
Gegenstand
- Änderung **6** 68
- Übersicht: Genehmigungspflichtige Gegenstände **6** 57

Gegenstand, GmbH
- Änderung **6** 146
- Fassung **6** 41
- fiktiver **6** 42
- Genehmigung **6** 40
- Komplementär-GmbH **6** 41

Gegenstand, OHG 7 10 f.
Gegenstand, Partnerschaftsgesellschaft 14 20 ff., 42
Gemischte Gesamtvertretung 8 18
Genehmigtes Kapital 7 18, 87 ff.

Generalversammlung 6 86
Gesamtprokura 11 20 f., 27
- unechte **10** 20 f.

Gesamtvertretung
- unechte **2** 45, **8** 18

Geschäftsführer
- Abberufung **6** 91
- Alleinvertretungsbefugnis **6** 79
- Amtsniederlegung **6** 98 f., 112
- Anmeldung **6** 67 ff.
- Ausländer **6** 76
- Ausschlussgrund **6** 72 f.
- Beendigungsgründe **6** 89
- Bestellung **6** 69 ff.
- Bestellung, erneute **6** 70
- Bestellungshindernis **6** 90
- Einzelvertretungsbefugnis **6** 79
- erforderliche Vertretung bei der Anmeldung **6** 77
- Geschäftsführereigenschaften **6** 72 ff.
- gesetzliche Anforderungen **6** 72
- Nachweis der Bestellung **6** 81 ff.
- Niederlegungserklärung **6** 100
- Sonderrecht auf Geschäftsführung **6** 93
- statuarische Anforderungen **6** 74
- Stellvertreter **6** 71
- Versicherung **6** 75
- Vertretungsbefugnis **6** 79
- Zeichnung **6** 80

Geschäftsführerbestellung 6 69 ff.
Geschäftsjahr 6 129
Geschäftsunfähiger 8 57, 64
- Anmeldung zur Handelsregistereintragung **2** 44
- Ersteintragung einer GmbH **6** 7
- Ersteintragung einer KG **9** 7
- Ersteintragung einer OHG **8** 5
- Partnerschaftsgesellschaft **14** 11
- Prokura **11** 9, 12

Geschäftswert 5 2, 5
Gesellschaft mit beschränkter Haftung *siehe* GmbH
Gesellschafter
- Ersteintragung einer GmbH **6** 6 ff.

Stichwortverzeichnis

Gesellschafterbeschluss
- Anfechtungsfrist **6** 54
- Anfechtungsgrund **6** 87
- Erhöhung aus Gesellschaftsmitteln **6** 182 ff.
- Form **6** 118 f.
- Mehrfachvertretung **6** 88, 95
- Nichtigkeitsgrund **6** 83 f.
- Protokoll **6** 82
- Sachkapitalerhöhung **6** 174

Gesellschafterliste
- GmbH **1** 12, 26, **6** 167, 197

Gesellschafterversammlung, Ladung zur
- GmbH **6** 83

Gesellschafterwechsel
- OHG **8** 47 f.
- Partnerschaftsgesellschaft **14** 46
- vor GmbH-Eintragung **6** 46

Gesellschaftsblätter
- Ersteintragung einer GmbH **6** 51

Gesellschaftsvertrag
- GmbH **6** 27 ff., *siehe auch* Gesellschaftsvertrag, GmbH
- KG **9** 7 ff.

Gesellschaftsvertrag, GmbH
- Bezeichnung „Partner" **6** 33
- Firma **6** 28 ff.
- Firmentausch **6** 32
- Gesellschaftsformzusatz **6** 31
- Gründerangabe **6** 44 ff.
- Haftungsausschluss **6** 36
- Irreführung der Firmenbezeichnung **6** 29 f.
- Namensfunktion **6** 28
- Prüfungsumfang des Registergerichts **6** 27, 47 ff.
- Satzungsänderung vor Eintragung **6** 55 ff.
- Sitz **6** 37 ff.
- Sonderzeichen u.Ä. **6** 35
- Stammeinlage **6** 43
- Stammkapitalziffer **6** 43, 56
- Unternehmensgegenstand **6** 40 ff.
- Unterscheidbarkeit der im Register eingetragenen Firmen **6** 31
- Vertragsänderung **6** 55 ff.

Gesellschaftsvertrag, OHG
- Firma **8** 7
- Sitz **8** 9

Gewerbe
- Definition **8** 10, **10** 6 ff.

Gewinnabführungsvertrag 12 1, 3, 9 ff.

Gewinngemeinschaft 12 2

Gläubigeraufruf
- GmbH **6** 192, 235

Gläubigerinformation
- Ersteintragung einer GmbH **6** 51

Gläubigerschutzvorschriften
- Ersteintragung einer GmbH **6** 49

GmbH 6 1 ff.
- Anmeldung *siehe* Anmeldung, GmbH
- Auflösung **6** 206 ff.
- Auflösungsklage **6** 53
- Barkapitalerhöhung *siehe* Barkapitalerhöhung, GmbH
- Beendigung **6** 235 f.
- Eintragungen **6** 2
- Ersteintragung **6** 4 ff., *siehe auch* Ersteintragung, GmbH
- Firma **6** 28 ff.
- Fortsetzung **6** 229 ff.
- Gegenstand *siehe* Gegenstand, GmbH
- Geschäftsführer **6** 67 ff., *siehe auch* Geschäftsführer
- Gesellschaftsvertrag *siehe* Gesellschaftsvertrag, GmbH
- Gründerangabe **6** 44 f.
- Kapitalmaßnahmen **6** 151 ff.
- Liquidatoren **6** 210 ff., *siehe auch* Liquidatoren, GmbH
- Nachtragsliquidation **6** 240 ff.
- Satzungsänderung **6** 118 ff., *siehe auch* Satzungsänderung, GmbH
- Satzungsänderung vor der Eintragung **6** 55 ff.
- Sitz **6** 37 ff.
- Sitztheorie **6** 9
- Unternehmensgegenstand *siehe* Gegenstand, GmbH
- Zuständigkeit, funktionelle **6** 3, 5

389

GmbH & Co. KG 9 51 ff., **11** 21
Greenshoe-Verfahren 7 89
Gründer beim Gründungsvorgang
– AG **7** 5
– GmbH **6** 6 ff.
Gründerangabe
– GmbH **6** 44 f., 130
Grundkapital 7 10
Grundkapital, Änderung
– Euro-Umstellung **7** 112 f.
– Kapitalerhöhung aus bedingtem Kapital **7** 81 ff.
– Kapitalerhöhung aus genehmigtem Kapital **7** 87 ff.
– Kapitalerhöhung aus Gesellschaftsmitteln **7** 92 ff.
– Kapitalerhöhung gegen Einlagen **7** 73 ff.
– Kapitalherabsetzung **7** 98 ff.
Grundkapitalerhöhung
– Aufsichtsratsvorsitzender **7** 78
– aus bedingtem Kapital **7** 81 ff.
– aus genehmigtem Kapital **7** 87 ff.
– aus Gesellschaftsmitteln **7** 92 ff.
– Bezugsrecht **7** 74
– Durchführung **7** 73
– gegen Einlagen **7** 73 ff.
Grundkapitalherabsetzung 7 98 ff.
– Durchführung **7** 104, 110
Grundlagengeschäft 11 14, **12** 14
Grundsatz der materiellen Richtigkeit 15 40
Gründung
– AG *siehe* Ersteintragung, AG
– Einzelkaufmann **10** 3 ff.
– GmbH *siehe* Ersteintragung, GmbH
– GmbH & Co. KG **9** 51 ff.
– KG *siehe* Ersteintragung, KG
– OHG *siehe* Ersteintragung, OHG
– Partnerschaftsgesellschaft **14** 4 ff.
Gründungsbericht
– AG **7** 19
Gründungskosten
– GmbH **6** 51,131
Gründungsprüfer
– AG **7** 21 ff.

Gründungsprüfung
– GmbH **6** 27 ff.
Gründungsprüfung, AG
– externe **7** 21, 29
– interne **7** 20
Gründungssatzung einer AG 7 7 ff., 17
Gründungstheorie 13 21
Gruppenprokura 11 18
GVG-Handelssachen 2 2

Hafteinlage, KG 9 12 f.
– Erhöhung **9** 35 ff.
– Herabsetzung **9** 35 ff.
Haftungsausschluss
– Einzelkaufmann **10** 41 ff.
Handelsgeschäft, Übergang 10 32 ff., 45
Handelsgewerbe
– Definition **8** 12 ff., **9** 9 f.
Handelsniederlassung
– Ort der **10** 15
Handelsregister
– Abteilungen **2** 13
– Amtsgericht **2** 17 f.
– Anmeldung zur Eintragung **2** 28 ff.
– Aufbau **2** 13
– Bekanntmachungswirkung **2** 9 ff.
– Berichtigung **2** 50
– Bundesgerichtshof **2** 18
– Einsichtsrecht **2** 7
– Eintragungsfähigkeit **2** 24
– Eintragungswirkung **2** 9 ff.
– Kosten **5** 1 ff.
– Landgericht **2** 18
– Oberlandesgericht **2** 18
– Online-Zugriff **2** 7
– Publizitätsfunktion **2** 6
– Regelungskonzepte **2** 8
– Registernummer **2** 14
– Registerpublizität **2** 6
– Schreibfehler **2** 50
– Vorabentscheidung nach Art. 234 EG-Vertrag **2** 19

Stichwortverzeichnis

- Zuständigkeit, funktionelle **2** 22 f.
- Zuständigkeit, örtliche **2** 20 f.
- Zuständigkeit, sachliche **2** 17 ff.

Handelsregistergebührenverordnung 5 2

Handelsregisterpublizität 2 6

Handelsregisterverfügung *siehe* Handelsregisterverordnung

Handelsregisterverordnung 2 4, 15

Handelssachen
- FGG **2** 1
- GVG **2** 2
- Partnerschaftsregistersachen **3** 3

Handlungsvollmacht 11 3

Hauptversammlung
- Aktienumstellung **7** 62 f.

Hauptversammlungsbeschluss
- Anfechtungsgrund **7** 64 ff.
- Nichtigkeitsgrund **7** 62 f.

Heilung von Ursprungsfehlern
- Ersteintragung einer GmbH **6** 48

Immobiliarklausel 11 15, 28

Industrie- und Handelskammer
- Anhörung von **2** 41
- bei AG-Gründung **7** 22
- bei GmbH-Gründung **6** 58
- Beschwerderecht nach § 126 FGG **16** 25

Inhaberaktie 7 8

Inhaberwechsel
- Einzelkaufmann **10** 39 f.
- Prokura **11** 44

Inhabilitätsvorschriften 1 25

Insolvenzverfahren
- Antragspflicht **2** 27
- Einzelkaufmann **10** 48
- Erlöschen der Prokura **11** 43
- Unternehmensvertrag **12** 55

Insolvenzverwalter
- Beteiligung am Anmeldeverfahren **2** 51, **6** 78
- Einzelkaufmann **10** 42
- vorläufiger **2** 51

Irreführungsverbot 6 29 f., **10** 14

Ist-Kaufmann 10 4

Jahresabschluss Offenlegung 1 15, **15** 18, 21 f.

Jahresabschluss, Aufstellungsfrist für
- Ersteintragung einer GmbH **6** 49

Kammer für Handelssachen 2 2

Kann-Kaufmann 10 3 ff.

Kapitalaufbringung
- Ersteintragung einer AG **7** 7 ff., 13 ff.
- Ersteintragung einer GmbH **6** 17 ff., 23 ff., 60

Kapitalerhöhung
- aus bedingtem Kapital **7** 81 ff.
- aus genehmigtem Kapital **7** 87 ff.
- aus Gesellschaftsmitteln, AG **7** 92 ff.
- aus Gesellschaftsmitteln, GmbH **7** 181 ff.
- gegen Sacheinlagen **7** 76

Kapitalherabsetzung 7 98 ff.
- Durchführung **7** 104, 110
- GmbH **6** 191 ff.
- ordentliche **7** 103 ff.
- vereinfachte **7** 109 ff.

Kapitalmaßnahmen
- GmbH **6** 151 ff.

Kapitalziffer 7 97

Kaufmann 11 3 ff.

KG
- Anmeldung *siehe* Anmeldung, KG
- Auflösung **9** 46 ff.
- Ersteintragung **9** 7 ff., *siehe auch* Ersteintragung, KG
- Firma **9** 11
- Fortsetzung **9** 49
- Gesellschaftsvertrag **9** 7 ff.
- Grundstruktur **9** 1 ff.
- Löschung **9** 49
- Nachtragsliquidation **9** 49
- Sitz **9** 10

Klage auf Nichtigerklärung 15 49

Kommanditeinlage 9 12 f., 35 ff.

Kommanditgesellschaft *siehe* KG

Stichwortverzeichnis

Kommanditist
- Ausscheiden **9** 18 ff., 23
- Eintritt **9** 18 ff., 22
- Wechsel **9** 18 ff., 26 ff., 30 f.
- Konstitutive Wirkung der Eintragung **2** 27

Kontenwahrheit, Grundsatz der 6 21

Kontoauszug
- Ersteintragung einer GmbH **6** 21

Kosten
- Abschluss Unternehmensvertrag **12** 33 f.
- Änderung des Unternehmensvertrages **12** 41
- Auflösung bei OHG **8** 67
- Auflösung, GmbH **6** 225 ff.
- Auflösung, Löschung und Fortsetzung bei der KG **9** 50
- Aufsichtsratbestellung **7** 58
- Auslagen **5** 1
- Barkapitalerhöhung, GmbH **6** 169 ff.
- Beendigung bei AG **7** 133 f.
- Beendigung eines Unternehmensvertrages **12** 57
- Beendigung, GmbH **6** 244 ff.
- Beschwerdeverfahren **16** 43
- Beteiligungsumwandlung mit Rechtsformwechsel bei OHG und KG **9** 45a
- Eingliederung **7** 122 f.
- Eintragung **5** 2
- Erhöhung oder Herabsetzung der Kommanditeinlage **9** 37
- Erlöschen der OHG **8** 71 ff.
- Erlöschen der Prokura **11** 47
- Erlöschen einer einzelkaufmännischen Firma **10** 54 f.
- Ersteintragung einer AG **7** 26 ff.
- Ersteintragung einer GmbH **6** 61 ff.
- Ersteintragung einer KG **9** 16 f.
- Ersteintragung einer OHG **8** 27 ff.
- Ersteintragung eines Einzelkaufmanns **10** 23 ff.
- Ersteintragung einer Partnerschaft **14** 32 f.
- Erteilung der Prokura **11** 24 ff.
- Europarecht **5** 2
- Euro-Umstellung bei der KG **9** 41
- Fortsetzung, GmbH **6** 223 f.
- Gebühren **6** 1
- Geschäftsführeranmeldung **6** 113 ff.
- Geschäftswert **6** 2, 5
- GmbH & Co. KG **9** 55
- Handelsgeschäft, Übergang **10** 46 f.
- Kapitalerhöhung aus Gesellschaftsmitteln **6** 190
- Kapitalherabsetzung, GmbH **6** 200
- Kapitalmaßnahmen bei AG **7** 115 ff.
- Kommanditistenveränderungen **9** 33
- Liquidatoren, GmbH **6** 227
- Nachgründung, AG **7** 36 f.
- neue Bundesländer **5** 1
- Notar **5** 5
- Notgeschäftsführerbestellung **6** 116 f.
- Notliquidator, GmbH **6** 228
- Ordnungsgeldverfahren **15** 23
- Partnerschaftsregister **5** 7
- Rückforderung **5** 2
- Sachkapitalerhöhung **6** 180
- Satzungsänderung, GmbH **6** 148 ff.
- Veränderungen bei OHG **8** 51 f.
- Veränderungen bei Partnerschaft **14** 49
- Veränderungen bei Prokura **11** 32
- Veränderungen bei Einzelkaufmann **10** 30 f.
- Vorschuss **5** 3
- Vorstand **7** 47 ff.
- Zwangsgeldverfahren **15** 17
- Zweigniederlassung **13** 32 f.

Kostenerinnerung 16 44
Kostenordnung 5 1 ff.
Kostenvorschuss 5 3

Ladung zur Gesellschafterversammlung
- GmbH **6** 83

Landgericht
- Handelsregister, Zuständigkeit **2** 18
- Partnerschaftsregister, Zuständigkeit **3** 8

Limited 9 56 f., **13** 21, 27

Liquidatoren
- AG **7** 132
- GmbH **6** 210 ff., *siehe auch* Liquidatoren, GmbH
- OHG **8** 54 ff.

Liquidatoren, GmbH
- geborene **6** 210, 216 f., 218
- gekorene **6** 210, 218
- gerichtliche Bestellung und Abberufung **6** 220 ff.
- Nachweis über Bestellung **6** 215
- Versicherung **6** 213
- Vertretungsbefugnis **6** 216 ff.
- Zeichnung **6** 214

Liquidatoren, OHG 8 54 ff.
- gerichtliche Bestellung und Abberufung **8** 61

Löschung
- KG **9** 49
- nach § 142 FGG **15** 40 ff.
- nichtiger Gesellschaften und Beschlüsse **15** 49 ff.
- OHG **8** 68 f.
- Partnerschaftsgesellschaft **14** 51
- verfrühte **15** 39
- wegen Vermögenslosigkeit **15** 32 ff.

Löschungsabsicht
- Bekanntmachung der **15** 30

Löschungsankündigung 15 29, 36, 46

Löschungsverfahren 15 24 ff., 29 ff.

Mangelfeststellungsverfahren
- fehlende Volleinzahlung bei Einpersonen-GmbH **15** 60 ff.
- Satzungsmangel **15** 56 ff.

Mantel-GmbH 6 142
Mantelgründung 6 142
Mantelverwertung 6 142

Mehrfachvertretung
- Änderung der Vertretungsbefugnis, OHG **8** 39
- Ersteintragung einer GmbH **6** 13
- Ersteintragung einer OHG **8** 5, 21
- Ersteintragung, Unternehmensvertrag **12** 13
- Geschäftsführerbestellung **6** 88, 95

- GmbH & Co. KG **9** 53, 57
- Liquidator **6** 217
- Notgeschäftsführerbestellung **6** 109
- Prokura **11** 16, 30
- Vorstandsmitglieder **7** 44

Mehrzuteilungsoption 7 89
Minderheitenschutz 6 52
Minderheitsaktionär
- Ausschluss **7** 125 ff.

Minderjährige 6 7
Missbräuchliche Amtsniederlegung
- Geschäftsführer **6** 101

Nachgründung, AG 7 30 ff., 35
Nachtragsliquidation
- AG **7** 132
- GmbH **6** 240 ff.
- KG **9** 49
- OHG **8** 69, 73
- Partnerschaftsgesellschaft **14** 51

Nachtragsliquidator
- sofortige Beschwerde **16** 38

Nachweise
- Amtsniederlegung des Geschäftsführers **6** 100
- Anmeldung zu Vorstandsmitgliedern **7** 41
- Anmeldungen bei AG **7** 3
- Einlageerbringung bei der Sachkapitalerhöhung **6** 176 ff.
- Geschäftsführerbestellung **6** 81 ff., 96
- Liquidatorenbestellung, GmbH **6** 215
- Prüfungspflicht des Registergerichts **2** 38

Name
- Partnerschaftsgesellschaft **14** 12 ff.

Namensaktie 7 8
Namensänderung
- des Prokuristen **2** 50
- Partnerschaftsgesellschaft **14** 39 ff.

Namensfortführung
- Partnerschaftsgesellschaft **14** 47

Negativattest
- Ersteintragung einer GmbH **6** 58

Nennbetragsaktie 7 8

Stichwortverzeichnis

Neue Bundesländer
– Kosten **5** 1
Neufassung der Satzung, GmbH
– Satzungsänderung, GmbH **6** 132
Nichtigkeitsgrund
– Gesellschafterbeschluss **6** 83 f.
– Hauptversammlungsbeschluss **7** 62
Niederlegungserklärung
– Geschäftsführer **6** 100
Nießbraucher 10 17
Notar
– Anmeldung zur Handelsregistereintragung **2** 43
– ausländischer **4** 9 ff.
– Bescheinigung **6** 11
– Kosten **5** 5
– Vollmacht **2** 43
Notgeschäftsführer
– Bestellung **6** 103 ff.
– Kosten **6** 116 f.
– sofortige Beschwerde **16** 38
– Versicherung **6** 108
Notliquidator, GmbH 6 220
Notvorstand 7 50

Oberlandesgericht
– Handelsregister, Zuständigkeit **2** 18
– Partnerschaftsregister, Zuständigkeit **3** 8
Offene Handelsgesellschaft siehe OHG
Öffentliche Urkunde 1 11, **10** 37, **13** 28
Öffentliches Interesse
– Ersteintragung einer GmbH **6** 52
OHG
– Änderung der Vertretung **8** 38 ff.
– Auflösung **8** 53 ff.
– Ersteintragung **8** 3 ff.
– Firma **8** 7
– Fortsetzung **8** 63 ff.
– Gesellschaftsvertrag **8** 4 ff.
– Löschung **8** 68 f.
– Nachtragsliquidation **8** 69, 73
– Sitz **8** 9
– Vertretung **8** 22 ff.

Online-Zugriff
– Handelsregister **1** 2 f.
Ordentliche Kapitalherabsetzung 7 103 ff.
Ordnungsgeldverfahren 15 18 ff.
Organschaftsvertrag 12 3
Ort der Handelsniederlassung
– Einzelkaufmann **10** 15
Örtliche Zuständigkeit
– Handelsregister **2** 20 f.
– Partnerschaftsregister **3** 9
Ortsform 4 12

Pächter 10 17
PartGG 3 1
Partnerschaftsgesellschaft
– Auflösung **14** 50
– Eintritt eines weiteren Gesellschafters **14** 44
– Ersteintragung **14** 4 ff.
– Fortsetzung **14** 50
– Gegenstand **14** 1 ff., 20 ff.
– Gegenstandsänderung **14** 42
– Gesellschaftereigenschaften **14** 10 f.
– Gesellschafterwechsel **14** 46
– Löschung **14** 51
– Nachtragsliquidation **14** 51
– Name **14** 12 ff.
– Namensänderung **14** 39 ff.
– Namensfortführung **14** 47
– Sitz **14** 18 f.
– Sitzverlegung **14** 38
– Vertragsschluss **14** 9
– Vertretung **14** 25 ff., 43
Partnerschaftsgesellschaftsgesetz 3 1
Partnerschaftsregister 3 1 ff.
– Amtsgericht **3** 7
– Aufbau **3** 6
– Aufgabe **3** 4 f.
– Bekanntmachung **3** 5
– Bundesgerichtshof **3** 8
– Eintragung **3** 5, 11
– Kosten **5** 7
– Landgericht **3** 8
– Oberlandesgericht **3** 8

Stichwortverzeichnis

– Registernummer **3** 6
– Zuständigkeit **3** 7 ff.
Partnerschaftsregistersachen 3 1 ff.
Partnerschaftsregisterverordnung
 3 2, **14** 3
Personenhandelsgesellschaften
– KG **9** 1 ff.
– OHG **8** 1 ff.
Prokura
– Arten **11** 17 ff.
– Erlöschen der Firma **11** 43
– Erlöschen der Prokura **11** 36 ff.
– Erteilung **11** 5 ff.
– Inhaberwechsel **11** 44 f.
– Insolvenzverfahren **11** 42
– Tod des Inhabers **11** 37
– Tod des Prokuristen **11** 37
– Vertretungsbefugnis **11** 14 ff.
– Widerruf **11** 41
Prokurist
– als Anmelder zur Handelsregistereintragung **2** 45
Protokoll
– Gesellschafterbeschluss **6** 82
Prozesspfleger 6 103
Prüfung
– Ersteintragung, AG **7** 16
– Ersteintragung, GmbH **6** 47
– Satzungsänderung, AG **7** 68
– Satzungsänderung, GmbH **6** 125 ff.
Prüfungspflicht des Registergerichts
– Anhörungspflicht **2** 41
– Beweismittel, Wahl der **2** 40
– Nachweise **2** 38
– umfassende **2** 36
– von Amts wegen **2** 37
Publizitätsfunktion
– Handelsregister **2** 6, 9 ff.
– Partnerschaftsregister **3** 4
Publizitätswirkung
– Partnerschaftsregister **3** 5
– negative **2** 11
Publizitätswirkung des Handelsregisters
– positive **2** 12

Rechtsformwechsel 9 43 f.
Rechtsformzusatz
– Einzelkaufmann **10** 13
– Rechtsnachfolge **2** 38, **7** 43, **8** 24
– Rechtsnachfolgevermerk **9** 26
Rechtspfleger
– Rechtsmittel gegen Rechtspflegerentscheidungen **16** 41 f.
– Zuständigkeit, Handelsregister **2** 22
– Zuständigkeit, Partnerschaftsregister **3** 10
Rechtspflegererinnerung 16 41
Reformen 1 16 ff.
Regelungskonzepte
– Handelsregister **2** 8
Registergericht
– Beweismittelwahl **2** 40
– Prüfungspflicht **2** 36 ff.
Registernummer
– Handelsregister **2** 14
– Partnerschaftsregister **3** 6
Registersperre 6 136, 141, 201
Richter
– Zuständigkeit, Handelsregister **2** 22
– Zuständigkeit, Partnerschaftsregister **3** 10
Rosinentheorie 2 11
Rückgewährsklausel 12 16
Rücknahme der Anmeldung zur Handelsregistereintragung 2 35
Rücknahme der Beschwerde 16 16

Sacheinlage
– Einzelunternehmen **6** 26
– Ersteintragung, GmbH **6** 23 ff.
Sachgründung
– Ersteintragung, AG **7** 13 ff.
– Ersteintragung, GmbH **6** 23 ff.
– verschleierte **6** 23
Sachkapitalerhöhung, GmbH
 6 173 ff.
– Anmeldung **6** 179
– Erhöhungsbericht **6** 177
– Gesellschafterbeschluss **6** 174 f.

395

Stichwortverzeichnis

- Nachweise für Einlageerbringung **6** 176 f.
- Übernahmeerklärung **6** 175

Sachkapitalerhöhung, verschleierte **6** 162 f.

Sachliche Zuständigkeit
- Handelsregister **2** 17
- Partnerschaftsregister **3** 7 f.

Sachübernahme
- AG-Gründung **7** 14

Satzung, AG
- Inhalt **7** 17 f.

Satzungsänderung, AG 7 59 ff.
- Aktienumstellung **7** 61
- Anmeldung **7** 59, 70
- Begriff **7** 60
- Fassungsänderung **7** 71 f., 85
- Hauptversammlung **7** 60 ff.
- Kapitalerhöhung aus genehmigtem Kapital **7** 87 ff.
- Prüfung **7** 68
- Sitzverlegung **7** 69
- Zuständigkeit, funktionelle **7** 59

Satzungsänderung, GmbH
- Abfindungsklauseln **6** 133 ff.
- Anmeldung **6** 143 ff.
- Barkapitalerhöhung **6** 152 ff., 169
- Begriff **6** 119
- Beschlussfassung **6** 121 ff.
- Form **6** 118
- in der Abwicklungsphase **6** 208 f.
- Neufassung der Satzung **6** 132
- Prüfungsbefugnis **6** 120
- Prüfungsumfang **6** 121 ff.
- Sachkapitalerhöhung **6** 173 ff.
- Schiedsklausel **6** 139
- vor der Eintragung **6** 55
- wegen Sonderrechten **6** 94
- Zuständigkeit **6** 118

Satzungsmangel
- Eintragung der Auflösung wegen **15** 56 ff.

Schiedsklausel 6 139

Schreibfehler im Handelsregister 2 50

Schuldnerverzeichnis 6 22

Schütt-aus-Hol-zurück
- Barkapitalerhöhung, GmbH **6** 163

Secretary's certificate 6 8, **13** 27

Selbstkontrahieren *siehe* Mehrfachvertretung

Selbstorganschaft, Grundsatz der 8 17, 54

Sitz
- GmbH **6** 37 ff.
- KG **9** 10
- OHG **8** 9
- Partnerschaftsgesellschaft **14** 18 f.

Reform 1 24

Sitztheorie 1 24, **6** 9, **13** 20 ff.

Sitzverlegung
- AG **7** 69
- Einzelkaufmann **10** 29
- GmbH **6** 39, **15** 57
- ins Ausland **1** 24, **6** 140, 206
- OHG **8** 36
- Partnerschaftsgesellschaft **14** 38
- Zuständigkeit, Handelsregister **2** 21

Sofortige Beschwerde 16 3, 36 ff.
- Abhilfeentscheidung **16** 40
- Fälle **16** 36 ff.
- Frist **16** 3, 39

Sofortige weitere Beschwerde 15 40

Sondererbfolge 8 48, **9** 19

Sonderrecht
- auf die Prokura **10** 44
- des Geschäftsführers auf Geschäftsführung **6** 93

Sperrjahr 6 238

Squeeze out 7 125 ff.

Stammeinlagen 6 43

Stammkapitalziffer
- Änderung vor der Eintragung **6** 56
- Festlegung **6** 43

Standesorganisationen
- Anhörung von **2** 41
- Mitwirkungspflicht von **2** 41

Stellvertretender Geschäftsführer 6 71

Tatsachen
- Beurkundung **4** 4 f.

Stichwortverzeichnis

Teilgewinnabführungsvertrag **12** 1, 3, 27 ff.
Termin zur mündlichen Erörterung
– Zwangsgeldverfahren **15** 14
Testamentsvollstreckung **8** 43, **9** 20, **10** 19
Treuhänder **10** 17
Treuhandlösung **10** 19

Übergangsregelung
– zum EHUG **2** 16
– zur HRegGebVO **5** 2
Übernahmeerklärung
– AG-Gründung **7** 7 ff.
– Barkapitalerhöhung, GmbH **6** 156 f., 171
– Sachkapitalerhöhung, GmbH **6** 174 f.
Unechte Gesamtprokura **11** 18 f.
Unechte Gesamtvertretung **2** 45, **8** 18
Unternehmensgegenstand
– GmbH *siehe* Gegenstand, GmbH
– OHG **8** 10 f.
– Partnerschaftgesellschaft **14** 20 ff., 42
Unternehmensregister **1** 2, **2** 7
Unternehmensvertrag **12** 1 ff.
– Änderung **12** 35 ff.
– Arten **12** 1
– Aufhebungsvereinbarung **12** 42, 51 ff.
– Beendigung **12** 42 ff.
– Insolvenzeröffnung **12** 55
– Kündigung **12** 42, 45 ff.
Unterschriften
– Beurkundung **4** 6 f.
Unterschriftsbeglaubigung **4** 6 f.
Unterschriftszeichnung *siehe* Zeichnung
Urkundsbeamter
– Zuständigkeit, Handelsregister **2** 23

Vereinfachte Kapitalherabsetzung **7** 109 ff.
Vererbung **6** 128

Verfahrensleitende Anordnung **16** 9
Verhältniswahrung **7** 94
Verlustausgleichspflicht **12** 15 ff.
Vermögenslosigkeit **15** 33
Verschleierte Sachgründung **6** 23
Verschmelzung **12** 55
Versicherung
– Geschäftsführer **6** 75
– Liquidatoren, GmbH **6** 213
– Notgeschäftsführer **6** 108
– Rückzahlung der Hafteinlage bei KG **9** 29
– über Einlageleistung bei Ersteintragung, GmbH **6** 17 ff.
Vertretung
– Anmeldung zur Handelsregistereintragung **2** 42 ff.
– Ersteintragung, GmbH **6** 11 ff.
Vertretungsbefugnis
– Liquidatoren, GmbH **6** 216 ff.
Verwirkung der Beschwerde **16** 11
Verzicht auf Beschwerde **16** 11
Vinkulierung **7** 122
Vollausschüttungsgebot **7** 136
Volleinzahlung bei Einpersonen-GmbH **15** 60 ff.
Vollmacht
– Anmeldung zur Handelsregistereintragung **2** 42
– Form **2** 42
– handelsrechtliche **11** 2
– vollmachtloser Vertreter **6** 12
Vollmachtlösung **10** 19
Vorabentscheidung nach Art. 234 EG-Vertrag
– Handelsregister, Zuständigkeit **2** 19
Vor-AG **7** 7
Vorbehaltsaufgaben **2** 5, 22, *siehe auch* Zuständigkeit
Vorbelastung **6** 19 f.
Voreinzahlung
– Barkapitalerhöhung, GmbH **6** 161 f.
Vorratsgründung **6** 42
Vorstand
– Abberufung **7** 42
– Anmeldung **7** 38 f.

397

Stichwortverzeichnis

- Einreichungspflichten **7** 52 f.
- gesetzliche Anforderungen **7** 40
- Vertretung **7** 43 f.

Wartepflicht 6 87
Wechsel der Gesellschafterstellung 9 42 ff.
Weitere Beschwerde
- beschränkte Überprüfung **16** 30
- Beschwerdeberechtigung **16** 34
- Form **16** 33
- kein Abhilfeverfahren **16** 35
- Zuständigkeit **16** 31 f.

Widerspruch
- Löschungsverfahren **15** 31, 38, 47, 53
- Mangelfeststellungsverfahren **15** 59, 62

Wiedereinsetzung
- Zwangsgeldverfahren **15** 11

Willenserklärungen
- Beurkundung **4** 2 f.

Wirkungsstatut 4 9

Zeichnungspflicht 1 4
Zeichnungsschein 7 77
Zurückweisungsbeschluss 16 5
Zuständigkeit

- Geschäftsführeranmeldung **6** 68
- Handelsregister **2** 17 ff.
- Partnerschaftsregister **3** 7 ff.
- Satzungsänderung, GmbH **6** 118
- Zwangsgeldverfahren **15** 5

Zuständigkeit, funktionelle
- AG **7** 2
- GmbH **6** 3, 5

Zustellung
- der Zwangsgeldandrohung **15** 7

Zustimmung
- Prokura **11** 10

Zustimmungsbeschluss 12 19 ff.
Zwangsgeldandrohung 15 7, 15
Zwangsgeldverfahren 15 1 ff.
- Beschwerde, einfache **15** 12
- Beschwerde, sofortige **15** 16
- Einspruch **15** 9 ff., 13 ff.
- Pflicht des Gerichts zum Einschreiten **15** 6
- Verpflichteter im **15** 3
- Wiedereinsetzung **15** 11
- Zuständigkeit **15** 5

Zweigniederlassung 13 1 ff.
- ausländischer Unternehmen **13** 18 ff.
- Firma **13** 2
- inländischer Unternehmen **13** 6 ff.

Zwischenverfügung 16 8